普通高等教育规划教材

汽车专业系列

二手车鉴定评估

Ershouche Jianding Pinggu

陈传灿　主编

高等教育出版社·北京
HIGHER EDUCATION PRESS　BEIJING

内容简介

本书共分7章，第1章为绪论，对二手车鉴定评估相关的基本概念、国内外相关背景情况作了简单介绍；第2章为汽车识别技术，介绍车辆类别及代码、标牌等关键标志如何识别；第3章介绍汽车性能劣化规律、使用寿命及报废标准；第4章详细介绍二手车车况鉴定方法、流程、工具仪器设备使用等内容，并对事故车辆的检查和判别作了简要介绍；第5章结合案例详细介绍了七种二手车成新率的确定方法，并对二手车的五种价值估算方法作了全面的介绍，并配有大量的案例；第6、7章结合交易市场的实际运作情况，对二手车鉴定评估的操作实务、二手车交易实务作了完整的介绍；最后对与二手车鉴定评估相关的主要法律、法规进行了梳理，编列在附录中。

本书在注意理论体系完整的前提下，强调实用性和可操作性。由于本课程属实践类课程，对基础理论的依存度较小，可作为各类院校汽车类专业（特别是应用型专业及高职高专类专业）的专业教材，也可作为汽车类相关职业培训用书以及从事二手车流通、维修、典当、定损、保险、司法鉴定、价格咨询等行业的技术及业务人员的参考书。

图书在版编目（CIP）数据

二手车鉴定评估/陈传灿主编. —北京：高等教育出版社，2012.2（2016.5 重印）

ISBN 978-7-04-034518-6

Ⅰ.①二… Ⅱ.①陈… Ⅲ.①汽车-鉴定-高等学校-教材 ②汽车-价格评估-高等学校-教材 Ⅳ.①U472.9②F766

中国版本图书馆CIP数据核字（2012）第007094号

策划编辑 徐 进　责任编辑 查成东　封面设计 于 涛　版式设计 王 莹
插图绘制 杜晓丹　责任校对 杨雪莲　责任印制 韩 刚

出版发行	高等教育出版社	咨询电话	400-810-0598
社　　址	北京市西城区德外大街4号	网　　址	http://www.hep.edu.cn
邮政编码	100120		http://www.hep.com.cn
印　　刷	涿州市星河印刷有限公司	网上订购	http://www.landraco.com
开　　本	787mm×1092mm 1/16		http://www.landraco.com.cn
印　　张	20.25	版　　次	2012年2月第1版
字　　数	490千字	印　　次	2016年5月第4次印刷
购书热线	010-58581118	定　　价	34.80元

物 料 号　34518-00

前言

随着国民经济的持续发展和居民收入的稳定增长，汽车的消费能量得到巨大的积蓄。最近几年，我国汽车销售一直以年均超过20%的速度增长。2009年、2010年汽车销量超过美国，成为世界第一。未来几年，我国汽车需求将继续保持增长的势头。从每千人拥有小汽车的数量（我国为50辆）看，目前只相当于美国20世纪初的水平。这一数目离世界平均水平（每千人拥有小汽车150辆）还很远，因此，我国目前汽车产销量还有很大的提升空间。我国汽车产业将再次迎来新一轮的高速增长期。

我国汽车市场飞速发展和销售量持续增长的事实，也预示着存在一个巨大的二手车市场。我国二手车行业存在时间不长，起步于20世纪90年代后期，真正发展始于2004年。短短几年时间，取得了很大的发展，除2008年受金融危机影响外，几乎都以两位数的速度增长。但与新车销量相比，差距太大。2010年，二手车交易量不到新车交易量的1/4。而根据国外成熟市场发展情况，这一比例应该倒过来，在欧美等发达国家，二手车和新车交易量的比例约为3.5:1，也就是说，在卖出一辆新车的同时有3～4辆二手车的销售。按照汽车行业一致认为的5～6年更新周期预测，二手车交易必将迎来一波比新车增长更猛的发展时期。

二手车市场作为汽车产业链的重要一环，其重要地位和作用随着市场规模的不断扩大而越发突出。对于我国的二手车市场，业内人士普遍认为其拥有巨大的发展潜力，但是预期中的二手车爆发式增长却迟迟未到。对此，专家分析认为，行业中的诚信问题、国家税收问题以及生产环节车辆供应不足问题是制约二手车行业发展的拦路虎，而关键问题是行业缺乏规范性。在二手车市场，信息对买卖双方来说是不对称的，这是制约市场发展的要点，而矛盾的焦点在于二手车的评估鉴定和报价。因此，影响二手车交易的最大问题就是二手车的鉴定和价格的评估。

由于二手车鉴定评估行业的发展起步较晚，目前我国的二手车鉴定评估体系还处于萌芽状态，整个二手车鉴定评估行业还没有一套科学、统一、严谨的鉴定评估理论和方法。很多二手车市场采用简单的平均年限折旧法，并辅之眼观、手摸、试驾等老办法，完全凭借评估师的经验进行价值的评估。其结果缺乏依据，具有一定的片面性，致使所定价格缺乏科学性和可信度，难以为公平的市场交易提供价值尺度。在实际的二手车业务操作过程中，多数情况下，二手车的价格往往由市场决定，即买卖双方在交易过程中通过协商来确定成交价格。这就存在人为因素多、随意成分大等问题，造成车价的漏估、高估、低估等现象。二手车鉴定评估系统的缺失成为制约市场发展的重要原因。因此，二手车鉴定评估系统的完善和鉴定方法的改进成为汽车市场交易和发展的当务之急。有鉴于此，本书的出版对规范评估行为、提高鉴定评估人员的业务水平、培养评估后备人才等都具有积极和现实的意义。

参加本书编写的人员有：陈传灿（第1、2、3章），仝光（第4、5章），何瑛（附录）。为了使教材内容更贴合市场实际，特邀请上海二手车咨询服务有限公司贾建胜总经理编写第6章，前上海东昌二手车经营有限公司总经理黄志诚编写第7章。全书由陈传灿负责统稿并任主编。同济大学汽车学院研究生万开明、陆星星、朱哈福、杨汉举等同学在文字录入、图表处理等方面做了大量的工作。

在编写过程中，参考了大量已出版的相关图书和文献资料，谨对有关作者表示真诚的敬意。同济大学汽车学院博士生导师左曙光教授认真审阅了本书，并提出了宝贵意见，在此表示感谢。

编者

2011年10月

目　录

第 1 章

绪 论

1.1 基本概念

1.1.1 二手车与二手车交易市场

1. 二手车

二手车,英文译为“used car”,意为“使用过的车”,国内也称为“旧机动车”,在日本叫“中古车”。在美国,经营者为了更顺利地卖出二手车,改变消费者对二手车质量差的看法,给二手车定义为“曾经被拥有过的车”,而不再使用“二手车”。

在中国,二手车定义为在公安交通管理机关登记注册,在达到国家规定的报废标准之前或在经济使用寿命期内服役,并仍可继续使用的机动车辆。根据商务部、公安部、国家工商行政管理总局、国家税务总局于2005年8月颁布的《二手车流通管理办法》,二手车是指从办理完注册登记手续到达到国家强制报废标准之前进行交易并转移所有权的汽车(包括三轮汽车、低速载货汽车,即原农用运输车)、挂车和摩托车。这与之前提到的定义也相互吻合。

2. 二手车交易市场

二手车交易市场是指依法设立、为买卖双方提供二手车集中交易和相关服务的场所。二手车交易市场经营者应当具备企业法人条件,并依法到工商行政管理部门办理登记手续。

二手车交易市场经营者应当为二手车经营主体提供固定场所和设施,并为客户提供办理二手车鉴定评估、转移登记、保险、纳税等手续的条件。

二手车交易市场经营者应具有必要的配套服务设施和场地,设立车辆展示交易区、交易手续办理区及客户休息区,做到标识明显,环境整洁卫生。交易手续办理区应设立接待窗口,明示各窗口业务受理范围。二手车交易市场经营者在交易市场内应设立醒目的公告牌,明示交易服务程序、收费项目及标准、客户查询和监督电话号码等内容。二手车交易市场经营者应制定市场管理规则,对场内的交易活动负有监督、规范和管理责任,保证良好的市场环境和交易秩序。由于管理不当给消费者造成损失的,应承担相应的责任。二手车交易市场经营者在履行其服务、管理职能的同时,可依法收取交易服务和物业等费用。二手车交易市场经营者应建立严格的内部管理制度,牢固树立为客户服务、为驻场企业服务的意识,加强对所属人员的管理,提高人员素质。二手车交易市场服务、管理人员须经培训合格后方能上岗。

此外,进行二手车直接交易和通过二手车经纪机构进行二手车交易的,应当由二手车交易市场经营者按规定向买方开具税务机关监制的统一发票。

1.1.2 二手车鉴定评估

1. 二手车鉴定评估定义

二手车鉴定评估，是指依法设立具有执业资质的二手车鉴定评估机构和二手车鉴定评估人员，接受国家机关和各类市场主体的委托，按照特定的目的，遵循法定或公允的标准和程序，运用科学的方法，对经济和社会活动中涉及的二手车所进行的技术鉴定，并根据鉴定结果对二手车在鉴定评估基准日的价值进行评定估算的过程。二手车鉴定评估需把握以下两点：

1）二手车鉴定评估既是科学也是艺术与经验的结合。正确的二手车技术状况鉴定，二手车价格的估计、推测与判断，必须依赖于一套科学严谨的二手车鉴定评估理论和方法，但又不能完全拘泥于有关的理论和方法，还必须依赖于评估人员的经验。因为二手车价格形成的因素复杂、多变，不是任何人用数学公式就能计算出的。

2）二手车鉴定评估不是对评估对象的主观给定，而是把二手车客观实在的价值运用科学的评估理论、方法和长期积累的评估经验将其表达出来，而不是把某一个主观想象的数据强加给评估对象，尽管评估表现为一种主观活动，甚至带有一些主观色彩。

2. 二手车鉴定评估业务特点

二手车作为一类资产，既是生产资料，也是消费资料。作为生产资料是指用于生产或经营的车辆，其特征是有明显的价值转移，对产权所有者产生收益，如营运载货车、客车、工厂用于生产的叉车、工程上使用的挖掘机等。作为家庭的消费资料是指一般家庭中仅次于房产的第二大财产，用于生活和生产服务，以交通代步为主的车辆，其特征是没有明显的价值转移，对所有者不产生经济收益，车辆价值随使用年限及使用里程数的增加而消费掉。二手车自身有以下特点：① 单位价值大、使用时间长；② 有权属登记，使用管理严格，税费附加值较高；③ 使用强度、使用条件、保养水平差异较大，并有较高的技术含量。

由于二手车的特点，决定了二手车鉴定评估的业务特点如下：

（1）二手车鉴定评估以技术鉴定为基础

机动车技术含量较高，在长期的使用中，由于机件的摩擦和自然力的作用，使机动车处于不断磨损的过程中。随着行驶里程和使用年数的增加，车辆实体的有形损耗和无形损耗加剧，其损耗程度因使用强度、使用条件、维修保养水平不同等差异很大。因此，评定车辆技术状态和价值水平，往往需要先通过技术勘察或仪器检测等手段来鉴定其损耗程度。

（2）二手车鉴定评估都以单台为评估对象

二手车单位价值相差比较大、规格型号多、车辆结构差异很大。为了保证评估质量，对于单位价值大的车辆，一般都是分整车、分部件逐台、逐件地进行鉴定评估，为了简化鉴定评估工作程序，节省时间，对于以产权转让为目的、单位价值小的车辆，也不排除采取“提篮作价”的评估方式。

（3）二手车鉴定评估要考虑其手续构成的价值

由于国家对车辆实行“户籍”管理，使用税费附加值高。因此，对二手车进行鉴定评估时，除了估算其实体价值以外，还要考虑由“户籍”管理手续和各种使用税费构成的价值。

1.1.3 二手车经营主体

二手车经营主体是指经工商行政管理部门依法登记，从事二手车经销、拍卖、经纪、鉴定评估的企业。二手车经营行为是指二手车经销、拍卖、经纪、鉴定评估等。

二手车经销是指二手车经销企业收购、销售二手车的经营活动；二手车拍卖是指二手车拍卖企业以公开竞价的形式将二手车转让给最高应价者的经营活动；二手车经纪是指二手车经纪机构以收取佣金为目的，为促成他人交易二手车而从事居间、行纪或者代理等经营活动；二手车鉴定评估是指二手车鉴定评估机构对二手车技术状况及其价值进行鉴定评估的经营活动。

二手车经营主体只能在上述法律规定的经营范围内从事经营活动。

1.1.4 二手车置换

二手车置换，简言之就是二手车以旧换新业务。用手头的二手车来置换新车，将卖旧车和买新车两个过程合并成为一个过程。

目前的二手车置换有两种方式：一种是同品牌内的旧车换新车，比如奇瑞汽车股份有限公司开展的“QQ”换“旗云”，“旗云”换“东方之子”等活动。但是采取这种置换方式的汽车厂商一般较少，而且很多是地区经销商的个别行为。另一种是多品牌置换某一品牌新车的业务。例如目前上海通用汽车有限公司推出的“诚新二手车”服务就是这种方式。厂商直接参与的二手车置换与直接把旧车拿到二手车交易场所出卖相比，主要的好处就是比较有保障。但一般来讲，厂商的二手车置换给出的旧车评估价相对来讲比较低。汽车4S店真正有优势的是在旧车的整修环节，它们可以利用他们的硬件资源，将旧车真正地整修一番，无疑可以提高旧车在下一个阶段的使用价值，但这一个环节已经与欲置换车辆的车主没有关系。

根据置换旧车的处理方式不同，目前通常采用以下三种形式：

1）收购。通过对旧车进行评估，同置换客户协商确定旧车价格予以收购，置换客户只需支付新车售价和旧车作价间的差额部分即可完成置换。收购方式是目前主要采用的置换形式。

2）寄售。接受客户委托，按客户指定限价对置换车辆挂牌销售或委托专业拍卖公司对客户委托车辆进行拍卖。车辆售出后，客户补足寄售所得和新车全款间差额即可置换新车。

3）交易。可为置换客户指定交易对象代办旧车转籍，旧车由置换客户自行议价处理，置换客户须支付全款购入新车。

1.2 国内外二手车市场简介

改革开放以来，尤其是加入WTO之后，我国的汽车市场开始快速发展。这表现在：① 市场规模迅速扩大，汽车销量从2002年的337万辆升至2010年的1 806万辆，从而超过美国、日本一跃成为全球第一大市场；② 国内市场汽车产品线逐渐完善，种类齐全；③ 汽车生产技术在通过建立合资企业或者自主研发等多种途径下，与国外差距逐渐缩小；④ 汽车市场开始多元化、均衡化发展，在新车市场的带动下，二手车市场、租赁市场、维修服务市场及配饰件市场应运而生，并呈现出势不可挡的发展前景。

从1995年开始至今，我国汽车市场逐渐从卖方市场转变为买方市场。1998年是二手车市场成形的分水岭,私车逐渐成为汽车消费的主体,进入家庭。私车快速增长及汽车保有量提高,为二手车市场创造了繁荣的前提条件。随着我国汽车工业产业政策的调整,汽车流通体制改革的深化和汽车需求呈现多元化,与新车交易相伴,二手车交易日益活跃,蓬勃发展,交易量每年以高达20%的速度递增。在汽车市场产销矛盾与市场压力的双重作用下,1999年下半年,国内第一家专业汽车置换公司在上海成立,标志着中国二手车业务正式登台亮相。二手车业务也从汽车营销创新的产物开始为大家所熟知。自2000年以来,汽车行业出现爆发性的增长,特别是近几年来,新的车型不断推出,新车销售量增长幅度均以大大超过GDP的速度迅速增长着。作为整车销售的一部分,二手车交易的高潮也在积极酝酿中。2006年,许多城市的二手车交易量的增幅已超过新车,成为新一轮的交易热点。

作为潜力巨大的汽车消费新方式,中国的二手车交易量确实也呈现出上扬的态势。根据中国汽车流通协会今年公布的统计数据显示:从2000—2010年,我国二手车交易量从25.17万辆上升到385.19万辆,增长了14倍。虽然二手车销量增速迅猛,但总体上而言,与欧美、日本等成熟二手车市场相比,我国的二手车交易市场尚处于起步阶段。在欧美市场,二手车与新车比为2:1或3:1,我国目前二手车与新车比仅为0.23:1。不过,在北京、上海等较成熟的汽车市场,这一比值已达0.8:1,与全球的平均值相近。

由于我国二手车市场起步较晚,与国外规范运营、良性发展的情形相比,在行业管理、交易规范、信息对称、售后服务等许多方面还存在不小的差距。国外二手车市场相对于国内来说已相当成熟,从美国、日本、德国、瑞士等二手车市场的情况看,越是汽车发达的国家和地区,二手车市场越活跃。"他山之石,可以攻玉",我们不妨学习借鉴一下国外的经验。

1.2.1 国外二手车市场介绍

1. 日本二手车市场概况

(1) 日本二手车市场发展历程

日本二手车市场发展经历了以下三个阶段。

第一个阶段:旧车抵价购买新车,市场形成。20世纪60年代,日本新车市场取得了长足的进步,但是二手车市场还很不发达,二手车除了个人之间的买卖业务,主要是新车销售店的"以旧换新"业务,为了控制旧车抵价的风险,日本鉴定评估协会制定了二手车鉴定评估标准,于1966年开始在置换业务的新车销售店中实施。这一阶段,诞生了日本首批二手车销售业者,其中大多数都曾经是新车销售店的推销员,他们看到了巨大的市场潜力,利用自己在新车销售店工作过的经历及人脉关系,开始大量从新车销售店中收购二手车。

第二个阶段:二手车销售模式引入拍卖方式,市场价格机制形成,建立行业自律管理机制,进入发展期。进入20世纪70年代,日本二手车市场在20世纪60年代的随意性以及商业欺诈性并没有随着市场的迅速增长而得到改善。为此,日本政府一方面着手完善二手车流通管理政策,另一方面成立扶持相关行业组织并使其发挥积极作用。1971年,在日本通商产业省和运输省等政府部门的支持下,成立了中古车贩卖协会联合会,即二手车销售商协会,制定了行业自律规则,并指导行业实施。另外,设立了自动车公正交易协议会,并负责汽车公平竞争条约的实施。该条约的核心就是要求新车和二手车的广告、展卖都必须按照规范的标识来公示车辆的基本信息。1977年,以《中小企业现代化促进法》为基础,制定了中小企业发展规划。通过政府行业政策的不断完善和行业组织实施行业自律管理,日本相关部门极大地改善了二手车市场环境。随着市场的发展,一些专业二手车经营企业改变了由于实力不同而从新车经销商处收购价格存在差异的不公平交易现象。通过拍卖这一交易方式公开竞价,规避了二手车批量收购环节中对小规模经营企业的歧视,从而受到小规模二手车销售商的欢迎。二手车拍卖在 20 世纪 70 年代得到迅速普及。

第三个阶段:市场成熟。进入 20 世纪 80 年代后,日本汽车市场基本走向成熟。统计数据表明,1980 年日本新车销量为 501 万辆,1990 年销量达到顶峰,为 778 万辆。从此以后,日本汽车市场趋于饱和,新车销量不再增长,维持在 500 万辆/年。二手车市场的转折点在 1992 年,这一年,二手车销量与新车销量持平,自此以后,日本二手车销量均超过新车销量。2006 年,日本机动车保有量为 7 899 万辆,千人汽车保有量超过 600 辆,奠定了二手车市场的基础,其中新车销量为 574 万辆,二手车销量为 807 万辆,二手车销量为新车销量的 1.4 倍。科学技术的高度发展以及互联网的普及,使得电子信息技术在二手车流通行业得到了广泛应用。特别是二手车拍卖业,自 1978 年首次采用 POS 计算机映像拍卖系统以来,由于能够最大限度地提高拍卖效率,避免由于拍卖师人为干预而产生的不公平现象,而得到全行业的认可,并得到迅速普及,实现了二手车拍卖行业的一次革命,盘活了整个二手车市场,成为日本二手车流通行业的一大亮点。

(2) 日本二手车的流通模式

日本传统的二手车流通主要由专业二手车商承担,二手车商同时从事二手车的销售和收购业务,多数在自家店进行零售。传统二手车流通形式具有渠道短、单车销售利润高的特点,但由于经营主体是中小零售商,其资金和库存都十分有限,因此,二手车经营规模比较小,品种的可选择性不大。随着新车市场竞争激烈,加上二手车利润丰厚,大企业纷纷进入二手车流通领域,经营主体趋于多元化,有传统意义上的中小二手车商、二手车专业收购商、大型拍卖公司等。新车商几乎都兼营二手车业务,如 4S 店通过品牌二手车业务提高消费者的品牌忠诚度,拉动和促进汽车厂商的新车销售,并在一定程度上增加利润。

总的来说,日本二手车销售模式主要分为以下三种:

第一种:卖车消费者—新车销售商、二手车商—买车消费者。在日本,新车销售商旗下的店铺分为系列店和独立店两种。系列店是指汽车厂商下的专门从事本企业内品牌系列新车销售的零售商店,如 4S 店;独立店是指完全独立于汽车厂商,不分厂家和品牌的新车专业零售商店。二手车商是指专门从事与二手车相关业务的企业,包括二手车的销售和收购业务,一般也有一家或多家零售店铺。在这种销售模式中,新车销售商在销售新车的同时开展“以旧换新”的二手车业务。

第二种:卖车消费者—新车销售商、二手车商—拍卖市场—新车销售商、二手车商—买车消费者。拍卖会一般实行会员制,会员包括参加拍卖活动的新车商、二手车商以及下文将要提及的专业二手车收购商等,拍卖会参加者都是相应的会员单位,没有会员资格的不可以在拍卖会上进行车辆的交易。

第三种:卖车消费者—专业二手车收购商—拍卖市场—新车销售商、二手车商—买车消费者。专业二手车收购商是指从事专业收购二手车辆的商店,不做车辆的零售。这种流通形式比较单纯,一般是将从顾客手里购进的车辆通过拍卖市场进行拍卖。

从以上三种销售模式中,可以看出拍卖会是日本二手车流通的主要形式。全日本现在约有

150处拍卖会场，平均7～10天就有一场拍卖会，拍卖会年出场车辆600万台以上，年平均成交率为60%。

而拍卖会之所以能够如此顺利开展，一方面得益于日本二手车企业的连锁经营。新车商和二手车商以及专业二手车收购商在全国各大城市和城镇都建有连锁店，连锁店少则数十家，多则上千家，经营二手车业务的店铺遍布日本全国，包括农村市场。二手车连锁经营商业模式具有单店规模较小、店铺多的特点，加之拍卖会实行的是会员制度，因此，分布在各地的店铺自然形成一个个购销网络，有新车商的连锁店，有二手车商的连锁店，还有专业二手车收购商的连锁店。连锁店的库存信息在各会员组织内全面公开，会员之间实行信息共享，形成了一个个以组织运营二手车流通的拍卖商为核心，由一大批新车商、二手车商、专业二手车收购商等连锁机构组成的全国性的二手车流通网络化经销体系和信息网络。会员可根据所在地区的顾客需求在全国的会员店库存中进行车辆调剂及异地交易和服务，随时满足消费者的需求。发达的网络化流通体系使各地会员店的库存车辆周转很快，平均在库周转时间均少于两个月，极大地降低了二手车经销商的风险和流通成本。

另一方面，到了1980年后，电子自动化替代了传统人工竞价拍卖，计算机拍卖系统极大地提高了拍卖会效率，实现了日成交二手车上千辆，会场规模也从原来的一般地区性、小规模发展到了全国性的、大规模的拍卖会。但碍于现车拍卖对拍卖会场地的要求，拍卖规模依然受到限制，因此，纯粹的现车拍卖往往较少，一般都与电视拍卖会的形式结合进行。拍卖会员无须到达现场，车辆也无须到现场，会员们可以在自己店中参与拍卖，传送到各地会员终端的车辆信息内容既具体又详细，包括车辆的内外车况和质量、使用年限、实际行走距离、事故历史、大修记录以及价格等关于车辆的所有数据，并配有图像。电视拍卖会省去了车辆往返会场的搬运费用和时间，降低了整体流通成本，提高了二手车流通效率。

强大的二手车流通网络化经销体系、发达的信息网络技术使得汽车拍卖盛行于日本，也使得消费者可以在全国范围内公平公正地选到自己心仪的二手车，促进了二手车市场的蓬勃发展。

(3) 日本二手车市场的交易特点

1) 信息畅通、交易量大。在日本，二手车市场已形成一张分布均匀、覆盖完整的“交易网”。在不同的地点可以交叉交易，不受地域限制。每个交易市场都设置2～4个大屏幕，在同一时间通过卫星，将所有要进行交易的二手车信息反映在大屏幕上。交易人员通过大屏幕，可以清晰明了地看到交易信息。只要按动手中的按钮，交易人员就可以将信息传输到电脑，由电脑再将信息传递给卫星，信息经卫星处理后反馈到大屏幕上，完成整个交易。这一过程虽然十分复杂，但只需用短短几秒钟时间。有了这样一个卫星系统，不同市场的人员就像在同一个市场中进行交易一样便捷。

在日本，自1992年二手车登记数量首次超过新车销售数量后，二手车的交易量就一直持续上升，到1997年以后始终保持在800万辆/年左右的水平。2006年以后，二手车登记数量开始减少，2008年的二手车登记数量为707.4万辆，2009年继续走低，为670万辆。

拍卖是日本二手车的主要交易方式。2007年之前，日本二手车拍卖行业在会场的展开方面主要是以大企业为中心的规模扩大战略。受其影响，拍卖市场由几大集团寡头垄断的现象不断加剧。从2008年的出展数量分析，各集团的市场份额：USS为34.7%，占据了市场1/3以上的份额；其次是JU，为16.9%；TAA·CAA联合为14.7%；JAA为8.1%。这四个集团占据了总出展数量74.4%的份额。2005年这四个集团合计市场份额为54.1%，可见逐年都有增长。2008年的会场数量中，上述四个集团所占比例为26.6%，也就是说少数的集团占据了拍卖出展数量的大部分。

2）体制完善、交易诚信。目前，日本已经形成一套完善的交易体制，确保了交易的“诚信度”。掌握车况的真实情况，是进行公平买卖的前提。每次拍卖前，卖方都要签订相关协议，确定将交易完全委托给二手车交易公司。为防止车主做“手脚”，车辆都要入库。在交易结束之前，车主不能再与交易车辆进行接触。入库后，二手车交易公司作为第三方中介，由专门评估部门对车辆进行严格检查和公平中立的评价；同时，对原车进行拍照，将检查、评估内容做成数据输入电脑进行存储，拍卖时这些数据就在大屏幕上显示；最后，按照拍卖区对汽车进行整理并认真保管，直至交易完成。

交易之前，买方可以通过电脑网络检索到所有进行交易车辆的相关信息，查到有意向的车辆，买主在交易前将被安排对车辆进行一次实地检查，重点是避免交易结束后发生意外纠纷。为避免纠纷，日本的二手车经营公司一般都需要卖方提供各种车辆证明，如验车证、转让证明、印件证明等。同时，对一些不法分子也建立了一套相应的惩罚系统，比如每次交易之前，都要调查相关交易人员的档案，一旦检查到有不良记录的会员，将阻止不良记录会员进入拍卖会场。

3）车辆修复记录公开、交易透明。日本的二手车交易需要填写由“自动车公正交易协会”统一印制的《汽车状况记录》，除了对厂牌、车型、首次登记日期、车牌、车辆的用途进行登记以外，还要对车的行驶里程作特别记录。如果车辆曾更换过里程表，那么要将现在的里程数和更换前的里程数分别登记。除此以外，还要对车辆的侧梁、前梁、发动机舱吸能区、中控台、A柱、B柱、C柱、车顶、车内底板、后备箱底板等处的修复历史和不符合安全标准需要修复的隐患作详细记录。据了解，车的修复历史是指车的事故历史，任何修过的地方都要附有《车辆状况评价书》。但是外部损伤则不作为“修复历史”处理，比如挡泥板弄瘪了，重新换了一块。所有被修复的部位要全部公开。

每一辆二手车都可以在全国享受一年或2.5万千米的售后维修服务；买车人如果有任何不满意，也可以在出货的10天以内或500 km以内退货。

（4）日本二手车市场的评估制度

日本在1966年成立了财团法人日本评估协会。根据日本评估协会的规定，要想获得二手车的评估资格，必须是二手车的销售店，销售店要向评估协会申请实施评估业务，经过评估协会对其进行审查合格后，发给其《评估业务确认书》，并在店内挂上“评估业务实施店”的标牌。销售店要有通过评估协会组织的技能考试的专业评估师，评估师分为大型评估师和小型评估师。评估师的资格有效期为3年，通过进修可以晋升。

对二手车的价格，日本通行的计算公式是：评估价格＝基本评估价－标准维修费用及标准杂费－各公司调整点－加减点。其中基本评估价是根据评估协会发行的指导手册，通过二手车行情信息系统推算出来的。

日本评估协会每月会发行一本《价格指导手册》，俗称“银皮书”，在书中刊登各地区（全国分为三个地区）的零售价格。此外，在东京横滨地区还发行一本黄皮书，刊登零售价和批发价。

（5）日本二手车市场的监管体制

1）二手车销售资格。日本有一个《旧货经营法》来规范旧货交易，二手车的交易属于旧货交易之一。所谓旧货,是指用过一次以上的物品,或者虽然没有用过,但是为了使用的目的而进行过交易的物品,或者修理过的物品。经营旧货(包括网上交易),必须得到当地都道府县警察(相当于我国的公安部门)的许可,并且在经营场所张挂标志。管理人员需要有3年以上经营旧货的经验,能够辨别非法物品(例如盗窃来的),有能力核实旧货的来源,如果怀疑旧货来历有问题,要及时向公安部门报告,交易必须有记录而且要保管3年。

2)二手车的流通制度。在日本,要求二手车销售商提供公平的价格,并向消费者提供充分的二手车背景信息,避免言过其实的宣传。由社团法人"汽车公平交易协会"制定相关的行业规约。协会会员是各汽车厂家,以及新车和二手车的销售商。协会的主要宗旨是制定公平竞争的规约、对普通消费者进行购买指导、接受消费者的咨询和投诉、对销售商的违规情况进行调查并提出改进的措施等。日本销售二手车的一些规约是:在销售二手车的商店里以及广告媒体上,必须明确说明的内容有车名、主要规格、第一次上牌照的时间、售价(包括各种费用的说明)、已经行驶的公里数、公用车还是私用车、私车验车的有效期、有无维修记录本、有无保修证以及保修期限、定期保养的情况、有无维修记录;如果登载广告,必须要有彩色照片;此外,不许把行驶里程调小,以及隐瞒修理过的事实等。日本其他的相关团体还有财团法人"汽车检查登记协会"、"日本汽车工业会"和"日本汽车销售协会联合会"等组织。这些组织在各自的管辖范围均制定了相应的规定。

3)对二手车违规交易的对策。在日本的二手车交易中,也存在着违规交易的现象,销售者违规交易大致有以下几种情况:

① 在向消费者提供的信息中有虚假的内容:对某辆二手车的车况并不清楚,但是消费者问起的时候假装知道,信口开河,误导消费者;隐瞒曾经发生的事故,或者隐瞒曾经修理过的事实。

② 把里程表的里程调小:在日本的消费者对汽车消费的投诉中,70%的投诉是针对二手车销售的,而投诉的内容中,改动里程表或者对车辆的维修历史有疑义的投诉占30%。过去,消费者都是等到出现了问题之后,才去找销售者解决问题,到了2001年4月,日本颁布并实施了《消费者合同法》,在这个法律中规定,如果销售者有不正当的行为,违背了消费者的意志,则可以判定合同无效或者部分无效。这样就从法律上约束了销售者,他们如果实施了不正当的销售行为,就要承担相应的责任。

4)对里程表数据的新管理模式。如上所述,往回拨里程表的计数,是很多二手车交易市场的通病。如何能够把里程表管理起来,日本的汽车协会想了很多办法。先是在1997年开发了拍卖车的行驶管理系统,日本二手车销售联合会下所有的拍卖车,都要把车体号码和该车的行驶里程进行登记,建立可以查询检索的行驶里程管理系统。一旦某车在这个系统里面作了登记,那么以后只要这辆车参加二手车交易,就可以查询到它的行驶里程,如果行驶里程小于档案中的数值,就说明里程表被改动过了。3年之后,有些较大的企业也陆续加入这个系统,这个系统的效果就显现出来了。在日本经济产业省的指导下,2002年4月,成立了日本机动车拍卖协会,把这个系统和日本机动车查定协会的管理系统统一了起来,这样,所有参加这个系统的机动车的里程表就都统一接受管理了。2002年8月起,该系统向普通消费者开放,可有偿使用。

5)机动车的报废管理。在日本,每年淘汰的机动车为400~500万辆,多数是依照国土交通省的规定履行了合法的报废手续。但还是有0.5%即约2万多辆车被违法地丢弃,给环境带来了危害,增加了处理费用。为了合理处置报废车,日本有关部门颁布并实施了《机动车再生法》。

注销登记制度规定，车辆从停止运行的时候开始，到最终的解体为止，每个环节都要得到路运支局的确认；其次又规定，如果临时注销了，但是长期没有恢复运行又没有出售的，过一段时间车主就要向路运支局证明此车依然存在；第三，凡是出口的车，都需要先向路运支局提出出口注销申报，否则不得通关，这样就能掌握出口注销的情况了，也能防止被盗车的出口。如果申报了出口，但是事后又没有出口，则应另行办理手续。只有这样，才能防止车辆被非法遗弃。

2. 美国二手车市场概况

美国新车的年平均销量为 1 600 万辆，而二手车的年销量却高达 4 000 万辆以上，基本上是新车的 2 ~ 3 倍。二手车的热销除了与美国民众对二手车有着异乎寻常的热情有很大关系以外，一个主要原因是美国二手车市场经过数十年的发展已经相当成熟，形成了一套行之有效的市场规则，从价格、质量、服务等多个汽车消费的关键领域给消费者提供了保证和信心。

(1) 美国二手车市场的发展历程

美国二手车市场的发展也经历了一个过程。起初，美国大众对二手车的质量持怀疑态度。后来美国政府和汽车经销商逐步意识到，二手车对汽车的保值以及刺激新车的购买影响深远，二手车市场的持续稳定发展对车市整体的健康发展至关重要，同时也意识到质量和品质在汽车消费领域居于至关重要的地位，于是他们开始想出各种招数，制定各种规章，终于逐步建立起了一套比较完善的旧车认证、置换、拍卖、收购和销售体制。从 20 世纪 80 年代开始，美国开始出现"认证"二手车，起初是由一些规模较大的经销商对自己出售的二手车进行认证，目前这项制度已经推广到几乎所有品牌的汽车生产商。

(2) 美国二手车流通模式

美国二手车流通主要有以下几种模式：

1) 以品牌经销商为经营主体的流通模式。在美国，几乎所有的品牌经销商都同时经营新车和二手车业务，二手车的车型不受经销商专卖车型的限制。1994—2005 年，品牌经销商年均销售二手车 2 000 万辆，约占二手车销售总量的 50%。其中 60% 为零售，40% 为批发，二手车利润占其总利润的近 30%。55% 的二手车来源于消费者的置换业务，另外 45% 来源于拍卖、私人收购等其他途径。总体上看，汽车经销商对于二手车流通起着十分关键的作用，虽然这类二手车的价格略高于其他形式销售的二手车，但由于品牌经销商的专业经营和高诚信度，消费者对此普遍表示接受并认可。

2) 以二手车连锁店为经营主体的流通模式。规模比较大的二手车连锁店也是二手车销售的一个重要途径，此类连锁店通常对出售的二手车做一些外部整修，对部分二手车提供一定时间的保修服务，出售的价格比汽车经销商稍低。此外，还有一些规模很小的二手车出售点，一般只有 20 ~ 30 辆车，通常不提供任何保修服务，消费对象多为附近收入较低的群体。

3) 以拍卖企业为主体的流通模式。进入拍卖行的二手车有的来自于汽车租赁公司、还有信贷公司收回的、经销商以旧换新中收来的、个人委托的、保险公司的事故车、海关税务等执法部门的罚没车，也有政府机构委托销售的二手车。与日本拍卖行实行会员制，面向对象主要为新车商、二手车商以及专业二手车收购商不同，美国的普通消费者也能参与到拍卖过程中来。

4) 私人。私人出售二手车多以在报纸上刊登广告为主，但由于良莠不齐、鱼龙混杂，又缺乏相应的保障，私人二手车的流通量相对比较小。

(3) 美国二手车的交易特点

1）车源丰富、交易量大。美国二手车的主要来源不外乎以下几种：① 追求时尚的高收入者。一般来讲，美国中产阶级及以上阶层的消费者买车主要以新车为主，他们并不特别看重价格，而是比较留意汽车的性能和时尚度。他们购买了最新款的豪华汽车后，开了几年新鲜劲儿过去了，就把目光投向更新款的豪华汽车，于是就把老车以比较低的价格出售，转而购买新车。② 二手车开了几年后，一般最多用上四五年，当汽车的可靠性开始下降、意外故障逐渐增多时，可能会出现这样或那样的小毛病，一些收入较高的人为了省下维修的麻烦和费用，宁可把旧车出售再去买新车。③ 因为工作而要搬迁到很远地方的人，觉得把车大老远地开过去，还要申请换上当地的牌照很不值得，干脆就在原地出售。美国汽车经销商协会的统计显示，目前每年全美数以千万计的二手车交易中，除了极少部分是熟人之间的私下交易外，大多数是通过市场交易方式完成的。

美国每年高达4 000多万辆的二手车销售量，主要流向下列两类人群：一是囊中羞涩，但是迫于生活、工作需要必须买车的低收入者。这个群体买不起新车，一些比较破旧的二手车便以其绝对低廉的价格满足了他们的需求。二是追求实惠和优良性价比的消费者。他们是二手车最大的顾客，他们购买的二手车，既有价格不高的经济型轿车，也有相对价格不菲的豪华轿车。

2）价格低、换车频率高。在美国，人们对二手车有着异乎寻常的热情。统计资料显示，美国每年约有4 500万辆车易手，换车频率很高。2003年美国新车的总销量为1 670万辆，而二手车总销量高达4 300万辆，是新车的2倍多。

美国二手车的价格很低，一般只有新车的一半左右，但这类车的质量并不差，再使用2—4年，性能仍然可靠，使用后的价值损失远比购新车小得多。这样的二手车用过后可再次卖掉，这时车价只有新车的20%～30%，主要流向低收入者或者没有收入的学生手中。另外还有一些较旧的车价格更低，仅为新车价的5%～10%，购买这种二手车，虽然要花费一定的维修费用，但总体上使用成本最低，很划算。

3）过户手续方便快捷。在美国购买新车要一次交纳8%左右的消费税，二手车则只需要交付一定比例的税金（通常由卖主承担），之后每年交纳200美元左右的车牌税，没有购置税、养路费等负担。二手车过户也十分方便，只要到车辆管理局填好表格交费就可以完成。如果没有拖欠税费或未处理完毕的事故、违章等问题，大约10多天后新车主就会收到邮寄来的新车主证。当然，不少经销商也会提供这种代为过户的一条龙服务。

4）重视售后服务，购车放心。美国的二手车商很注重售后服务，在一些州，如果消费者对已经购买的旧车表示不满，那么在确保旧车未遭损坏并且行车未满300英里或者购车不足3天的情况下，购车款可全额退还给消费者。可以说这已经相当于我国所说的“三包”。在美国的某些经销商处购买二手车，虽然不能享受“全额退款”，但在7天之内可以享受“无理由换车”。也就是说如果顾客在购车后7天之内，对所购二手车不是百分之百的满意，可以把二手车开回到店里来，另外换一辆满意的二手车。通用汽车公司规定车龄7年以内的二手车有1～2年的全美质量保证，与新车无异。而且，所有销售店出售的二手车都必须持有政府颁发的技术合格证书才能上路行驶。这些做法是美国二手车市场兴旺的重要原因。

（4）美国二手车的评估体系

除了质量以外，价格则是消费者最为关注的另一个重要因素。二手车价格直接关系到消费者的切身利益，同时无法获得一个客观和公正的二手车估价，则成为消费者止步于二手车门前的一道拦路虎。

在美国,二手车价格不是由原车价格通过折旧来确定的,而是决定于二手车的市场残值,即该车在目前市场上还能卖多少钱。美国没有专门的二手车鉴定估价师,消费者通常参考汽车经销商和二手车连锁店发行的二手车价格参考书。其中,美国汽车经销商协会(NADA)从1933年开始发行的《二手车价格指南》是其中较为权威的一种。该指南按东西南北把美国分为9个区,各地有不同的版本,每月发行一本。

《二手车价格指南》中的价格分为置换价格(trade - in)和零售价格(retail price)两大类别。置换价格是消费者在车行进行以旧换新时二手车的折价,通常也是经销商回收二手车的批发价,相对较低;零售价格是车行单独出售的二手车价格,一般比置换价格高20%左右。

(5)美国二手车的法律法规

美国的二手车市场总体上是一个具有很强自我规范能力的主体,政府在市场运作、车辆流通等环节的参与和干预力度都非常有限。在政策层面,美国联邦贸易委员会实行的《二手车法规》(Used Car Rule)是针对国内二手车流通管理的一部最重要的规定,主要内容包括以下两方面:① 执照申领。《二手车法规》规定,在一个年度(12个月)之内出售5辆二手车以上的经销商必须申领二手车销售执照,执照的发放由各个州自行管理。② 明示《买车指南》。《二手车法规》提供了统一格式的《买车指南》,规定二手车经销商在出售二手车的同时,必须填写完整的《买车指南》,并张贴在车内的明显位置,以供买方参考。《买车指南》的主要内容包括车辆的基本信息、质量状况、维修历史、厂家或经销商的质保承诺等重要信息,并且成为购车合同的一个重要组成部分,从而在法律上确保经销商提供的二手车信息的准确性,同时将消费者关心的保修承诺合同化,从而保证消费者的权益。

(6)美国二手车的质量保证

质量和品质在汽车消费领域居于至关重要的地位,不仅对新车如此,对二手车其重要性更加突出。在实际流通过程中,美国的二手车市场形成了以下两种非常有效的做法,对于保证二手车的质量起到了非常重要的作用。

一是推广质量认证制度。从20世纪80年代开始,美国开始“认证(Certified)”二手车,起初是由一些规模较大的经销商对自己出售的二手车进行认证,目前这项制度已经推广到几乎所有品牌的汽车生产商。所谓二手车质量认证制度,就是出售汽车时,生产商或者大型经销商对二手车进行全方位的质量检测,以确保汽车品质达到一定的出售标准,同时,经过认证的二手车还可以在一定时期内享受与新车同样的售后保障。尽管经过认证的二手车要比没经过认证的二手车平均售价高出1 000~1 500美元,但由于认证的二手车的质量得到保证,并可享受保修服务,消费者对二手车质量存在的顾虑便得以解决,极大地激发了消费者购买认证二手车的热情。

二是建立历史档案。美国有专业而独立的汽车评估公司,利用车辆的识别代码(VIN)的唯一性为每辆车建立档案,撰写“车辆历史报告”的内容包括所有权及变更、里程数、尾气排放检验结果、使用、维修、抵押、事故等重要信息。这些信息来源于生产商、车辆使用者、管理检验部门、消防与警察部门以及租赁拍卖公司等多个途径,一方面确保了车辆历史报告的全面性,另一方面保证了信息的准确性和公正性。消费者购买二手车的时候,可以通过支付少许费用获得此类报告,从而对二手车的使用历史及质量情况做到心中有数,避免由于信息不全而造成的购车盲目性。

1.2.2 国内二手车市场现状

1. 国内二手车市场概况

从二手车市场规模来看,我国二手车市场正处于迅猛发展阶段:我国2000年二手车交易量为251 738辆,其中,载货车52 214辆、客车54 232辆、小轿车96 179辆、其他车型44 607辆。而到了2010年,据中国汽车流通协会统计,全国二手车累计交易385.19万辆,同比增长15.37%。从二手车主要细分市场上看,全年共交易二手小轿车209.82万辆,同比增长22.10%;客车62.34万辆,同比增长9.80%;载货车59.61万辆,同比增长4.17%;越野车7.12万辆,同比增长10.86%;摩托车11.57万辆;其他车型共交易9.92万辆。短短10年时间我国二手车市场交易量增长了1 421%。从二手车与新车的销售比例来看,二手车相对于新车的销售量不断增长,符合国外发达国家二手车市场的发展规律:2000年,全年销售新车206.82万辆,二手车与新车的销售比为12:100,而到了2010年,全年销售新车1 800.6万辆,二手车与新车的销售比为21:100。

从二手车市场主体的发展状况来看,二手车经营者数量不断增加,交易场所逐渐扩散,从单一的旧机动车交易中心及旧机动车经营公司扩展到品牌专营店等,从"场内交易"扩展到"场外交易"。2001年以前,二手车市场的主要参与者为旧机动车交易中心、旧机动车经营公司以及消费者。2001年,上海通用"诚新二手车"进入二手车流通领域,标志着汽车生产厂商开始进入二手车流通领域,短短几年间,东风日产、上海大众、一汽-大众、华晨宝马、北京奔驰、长安福特、一汽丰田及广州本田等国内厂商都在一定程度上开展了二手车业务。

以前二手车经营者从硬件、软件及资金规模上都比较羸弱,如今已有一些二手车经营者可以做到省市内连锁化经营,并且有维修翻新的能力。随着二手车市场竞争的加剧,二手车经营者的品牌意识也越来越强,逐步增加了在展厅建设、广告方面的投入,提高人员素质,建立二手车客户管理系统,逐渐走上品牌化之路。

2. 国内二手车的主要流通模式

(1) 以二手车经销企业为经营主体的二手车流通模式

因为不用依从整车厂商,经销商集团自营的二手车经销企业可以随意收购和销售各个整车厂品牌的产品,为消费者提供更多的选择,同时二手车经销企业也越来越注重品牌化和连锁化,降低了成本、扩大了规模,建立起了企业信誉,但是售后服务无法与厂家授权的可以以旧换新的品牌经销商相竞争。另外,根据二手车交易增值税税收管理政策,二手车经销企业除了缴纳营业税外,必须缴纳车辆成交价2%的增值税。在以二手车经销企业为经营主体的二手车销售模式下,经营公司将涉及二手车收购、二手车评估、二手车维修、二手车销售、二手车售后服务等整个二手车业务链。

国内二手车市场上许多颇具资本实力的汽车经销商集团都自行开展了二手车业务,成立了二手车经营公司,如上海永达、上海东昌、上海协通、北京达世行、北京昊普、北京勤和、广州广物君豪、广州安骅、深圳标远、深圳红彤等。

(2) 以二手车经纪机构为经营主体的二手车流通模式

二手车经纪机构只能以收取佣金为目的,为促成他人交易二手车而从事居间、行纪或者代理等经营活动,不得以任何方式从事二手车的收购、销售活动。由于二手车经纪机构的这个定义,其入门门槛较低,资金规模、维修设备、服务意识、流程规范等方面必然不能和经销企业相比,无法为客户提供二手车鉴定、二手车收购、二手车维修、二手车销售、二手车售后等一站式服务。从长远角度看，二手车经纪公司应该专注于自身的主营业务——中介，为买车消费者和卖车消费者提供便利。

二手车经纪机构一般利用手中的人脉资源，或是从企事业单位获得大量的二手车车源，或是以广告、朋友介绍等方式从消费者个人获得车源，甚至也有直接从品牌经销商那里以较小的成本获得汽车置换业务遗留下的二手车。

虽然二手车经纪公司不会成为市场的主流，可是现阶段，由于二手车市场还有很多不规范的地方，经销企业也没有体现出应有的优势，政策法规也还没到位，比如根据二手车交易增值税税收管理政策，二手车经纪公司和二手车个人直接交易一样无须缴纳增值税，大大降低了二手车经纪公司的成本，消费者选择二手车经纪公司的还是大有人在。

(3) 以授权品牌经销商为经营主体的二手车流通模式

自从2003年开始上海通用推出“诚新二手车”以来，国内各整车厂纷纷授权旗下经销商开展二手车置换业务，如上海大众的“特选二手车”、奔驰的“星睿二手车”、宝马的“尊选二手车”、一汽奥迪的“奥迪 AAA”、广州本田的“喜悦二手车”及东风标致的“诚狮二手车”等。

整车厂开展二手车置换业务，现阶段主要是为了推进新车的销售，因为中国汽车市场发展到现今，有一大批消费者开始考虑购买第二辆车，而旧车的处理就成为一个问题，整车厂推出这项业务，就可以为这批消费者省去麻烦，促使他们更早、更坚定地去购置新车，并且仍选择该品牌下的新车。二手车置换，显然对于新车销售以及二手车市场的发展都有很大的促进作用。

但是，由于我国的汽车市场还处于发展阶段，千人汽车保有量还很低，导致整车厂授权开展二手车业务的品牌经销商收购来的二手车数量较少，难以形成规模，而为了这些车辆还需要专门派人负责维修、销售等，人力、物力成本高，得不偿失。因此，这些品牌经销商本身又在工商行政管理局注册成为二手车经销企业的很少，多数都是选择与二手车经纪机构、二手车经销企业或者拍卖企业合作，转手处理掉这部分旧车。这样，对于新车市场来说，确实还是有促进作用的。但是，对于那些相信整车厂、品牌经销商的信誉以及后续售后保障工作而想去品牌经销商购买二手车的消费者来说，可选择的余地就非常的小。

(4) 以二手车拍卖企业为经营主体的二手车流通模式

二手车拍卖企业以公开竞价的形式将二手车转让给最高应价者的经营活动称为二手车拍卖。不同于日本的拍卖企业，与之相关联的都是相应的会员(包括新车商、二手车商以及专业的二手车收购商)，没有会员资格的不可以在拍卖会上进行车辆的交易。在中国，二手车拍卖企业的货源主要来源于企事业单位公务车、法院及海关罚没车辆、品牌经销商置换业务下的旧车，个人直接委托拍卖企业拍卖的很少，而参加拍卖会的多数为想购买二手车的普通消费者，他们对于这些公务车或者厂商认证的置换车的品质有一定的信心。

比如在上海，每周都会有专业的拍卖公司(如上海机动车拍卖中心有限公司、上海安吉机动车拍卖有限公司、上海大众拍卖有限公司等)在各交易市场组织进行大型二手车拍卖会。

二手车拍卖企业的利润来源于收取佣金，不像二手车经销企业完全靠赚取差价，一方面以车辆的某些瑕疵为由打压卖方的价格，另一方面，会向买家隐瞒车辆的真实情况，甚至想方设法地掩盖车辆的问题，抬高买方的价格。拍卖企业不会故意抬高价格，而以专业能力尽量还原车辆的真实情况，告知买家尽可能全面的信息，买家可以较为放心地购车，不用担心被人蒙骗。

3. 国内二手车市场主要存在的问题

（1）信息不对称、诚信缺失

我国二手车市场的潜力虽然非常巨大，但由于发展时间较短，很多不规范因素制约着二手车市场的发展，其中诚信成为制约市场发展的最大因素。目前二手车市场仍然是个信息不对称的市场，消费者与中间商之间存在的巨大的信息不对等。中间商压价收车、高价卖车，隐瞒车辆实际情况的案例频频发生，让许多消费者对二手车颇有戒心，使许多潜在的二手车需求难以转化为现实的市场需求。中国汽车流通协会的一份资料显示，诚信问题仍是困扰行业健康发展的重要因素。二手车不同于新车，具有唯一性和特殊性，在交易过程中消费者需要了解比新车更为全面的信息，才能对二手车有明确的认识，从而做出正确的选择。然而由于现阶段国家还没有成熟的关于二手车质量水平、技术参数及车辆来源等方面的统一标准，没有法律的明文约束，使得很多不法分子恶意诱导，在交易中隐瞒车辆真实信息，使消费者面临价格质量欺诈、购买非法车辆的风险。这样的市场环境难以取得消费者的信赖，从而阻碍了二手车市场的健康发展。

（2）行业准入门槛低、竞争加剧

几年前二手车行业可谓是暴利行业，一辆二手车一进一出，少说也要赚四五千元，多的可以赚几万元。二手车行业就像一个诱人的蛋糕，不少经销商都想分上一块儿，加之二手车准入门槛低，一时间二手车市场泛滥，从业人数激增。由于二手车经销商过度增加，形成僧多粥少的局面，导致市场竞争加剧，各地经销商之间开始出现恶性竞争。恶性竞争不但使商家获利减少，也导致承担市场风险加大，这些都将阻碍国内二手车行业的健康发展。

专家分析：恶性竞争使得交易严重偏离市场价值，二手车经销商为了减少损失，必然会降低服务标准，减少服务内容，导致信誉度下降。市场急需政策来规范，据悉，《二手车流通企业经营管理技术条件》将于近期出台，此条件对二手车流通企业强制准入标准作出详细规定。相信此政策能对中国二手车市场的健康发展起到一个引导作用，给二手车市场营造一个规范诚信的交易氛围，促进二手车行业的发展。

（3）流通性差限制行业发展

流通性差也是制约二手车市场发展的重要因素。目前全国二手车市场的交易流程完全不一样，价格地域性差异也很大，过户费等各地费用也参差不齐，对二手车的跨地区交易阻碍很大。同时在政策上也有瓶颈，各个城市制定的二手车制度极不统一，很多地方甚至出台了地方保护政策。

专家分析：在这样的大环境下，不仅是二手车流通差，新车的地域性流通也很差。使二手车无法在全国范围内流通，使二手车跨区域交易无法有效实现，阻碍了整个二手车行业的发展。作为政府，应出面统一交易政策，打破汽车交易的跨区域限制，引导二手车进行合理的区域性流动，促进整个二手车行业发展。

（4）鉴定评估缺乏标准与规范

在二手车交易中，很多经销商隐瞒车辆的实际情况，出过事故的变成了没出过事故的，行驶了30万公里的被调成了10万公里。消费者在经销商处买二手车，没有车辆鉴定评估报告，甚至连交易合同和委托书都没有。目前，大部分评估机构仍然沿用过去落后的评估手段，国内二手车评估现状非常混乱，没有一套完成的、系统的评估方法和手段，评估过于注重对价格的估算，评估师更多的时候是凭借个人的经验，而不是一套客观的流程对车辆进行估价。建立完善的行业评估标准和准入制度是解决混乱局面的根本。

专家分析：改进鉴定评估手段和方法，在开展鉴定评估过程中强化对车辆质量状况的评估，淡化估值行为是二手车鉴定评估机构寻求发展的当务之急。实行评估机构准入机制和归口管理，由国家主管部门制定统一的鉴定评估标准、流程，引入第三方鉴定评估，实行评估收入与评估价格脱钩。近期将出台的《二手车鉴定评估规范》中对评估车辆的检测达到 100 多项，达到或接近目前一些品牌二手车的要求，并提供了标准评估单。严格的车辆检测让价格的评估更加合理，消费者对车辆的性能则有一个更加清楚的认识，而强化市场秩序也会让二手车市场更加有序，更加透明。

(5) 消费观念制约行业发展

二手车市场在国内发展时间较短，人们对二手车的接受程度有限，制约了二手车行业的发展。在消费二手车的群体中，消费普通车型的大部分是新手，购车大多为了代步或过渡使用；而购买豪华二手车的群体则多为从商人事，购买豪华二手车多是为了体面。

人们对二手车接受程度低，一方面是由于对二手车认识不足，不知道如何判断车况好坏，二是国内二手车信息不对称，诚信缺失，令人们对购买二手车产生恐惧心理，怕商家隐瞒二手车实际情况，不知道二手车到底发生过几次事故，上过几次保险。

(6) 售后服务保障缺失

如果说规范合理的二手车鉴定评估可以剔除有致命缺陷的车辆并给消费者一个合理的价格的话，那么一定期限的售后服务保障就是给二手车消费者吃了一颗定心丸，使消费者真正放心地购买二手车。

《二手车交易规范》规定二手车经销企业向最终用户销售使用年限在 3 年以内或行驶里程在 6 万公里以内的车辆（以先到者为准，营运车除外），应向用户提供不少于 3 个月或 5 000 公里（以先到者为准）的质量保证。质量保证范围为发动机系统、转向系统、传动系统、制动系统、悬挂系统等。可是，实际交易过程中，二手车使用年限能在 3 年以内或者行驶里程 6 万公里以内的比例很小，大多数情况下，消费者得不到任何二手车的售后保障。另外，由于车辆技术的复杂性，即使经销企业提供了售后担保，出了问题后，经销企业为了自身的利益，也通常会在具体条款上和消费者产生不一致的理解。

(7) 税费征收不合理

根据当前我国二手车增值税政策，对于与个人直接交易的经纪机构免征增值税，对于二手车经销企业征收成交价 2% 的增值税，而对于拍卖企业则要征收 4% 的增值税。这其中，便存在着税赋不公的状况，先不说二手车拍卖企业，单对于经销企业来说，2% 的增值税是一个非常沉重的负担，尤其是我国新车市场价格不稳定，对于二手车经营者来说，这是一个很大的风险。而二手车拍卖是以收取佣金为利润的，其实说到底也只是一个中介，应该像经纪机构那样不征收增值税。

而在现实二手车交易中，如何甄别哪些是不用缴纳增值税的个人行为，哪些是盈利性质的经营行为，是难以分辨的。二手车行业内，交易过程中一个不成文的规矩便是二手车经销企业直接将卖主的车过户到自己单位的某个个人名下，或者更有甚者将卖主的车直接过户给买主，主要目的就是以二手车直接交易的方式逃避 2% 的增值税；而二手车拍卖企业对于高达 4% 的增值税也是泰然自若，因为拍卖企业通常都会与一家相应的二手车经纪机构合作，当拍卖完成后，一切手续将由二手车经纪机构办理，免去4%的增值税。这样的结果，一方面使得国家税收大量流失，另一方面，交易过程中，买卖合同，销售发票与经营主体不一致，使得消费者购买了二手车之后没有保障，出了问题无处找人申诉，使消费者感觉市场混乱不规范，同样阻挡了汽车消费者走向二手车市场。

1.3 二手车评估的基本要素

由二手车鉴定评估定义可知，在二手车鉴定评估过程中，涉及八个基本要素，即鉴定评估主体、鉴定评估客体、鉴定评估依据、鉴定评估目的、鉴定评估原则、鉴定评估程序、鉴定评估价值和鉴定评估方法。

以上八种要素构成了二手车鉴定评估活动的有机整体。它们之间相互依托，是保证二手车鉴定评估工作正常进行和评估价值科学性的重要因素。

1.3.1 评估的主体和客体

1. 二手车鉴定评估主体

二手车鉴定评估主体是指二手车鉴定评估业务的承担者即从事二手车鉴定评估机构及专业评估人员。由于二手车鉴定评估直接涉及当事人双方的权益，是一项政策性、专业性都很强的工作，因此无论是对专业评估机构，还是对专业评估人员都有较高的要求。

(1) 二手车鉴定评估人员

二手车鉴定评估人员的素质，对评估工作水平和评估结果的质量有至关重要的影响。合格的鉴定评估人员应具有以下三个方面的素质。

1) 政策理论素质

① 掌握马克思主义的基本理论，能运用马克思主义的立场、观点和方法分析和解决问题。

② 有一定的资产评估业务理论，熟悉并掌握资产评估基本原理和基本方法。

③ 有一定的政策水平，熟悉并掌握国家颁布的与二手车交易有关的政策、法规、行业管理制度及有关的技术标准。

2) 业务素质

① 具有一定的汽车专业知识，熟悉汽车构造、汽车理论、汽车运用、汽车维修、汽车英语、汽车故障诊断、微机操作等知识。

② 具有实际的汽车检测技能，能够借助必要的检测工具，对二手车的技术状况进行必要的判断和鉴定，具有较高的收集、分析和运用信息资料的能力及一定的评估技巧。

③ 具备经济预测、财务会计、市场金融、物价、法律等多方面的知识。

3) 思想品德素质

热爱祖国，坚持四项基本原则，拥护改革开放的方针政策，遵纪守法，公正廉洁。鉴定评估人员只有具备较高的思想品德素质，才能在评估工作中自觉履行自己的职责和义务，恪守职业道德，全心全意地为客户服务。

除了保证二手车鉴定评估质量以外，二手车鉴定评估的从业人员还需经过严格的考试或考核，取得劳动部门颁发的二手车鉴定评估岗位资格证书。

（2）二手车鉴定评估机构

按照我国政府1991年11月颁布的《国有资产评估管理办法》第九条规定，资产评估公司、会计师事务所、审计事务所、财务咨询公司，必须获有省级以上国有资产评估资格书，才能从事资产评估业务。对其他所有制的资产评估，也要对照《国有资产评估管理办法》的规定执行。

根据《二手车流通管理办法》规定，二手车鉴定评估机构应当具备下列条件：

1）是独立的中介机构。

2）有固定的经营场所和从事经营活动的必要设施。

3）有3名以上从事二手车鉴定评估业务的专业人员（包括本办法实施之前取得国家职业资格证书的旧机动车鉴定估价师）。

4）有规范的规章制度。

2. 二手车鉴定评估的客体

二手车鉴定评估的客体是指被评估的车辆。二手车鉴定评估的主要目的是在二手车的交易过程中准确地确定二手车价格，并以此作为买卖成交的参考底价。根据《二手车流通管理办法》的规定，以下九种车辆不允许进行交易。

1）已报废或者达到国家强制报废标准的车辆。

2）在抵押期间或者未经海关批准交易的海关监管车辆。

3）在人民法院、人民检察院、行政执法部门依法查封、扣押期间的车辆。

4）通过盗窃、抢劫、诈骗等违法犯罪手段获得的车辆。

5）发动机号码、车辆识别代号或者车架号码与登记号码不相符，或者有凿改迹象的车辆。

6）走私、非法拼（组）装的车辆。

7）不具有《机动车登记证书》、《机动车行驶证》、有效的机动车安全技术检验合格标志、车辆购置税完税证明、养路费缴付凭证、车船使用税缴付凭证、车辆保险单等任一证明或凭证的车辆。

8）在本行政辖区以外的公安机关交通管理部门注册登记的车辆。

9）国家法律、行政法规禁止经营的车辆。

此外，车辆上市交易前，必须先到公安交通管理机关申请临时检验，经检验合格，在其行驶证上签注检验合格记录后，方可进行交易。检验被交易车辆的车架号码和发动机号码的符号、数字及各种外文字母的全部拓印，发现不一致或改动、凿痕、锉痕、重新打刻等人为改变或毁坏的，对车辆一律扣留审查。

1.3.2 评估的依据和目的

1. 二手车鉴定评估的依据

二手车鉴定评估工作和其他工作一样，在评估时必须有正确科学的依据，这样才能得出较正确的结论。二手车鉴定评估的依据是指评估工作所遵循的法律、法规、经济行为文件以及其他参考资料。一般包括行为依据、法律依据、产权依据和取价依据四部分。

（1）行为依据

行为依据是指实施二手车鉴定评估行业的依据。一般包括经济行为成立的有关决议文件以及评估当事方的评估业务委托书。

(2) 法律依据

法律依据是指二手车鉴定评估所遵循的法律法规。主要包括：

1)《国家资产评估管理办法》。

2)《国有资产评估管理实施细则》。

3)《汽车报废标准》。

4)《中华人民共和国机动车登记规定》。

5)《二手车流通管理方法》。

6)《机动车运行安全技术条件》。

7) 其他相关的政策法规。

(3) 产权依据

产权依据是指表明机动车权属证明的文件。主要包括：

1) 机动车来历凭证。

2)《机动车登记证书》。

3)《机动车行驶证》。

4)《出租车营运征》。

5)《道路营运证》等。

(4) 取价依据

取价依据是指实施二手车鉴定评估的机构或人员，在评估工作中直接或间接取得或使用对二手车鉴定评估有借鉴或佐证作用的资料，主要包括价格资料和技术资料。

1) 价格资料。价格资料包括新车销售价格、易损零部件价格、车辆装备价格、维修工时定额和维修价格资料，国家税费征收标准、车辆价格指数变化、各品牌车型残值率等。

2) 技术资料。技术资料包括机动车的技术参数，新产品、新技术、新结构的变化，车辆故障的表面现象与差别，车辆维修工艺及国家有关技术标准等。

2. 二手车鉴定评估的目的

二手车鉴定评估的目的是为了正确反映二手车的价值及变动，为将要发生的经济行为提供公平的价格尺度。同时，它告诉二手车鉴定评估机构市场在哪里，到哪里去寻找评估业务。在二手车鉴定评估市场，针对二手车的鉴定评估主要分为两大类，一类为变动二手车产权，另一类为不变动二手车产权。

(1) 变动二手车产权

变动二手车产权是指车辆所有权发生转移的经济行为，包括二手车的交易、置换、转让、并购、拍卖、投资、抵债、捐赠等。

1) 车辆的交易转让。二手车在交易市场上进行买卖时，买卖双方对二手车交易价格的期望是不同的，甚至相差甚远。因此需要鉴定评估人员对被交易的二手车进行鉴定评估，评估的价格作为买卖双方成交的参考底价。

2) 车辆置换。置换的概念源于海外，它强调的是旧物品（或次等的、较差的）与新物品（较好的）进行交换，这种交换是不等价的，由置换方给予差额补贴。置换业务有两种情况，一种是以旧换新业务，另一种是以旧换旧业务。两种情况都会涉及对置换车辆的鉴定评估。对二手车鉴定评估的结果直接关系到置换双方的利益。车辆的置换业务尤其是以旧换新业务在我国的二手车市场是一个崭新的业务，有着广阔的市场前景。

3）车辆拍卖。拍卖是指以公开竞价的形式将特定物品或者财产权利转让给最高应价者的买卖方式。对于公务车，执法机关罚没车辆，抵押车辆，企业清算车辆，海关获得的抵税、放弃车辆和私家车等，都需要对车辆进行鉴定评估，为拍卖车辆活动提供拍卖底价。此外，还有与拍卖方式基本类似的招标底价。

4）其他。其他经济行为（如企业发生联营、兼并、出售、股份经营或破产清算）也需要对企业所拥有的二手车进行鉴定评估，以充分保证企业的资产权益。

（2）不变动二手车产权

不变动二手车产权是指车辆所有权未发生转移的经济行为，包括二手车的纳税、保险、抵押、典当、事故车损、司法鉴定（海关罚没、盗抢、财产纠纷等）。

1）车辆保险。在对车辆进行投保时，所缴纳的保险费高低直接与车辆成本的价值大小有关。同样当被保险车辆发生保险事故，保险公司需要对事故进行理赔。为了保障双方的利益，也需要对核保理赔的车辆进行公平的鉴定评估。除一般的车损评估外，还包括火烧车和浸水车的鉴定评估。

2）抵押贷款。银行为了确保放贷安全，要求贷款人以机动车作为贷款抵押。银行为了确保贷款的安全性，要对二手车进行鉴定评估。而这种贷款的安全性在一定程度上取决于对抵押车辆评估的准确性。一般情况下，评估价要比市价略低。

3）担保。担保是指车辆所有单位或所有人，以其拥有的二手车为其他单位或个人的经济行为提供担保，并承担连带责任的行为。

4）典当。当典当双方对当物车辆的估价有较大的出入时，为了保障典当业务的正常进行，可以委托二手车鉴定评估人员对当物车辆的价值进行评估，典当行可以以此作为放款的依据。当当物车辆发生绝当时，对绝当车辆的处理，同样也需要委托二手车鉴定评估人员为其提供鉴定评估服务。

5）纳税评估。纳税评估是指政府为纳税赋税，由评估人员估定的作为机动车纳税基础的价格。具体纳税价格如何视纳税政策而定。

6）司法鉴定。司法鉴定按性质的不同可分为刑事案件和民事案件。

① 刑事案件一般是指盗抢车辆、走私车辆、受贿车辆等。其委托方一般是国家司法机关和行政机关，其委托目的是为了取证。

② 民事案件是指法院执行阶段的各种车辆，其委托方一般是人民法院，委托目的是案件执行需要进行抵债变现。

上述两种情况都要求鉴定评估人员对车辆进行评估，有助于把握事实的真相，确保司法公正，因此要求极高。

在接受车辆评估委托时，明确车辆的评估目的十分重要。对车辆的鉴定评估是一种市场价格的评估，所以对客户提出的不同委托目的，有不同的评估方法。对于同一辆车，由于不同的评估目的，其评估出来的结果有所不同。

1.3.3 评估的原则和程序

1. 二手车鉴定评估的原则

二手车鉴定评估的基本原则是对二手车鉴定评估行为的规范。正确理解和把握二手车鉴定评估的原则,对于选择科学、合理的二手车鉴定评估方法、提高评估效率和质量具有十分重要意义。二手车鉴定评估的原则分为工作原则和经济原则两大类。

(1) 工作原则

二手车鉴定评估的工作原则是评估机构与评估工作人员在评估工作中应遵循的基本原则。包括合法性原则、公平性原则、独立性原则、客观性原则、科学性原则、专业性原则等。

1) 合法性原则。二手车鉴定评估行为必须符合国家法律、法规,必须遵循国家对机动车户籍管理、报废标准、税费征收等政策要求,这是开展二手车鉴定评估的前提。

2) 公平性原则。公平、公正、公开是二手车鉴定评估机构和工作人员应遵守的一项最基本的道德规范。要求鉴定评估人员的思想、作风、态度公正无私,评估结果应该公道、合理,绝不能偏向任何一方。

3) 独立性原则。独立性原则,一是要求二手车鉴定评估机构和工作人员应该依据国家的法规和规章制度及可靠的资料数据,对被评估的二手车价格独立地作出评估结论,且不受外界干扰和委托者的意图影响,保持独立公正;二是评估行为对于委托当事人应具有非利害和非利益关系。评估机构必须是独立的评估中介机构,评估人员必须与评估对象的利益涉及者没有任何利益关系。绝不能既从事交易服务经营,又从事交易评估。

4) 客观性原则。客观性原则要求鉴定或评估结果应以充分的事实为依据,在鉴定评估过程中的预测推理和逻辑判断等只能建立在市场和现实的基础资料以及现实的技术状态上。

5) 科学性原则。科学性原则是指二手车鉴定评估机构和人员应运用科学的方法、程序、技术标准和工作方案开展活动。即根据评估的基准日、特定目的,选择适用的方法和标准,遵循规定的程序实施操作。

6) 专业性原则。专业性原则要求二手车鉴定评估工作尽量由专业的鉴定评估机构来承担。同时还要求二手车鉴定评估行业内部存在专业技术竞争,以便为委托方提供更多的选择余地,并要求鉴定评估人员接受相关专业培训,通过职业技能鉴定并取得国家相关部门统一颁发的执业证书,持证上岗。

(2) 经济原则

二手车鉴定评估的经济原则是指在二手车鉴定评估过程中,进行具体技术处理的原则。它是二手车鉴定评估原则的具体体现,是在总结二手车鉴定评估经验及市场能够接受的评估准则的基础上形成的。主要包括预期收益原则、替代原则、最佳效用原则。

1) 预期收益原则。预期收益原则是指在对营运性车辆评估时,车辆的价值可以不按照其过去形成的成本或购置价格决定,但必须充分考虑它在未来可能为投资者带来的经济效益。车辆的市场价格主要取决于其未来的有用性或获利能力,未来效用越大,评估值越高。

预期收益原则要求在进行评估时,必须合理预测车辆的未来获利能力及取得获利能力的有效期限。

2) 替代原则。替代原则是商品交换的普遍规律,即价格最低的同质商品对其他同质商品具有替代性。据此原理，二手车鉴定评估的替代原则是指在评估中，面对几个相同或相似车辆的不同价格时，应取较低者为评估值，或者说评估值不应高于替代物的价格。这一原则要求评估人员从购买者角度进行二手车鉴定评估，因为评估值应是车辆潜在购买者愿意支付的价格。

3）最佳效用原则。最佳效用原则是指若一辆二手车同时具有多种用途，在公开市场条件下进行评估时，应按照其最佳用途来评估车辆价值。这样既可保证车辆出售方的利益，又有利于车辆的合理使用。

2. 二手车鉴定评估的程序

二手车鉴定评估作为一个重要的专业领域，情况复杂，作业量大。在进行二手车鉴定评估时，应分步骤、分阶段地实施相应的工作。从专业评估角度而言，二手车鉴定评估大致要经历以下几个阶段：

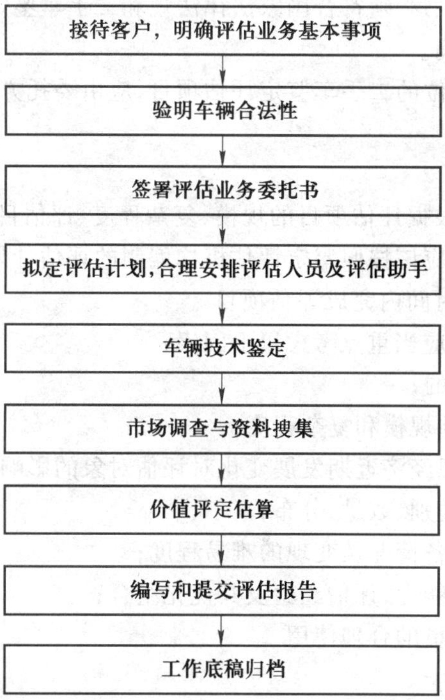

（1）接待客户，明确评估业务基本事项

接待客户具体应该了解的内容包括：

1）客户基本情况。包括车辆权属和权属性质。

2）客户要求。客户要求的评估目的，期望使用者和完成评估的时间。

3）车辆使用性质。了解车辆是生产营运车辆还是生活消费车辆。

4）车辆基本情况。包括车辆类别、名称、型号、生产厂家、初次登记日期、行驶里程数、所有权变动或流通次数、落籍地、技术状态等。

（2）验明车辆合法性

验明车辆合法性主要应该核查：

1）来历和处置的合法性。查看《机动车登记证》或产权证明。

2）使用和行驶的合法性。检查手续是否齐全、真实、有效，是否年检，检查《机动车行驶证》登记的事项与牌照、实物是否相符。

（3）签署评估业务委托书，合理安排评估人员及评估助手

《二手车鉴定评估业务委托书》是鉴定评估机构与委托方对各自权力、责任和义务的约定，是一种经济合同性质的契约。

1）二手车鉴定评估委托书应写明委托方和评估机构的名称、住所、工商登记注册号、上级单位、鉴定评估资格类型及证书编号，评估目的、评估范围、被评估车辆的类型和数量、评估工作起止时间、评估机构的其他具体工作任务，委托方须做好的基础工作和配合工作，评估收费方式和金额，反映评估业务委托方和评估机构各自的责任、权力、义务以及违约责任的其他具体内容。

2）二手车鉴定评估委托书必须符合国家法律法规和二手车鉴定评估行业管理规定，并做到内容全面、具体，含义清晰准确。

3）涉及国有资产占有单位的二手车鉴定评估项目，应由委托方按规定办妥有关手续后再进行评估业务委托。

（4）拟定评估计划

二手车鉴定评估机构要根据评估项目的规模、复杂程度、评估目的做出评估计划。

1）二手车鉴定评估人员应该按照鉴定评估机构编制的评估计划开展评估业务，以便对工作做出合理安排和保证在预计时间内完成评估项目。

2）二手车鉴定评估人员应当重点考虑以下因素：

① 被评估车辆和评估目的；

② 评估风险、评估业务的规模和复杂程度；

③ 相关法律、法规及宏观经济近期发展变化对评估对象的影响；

④ 被评估车辆的结构、类别、数量、分布；

⑤ 与评估有关资料的齐备情况及变现的难易程度；

⑥ 评估小组成员的业务能力，评估经验及其优化组合；

⑦ 对专家及其他评估人员的合理使用。

（5）车辆技术鉴定

1）技术鉴定要达到的基本目的：

① 为车辆的价值估算提供科学的评估依据；

② 为期望使用者提供车辆技术状况的质量公证；

③ 为车辆发生的经济行为提供法律依据。

2）技术鉴定包含的基本内容：

① 识别伪造、拼装、组装、盗抢、走私车辆；

② 鉴别牌证的真伪；

③ 鉴别由事故造成的严重损伤；

④ 鉴别由自然灾害（水淹、火烧）造成的严重损伤；

⑤ 鉴别车辆内部和外部技术状况。

3）技术鉴定应检查的部位和检查的项目

① 静态检查；

② 动态检查；

③ 仪器检查。

（6）市场调查与资料搜集

进行市场调查与资料搜集的目的是确定被评估车辆的现行市场价格。进行市场询价时，应重点作好以下工作：

1）确定被评估车辆基本情况（车辆类型、厂牌型号、生产厂家、主要技术参数等）；

2）确定询价参照对象及询价单位（询价单位名称、询价单位地址、询价方式、联系电话或传真号码、询价单位接待人员姓名等），并将询价参照对象情况与被评估车辆基本情况进行比较，在两者相一致的情况下，询到的市场价格才是可比的、可行的；

3）确定询价结果。市场调查和询证资料经过整理，就可以编制成《车辆询价表》，《车辆询价表》亦是二手车鉴定评估主要的工作底稿之一。

（7）价值评定估算

1）确定估算方法

① 二手车鉴定评估应熟知、理解并正确运用市价法、收益法、成本法、清算价格法以及这些评估方法的综合运用。

② 有条件选用市价法进行评估的，应以市价法为主要的评估方法。

③ 营运车辆的评估在评估资料可查且齐全的情况下，应采用收益法进行评估。

④ 二手车鉴定评估一般适宜采用市价法或成本法进行评估。

2）评价评估结果

① 对不同评估方法估算出的结果，应进行比较分析。当这些结果差异较大时，应寻找并排除出现的原因。

② 对不同评估方法估算出的结果应做下列检查：

a. 计算过程是否有误；

b. 基础数据是否准确；

c. 参数选择是否合理；

d. 是否符合评估原则；

e. 公式选用是否恰当；

f. 选用的评估方法是否适宜评估对象和评估目的。

③ 在确认所选用的评估方法估算出的结果无误之后，应根据具体情况计算出一个综合结果。

④ 在计算出综合结果的基础上，应考虑一些不可量化的价格影响因素，对结果进行适当的调整或取用、或认定该结果作为最终的评估结果。

⑤ 当有调整时，应在评估报告中明确阐述理由。

（8）编写和提交二手车鉴定评估报告

1）编写二手车鉴定评估报告书

编写二手车鉴定评估报告书可分为以下两个步骤：

第一步，在完成二手车鉴定评估数据的分析和讨论上，对有关部分的数据进行调整。由具体参加评估的二手车鉴定评估人员草拟出二手车鉴定评估报告书。

第二步，将鉴定评估的基本情况和评估报告书初稿的初步结论与委托方交换意见，听取委托方的反馈意见后，在坚持独立、客观、公正的前提下，认真分析委托方提出的问题和建议，考虑是否应该修改评估报告书，对报告书中存在的疏忽、遗漏和错误之处进行修正，待修改完毕即可编写正式的二手车鉴定评估报告书。

2）提交二手车鉴定评估报告书

二手车鉴定评估机构编写出正式的鉴定评估报告书以后，经过审核无误，按以下程序签名盖章：先由负责该项目的二手车鉴定评估人员签章，再送复核人审核签章，最后送评估机构负责人审定签章并加盖机构公章。

二手车鉴定评估报告书签发盖章后即可连同作业表等送交委托方。

(9）工作底稿归档

1.3.4 评估的假设和计价标准

1. 二手车鉴定评估的假设

二手车鉴定评估假设是与二手车鉴定评估标准有着密切联系的概念。二手车鉴定评估过程中所采用的理论和方法，都是建立在一定的假设条件上的。如果其假设前提不同，所适用的评估标准也就不同，评估结果也会大相径庭。二手车鉴定评估的假设有继续使用假设、公开市场假设和清偿假设三种。

(1）继续使用假设

继续使用假设是指二手车将按现行用途继续使用，或将转换用途继续使用。这一假设的核心是强调二手车对未来的有效性。

对于可继续使用的二手车的评估与不能继续使用的二手车的评估，所采用的计价标准是不同的。例如，对一辆可继续使用的处于在用状态的二手车进行评估时，一般采用重置成本法评估其处于在用状态的价值，其评估值包括车辆的购买价及剩余继续使用期的折算费用等。但如果二手车无法继续使用，只能将其拆零出售，以现行市价法评估其零件的变现值，并且还需扣除拆零费用。两者的评估值显然不同。再如，一辆正在营运的二手车，以收益现值法评估其价值，设为10万元，但如果该二手车所属的企业因破产被强制清算拍卖，就只能以清算价格法评估其价值，其价格一定会大大低于10万元。

在采用继续使用假设时，需考虑以下几个条件：

① 车辆尚有显著的剩余使用寿命。这是继续使用假设的最基本的前提要求。

② 车辆能用其提供的服务或用途满足所有者或占有使用者经营上期望的收益，这是投资者持有或购买车辆的前提条件。

③ 车辆的所有权明确，能够在评估后满足二手车交易或抵押等业务需要。这同时也是转换用途的前提条件。

④ 充分考虑车辆的使用功能，即无论车辆的现行用途，还是转换用途继续使用，都是在法律许可的范围内，按车辆的最佳效用使用。

⑤ 车辆从经济上和法律上允许转作他用。

(2) 公开市场假设

公开市场假设是指被评估的车辆可以在完全竞争的交易市场上，按市场原则进行交易，其价格取决于该二手车在公开市场上的行情。

不同类型的车辆，其性能、用途不同，在市场上买卖的活跃程度也不一样。一般情况下，用途广泛的车辆比用途狭窄的车辆市场活跃，因此也越容易通过市场交易实现其最佳效用。这里所谓的最佳效用是指车辆在法律许可的范围内，被用于最有利的用途，可取得最佳经济效果。在二手车鉴定评估时，对于具备在公开市场上进行交易条件的车辆，作公开市场假设，并根据车辆所在的地区、环境条件及市场的供求关系等因素确定其最佳用途。按车辆的最佳用途进行评估，有助于实现车辆的最佳效用。

(3) 清偿假设

清偿假设是指车辆所有者由于种种原因，以拍卖的方式出售车辆。这种情况下的二手车交易，与公开市场下的交易具有两点显著区别，一是交易双方的地位不平等，卖方是非自愿地被迫出售；二是交易被限制在较短的时间内完成。因此，二手车的价格往往明显低于继续使用或公开市场假设下的价格。

2. 二手车鉴定评估的计价标准

资产评估的计价标准是指资产评估价值的质的规定性，即评估价值内涵，是资产评估价值形式上的具体化。

资产评估计价标准应与特定经济行为相匹配，不同的评估目的决定了不同的价值内涵，决定了评估项目应选择的计价标准。计价标准的确定对评估方法的选用具有约束性，评估价值是计价标准与评估方法即评估价值质的规定和量化过程共同作用的结果。合理选择资产评估计价标准是资产评估具有科学性和有效性的根本前提。

关于资产评估的计价标准，从不同的角度出发有着不同的表述。目前理论界有两种表述方式。

一种是将计价标准分为市场价值和非市场价值。市场价值是指在公开市场条件下自愿买方与自愿卖方在评估基准日进行交易的价值估计数额，当事人双方应自主谨慎行事，不受任何强迫压制。非市场价值是指不满足市场价值成立的资产在非公开市场条件下实现的价值。

另一种表述是将资产评估价值归纳为重置成本、现行市价、收益现值和清算价格四种价值类型。

(1) 重置成本

重置成本是指在现行条件下(市场条件与技术条件)，按功能重置车辆，并使其处于在用状态所耗费的成本。可见，重置成本是购买一辆全新的与被评估车辆相同的车辆所支付的最低金额，也就是说待评估车辆的重置成本是其价格的最大可能值。

重置成本与历史成本一样，都是反映车辆在购置、运输、注册、登记等建设过程中全部费用的价格。只是重置成本以现行价格和费用标准作为计价依据。车辆在全新状态下，即刚购买时，其重置成本与历史成本是一致的。但由于车辆或长或短地保留了一段时期，在此期间，不论是否使用，车辆的价值、技术等因素都可能发生变化，从而影响车辆的重置更新费用，使车辆的重置成本与历史成本发生差异。

车辆的重置成本以功能重置为依据，但由于对现行技术条件利用不同，可分为复原重置成本与更新重置成本。两者的区别在于:复原重置成本是指按照与被评估车辆的相同的材料、制造标准、设计结构和技术条件等,以现时价格复原相同的全新车辆所需的全部成本。更新重置成本是指利用新材料、新设计、新技术标准等,以现时价格购置相同或相似功能的全新车辆所支付的全部成本。两者的共同点在于,均按现行市价与费用标准核计成本。

一般情况下,进行重置成本计算时,如果可以同时取得复原重置成本和更新重置成本,应选用更新重置成本。如果不存在更新重置成本,再考虑选用复原重置成本。

重置成本作为资产计价概念,不是以重置全价,而是以重置净价为依据。重置净价只是重置全价扣除各种损耗的余额。

重置成本是被评估车辆处于在用状态或可使用状态时的价值,因此适用重置成本价格计量的前提条件有以下两条:

① 车辆已完成购置过程,处于可使用状态,或正处于营运之中。

② 可继续使用。车辆可以按重置成本计价,不仅仅是车辆处于在用状态,更重要的是社会承认处于在用状态的车辆对未来经营的有效性。车辆对未来经营的有效性可以完全不受过去和现在是否有效的影响。

(2) 收益现值

收益现值是指根据车辆未来的预期获利能力,以适当的折现率将未来收益折成现值。从"以利索本"的角度看,收益现值就是为获得车辆取得预期收益的权利所需支付的货币总额。在折现率相同的情况下,车辆未来的效用越大,获利能力越强,其评估值就越大。投资者购买车辆时,一般要进行可行性分析,只有在预期回报率超过评估时的折现率时,才可能支付货币购买车辆。

适用收益现值价格计量的前提条件是车辆可以按其预期收益的现值进行评估,车辆投入使用后可连续获利。

(3) 现行市价

现行市价又称变现价格,是指车辆在公开市场上的销售价格。由于是对预期投入市场车辆的评估,因此,这里的"销售"可以是实际销售,也可以是模拟销售。

现行市价的最基本特征是价格源于公平市场。所谓公平市场,即充分竞争的市场,卖方不存在对市场垄断,买卖双方的交易行为都是自愿的,都有足够的时间与能力了解市场行情。

车辆以现行市价价格进行价值评估时,需具备以下两个基本条件:

① 需要存在一个充分发育、活跃、公平的二手车交易市场。

② 与被评估车辆相同或类似的车辆在市场上有一定的交易量,能够形成市场行情。

(4) 清算价格

清算价格是指企业由于破产等原因,以变卖车辆的方式来清偿债务或分配剩余权益状况的车辆价格。显然,清算价格是非正常的市场价格。它与现行市价相比,两者的根本区别在于:现行市价是公平市场价格,而清算价格是非正常市场上的拍卖价格,这种价格由于受到期限限制和买主限制,一般大大低于现行市价。

适用于清算价格计量的二手车鉴定评估业务主要有企业破产清算,以及因抵押、典当等不能按期偿债而导致的车辆变现清偿等。

(5) 各种计价标准的联系与区别

重置成本计价标准与现行市价计价标准的联系主要表现在,决定重置成本的因素与决定现行市价的基本因素相同,即现有条件下,生产功能相同的车辆所花费的社会必要劳动时间。但是现行市价的确定还需考虑其他与市场相关的因素。一是车辆功能的市场性,即车辆的功能能否得到市场承认。例如,一辆设计及制造质量都很好的专用车辆,尽管它在某一特定领域内具有很强的功能,但一旦退出该领域,其功能就难以完全被市场所接受。二是供求关系的影响。现行市价价格随供求关系的变化将会出现波动。由此可见,现行市价与重置成本的区别在于,现行市价以市场价格为依据,车辆价格受市场因素约束,并且其评估值直接受市场检验;而重置成本只是模拟条件下重置车辆的现行价格。

现行市价计价标准与收益现值计价标准在价格形式上有相似之处,两者都是评估公平市场价格。但是两者的价格内涵不同,现行市价主要是车辆进入市场的价格计量,而收益现值主要是以车辆的获利能力进入市场的价格计量。

现行市价计价标准与清算价格计价标准均是市场价格,两者的根本区别在于,现行市价是公平市场价格;而清算价格是非正常市场上的拍卖价格,一般大大低于现行市价。

1.4 二手车评估的种类及特点

1.4.1 评估的业务范围

随着汽车与经济社会联系的紧密和功能的拓展,车辆鉴定评估行为也逐步渗透到社会的各个领域,成为资产评估重要组成部分。通过二手车评估目的可见二手车评估的业务范围包括:

1) 在流通领域,二手车在不同消费能力群体中互相转手,需要鉴定估价。

2) 有关企业开展收购、代购、代销、租赁、置换、回收(拆解)等二手车经营业务需要鉴定估价。

3) 在金融系统,银行、信托及保险公司开展抵押贷款、典当、保险理赔业务时,需要对相关车辆进行鉴定估价。

4) 有关单位通过拍卖形式处理罚没车辆、抵押车辆、企业清算等车辆时,需要对车辆进行鉴定评估以获取拍卖底价。

5) 司法部门在处理相关案件时,也需要以涉案车辆的鉴定评估结果作为裁定依据。

6) 企业或个人在公司注册、合资、合作、联营及合并、兼并、重组过程中也会涉及二手车鉴定评估业务。

除此以外,二手车鉴定估价的一个重要任务就是要鉴定、识别走私、盗抢、报废、拼装等非法车辆,防止这些车辆通过二手车市场流入社会。

1.4.2 评估的种类

由于资产种类的多样化和资产业务的多样性,资产评估也相应具有多种类型。就二手车评估而言,通常按照不同分类标准,可将其分为下列几种形式。

1. 按评估工作的内容不同可分为一般评估、评估复核和评估咨询

一般评估是指正常情况下的二手车评估,通常以二手车发生产权变动、产权交易以及二手车保险、纳税或其他经济行为为前提。包括市场价值评估和市场价值以外的价值评估。

评估复核是指在被评估的资产已经出具评估报告的基础上,由其他评估机构和评估人员对同一被评估资产独立地进行评定和估算并出具评估报告的行为和过程。

评估咨询是一个较为宽泛的术语。确切地讲,评估咨询主要不是对评估标的物价值的估计和判断,它更侧重于评估标的物的利用价值、利用方式、利用效果的分析和研究,以及与此相关的市场分析和可行性研究等。

2. 按评估与评估准则的关系不同可分为完全评估和限制评估

完全评估一般是指完全按照评估准则的要求进行资产评估,不适用准则中的背离条款。完全评估中的被评估资产通常不受某些方面的限制,评估人员可以按照评估准则和有关规定,根据评估资料对被评估资产的价值作出判断。

限制评估一般是指根据背离条款,或在允许的前提下未完全按照评估准则或规则进行的资产评估(如强制拍卖),评估结果受到某些特殊因素的影响。

3. 按评估的业务类型不同分为交易类评估和咨询服务类评估

交易类评估是服务于二手车交易市场内部的交易业务,是一种有偿服务,其服务费的收取按照《二手车流通管理办法》的规定执行。二手车交易管理费不再按评估价值的百分比来收取,而是采取定额的收费办法。根据车辆的类型、排量或载质量以及服务项目的多少交纳管理服务费。改革后的收费办法,降低了小排量、经济型二手车的交易费用,从而有利于促进个体消费者之间进行二手车的交易。

咨询服务类评估是服务于交易市场外部的非交易业务,它是按地方物价部门对二手车评估制定的有关价格规定,实行有偿服务。如为司法裁定提供咨询服务等,按规定收取一定的咨询费。

1.4.3 评估的特点

资产评估是资产交易等资产业务的中介环节,它是市场经济条件下资产交易和相关资产业务顺利进行的基础。这种以提供资产价值判断为主要内容的经济活动与其他经济活动相比,具有鲜明的特点。

二手车作为一种特定的资产,对其进行鉴定评估从本质意义上讲应当属于资产评估的范畴。但二手车作为国家一类资产,既是生产资料,又是消费资料。汽车是一种高科技、高流动性产品,二手车评估有与一般资产不同的特点。

1. 资产评估的特点

(1) 市场性

资产评估是市场经济发展到一定阶段的产物,没有资产产权变动和资产交易的普遍进行,就不会有资产评估的存在。资产评估一般要估算的是资产的市场价值,因而资产评估专业人员必须凭借自己对资产性质、功能等的认识以及市场经验,模拟市场对特定条件下的资产价值进行估计和判断,评估结果是否客观,需要接受市场价格的检验。因此,资产评估结论要经得起市场的检验。资产评估结论是否经得起市场检验是判断资产评估活动是否合理、规范,以及评估人员是

否合格的根本标准。

(2) 公正性

资产评估的结果密切关系着资产有关各方的经济利益，如果背离客观公正的基本要求，就会使得资产业务的一方或几方蒙受不必要的损失。这就要求评估人员采取客观、公正、中立的态度，不屈服于任何外来的压力和任何一方的片面要求，客观公正地进行资产评估。公正性对于评估机构而言也是十分重要的。评估机构只有以客观公正的评估结果，为客户提供优质服务，才能赢得客户的信任，逐步树立自己的品牌。否则必将丧失信誉、丧失市场，最终走向破产。

要保证资产评估的公正性，一方面，要强调资产评估机构和评估人员保持超然独立的地位，与资产交易各当事人没有任何利益和利害关系，这是公正性的组织基础；另一方面，资产评估必须按公允、法定的准则和规程执业，遵守公允的行为规范和业务规范，这是公正性的技术基础。

(3) 技术性

资产评估人员在对被评估资产价值作出专业判断的过程中，需要依据大量的数据资料，经过复杂细致的技术性处理和必要的计算，不具备相应的专业知识就难以完成评估工作。现代汽车品种繁多、型号各异、结构复杂，汽车上使用的新技术层出不穷。这就要求评估人员不仅对传统汽车的组成、结构比较熟悉，而且对汽车的新技术、新结构及其发展趋势有比较清楚的了解。需要对汽车的有关技术性能、磨损程度、使用寿命、修理费用、配件价格等情况做出判断和估测，综上这些都需要评估人员具有较丰富的专业技术知识，若不具备有关专业知识则难以得出客观的评估结果。

资产评估的技术性要求评估人员应当由具备一定专业知识的专业技术人员构成，如《二手车流通管理办法》规定，二手车鉴定评估机构必须有 3 名以上获得劳动部门颁发的“二手车鉴定评估师”职业资格证书且从事二手车鉴定评估业务的专业人员。

(4) 咨询性

资产评估结论是评估人员在评估时根据所能搜集到的数据资料，模拟市场对资产价值所作出的主观推论和判断。不论评估人员的评估依据有多么充分，评估结论仍然是评估人员的一种主观判断，而不是客观事实。因此，资产评估不是一种给资产定价的社会经济活动，它只是一种经济咨询或专业咨询活动。评估结果本身并没有强制执行的效力，评估人员只对评估结论的客观性负责，而不对资产交易价格的确定负责。评估人员只是为资产交易业务提供一个参考价格，最终的成交价格取决于交易双方在交易过程中的讨价还价能力。

(5) 综合性

综合性是指资产评估工作需要综合应用多方面的知识，所以评估人员必须具有多方面的综合素质，同时需要了解被评估资产的综合性能和属性。具体地说，评估人员必须全面了解被评估资产的自然属性、社会属性以及市场价格和内在价值，了解被评估资产的相关外界环境，能基本预测其未来的性能、效用和收益。例如，对一台汽车进行评估，至少要考虑的因素有汽车的构造与原车售价、汽车的有形和无形磨损程度、新车售价及新旧车辆的配置差异、品牌及保值率因素、税费构成及使用成本、配件及售后服务等。很显然，评估工作的综合性是非常突出的，评估小组人员构成要尽可能综合化，既有熟知汽车技术的专家，又有掌握经济学、管理学等的专家，还要有相应的预测人员对经济走势和其他方面进行科学的预测。

(6) 责任性

在市场经济发达的国家,进行评估的评估人员要承担连带责任,这就要求评估人员必须具有良好的职业道德素质,必须充分、慎重地考虑一切影响评估结果的重要因素。同时,资产评估人员必须在评估报告上签名并加盖所在评估机构的公章,评估结果方为有效,而评估结果一旦生效,评估人员和评估机构就必须承担相应的法律责任。

2. 二手车评估的特点

由于汽车是高科技产品,二手车流通又属特殊商品流通,与其他资产评估相比,二手车鉴定评估具有以下特点:

(1) 知识面广、政策性强

汽车鉴定估价理论和方法以资产评估学为基础,涉及经济管理、市场营销、金融、价格、财会及机械原理、汽车构造等多方面知识,技术含量高,因此汽车技术鉴定的依赖性较强。

从事鉴定评估的人员既要熟知《拍卖法》、《国有资产评估管理办法》、《汽车报废标准》、《二手车流通管理办法》、《二手车交易规范》等政策法规,还要掌握车辆管理有关规定及各地相关的配套措施。

(2) 实践和技能水平要求高

要求从业人员不仅会驾驶汽车,而且还能使用检测仪器和设备,并能通过目测、耳听、手摸等手段判断二手车外观、总成的基本状况,能够通过路试判断发动机、传动系、转向系、制动系、电路、油路等工作情况,甚至对汽车主要部件功能和更换也要有一定的了解。

评估过程是以人的智力活动为中心开展的,评估质量取决于评估人员掌握的信息、知识结构和经验,体现评估人员的主体性。

(3) 动态特征明显

目前汽车产品更新换代快,结构升级、技术创新层出不穷,加之市场经济条件下市场行情的多变难测,使二手车鉴定估价工作具有极强的动态性、时效性。要求从业人员在具体工作中不仅要掌握有关的账面原值、净值、历史依据,更要结合评估基准日这一时点的现实价格和行情,才能准确作出评估结果。

另外,由于被评估对象的类似性、重复性,要求评估机构在评估过程中加强自律性,克服随意性,而且由于汽车产品在不同的环节的价值属性比较复杂,决定了二手汽车评估的多样性。

1.4.4 二手车评估机构的职能与地位

1. 二手车鉴定评估机构的职能

(1) 评估职能

评估即评价、估算,指对某一事物或物质进行评判和预估。评估职能是评估所应具有的作用。二手车鉴定评估机构与其他公估人一样具有一种广义的评估职能,包括评价职能、勘验职能、鉴定职能、估价职能等。二手车鉴定评估机构对二手车进行评估,得出评估结论,并说明得出结论的充分依据和推理过程,体现出其评估职能。评估职能是二手车鉴定评估机构的关键职能。

(2) 公证职能

二手车鉴定评估机构对二手车评估结论作出符合实际、可以信赖的证明。二手车鉴定评估机构之所以具有公证职能，是因为：

① 二手车鉴定评估人员有丰富的二手车评估知识和技能，在判断二手车评估结论准确与否的问题上最具资格和权威性；

② 作为当事人之外的第三方，二手车鉴定评估机构完全站在中立、公正的立场上就事论事、科学办事。

公证职能是二手车鉴定评估机构的重要职能，并具有以下特征：第一，这种公证职能虽然不具备定论作用，但却有促成事故结案、买卖成交的作用，因为当事人双方难以找出与评估结论完全不同的原因或理由。第二，这种公证职能虽然不具备法律效力，但该结论可以接受法律的考验。这是因为二手车鉴定评估机构的评估结论确定之后，必须经当事人双方接受才能结案或买卖成交。一旦当事人双方有一方不能接受，则可选择其他途径解决，如调解协商、仲裁或诉讼。但是，二手车鉴定评估机构可以接受委托方的委托出庭辩护，甚至可被聘请为诉讼代理人出庭诉讼，本着对委托方特别是对评估报告负责的原则，促成双方接受既定结论。

（3）中介职能

二手车鉴定评估机构作为中介从事评估经济活动，并参与相关利益的分配，为当事人提供服务，具有鲜明的中介职能。这是因为，第一，二手车鉴定评估机构可以受托于双方当事人的任何一方；第二，二手车鉴定评估机构以当事人之外的第三方身份从事二手车评估经营活动，从当事人一方获得委托，以中间人立场执行二手车评估，并收取合理费用。这样，二手车鉴定评估机构以中间人的身份，独立地开展二手车评估，从而得出评估结论，促成双方当事人接受该结论，为当事人提供中介服务，淋漓尽致地发挥其中介职能。

2. 鉴定评估机构的地位

二手车鉴定评估机构的地位是独立的。主要表现在：

1）二手车鉴定评估机构开展评估业务时，既不代表双方当事人，也不受行政权力等外界因素干扰。

2）在开展二手车评估业务的整个进程中，汽车评估执业人员保持着独立的思维方式和判断标准。

3）二手车鉴定评估人员的评估分析和结论保持独立性，这一特征在二手车鉴定评估机构所出具的评估报告中得以充分体现。

4）二手车鉴定评估人员具有知识密集性和技术密集性的特征，在二手车评估领域具有一定的权威地位，但从法律的角度看，这种权威地位是相对的。从市场地位而言，二手车鉴定评估人员必须坚持独立的立场，无论针对哪一方委托的事务都应作出客观、公平的评判。

3. 设立二手车鉴定评估机构的程序

根据《二手车流通管理办法》第十条规定，设立二手车鉴定评估机构，应当按下列程序办理：

1）申请人向拟设立二手车鉴定评估机构所在地省级商务主管部门提出书面申请，并提交符合本办法第九条规定的相关材料。

2）省级商务主管部门自收到全部申请材料之日起20个工作日内作出是否予以核准的决定，对予以核准的，颁发《二手车鉴定评估机构核准证书》，不予核准的，应当说明理由。

3）申请人持《二手车鉴定评估机构核准证书》到工商行政管理部门办理登记手续。

外商投资设立二手车交易市场、经销企业、经纪机构、鉴定评估机构的申请人（外资并购二手车交易市场和经营主体及已设立的外商投资企业增加二手车经营范围的)，应当分别持符合《二手车流通管理办法》第八条、第九条规定和《外商投资商业领域管理办法》有关外商投资法律规定的相关材料报省级商务主管部门。省级商务主管部门进行初审后，自收到全部申请材料之日起1个月内上报国务院商务主管部门。合资中方有国家计划单列企业集团的，可直接将申请材料报送国务院商务主管部门。国务院商务主管部门自收到全部申请材料3个月内会同国务院工商行政管理部门，作出是否予以批准的决定，对予以批准的，颁发或者换发《外商投资企业批准证书》；不予批准的，应当说明理由。申请人持《外商投资企业批准证书》到工商行政管理部门办理登记手续。

第 2 章 汽车识别技术

2.1 机动车分类

2.1.1 按国家标准分类

经国家质量监督检验检疫总局批准，汽车分类的两个新国家标准 GB/T 3730.1—2001《汽车和挂车类型的术语和定义》和 GB/T 15089—2001《机动车及挂车分类》于 2002 年 3 月 1 日正式实施，代替了 GB/T 3730.1—1988《汽车和半挂车的术语和定义：车辆类型》和 GB/T 15089—1994《机动车分类》。

GB/T 15089—2001 主要用于型式认证，是型式认证各技术法规适用范围的依据；GB/T 3730.1—2001 是通用性分类，适用于一般概念、统计、牌照、保险、政府政策和管理的依据。

新国家标准的新车分类标准与联合国欧洲经济委员会的 ECE.R.E3 标准一致，GB/T 3730.1 标准修订时在技术内容上等同采用了 ISO 3833，因此与国际完全接轨。其中乘用车是指 9 座以下、以载客为主的车辆，包括基本乘用车、多功能车（MPV）、运动型多用途车（SUV）和交叉型乘用车四类。交叉型乘用车是指不能列入基本乘用车、MPV、SUV 的其他乘用车，而商用车是指大于 9 座的客车、载货车、半挂车，以及客车与载货车非完整车辆等 5 类品种。

1. 机动车及挂车分类

国家标准《机动车及挂车分类》（GB/T 15089—2001）中将机动车及挂车分为 L 类、M 类、N 类、O 类和 G 类五种。通常将 M 类、N 类、M 类与 O 类组合、N 类与 O 类组合、G 类机动车都称为汽车。

(1) L 类机动车

L 类机动车是指两轮或三轮机动车。根据车速不同，L 类机动车又分为五种类型（表 2.1）。

表 2.1 L 类机动车的类型

L 类机动车	定　义
L_1 类	装用排量不超过 50 mL 的发动机，最高设计车速不超过 40 km/h 的二轮车
L_2 类	装用排量不超过 50 mL 的发动机，最高设计车速不超过 40 km/h 的三轮车
L_3 类	装用排量超过 50 mL 的发动机，或设计车速超过 40 km/h 的二轮车
L_4 类	装用排量超过 50 mL 的发动机，或设计车速超过 40 km/h，三个车轮相对于车辆的纵向中心平面为非对称布置的车辆（如边三轮摩托车）
L_5 类	装用排量超过 50 mL 的发动机或设计车速超过 40 km/h，厂定最大质量不超过 1 t 且三个车轮相对于车辆的纵向中心平面为对称布置的车辆

(2) M类机动车

M类机动车的类型见表2.2。

表2.2 M类机动车的类型

M类机动车		定义
M_1类		包括驾驶员座位在内,座位数不超过九座的载客车辆
M_2类	A级	可载乘员数(不包括驾驶员)不多于22人,并允许乘员站立。包括驾驶员座位在内座位数超过九个,且最大设计总质量不超过5 000 kg的载客车辆
	B级	可载乘员数(不包括驾驶员)不多于22人,不允许乘员站立。包括驾驶员座位在内座位数超过九个,且最大设计总质量不超过5 000 kg的载客车辆
	Ⅰ级	可载乘员数(不包括驾驶员)多于22人,允许乘员站立,并且乘员可以自由走动。包括驾驶员座位在内座位数超过九个,且最大设计总质量不超过5 000 kg的载客车辆
	Ⅱ级	可载乘员数(不包括驾驶员)多于22人,只允许乘员站立在过道和/或提供不超过相当于两个双人座位的站立面积。包括驾驶员座位在内座位数超过九个,且最大设计总质量不超过5 000 kg的载客车辆
	Ⅲ级	可载乘员数(不包括驾驶员)多于22人,不允许乘员站立。包括驾驶员座位在内座位数超过九个,且最大设计总质量不超过5 000 kg的载客车辆
M_3类	A级	可载乘员数(不包括驾驶员)不多于22人,并允许乘员站立。包括驾驶员座位在内座位数超过九个,且最大设计总质量超过5 000 kg的载客车辆
	B级	可载乘员数(不包括驾驶员)不多于22人,不允许乘员站立。包括驾驶员座位在内座位数超过九个,且最大设计总质量超过5 000 kg的载客车辆
	Ⅰ级	可载乘员数(不包括驾驶员)多于22人,允许乘员站立,并且乘员可以自由走动。包括驾驶员座位在内座位数超过九个,且最大设计总质量超过5 000 kg的载客车辆
	Ⅱ级	可载乘员数(不包括驾驶员)多于22人,只允许乘员站立在过道和/或提供不超过相当于两个双人座位的站立面积。包括驾驶员座位在内座位数超过九个,且最大设计总质量超过5 000 kg的载客车辆
	Ⅲ级	可载乘员数(不包括驾驶员)多于22人,不允许乘员站立。包括驾驶员座位在内座位数超过九个,且最大设计总质量超过5 000 kg的载客车辆

(3) N类机动车

N类机动车是指至少有四个车轮并且用于载货的机动车,根据设计的总质量不同,N类机动车又分为三种类型,见表2.3。

表 2.3 N 类机动车的类型

N 类机动车	定　义
N_1 类	最大设计总质量不超过 3 500 kg 的载货车辆
N_2 类	最大设计总质量超过 3 500 kg，但不超过 12 000 kg 的载货车辆
N_3 类	最大设计总质量超过 12 000 kg 的载货车辆

说明：

1）对于为挂接半挂车而设计的牵引车辆（半挂牵引车）。车辆分类所依据的质量是处于行驶状态中的牵引车的质量，加上半挂车传递到牵引车上最大垂直静载荷和牵引车自身最大设计装载质量（如果有的话）的和。

2）某些专用作业车（例如汽车起重机、修理工程车、宣传车等）上的设备和装置被视为货物。

（4）O 类机动车

O 类机动车是指挂车，包括半挂车。根据挂车的设计总质量不同，O 类机动车又分为四种类型，见表 2.4。

表 2.4 O 类机动车的类型

O 类机动车	定　义
O_1 类	最大设计总质量不超过 750 kg 的挂车
O_2 类	最大设计总质量超过 750 kg，但不超过 3 500 kg 的挂车
O_3 类	最大设计总质量超过 3 500 kg，但不超过 10 000 kg 的挂车
O_4 类	最大设计总质量超过 10 000kg 的挂车

（5）G 类机动车

G 类机动车是指 M 类和 N 类的越野车。

2. 汽车和挂车类型的术语和定义

新的国家标准《汽车和挂车类型的术语和定义》（GB/T 3730.1—2001）对在道路上运行的汽车、挂车和汽车列车的类型给出了术语和定义。它为我国汽车产品的设计、生产、销售、使用以及税收、进出口管理等提供了通用的语言，为汽车行业及相关方面标准、法规制定提供了重要的依据，是汽车行业国际化程度的重要表征。

该标准参照国际惯例对汽车按用途分类进行了十分详尽表述，将广义上的汽车分为有动力的汽车和无动力的挂车，有动力的汽车和无动力的挂车组成汽车列车，其中将汽车分为乘用车和商用车。

（1）汽车

《汽车和挂车类型的术语和定义》（GB/T 3730.1—2001）将汽车定义为：汽车是指由动力驱动，具有四个或四个以上车轮的非轨道承载的车辆，主要用于载运人员和/或货物、牵引载运人员和/或货物的车辆以及特殊用途。

GB/T 3730.1—2001 有关汽车的分类：

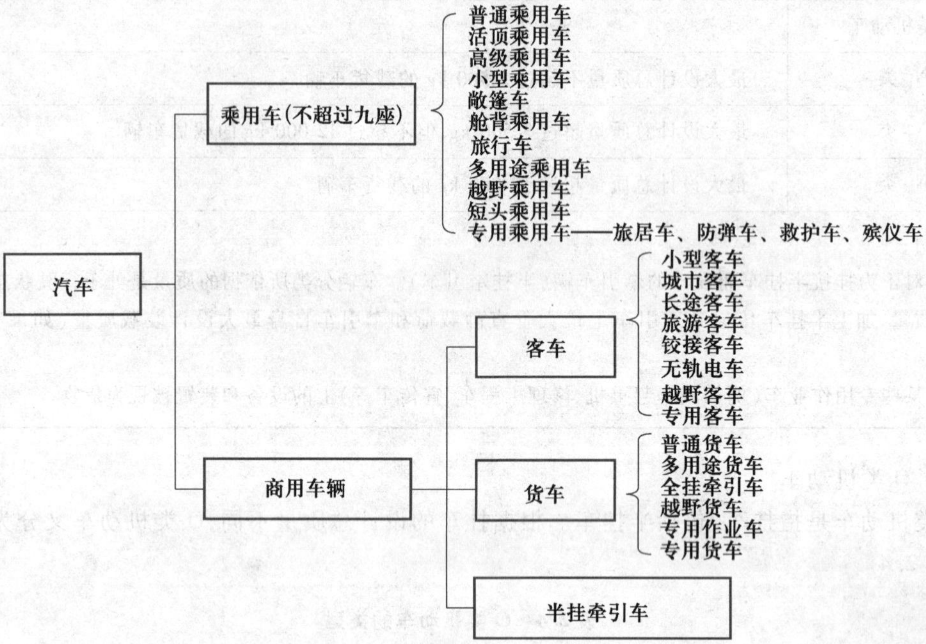

1）乘用车

乘用车是指在其设计和技术特性上主要用于载运乘客及其随身行李和/或临时物品的汽车，包括驾驶员座位在内最多不超过9个座位。它也可以牵引一辆挂车。乘用车共分为11种，其分类方式和定义见表2.5。

表2.5 乘用车的类型和定义

乘用车类型		定义
1	普通乘用车	车身：封闭式，侧窗中柱有或无。 车顶(顶盖)：固定式，硬顶。有的顶盖一部分可以开启。 座位：4个或4个以上座位，至少两排。后排座椅可折叠或移动，以形成装载空间。 车门：2个或4个侧门，可有一后开启门
2	活顶乘用车	车身：具有固定侧围框架的可开启式车身。 车顶(顶盖)：车顶为硬顶或软顶，至少有两个位置：① 封闭；② 开启或拆除。可开启式车身可以通过使用一个或数个硬顶部件和/或合拢软顶将开启的车身关闭。 座位：4个或4个以上座位，至少两排。 车门：2个或4个侧门。 车窗：4个或4个以上侧窗
3	高级乘用车	车身：封闭式。前后座之间可以设有隔板。 车顶(顶盖)：固定式，硬顶。有的顶盖一部分可以开启。 座位：4个或4个以上座位，至少两排。后排座椅前可安装折叠式座椅。 车门：4个或6个侧门，也可有一个后开启门。 车窗：6个或6个以上侧窗

续表

乘用车类型		定　义
4	小型乘用车	车身：封闭式，通常后部空间较小。 车顶（顶盖）：固定式，硬顶。有的顶盖一部分可以开启。 座位：2 个或 2 个以上的座位，至少一排。 车门：2 个侧门，也可有一个后开启门。 车窗：2 个或 2 个以上侧窗
5	敞篷车	车身：可开启式。 车顶（顶盖）：车顶可为软顶或硬顶，至少有两个位置：第一个位置遮覆车身，第二个位置车顶卷收或可拆除。 座位：2 个或 2 个以上的座位，至少一排。 车门：2 个或 4 个侧门。 车窗：2 个或 2 个以上侧窗
6	舱背乘用车	车身：封闭式，侧窗中柱可有可无。 车顶（顶盖）：固定式，硬顶。有的顶盖一部分可以开启。 座位：4 个或 4 个以上座位，至少两排。后座椅可折叠式可移动，以形成一个装载空间。 车门：2 个或 4 个侧门，车身后部有一仓门
7	旅行车	车身：封闭式。车尾外形按可提供较大的内部空间。 车顶（顶盖）：固定式，硬顶。有的顶盖一部分可以开启。 座位：4 个或 4 个以上座位，至少两排。座椅的一排或多排可拆除，或装有向前翻倒的座椅靠背，以提供装载平台。 车门：2 个或 4 个侧门，并有一后开启门。 车窗：4 个或 4 个以上侧窗
8	多用途乘用车	上述 1～7 车辆以外的，只有单一车室载运乘客及其行李或物品的乘用车。但是，如果这种车辆同时具有下列两个条件，则不属于乘用车： 1）除驾驶员以外的座位数不超过 6 个；只要车辆具有可使用的座椅安装点，就应算“座位”存在。 2）$M-(m+n\times 68)>n\times 68$ 式中，M 为最大设计总质量；m 为整车整备质量与一位驾驶员质量之和；n 为除驾驶员以外的座位数
9	短头乘用车	一种乘用车，它一半以上的发动机长度位于车辆前风窗玻璃最前点以后，并且方向盘的中心位于车辆总长的前四分之一部分内
10	越野乘用车	在其设计上所有车轮同时驱动（包括一个驱动轴可以脱开的车辆），或其几何特性（接近角、离去角、纵向通过角，最小离地间隙）、技术特性（驱动轴数、差速锁止机构或其他型式机构）和它的性能（爬坡度）允许在非道路上行驶的一种乘用车

续表

乘用车类型			定　义
11	专用乘用车	旅居车	旅居车是一种至少具有下列生活设施结构的乘用车。 一座椅和桌子;一睡具,可由座椅转换而来;一炊事设施;一储藏设施
		防弹车	用于保护所运送的乘员和/或物品并符合装甲防弹要求的乘用车
		救护车	用于运送病人或伤员并为此目的配有专用设备的乘用车
		殡仪车	用于运送死者并为此目的而配有专用设备的乘用车

说明:

1) 专用乘用车是指运载乘员或物品并完成特定功能的乘用车,它具备完成特定功能所需的特殊车身和/或装备。

2) 普通乘用车、活顶乘用车、高级乘用车、小型乘用车、敞篷车、舱背乘用车等 6 种乘用车俗称轿车

2) 商用车辆

商用车辆是指在设计和技术特性上用于运送人员和货物的汽车,并且可以牵引挂车,乘用车不包括在内。

① 客车。客车是指在设计和技术特性上用于载运乘客及其随身行李的商用车辆,包括驾驶员座位在内座位数超过 9 座。客车有单层的和双层的,也可牵引一挂车。客车分为 8 大类,见表 2.6。

表 2.6 客车的类型和定义

客车类型		定　义
1	小型客车	用于载运乘客,除驾驶员座位外,座位数不超过 16 座的客车
2	城市客车	一种为城市内运输而设计和装备的客车。这种车辆设有座椅及站立乘客的位置,并有足够的空间供频繁停站时乘客上下车走动用
3	长途客车	一种为城际间运输而设计和装备的客车。这种车辆没有专供乘客站立的位置,但在其通道内可载运短途站立的乘客
4	旅游客车	一种为旅游而设计和装备的客车。这种车辆的布置要确保乘客的舒适性,不载运站立的乘客
5	铰接客车	一种由两节刚性车厢铰接组成的客车。在这种车辆上,两节车厢是相通的,乘客可通过铰接部分在两节车厢之间自由走动。这种车辆可以按小型客车、城市客车、长途客车和旅游客车进行装备。两节刚性车厢永久连接,只有在工厂车间使用专用的设施才能将其拆开
6	无轨电车	一种经架线由电力驱动的客车。这种电车可指定用做多种用途,并按城市客车、长途客车和铰接客车进行装备

续表

客车类型		定　义
7	越野客车	在其设计上所有车轮同时驱动（包括一个驱动轴可以脱开的车辆）或其几何特性（接近角、离去角、纵向通过角、最小离地间隙）、技术特性（驱动轴数、差速锁止机构或其他型式机构）和它的性能（爬坡度）允许在非道路上行驶的一种车辆
8	专用客车	在其设计和技术特性上只适用于需经特殊布置安排后才能载运人员的车辆

② 半挂牵引车。半挂牵引车是指装备有特殊装置用于牵引半挂车的商用车辆。

③ 货车。货车是指一种主要为载运货物而设计的商用车辆，它能否牵引挂车均可。货车分为 8 种类型，其定义见表 2.7。

表 2.7　货车的分类与定义

货车		定　义
1	普通货车	一种在敞开（平板式）或封闭（厢式）载货空间内载运货物的货车
2	多用途货车	在其设计和结构上主要用于载运货物，但在驾驶员座椅后带有固定或折叠式座椅，可运载 3 个以上乘客的货车
3	全挂牵引车	一种牵引牵引杆式挂车的货车。它本身可在附属的载运平台上运载货物
4	越野货车	在其设计上所有车轮同时驱动（包括一个驱动轴可以脱开的车辆）或其几何特性（接近角、离去角、纵向通过角、最小离地间隙）、技术特性（驱动轴数、差速锁止机构或其他型式的机构）和它的性能（爬坡度）允许在环路上行驶的一种车辆
5	专用作业车	在其设计和技术特性上用于特殊工作的货车。例如消防车、救险车、垃圾车、应急车、街道清洗车、扫雪车、清洁车等
6	专用货车	在其设计和技术特性上用于运输特殊物品的货车。例如罐式车、乘用车运输车、集装箱运输车等
7	低速货车	即“原四轮农用运输车”，最高设计车速小于 70 km/h、具有四个车轮的货车
8	三轮汽车	即原“三轮农用运输车”，最高设计车速小于等于 50 km/h、具有三个车轮的货车

（2）挂车

挂车是指就其设计和技术特性需由汽车牵引，才能正常使用的一种无动力的道路车辆，用于载运人员和/或货物，或特殊用途。挂车分为牵引杆挂车、半挂车和中置轴挂车三种类型。

1）牵引杆挂车

牵引杆挂车是指至少有两根轴的挂车。具有一轴可转向，通过角向移动的牵引杆与牵引车连接。牵引杆可垂直移动，连接到底盘上，因此不能承受任何垂直力。具有隐藏支地架的半挂车也作为牵引杆挂车。牵引杆挂车分为四大类型，其定义见表 2.8。

2）半挂车

半挂车是指车轴置于车辆重心（当车辆均匀受载时）后面，并且装有可将水平或垂直力传递到牵引车的连接装置的挂车。半挂车分为四种类型,见表2.9。

表2.8 牵引杆挂车的类型

牵引杆挂车类型		定 义
1	客车挂车	在其设计和技术特性上,用于载运人员及其随身行李的牵引杆挂车。它可按牵引杆货车挂车和通用牵引杆挂车装备。
2	牵引杆货车挂车	在其设计和技术特性上用于载运货物的牵引杆挂车
3	通用牵引杆挂车	一种在敞开(平板式)或封闭(厢式)载货空间内载运货物的牵引杆挂车
4	专用牵引杆挂车	一种牵引杆挂车,按其设计和技术特性用做:需经特殊布置后才能载运人员和/(或)货物;或只执行某种规定的运输任务(例如乘用车运输挂车、消防挂车、低地板挂车、空气压缩机挂车等)

表2.9 半挂车的类型和定义

半挂车类型		定 义
1	客车半挂车	在其设计和技术特性上用于载运乘客及其随身行李的半挂车。这种半挂车可按客车、半挂牵引车、货车加以装备
2	通用货车半挂车	一种在敞开(平板式)或封闭(厢式)载货空间内载运货物的半挂车
3	专用半挂车	一种半挂车,按其设计和技术特性用做:需经特殊布置后才能载运人员和(或)货物或只执行某种规定的运输任务。例如原木半挂车、消防半挂车、低地板半挂车、空气压缩机半挂车等
4	旅居半挂车	能够提供活动睡具的半挂车

3)中置轴挂车

牵引装置不能垂直移动(相对于挂车),车轴位于紧靠挂车的重心(当均匀载荷时)的挂车。这种车辆只有较小的垂直静载荷作用于牵引车,不超过相当于挂车最大质量的10%或1 000 N的载荷(两者取较小者)。其中一轴或多轴可由牵引车来驱动。例如,旅居挂车是指能够提供活动睡具的中置轴挂车。

(3)汽车列车

汽车列车是指一辆汽车与一辆或多辆挂车的组合。共有八种类型,见表2.10。

表2.10 汽车列车的类型和定义

汽车列车		定 义
1	乘用车列车	一辆乘用车和中置轴挂车的组合
2	客车列车	一辆客车与一辆或多辆挂车的组合。各节乘客车厢不相通,有时可设服务走廊
3	货车列车	一辆货车与一辆或多辆挂车的组合
4	牵引杆挂车列车	一辆全挂牵引车与一辆或多辆挂车的组合

续表

汽车列车		定　义
5	铰接列车	一辆半挂牵引车与具有角向移动连接的半挂车组成的车辆
6	双挂列车	一辆铰接式列车与一辆牵引杆挂车的组合
7	双半挂列车	一辆铰接式列车与一辆半挂车的组合。两辆车的连接是通过第二个半挂车的连接装置来实现的
8	平板列车	一辆货车和一辆牵引杆货车挂车的组合，在可角向移动的货物承载平板的整个长度上载荷都是不可分地置于牵引车和挂车上。为了支承这个载荷可以使用辅助装置。这个载荷和(或)它的支撑装置构成了这两个车辆的连接装置，因此不允许挂车再有转向连接

3. 依据旧标准按用途分类

由于旧标准 GB/T 3730.1—1988《汽车和半挂车的术语和定义：车辆类型》是根据国内当时的实际情况制定的，使用时间较长，这种分类已被广大群众所接受和掌握。所以，目前国内还在广泛使用。依据 GB/T 3730.1—1988 的规定，在公路、城市道路和非公路上行驶的国产汽车种类可分为以下几类：

(1) 货车(载货汽车)

用于运送货物，亦可牵引全挂车的汽车。

(2) 越野汽车

用于坏路或无路地区全轮驱动的、具有高通过性的汽车，亦可以牵引挂车。

(3) 自卸汽车

以运送货物为主且具有可倾卸货箱的汽车。

(4) 牵引汽车

专门或主要用于牵引挂车的汽车。

(5) 专用汽车

装备有专用设备，具备专用功能用于承担专门运输任务或专项作业的汽车。

(6) 客车

具有长方箱形车厢，主要用于载送人员及其随身行李物品的汽车。有单层也有双层的，有铰接的，也有牵引挂车结构的。

(7) 轿车

用于载运人员及其随身物品，且座位布置在两轴之间的四轮汽车。

2.1.2 按公安车辆登记管理分类

为了便于对机动车辆核发牌照和登记管理，公安车辆管理部门也有一套自己的车辆分类方法，如机动车行驶证上就有车辆类型信息。从 2004 年 8 月 1 日开始，公安机关开始按照 QC/T 698.1—2004《车辆说明文件》对机动车辆进行登记管理，其中对车辆类型按照《机动车登记信息代码　机动车辆类型代码》的规定进行分类，见表 2.11、表 2.12。

表 2.11 按规格分类的车辆类型

分类		规格术语	说明
汽车	载客	大型	车长大于等于 6 m 或者乘坐人数大于等于 20 人。乘坐人数可变的,以上限确定。乘坐人数包括驾驶员(下同)
		中型	车长小于 6 m,乘坐人数大于 9 人且小于 20 人
		小型	车长小于 6 m,乘坐人数小于等于 9 人
		微型	车长小于等于 3.5 m,发动机气缸总排量小于等于 1 L
	载货	重型	车长大于等于 6 m 或者总质量大于等于 12 000 kg
		中型	车长大于等于 6 m,总质量大于等于 4 500 kg 且小于 12 000 kg
		轻型	车长小于 6 m,总质量小于 4 500 kg
		微型	车长小于等于 3.5 m,载质量小于等于 750 kg
半挂车		重型	最大总质量大于等于 12 000 kg
		中型	最大总质量大于等于 4 500 kg 且小于 12 000 kg
		轻型	最大总质量小于 4 500kg

表 2.12 按结构分类的车辆类型

分类		结构术语	说明
汽车	载客	普通客车	车身为长方体或近似长方体,单层地板,一厢或两厢式结构,安装座椅的载客汽车
		双层客车	车身为长方体或近似长方体,双层地板,一厢或两厢式结构,安装座椅的载客汽车
		卧铺客车	车身为长方体或近似长方体,单层地板,一厢或两厢式结构,安装卧铺的载客汽车
		铰接客车	车身为长方体或近似长方体,单层地板,由铰接装置连接两个车厢且连通,安装座椅的载客汽车
		越野客车	车身结构为一厢或两厢式,所有车轮能够同时驱动,接近角、离去角、纵向通过角、最小离地间隙等技术参数按照高通过性设计的载客汽车
		轿车	车身结构为两厢式且乘坐人数不超过 5 人,或者车身结构为三厢式且乘坐人数不超过 7 人的载客汽车。但同一型号车辆可增加乘坐人数的除外
	载货	普通货车	载货部位的结构为栏板的载货汽车,不包括具有自动倾斜装置的载货汽车
		厢式货车	载货部位的结构为封闭厢体且与驾驶室各自独立的载货汽车
		封闭货车	载货部位的结构为封闭厢体且与驾驶室联成一体,车身结构为一厢式载货汽车

续表

分类		结构术语	说　明
汽车	载货	罐式货车	载货部位的结构为封闭罐体的载货汽车
		平板货车	载货部位的地板为平板结构且无栏板的载货汽车
		集装箱车	载货部位为框架结构且无地板,专门运输集装箱的载货汽车
		自卸货车	载货部位具有自动倾斜装置的载货汽车
		特殊结构货车	载货部位为特殊结构,专门运输特定物品的载货汽车。如:运输小轿车的双层结构载货汽车,运输活禽畜的多层结构载货汽车
其他		半挂牵引车	不具有载货结构,专门用于牵引半挂车的汽车
		专项作业车	装置有专用设备或器具,用于专项作业的汽车。如洒水车、吸污车、水泥搅拌车、起重车、医疗车等
电车		无轨电车	以电动机驱动,设有集电杆,驾线供电的电车
		有轨电车	以电动机驱动,设有集电杆,驾线供电,有轨道的电车
半挂车		普通半挂车	载货部位为拦板结构的半挂车
		厢式半挂车	载货部位为封闭厢体结构的半挂车
		罐式半挂车	载货部位为封闭罐体结构的半挂车
		平板半挂车	载货部位的地板为平板结构且无拦板的半挂车
		集装箱半挂车	载货部位为框架结构且无地板、专门运输集装箱的半挂车
		自卸半挂车	载货部位具有自动倾斜装置的半挂车
半挂车		特殊结构半挂车	载货部位为特殊结构,专门运输特定物品的半挂车

注:1. 表 2.11 和表 2.12 分类栏不对应时,不用说明车辆规格。
2. 除微型轿车以外的轿车在填写车辆类型时不用说明车辆规格。
3. 半挂牵引车、使用载货汽车底盘的专项作业车按照载货汽车的车辆规格说明。使用载客汽车底盘的专项作业车按照载客汽车的车辆规格说明。

2.1.3 按交通部门对收费公路收费标准进行分类

依据中华人民共和国交通行业标准《收费公路车辆通行费车型分类》JT/T 489—2003,车型分类见表 2.13。

表 2.13 收费公路车辆通行费车型分类

类别	车型及规格	
	客车	货车
第 1 类	≤7 座	≤2 t
第 2 类	8 ~ 19 座	2 ~ 5 t(含 5 t)

续表

类别	车型及规格	
	客车	货车
第3类	20~39座	5~10 t(含10 t)
第4类	≥40座	10~15 t(含15 t) 20 ft集装箱车
第5类		>15 t 40 ft集装箱车

2.2 VIN码识别技术

2.2.1 VIN码概述

1. VIN码的意义和作用

VIN是英语vehicle identification number的缩写，即车辆识别代号。

车辆识别代号(VIN)编码由一组字母和阿拉伯数字组成，共17位，又称17位识别代号编码。它是识别一辆汽车不可缺少的工具。17位代号编码经过排列组合的结果可以使车型生产在30年之内不会发生重号现象，就像身份证号码一样，不会产生重号错认，故又称为“汽车身份证”。因为现在生产的汽车车型更新换代年限在逐渐缩短，一般8~12年就淘汰，不再生产。即使新的国家报废标准对9座以下非营运载客汽车没有使用年限的限制，一般也用不到30年。所以17位识别代号编码已足够使用，不可能有重号出现。

VIN的每位代码代表着汽车的某一方面的信息参数。按照识别代号编码顺序，从VIN中可以识别出该车的生产国家、制造公司或生产厂家、车辆类型、品牌名称、车型系列、车身型式、发动机型号、车型年款(属哪年生产的年款型车)、安全防护装置型号、检验数字、装配工厂名称和出厂顺序号码等。

由于VIN码的唯一性和标准性，已在汽车生产、销售、承保、理赔、维修、鉴定评估等各个行业和环节中被广泛使用作为主检索信息。2000年以前，我国的车型比较单一，乘用车主要以桑塔纳、捷达、富康老三样为主，载货车以解放、东风、斯泰尔等为主，车型比较单一，而且更新换代很慢，VIN码的作用显得不是很重要。但是，随着我国汽车产销量的急剧增长，新车型的数量也逐年增多。根据国家发改委的新车目录公告，2006年我国推出的乘用车新车型共有117款，而2007年3月一个月就有30款。VIN码越来越凸显出它的重要性。

为了便于识别和管理，国际标准化组织(ISO)经过对欧、美各国的车辆识别方案和管理经验的总结和发展，建立了世界统一的道路车辆识别系统的四个国际标准：

IS03779—1983《道路车辆　VIN(车辆识别代号)内容与构成》

IS03780—1983《道路车辆　世界制造厂识别代号(WMI)》

IS04030—1983《道路车辆　VIN(车辆识别代号)位置与固定》

IS04100—1980《道路车辆 世界零件制造厂识别代号(WPMI)》

我国1996年12月25日颁布了相应的车辆识别代号(VIN)管理规则和四个推荐标准,于1997年开始试行,1999年正式实施。我国以下四个VIN标准均等同采用了国际ISO标准:

GB/T 16735—1997《道路车辆 VIN(车辆识别代号)位置与固定》

GB/T 16736—1997《道路车辆 VIN(车辆识别代号)内容与构成》

GB/T 16737—1997《道路车辆 世界制造厂识别代号(WMI)》

GB/T 16738—1997《道路车辆 世界零件制造厂识别代号(WPMI)》

因为以上标准是推荐性的,不作为强制要求,所以在此期间销售的一些车辆,尤其是进口车辆没有严格按照我国VIN标准标注VIN码,给相关行业的管理带来了一定的困难。2004年,我国的VIN标准再次经过修订,成为两个国家强制标准,并于同年10月1日强制实施,所以2004年之后销售的车辆VIN码识别难度要容易一些。这两个VIN强制标准是:

GB 16735—2004《道路车辆 车辆识别代号(VIN)》

GB 16737—2004《道路车辆 世界制造厂识别代号(WMI)》

2. VIN码基本要求

① 每一辆汽车、挂车、摩托车和轻便摩托车都必须具有车辆识别代号。

② 在30年内生产任何车辆的识别代号不得相同。

③ 车辆识别代号应尽量位于车辆的前半部分,易于看到且能防止磨损或替换的部位。

④ 9人座或9人座以下的车辆和最大总质量小于或等于3.5 t的载货汽车的车辆识别代号应位于仪表板上,在白天日光照射下,观察者不需移动任一部件从车外即可分辨出车辆识别代号。

⑤ 车辆识别代号的字码在任何情况下都应是字迹清楚、坚固耐久和不易替换的。车辆识别代号的字码高度:若直接打印在汽车和挂车(车架、车身等部件)上,至少应为7 mm高,其他情况至少应为4 mm高。

⑥ 车辆识别代号仅能采用下列阿拉伯数字和大写拉丁字母:

1 2 3 4 5 6 7 8 9 0 A B C D E F G H J K L M N P R S T U V W X Y Z

⑦ 车辆识别代号在文件上表示时应写成一行,且不要空格,打印在车辆或车辆标牌上时也应标示在一行。特殊情况下,由于技术上的原因必须标示在两行时,两行之间不应有间隙,每行的开始与终止处应选用一个分隔符表示。分隔符必须是不同于车辆识别代号所用的任何字码,且不易与车辆识别代号中的字码混淆的其他符号。

2.2.2 VIN码的基本内容

车辆识别代号由三部分组成,第一部分,世界制造厂识别代号(WMI);第二部分,车辆说明部分(VDS);第三部分,车辆指示部分(VIS),见图2.1。

第一部分,世界制造厂识别代号(WMI)。用来标识车辆制造厂的唯一性,通常占车辆识别代号(VIN)的前三位。但对于车辆年产量不足500辆的制造厂,世界制造厂识别代号的第三位字码必须为9。此时车辆指示部分的第三、四、五位字码将与第一部分的三位字码一起作为世界制造厂识别代号。

第二部分,车辆说明部分(VDS)。用来说明车辆的一般特性,由车辆识别代号(VIN)的第4

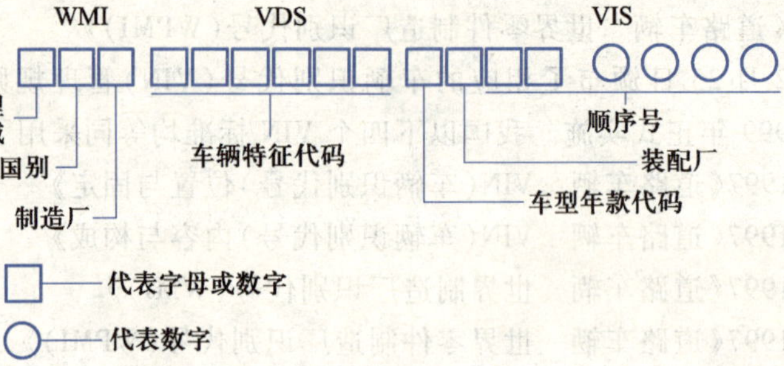

图 2.1 车辆识别代号编码的组成

位到第 9 位共六位字符组成。如果制造厂不用其中的一位或几位字符，应在该位置填入选定的字母或数字占位。此部分应能识别车辆的一般特征，其代号顺序由制造厂决定。

第三部分，车辆指示部分（VIS）。制造厂为了区别不同车辆而指定的一组字符，车辆指示部分由车辆识别代号（VIN）的后八位字符组成，其最后四位字符应是数字。

1. 第一部分

第一部分为世界制造厂识别代号（WMI），由三位字码组成。车辆制造厂应由其所在国的国家机构分配一个或几个 WMI 代号。国内车辆制造厂的 WMI 代号由国家汽车主管部门进行分配，所分配的 WMI 代号还要向国际标准化组织（ISO）授权的国际代理机构，美国汽车工程师学会（SAE）进行申报并核对。WMI 包含了以下信息：

① WMI 的第一位是由 SAE 分配的，用以标明一个地理区域。目前，SAE 根据需要为每个地理区域分配了几个字符，例如：北美是 1 ~ 5，大洋洲是 6 和 7，南美是 8、9 和 0，亚洲是 J ~ R，欧洲是 S ~ Z。

② WMI 的第二位是由 SAE 分配的，用以标明特定区域内的一个国家。目前，SAE 根据需要为每个国家分配了几个字符。WMI 的第一位和第二位字符组合在一起，即保证了国家识别标志的唯一性。表 2.14 为部分国家的识别标志。

表 2.14 部分国家识别标志

字符组合	国家	字符组合	国家	字符组合	国家
10 ~ 19	美国	1A ~ 1Z	美国	2A ~ 2W	加拿大
3A ~ 3W	墨西哥	4	美国	5	美国
6	澳大利亚	9	巴西	J0 ~ J9	日本
JA ~ JZ	日本	K	韩国	LA ~ LZ	中国
L0 ~ L9	中国	W0 ~ W9	德国	WA ~ WZ	德国
S	英国	V	法国	Y	瑞典
Z	意大利	T	捷克	M	泰国

③ WMI 的第三个字符是由各国授权机构分配的，用以标明特定的汽车制造厂。当制造厂的年产量少于 500 辆的时候，WMI 的第三位字符就是 9。如我国的几个主要汽车制造厂的 WMI 为：

LSV 上海大众　　LFV 一汽大众　　LDC 神龙汽车

LEN 北京吉普　　LHG 广州本田　　LHB 北汽福田

LKD 哈飞汽车　　LS5 长安汽车　　LSG 上海通用

2. 第二部分

车辆说明部分(VDS)由六位字码组成,如果制造厂不用其中的一位或几位字码,应在该位置填入制造厂选定的字母或数字占位。

第二部分第一位到第五位规定识别车辆的一般特征(表 2.15),其代码及顺序由制造厂决定。

表 2.15　VDS 编码第一位到第五位表示的意义

乘用车	品牌、类型、种类、系列、车身类型、发动机类型及约束系统的类型
载货车	车辆形式或品牌、类型、种类、系列、底盘类型、驾驶室类型、发动机类型、制动系统及车辆最大(或额定)总质量
客车	车辆形式或品牌、类型、种类、系列、车身类型、发动机类型及制动系统
挂车,包括散装挂车	挂车形式或品牌、类型、系列、车身类型、长度及轴的布置
摩托车和轻便摩托车	品牌、类型、种类、发动机类型及净制动功率
除挂车以外的非完整车辆	车辆形式或品牌、类型、种类、系列、驾驶室类型、发动机类型及制动系统

注:乘用车是指主要用于载送人员及其随身行李物品,座位数最多不超过 9 个(包括驾驶员座)的小型客车。

第二部分的最后一位(即 VIN 的第九位字码)为检验位。检验位可为 0 ~ 9 中任一数字或字母“X”。其作用是核对 VIN 记录的准确性。与身份证号码中的校验位一样,VIN 码的校验位可以用来校验 VIN 码是否正确。一些盗抢车辆、拼装车辆、走私车辆经常通过修改 VIN 码诈保、骗保,其实通过 VIN 码第九位校验是很容易将它们甄别出来的。制造厂在确定了 VIN 的其他十六位字码后,检验位应由以下步骤计算得出:

① VIN 中的数字和字母对应值。VIN 中的数字和字母对应值见表 2.16、表 2.17。

表 2.16　VIN 中的数字对应值

VIN 中的数字	0	1	2	3	4	5	6	7	8	9
对应值	0	1	2	3	4	5	6	7	8	9

表 2.17　VIN 中的字母对应值

VIN 中的字母	A	B	C	D	E	F	G	H	J	K	L	M	N	P	R	S	T	U	V	W	X	Y	Z
对应值	1	2	3	4	5	6	7	8	1	2	3	4	5	7	9	2	3	4	5	6	7	8	9

② 给 VIN 中的每一位指定一个加权系数。VIN 中的每一位指定的加权系数见表 2.18。

③ 将检验位之外的 16 位每一位的加权系数乘以此位数字或字母的对应值,再将各乘积相加,求得的和被 11 除。

表 2.18 VIN 中每一位的加权系数

VIN 中的位置	1	2	3	4	5	6	7	8	9	10	11	12	13	14	15	16	17
加权系数	8	7	6	5	4	3	2	10	*	9	8	7	6	5	4	3	2

④ 除得的余数即为检验位。如果余数是 10，检验位应为字母 X。

举例如下：

L F W J A 9 A H 5 W 1 1 0 2 3 4 6

VIN 中的位置	1	2	3	4	5	6	7	8	9	10	11	12	13	14	15	16	17
VIN 代号	L	F	W	J	A	9	A	H		W	1	1	0	2	3	4	6
对应值	3	6	6	1	1	9	1	8		6	1	1	0	2	3	4	6
加权系数	8	7	6	5	4	3	2	10		9	8	7	6	5	4	3	2
对应值与加权系数乘积的和	24	42	36	5	4	27	2	80		54	8	7	0	10	12	12	12
总和除以 11 的余数	335/11 = 30 余 5																

3. 第三部分

车辆指示部分(VIS)由八位字码组成，其中最后四位字码应是数字。

① 第一位表示生产年份代码。年份代码的使用规定见表 2.19。

表 2.19 表示年份的字码

年份	字码	年份	字码	年份	字码	年份	字码
1971	1	1981	B	1991	M	2001	1
1972	2	1982	C	1992	N	2002	2
1973	3	1983	D	1993	P	2003	3
1974	4	1984	E	1994	R	2004	4
1975	5	1985	F	1995	S	2005	5
1976	6	1986	G	1996	T	2006	6
1977	7	1987	H	1997	V	2007	7
1978	8	1988	J	1998	W	2008	8
1979	9	1989	K	1999	X	2009	9
1980	A	1990	L	2000	Y	2010	A

② 第二位字码用来指示装配厂，若无装配厂，制造厂可规定其他的内容。

③ 第三～第八位表示生产顺序号代码，最后四位应是数字。如果制造厂的年产量不足 500 辆，则此部分的第三、四、五位字码应与第一部分的三位字码一起，作为世界制造厂识别代号。

2.2.3 VIN码标牌的位置

为了使车辆的VIN码容易被查找到，ISO国际标准和各国的标准中都规定了VIN码标牌的固定位置，但各个国家规定的位置不尽相同。例如，美国规定VIN码应安装在仪表板左侧，在车外透过风挡玻璃（也称为风窗玻璃）可以清楚地看到。而欧盟则规定VIN码应安装在汽车右侧的底盘车架上或刻在车辆铭牌上。为防止车辆盗窃后的拆件交易，美国高速公路交通安全管理局（NHTSA）还规定，轿车、MPV及轻型卡车的主要零部件（如发动机、变速器、保险杠、翼子板等）上必须标记车辆的VIN码。

我国标准GB 16735—2004《道路车辆　车辆识别代号（VIN）》中对VIN码的位置规定如下：

1）VIN码可直接打刻在车架上，对于无车架车身而言，可以直接打刻在不易拆除或更换的车辆结构件上。

2）VIN码可打印在标牌上，但此标牌应同样是永久固定在上述车辆结构件上。

3）VIN码应尽量标示在车辆右侧的前半部分、易于看到且能防止磨损或替换的车辆结构件上（玻璃除外），如受结构限制，亦可放在便于接近和观察的其他位置。

4）VIN码还应标示在产品标牌上（两轮摩托车和轻便摩托车可除外）。

5）M1类（9座以下的乘用车）、N1类（最大设计总质量不超过3500kg的载货车）的车辆VIN码还应永久地标示在仪表板上靠近风窗立柱的位置，在白天不需移动任何部件从车外能够分辨出车辆识别代号。

6）车辆制造厂至少应在一种随车文件中标示VIN码。

根据以上规定，我国现在生产和进口的车辆的VIN码标牌通常位于仪表板左上方，通过前风挡玻璃可以直接看到，另外，车辆合格证上也有VIN码。

识别代号编码举例：

L	D	C	1	3	1	D	2	0	1	0	0	2	0	8	0	8
①	②	③	④	⑤	⑥	⑦	⑧	⑨	⑩	⑪	⑫	⑬	⑭	⑮	⑯	⑰

第①~③位是汽车生产国别企业工厂代码：

LDC——神龙汽车有限公司。

第④、第⑤位是车型系列代码：

11——RT·神龙·富康ZX型轿车；

12——RL·神龙·富康ZX 1.46型轿车；

13——RL·神龙·富康ZX 1.46L型轿车；

21——AL·神龙·富康ZX 1.6L型轿车；

22——AT·神龙·富康ZX 1.6L型轿车；

31——EL·神龙·富康988型轿车；

41——BR·DC1010J底盘车。

第⑥位是汽车类型代码：

0——不完整车辆；

1——两厢五门轿车；

2——旅行轿车

3——三厢四门轿车。

第⑦位是发动机类型代码：

A——TU3F2/K；

B——TU3JP/K；

C——TU5JP/K；

D——TU3JP/K 装有三元催化转化器；

E——TU5JP/K 装有三元催化转化器。

第⑧位是变速器类型代码：

1——四挡 MA 变速器；

2——五挡 MA 变速器；

3——AL4 自动变速器。

第⑨位是工厂内部校验检查代码：

0～9 或 X。

第⑩位是汽车生产年款代码：

1——2001 年。

第⑪位是汽车装配工厂代码

0——湖北武汉蔡甸区神龙汽车有限公司。

第⑫～⑰位是汽车生产顺序号代码。

2.3 车辆铭牌识读

2.3.1 汽车产品型号编制规则

我国于 1988 年制定的国家标准 GB 9417—1988《汽车产品型号编制规则》，用简单的汉语拼音字母和阿拉伯数字编号来表示国产汽车的企业代号、类型代号、主要特征参数代号、产品序号和企业自定代号等。

1. 汽车产品型号的构成

汽车的产品型号由企业名称代号、车辆类别代号、主参数代号、产品序号组成。必要时附加企业自定代号，对于专用汽车及专用半挂车还应增加专用汽车分类代号，如下所示：

(1) 基本型汽车产品型号

□□	○	○○	○	■■
a	b	c	d	e

a 位是企业名称代号；

b 位是车辆类别代号；

c 位是主参数代号；

d 位是产品序号；

e 位是企业自定代号。

(2) 专用汽车及专用半挂车产品型号

□□ ○ ○○ ○ □□□ ■■
a b c d e f

a位是企业名称代号；

b位是车辆类别代号；

c位是主参数代号；

d位是产品序号；

e位是专用汽车分类代号；

f位是企业自定代号。

其中：□是用汉语拼音字母表示；

○是用阿拉伯数字表示；

■是用汉语拼音字母或阿拉伯数字均可。

2. 基本内容

(1) 企业名称代号

企业名称代号位于产品型号的第一部分，用代表企业名称的两个或三个汉语拼音字母表示。如CA代表一汽、EQ代表二汽、SGM代表上海通用、SVW代表上海大众等。

(2) 车辆类别代号

各类汽车的类别代号位于产品型号的第二部分，用一位阿拉伯数字表示，见表2.20。

表2.20 各类汽车类别代号

车辆类别代号	车辆种类	车辆类别代号	车辆种类
1	载货汽车	5	专用汽车
2	越野汽车	6	客车
3	自卸汽车	7	轿车
4	牵引汽车	8	半挂车及专用半挂车

(3) 主参数代号

各类汽车的主参数代号位于产品型号的第三部分，用两位阿拉伯数字表示。

1) 载货汽车、越野汽车、自卸汽车、牵引汽车、专用汽车与半挂车的主参数代号为车辆的总质量(t)。牵引汽车的总质量包括牵引座上的最大总质量。当总质量在100 t以上时，允许用三位数字表示。

2) 客车及客车半挂车的主参数代号为车辆长度(m)。当车辆长度小于10 m时，应精确到小数点后一位，并以长度(m)值的十倍数值表示。

3) 轿车的主参数代号为发动机排量(L)。应精确到小数点后一位，并以其值的10倍数值表示。

4) 主参数的数字修约按《数字修约规则》的规定。主参数不足规定位数时，在参数前以“0”占位。

(4) 产品序号

各类汽车的产品序号位于产品型号的第四部分，用阿拉伯数字表示，数字按0、1、2…依次使用。当车辆主参数有变化,大于10%时,应改变主参数代号,若因为数字修约而主参数代号不变时,则应改变其产品序号。

(5) 专用汽车分类代号

专用汽车分类代号位于产品型号的第五部分,用反映车辆结构和用途特征的三个汉语拼音表示。结构特征代号见表2.21,用途特征代号另行规定。

表2.21 各类汽车结构特征代号

结构类型	结构特征代号	结构类型	结构特征代号
厢式汽车	X	特种结构汽车	T
罐式汽车	G	起重举升汽车	J
专用自卸汽车	Z	仓栅式汽车	C

(6) 企业自定代号

企业自定代号位于产品型号的最后部分,同一种汽车结构略有变化而需要区别时(如汽油、柴油发动机,长、短轴距,单、双排驾驶室,平、凸头驾驶室,左、右置转向盘等),可用汉语拼音字母和阿拉伯数字表示,位数也由企业自定。供用户选装的零部件(如暖风装置、收音机、地毯、绞盘等)不属结构特征变化,应不给予企业自定代号。

2.3.2 发动机型号编制规则

由于汽车发动机几乎均采用内燃机,所以在这里主要介绍内燃机产品名称和型号编制规则。为了便于内燃机的生产管理和使用,我国国家标准GB 725—1991对内燃机名称和型号的编制规则作了详细规定。

1) 内燃机产品名称均按所采用的燃料命名,例如柴油机、汽油机、煤气机、沼气机、双(多种)燃料发动机等。

2) 内燃机型号由阿拉伯数字、汉语拼音字母和GB 1883中关于气缸布置所规定的象形与符号组成。

3) 内燃机型号由四部分组成,如图2.2所示。

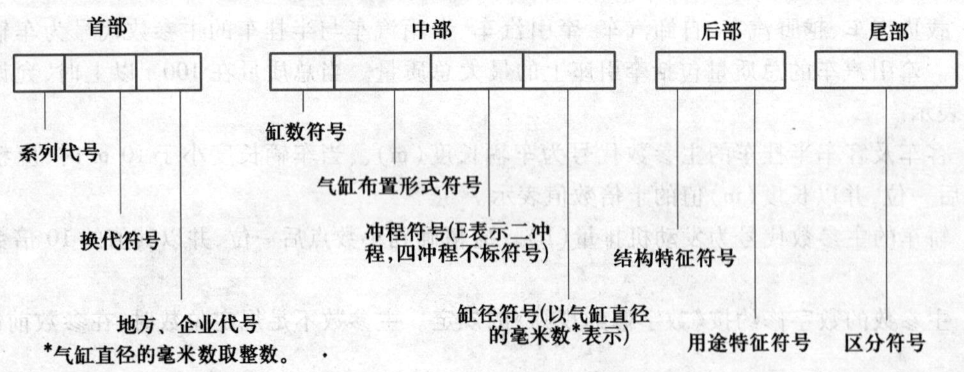

图2.2 内燃机型号的组成

① 首部：包括产品系列代号、换代符号和地方、企业代号，由制造厂根据需要自选相应的字母表示，但需经行业标准化归口单位核准、备案。

② 中部：由缸数符号、气缸布置形式符号、冲程符号和缸径符号组成，见表 2.22。

③ 后部：由结构特征符号和用途特征符号组成（表 2.22）。

④ 尾部：区分符号。同一系列产品因改进等原因需要区分时，由制造厂选用适当符号表示。后部与尾部可用“—”分隔。

表 2.22 气缸布置形式、冲程、结构特征、用途特征符号含义

冲程符号		结构特征符号	
无符号	四冲程	无符号	水冷
E	二冲程	F	风冷
气缸布置型形式符号		N	凝气冷却
		S	十字头式
无符号	多缸直列及单缸	Z	增压
V	V 形	Z_L	增压中冷
P	平卧形	D_Z	可倒转（直接换向）
用途特征符号			
无符号	通用型及固定动力	D	发电机组
T	拖拉机	C	船用主机、右机基本型
M	摩托车	C_Z	船用主机、左机基本型
G	工程机械	Y	农用运输车
Q	汽车	L	林业机械
J	铁路机车		

以下举几个例子对发动机的型号进行进一步说明。

1. 柴油机

1）YZ6102Q——六缸直列、四冲程、缸径为 102 mm、水冷、汽车用（YZ 为扬州柴油机厂代号）。

2）10V1201Q——10 缸 V 形气缸排列、四冲程、缸径为 120 mm、风冷、汽车用。

3）12VE230ZCZ——12 缸、V 形、二冲程、缸径为 230 mm、水冷、增压、船用主机、左机基本型。

2. 汽油机

1）1E65F——单缸、二冲程、缸径为 65 mm、风冷、通用型。

2）EQ6100－1——六缸、直列、四冲程、缸径为 100 mm、水冷，区分符号 1 表示第一种变型产品（EQ 为第二汽车制造厂代号）。

3）BJ492QA——四缸、直列、四冲程、缸径为92 mm、水冷、汽车用，区分符号A表示变型产品（BJ为北京汽车制造厂代号）。

2.3.3 车辆油漆代码

油漆代码通常是由字母和数字混合组成的代码，代表汽车出厂时的油漆类型和颜色。一般车身ID号或维修配件标签上给出了汽车油漆及装饰件的相关信息，包括油漆的类型和颜色编号，如果是双色漆还给出车身上部和下部的颜色。车身ID号印在车身ID牌上，在车上有多个安装位置。油漆代码位置如图2.3所示。

图2.3 车辆油漆代码的位置

在对事故车进行喷涂之前应当先查看油漆代码，表2.23中列出了部分汽车厂惯用的油漆代码位置。

表2.23 部分汽车厂惯用的油漆代码位置

汽车厂家	油漆代码的位置	车型	油漆代码的位置
大众	2、11	奔驰	2、7、9
奥迪	12、13	陆虎	1、3、4、5
丰田	7、8、14	通用	12、13、14
本田	8、10	福特	10
马自达	1、2、3、4、6、8	现代	6、7

汽车厂家在生产过程中可能会频繁地改变设计。相同年份、相同车型的车辆上可能会有一个或多个零件的变化，这会影响到修理。制造商或售后市场的出版商通常会在其维修材料中注释出年份变化。图2.4是原厂维修手册中解释油漆代码含义的内容，颜色标签位于这辆车B柱上，在其他标签的正上方。

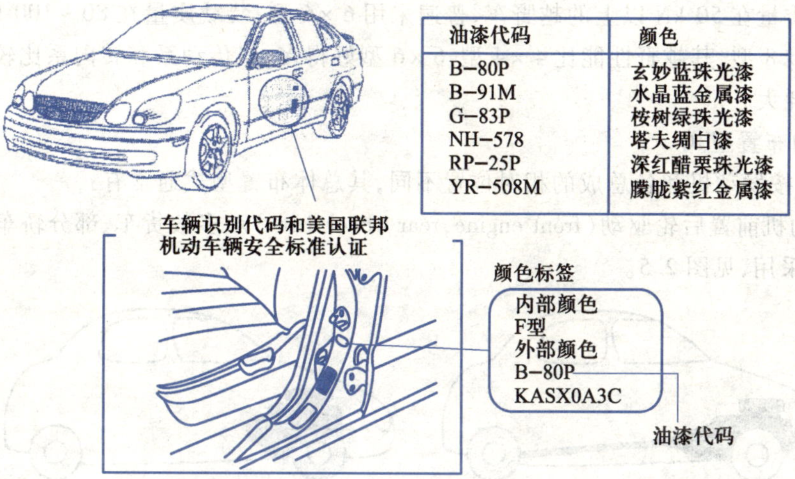

图 2.4 原厂维修手册中油漆代码含义的解释

2.4 汽车基本构造

2.4.1 汽车型式

汽车的型式是指汽车的轴数、驱动型式、发动机在汽车上的安装位置、传动系的类型以及车身或驾驶室的类型。汽车的选型是极为重要的，汽车的型式对汽车的使用性能、质量、外形尺寸、制造成本等的影响很大，应对其有基本的了解。

1. 汽车的轴数与驱动型式

汽车分为双轴、三轴和四轴汽车。汽车的总轴数量是根据汽车的总质量、使用条件和用途及轮胎负荷能力来确定的。

由于公路承载能力和交通法规的规定，我国公路干线和桥梁所允许的双轴汽车前轴载荷为60 kN，单后轴载荷为130 kN，双后轴载荷为240 kN，故双轴汽车的总质量一般不超过190 kN，三轴汽车的总质量不超过320 kN。总质量超过此限，汽车则应采用四轴，以上指的是公路运输车辆，不在公路上行驶的车辆不受此限。

驱动型式常见的有4×2型、4×4型，此外还有6×6型、6×4型、6×2型和8×8型、8×4型等。因4×2型汽车结构简单，自重较轻，成本低，油耗小，所以轿车和总质量小于190 kN的公路车辆广泛采用这种型式。为了尽可能提高汽车的装载质量和运输能力，双轴汽车的最大总质量一般都接近公路法规限制的上限。总质量在190～260 kN的公路车辆通常为6×4或6×2型，总质量为280～320 kN的公路用车一般采用8×4型式。

矿山用重型自卸车对其机动性要求较高，大多数采用轴距较短的4×2驱动型式。少数在恶劣条件下使用的重型汽车采用4×4型。一般汽车的轴数不宜多于4根，否则会降低汽车的机动性并增加轮胎磨损。若采用4根车轴还不能满足装载质量要求，则可采用大型多轴式拖车。

军用越野车由于对机动性要求较高，一般均采用全轮驱动型式。轻型越野车大多采用4×4

的型式;装载质量在50 kN以上的越野车,普遍采用6×6型;装载质量在80~100 kN的越野车,则大多采用8×8型,其越野性能比4×4型、6×6型好得多,但传动系和转向系比较复杂,传动效率也较低,油耗大。

2. 汽车的布置型式

现代汽车按发动机和各总成的相对位置不同,其总体布置型式通常有:

FR 发动机前置后轮驱动(front engine, rear wheel drive)。多数货车、部分轿车(尤其是高级轿车)及客车采用,见图2.5。

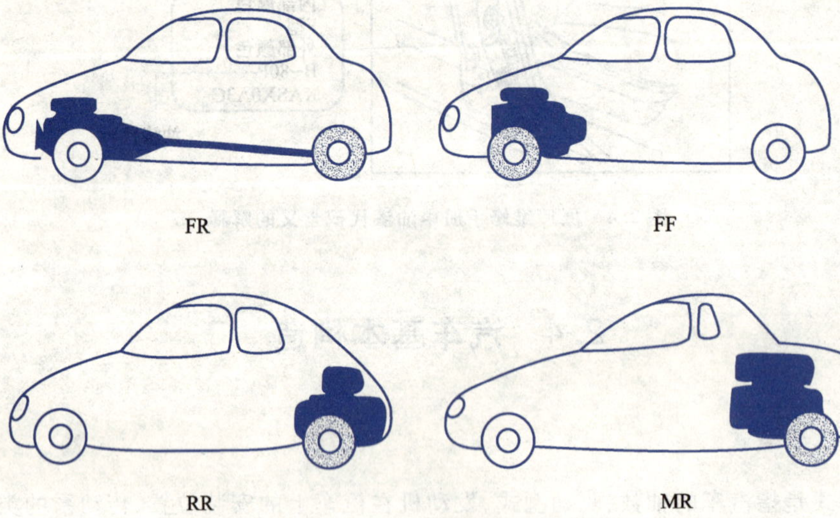

图2.5 现代汽车总体布置型式

FF 发动机前置前轮驱动(front engine, front wheel drive)。盛行于轿车,结构紧凑,减少质量、降低高度、提高高速行驶时的操纵稳定性,见图2.5。

RR 发动机后置后轮驱动(rear engine, rear wheel drive)。盛行于大中型客车、少数轿车,参见图2.5。

MR 发动机中置后轮驱动(middle engine, rear wheel drive)。大多数跑车、方程式赛车及某些大中型客车(卧式发动机)采用,见图2.5。

全轮驱动(all-wheel drive, AWD)。越野汽车特有,少数轿车也有采用,见图2.6。

2.4.2 汽车主要技术参数(图2.7)

1) 整车整备质量:汽车完全装备好的质量,是指完整的发动机、底盘、车身、全部电子电气设备和车辆正常行驶所需要的辅助设备(包括加足燃料、润滑油及冷却液,随车工具等)的质量之和(kg)。

2) 最大总质量:汽车满载时的质量(kg)。

3) 最大装载质量:最大总质量与整车整备质量之差(kg)。

4) 最大轴载质量:汽车单轴所承受的最大总质量(kg)。

5) 车长:垂直于车辆纵向对称平面并分别抵靠在汽车前、后最外端突出部位的两平行面间

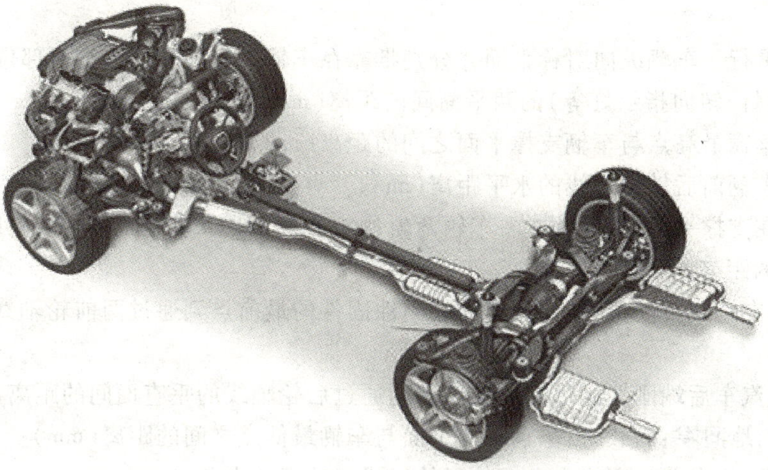

图 2.6　全轮驱动底盘

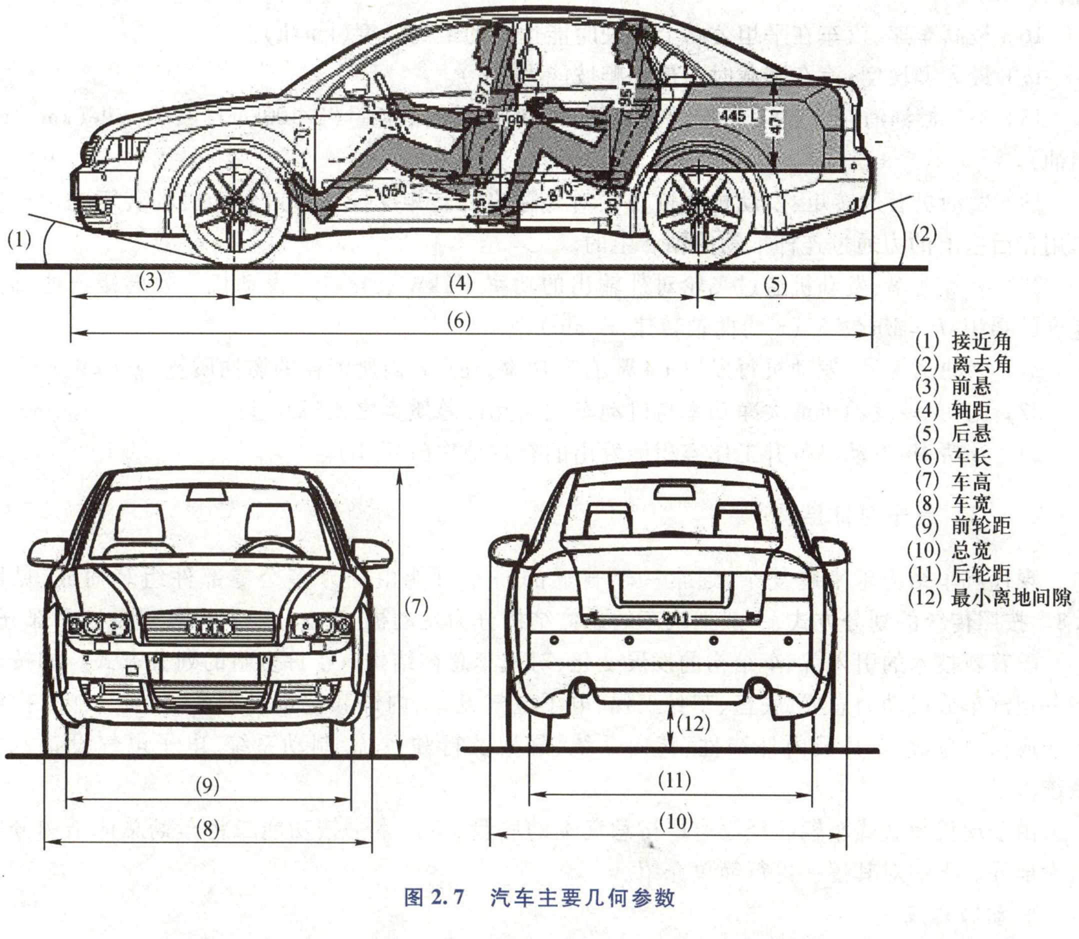

图 2.7　汽车主要几何参数

的距离(mm)。

6) **车宽**:平行于车辆纵向对称平面并分别抵靠在车辆两侧最外固定突出部位(除后视镜、侧面标志灯、方位灯、转向指示灯等)的两平面间的距离(mm)。

7) **车高**:车辆最高点与车辆支撑平面之间的距离(mm)。

8) **轴距**:车辆前后轴中心线的水平距离(mm)。

9) **轮距**:在支撑平面上,同轴左右车轮两轨迹中心间的距离(轴两端为双轮时,为左右两条双轨迹的中间的距离)(mm)。

10) **前悬**:在直线行驶位置时,汽车前端刚性固件的最前点到通过两前轮轴线的垂直面间的距离(mm)。

11) **后悬**:汽车后端刚性固件间的最后点到通过后轮轴线的垂直面间的距离(mm)。

12) **最小离地间隙**:满载时,车辆支撑平面与车辆最低点之间的距离(mm)。

13) **接近角**:汽车前端突出点向前轮引的切线与地面的夹角(°)。

14) **离去角**:汽车后端突出点向后轮引的切线与地面的夹角(°)。

15) **最小转弯直径**:转向盘转到极限位置,外侧转向轮的中心平面在车辆支撑面上的轨迹圆直径(mm)。

16) **最高车速**:汽车在平坦公路上行驶时能达到的最高速度(km/h)。

17) **最大爬坡度**:汽车满载时的最大爬坡能力(%)。

18) **平均燃油消耗量**:汽车在公路上行驶时平均的燃油消耗量(L/100km)(欧美:mile(km)/gal 燃油)。

19) **发动机有效转矩**:发动机通过飞轮对外输出的转矩 T(N·m),发动机的转矩是由气体作用在活塞上的力通过连杆推动曲轴产生的。

20) **有效功率**:发动机通过飞轮对外输出的功率 P(kW),它等于发动机有效转矩与曲轴角速度的乘积:$P = Mn/9550$(n 为曲轴转速,r/min)。

21) **燃油消耗率**:发动机每发出 1 kW 有效功率,在 1 h 内所消耗的燃油质量[g/(kW·h)]。

22) **比功率**:发动机最大净功率与机动车最大允许总质量之比(kW/kg)。

23) **升功率**:发动机每升工作容积能发出的有效功率(kW/L)。

2.4.3 汽车总体结构

现代汽车结构越来越复杂,通常一辆普通的轿车可能由一万多个零部件组装而成,见图2.8。按照传统的划分方式,一般把汽车的总体结构分为发动机、底盘、车身、电气设备四个部分。

随着新技术的引入、汽车结构的发展变化,对汽车总体结构有了许多新的划分方式。如按功能一把汽车分成动力总成、底盘、车身工程、电子电气设备、内饰和空调六大系统;按功能二把汽车分成动力总成、车身及内外饰件、转向系统、悬架及行驶系统、制动系统、电子电气设备六大系统。

由于现代承载式车辆已经没有严格意义上的底盘,所以本书按功能二将车辆总体结构分成六大部分。下面对其逐一进行简单介绍。

1. 动力总成

动力总成通常是指发动机以及与之紧密相连的离合器、变速器、主减速器和差速器等部件。

图 2.8 汽车总体结构

它们是汽车的动力之源,发动机的动力通过离合器(装载自动变速器的车辆是液力变矩器)传递给变速器,由变速器降速增扭之后传递给主减速器(对于后轮驱动车辆,要经过传动轴),主减速器进一步降速增扭之后再传递给差速器,最后由差速器输出到半轴,由半轴驱动车轮转动。

(1) 发动机

1) 发动机的类型

发动机

- **按使用燃料分类**
  - 汽油发动机
  - 柴油发动机
  - 燃气发动机
  - 双燃料发动机
  - 两用燃料发动机
- **按完成一个循环所需冲程数分类**
  - 四冲程发动机
  - 二冲程发动机
- **按结构特点分类**
  - 直列式发动机
  - V形发动机
  - H形发动机
  - W形发动机
- **按气缸数分类**
  - 单缸发动机
  - 双缸发动机
  - 多缸发动机(3、4、5、6、8、10、12)
- **按冷却方式分类**
  - 水冷发动机
  - 风冷发动机
- **按燃油供给方式分类**
  - 化油器式发动机
  - 电子燃油喷射式发动机
- **按工作原理分类**
  - 往复运动式发动机
  - 转子式发动机
- **按进气方式分类**
  - 自然吸气式发动机
  - 涡轮增压式发动机

2) 发动机的组成

当前,绝大多数汽车发动机都采用往复活塞式内燃机,主要包括汽油机和柴油机。汽油机由两大机构和五大系统组成,即由曲柄连杆机构,配气机构、燃料供给系、润滑系、冷却系、点火系和起动系组成,见图 2.9;柴油机由两大机构和四大系统组成,即由曲柄连杆机构、配气机构、燃料供给系、润滑系、冷却系和起动系组成。柴油机是压燃的,不需要点火系。

(2) 离合器

1) 功用。平顺接合动力,保证汽车平稳起步;临时切断动力,保证换挡时工作平顺;防止传动系统过载。

2) 工作原理。摩擦离合器依靠摩擦原理传递发动机动力。当从动盘与飞轮之间有间隙

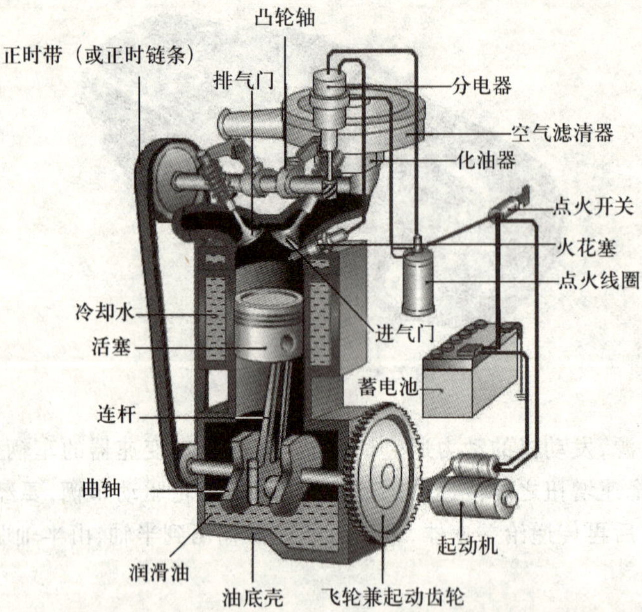

图 2.9 汽油发动机的组成

时，飞轮不能带动从动盘旋转，离合器处于分离状态。当压紧力将从动盘压向飞轮后，飞轮表面对从动盘表面的摩擦力带动从动盘旋转，离合器处于接合状态，图 2.10 为离合器工作原理简图。

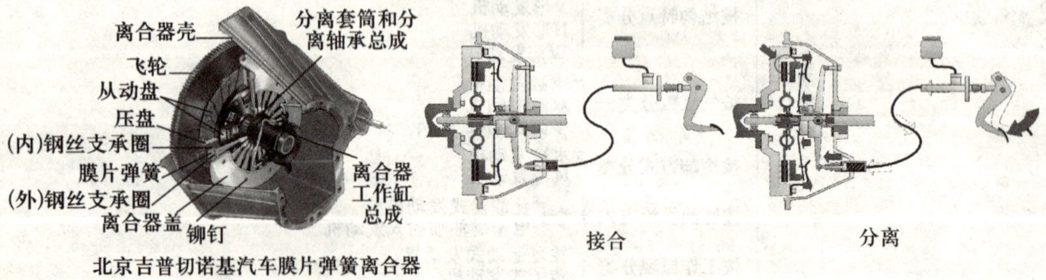

图 2.10 离合器工作原理简图

(3) 变速器和分动器

1) 功用。改变传动比，从而改变传递给驱动轮的转矩和转速；实现倒车；利用空挡中断动力的传递。

2) 类型。按传动比变化方式的不同，变速器可分为有级式、无级式和综合式三种。按换挡操纵方式的不同，变速器可分为手动操纵式、自动操纵式和半自动操纵式三种，参见图 2.11。

3) 分动器的功用。利用分动器可以将变速器输出的动力分配到各个驱动桥；多数汽车的分动器还有高、低两个挡，兼起副变速器的作用，参见图 2.12。

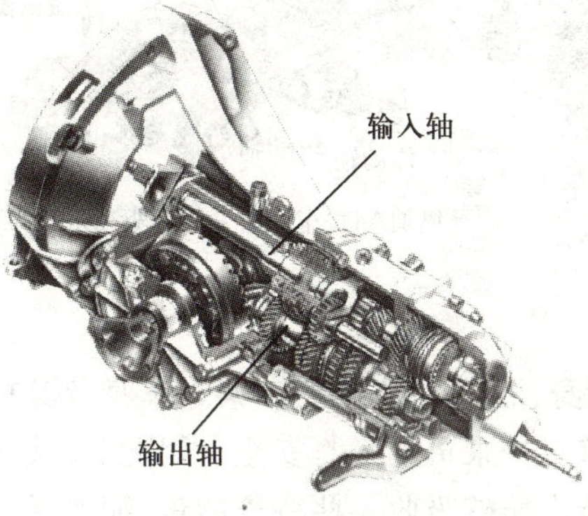

图 2.11 自动变速器

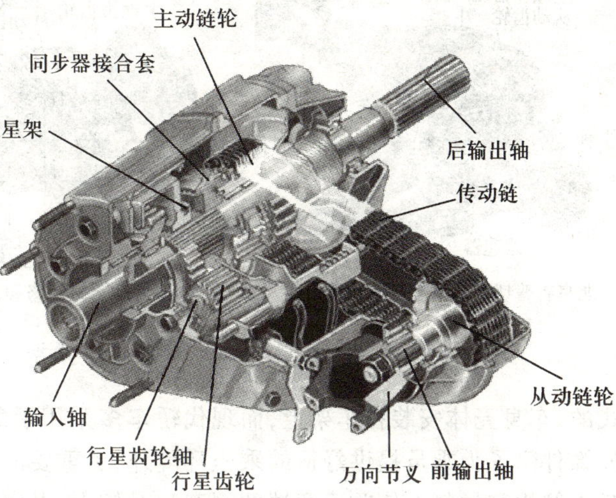

图 2.12 北京吉普切诺基汽车行星机构 AMC207 型分动器

(4) 万向传动装置

1) 组成。万向节和传动轴,当传动轴比较长时,还要加中间支承。

2) 功用。在轴线相交且相对位置经常变化的两转轴间传递动力。

3) 万向传动装置在汽车上的应用场合。变速器与驱动桥之间、变速器与分动器之间、分动器与驱动桥之间以及驱动桥与驱动轮之间,见图 2.13。

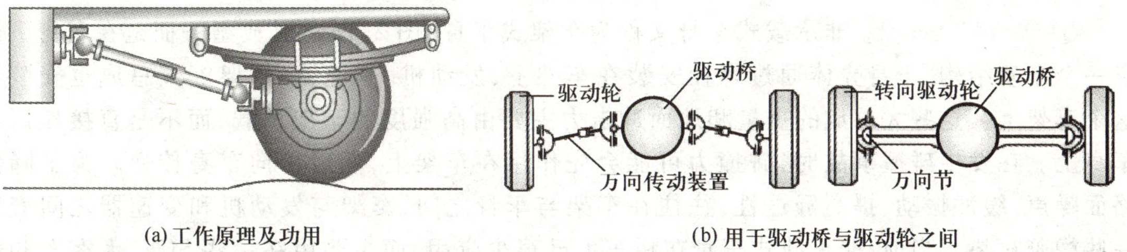

(a) 工作原理及功用 (b) 用于驱动桥与驱动轮之间

图 2.13 万向传动装置

(5) 驱动桥

1) 组成。驱动桥由主减速器、差速器、半轴、万向节、驱动桥壳(或变速器壳体)和驱动车轮等零部件组成,见图 2.14。

2) 功用。通过主减速器齿轮的传动,降低转速,增大转矩;主减速器采用锥齿轮传动,改变转矩的传递方向;通过差速器可以使内、外侧车轮以不同转速转动,适应汽车的转向要求;通过桥壳和车轮,实现承载及传力作用。

2. 车身及内外饰件

在二手车鉴定评估确定成新率的时候,车辆各部分中,车身特别是中高级乘用车的车身占有的权重最大,一般在 30% 以上。

汽车车身的主要作用是为乘员和货物提供安全舒适、大小合适的空间。传统的车身是车架

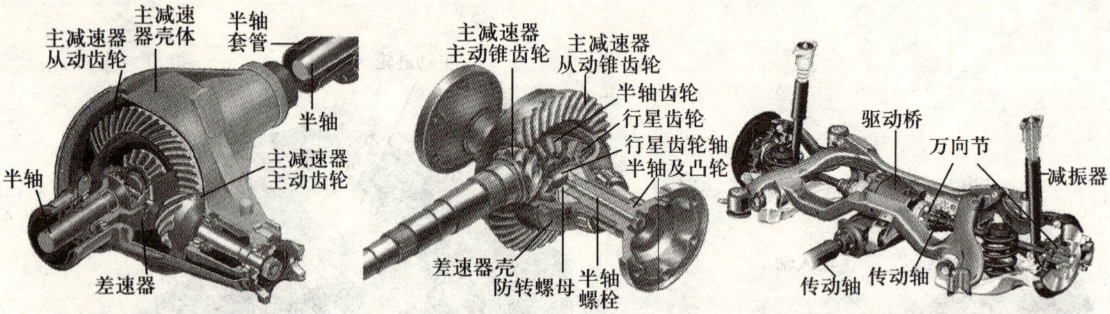

北京吉普切诺基汽车后驱动桥　　桑塔纳轿车主减速器和差速器　　奥迪A4轿车的断开式后驱动桥

图2.14　驱动桥的组成

式的，车身壳体安装在车架上，而现代轿车多采用承载式车身，省去了笨重的车架。车身及其内外饰件除了为乘员提供舒适的乘坐环境外，更重要的是能够保护乘员的人身安全。因此，现代车身在结构和材料上使前后两端的刚度相对较小，以便在碰撞中能够吸收一些碰撞能量，而将乘员舱的刚度设计得相对较大一些，确保其在碰撞中变形量尽可能小，以充分保护乘员的安全。同时，在车身内部装备了安全气囊、安全带、可溃缩式转向柱、膝部保护、座椅头枕等多种保护装置，车身外部的保险杠上还增加了吸能装置、纵梁上设计了吸能区等。

(1) 车身分类

1) 按车身承载情况分类

按汽车车身的承载情况，车身结构主要有两种类型：有车架的非承载式结构和无车架的承载式结构。除此之外，还有一种介于两者之间的半承载式车身结构。

① 非承载式车身。非承载式车身又称为车架式车身(图2.15)，其典型特征是在车身下面有一个车架结构，车身壳体通过螺栓安装在车架上，发动机、变速器、悬架等大总成也安装在这个车架上。这些大总成的重量和地面冲击力主要由高强度的车架承载，而不是直接作用在车身上。在发生碰撞事故时，碰撞力可能会先作用在车架上，然后再向车身传递。为了降低路面噪声，缓冲振动，提高舒适性，往往在车架与车身之间、车架与发动机和变速器之间安装一些橡胶衬垫。当前，非承载式车身在轿车上已很少应用，而主要用在一些SUV、大客车和载货车上。

图2.15　非承载式车身

② 承载式车身。承载式车身的典型特征是没有车架(图2.16)，发动机、变速器、悬架等大总成直接安装在车身结构上，它们的重量和路面载荷主要由车身结构承载。在发生碰撞事故时，碰撞力也直接作用在车身构件上，并沿着车身传播。

在承载式车身结构中，车身板件、横梁和纵梁通过点焊或激光焊焊接在一起或粘接在一起，形成一个整体的车身箱体结构。这种结构既轻便又结实。乘员舱的刚度比非承载式车身更大，在碰撞中，汽车的前部和后部可以按照受控的方式溃缩，而乘客舱则得到最大程度的保护。

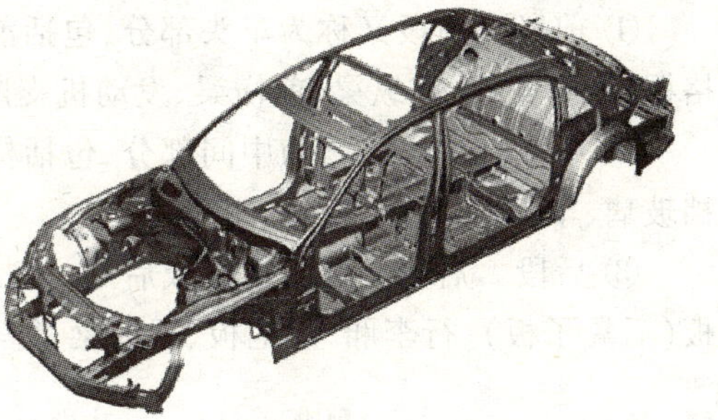

图 2.16 承载式车身

③ 半承载式车身。半承载式车身又称为平台式车架结构，是介于非承载式车身和承载式车身之间的车身结构，其特征是在车身的前、后部有几根厚重的短纵梁，它们用螺栓连接，便于拆卸。这些纵梁不但是底盘机械件的安装基础，而且增强了碰撞时的车身强度。这种结构同时具备承载式结构和车架式结构的一些优点，但应用不是很广泛，主要用在一些轻型卡车上。

2）按车身形状或车顶型式分类

按车身形状和车顶型式，可以将汽车分成以下几类：

① 普通轿车。普通轿车的车身特征是有一根中柱支撑车顶，根据车门数量又分为两门轿车（如一汽大众的高尔夫）和四门轿车（如上海大众的帕萨特）两种。

② 硬顶轿车。硬顶轿车的车身特征是没有支撑车顶的中柱，它的车顶结构被强化，以保证有足够的强度。硬顶轿车也有双门和四门两种版本，这种车在我国比较少见，基本都是进口车。

③ 舱背式轿车。舱背式轿车的车身特征是尾部有一个较大的尾门，其优点是可以获得更大的后部存储空间，一般以紧凑型小轿车应用居多，如奇瑞 QQ。

④ 活顶轿车。活顶轿车的车身特征是采用了可收缩的帆布顶篷，顶篷内带有钢管骨架。车顶可以向下折叠，收到座椅后面。一些活顶轿车采用了活动的可收缩的硬顶。这种车也叫敞篷跑车，在我国也比较少见，基本都是进口车。

⑤ 旅行轿车。旅行轿车的车身特征是车顶向后水平延伸，直到车身的后部，车身尾部采用了后舱门或尾门，可以获得较大的储物空间，如东风本田 CRV。

⑥ 厢式车。厢式车的特征是采用了宽大的箱形车身，增大了内部承载空间。全尺寸厢式车通常采用全周边式车架和前置发动机、后轮驱动的型式。微型厢式车体型较小，常常采用承载式车身结构和前置发动机、前轮驱动的型式。我国常见的厢式车有广州本田奥德赛、江淮瑞风、上海通用 GL8 等。

⑦ SUV。SUV 即运动型多功能车，一般采用四轮驱动，底盘通常比轿车稍高一些，提高了车辆的通过性，适合于在崎岖路面或越野行驶。SUV 通常被归到越野车一类，在山地、雪地、泥泞等不良路面上能够充分发挥其优势。我国常见的 SUV 有北京吉普、三菱帕杰罗、长城赛弗等。

⑧ 轻型卡车。轻型卡车的驾驶室和车架通常是独立的，大多数轻型卡车采用前置发动机、后轮驱动的型式，有一些也采用四轮驱动。如长城皮卡、福田轻卡等。

（2）车身的构成和车身板件

1）车身的构成

为了便于理解，将车身结构分成三个车身段来讲解，即前段、中段和后段，如图 2.17 所示。评估人员应当了解每段中包含哪些零件，它们是如何制造的。

① 前段。前段又称为车头部分,包括前保险杠和前围板之间的所有部件,如前保险杠、进气格栅、水箱支架、前纵梁、前横梁、发动机支座、前翼子板、前悬架拱形座等构件。

② 中段。中段又称为中间部分,包括构成乘员舱的所有车身构件,如地板、车顶、车颈板、风挡玻璃、车门、A柱、B柱、C柱等。

③ 后段。后段又称为尾段或后尾,包括后风挡玻璃到后保险杠之间的所有布局,如后侧围板(后翼子板)、行李厢、后地板、后纵梁、行李厢盖、后保险杠等构件。

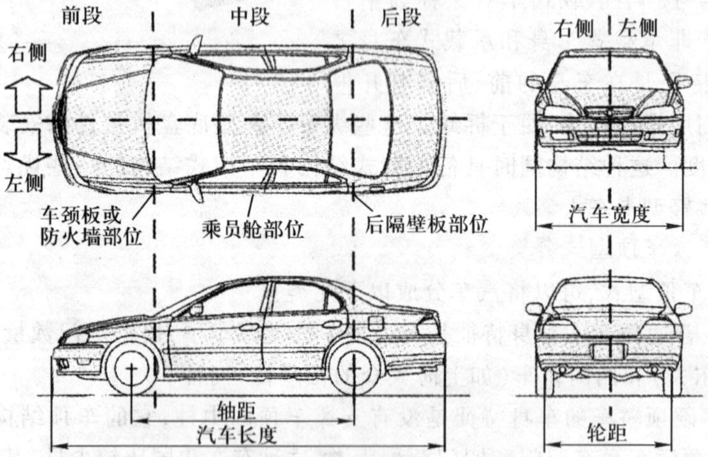

图 2.17 车身的前段、中段和后段

④ 左侧和右侧。在鉴定评估、保险定损、维修、配件查阅等资料记录和业务办理过程中,经常要说明是车辆的左侧还是右侧受损,要区分左、右两侧的配件。为避免混淆,行业中对车辆的左右侧规定如下:

驾驶员坐在驾驶席上,其左手侧为车辆左侧,右手侧为车辆的右侧,如图2.18所示。

2)车身板件及连接方式

① 车身板件。车身板件包括金属板件(又称为钣金件)和塑料板件,一般是通过冲压或模制而成的。一辆汽车用到的板件有很多,通常它们的名称就说明了其位置和主要功能。例如,发动机舱盖是发动机舱上面的盖板,行李箱盖是行李厢上面的盖板,前翼子板是车身前段两侧的板件,车顶板是车辆顶部盖板。车辆上主要的外部板件如图2.18所示。

② 车身板件的连接方式。车身板件的连接方式有多种。第一种是焊接、粘接或铆接,主要用于安装永久固定的静止零件,如纵梁、散热器支架、地板、车顶、立柱和后侧围板等。第二种是用各种紧固件(如螺栓、螺母、卡夹等)连接,用于安装可以拆卸的静止零件,如进气格栅、保险杠、车身内饰等零件。第三种是铰接,用于安装可以转动或开闭的零件,如发动机舱盖、行李厢盖、车门等。

3. 转向系统

转向系统的作用是控制汽车的行驶方向,对汽车的行驶安全至关重要。它主要由转向盘、转向机、转向传动机构、转向助力装置、液压助力管路和助力油等部件组成。

4. 悬架及行驶系统

悬架系统的作用是连接车轮与车架或车身,将地面驱动力从行驶系传递到车身或车架,同时

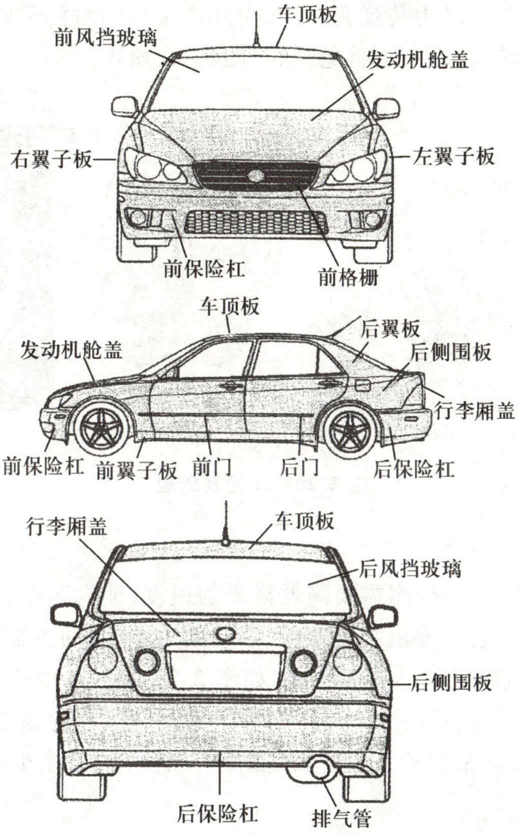

图 2.18　主要车身板件

缓冲地面的冲击力。它主要由悬架摆臂、减振器、横向稳定杆等部件组成。现代轿车的四轮定位参数受到悬架系统的状况影响，在事故车维修理赔中通常要对悬架的安装情况进行检查。图 2.19 为驱动桥和支持桥。

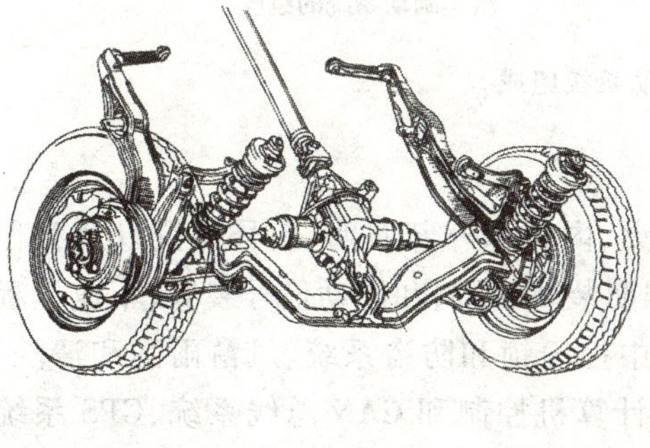

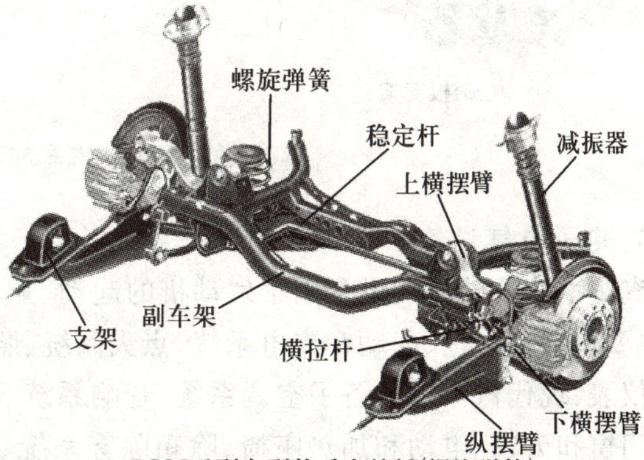

PQ35系列车型的后支持桥(螺旋弹簧)

图 2.19　驱动桥和支持桥

行驶系统是将发动机的驱动力传递到路面,由此产生路面对汽车的反向作用力,驱动车辆在路面上行驶。它主要由车轮、轮辋等部件组成,如图 2. 20 所示。

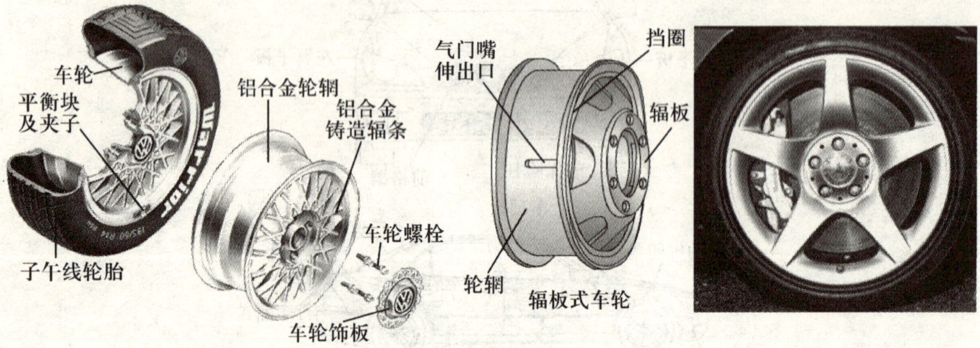

图 2. 20 车轮及轮毂

5. 制动系统

制动系统的作用是在行驶中根据需要降低汽车的速度,使汽车停止或在坡道上驻车,对保证汽车的行驶安全十分重要。它主要由制动踏板、制动助力器、制动主缸、制动轮缸、制动蹄或制动钳、制动鼓或制动盘、制动管路、制动液等组成,如图 2. 21 所示。现代汽车为进一步提高制动性能,一般都配备制动防抱死控制系统(ABS)。根据国家强制标准的规定,汽车制动系统必须满足行车制动系、应急制动系和驻车制动系的要求,部件可以共用,但至少应有两套彼此独立的控制装置。

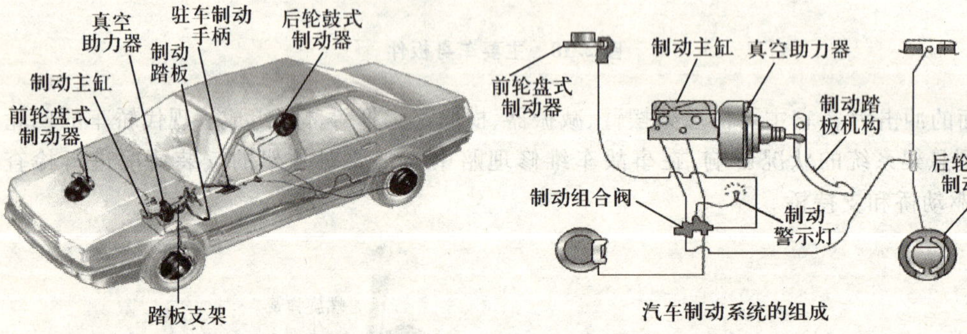

图 2. 21 汽车制动系统组成

6. 电子电气设备

汽车上传统的电气设备用于发动机的起动、点火、内部和外部照明、信号装置以及各种仪表等,主要包括蓄电池、起动和充电系统、点火系统、照明装置、转向和制动信号装置、车速里程表等各种仪表,现代汽车还装备了空调系统、音响系统、中控门锁和防盗系统、风窗雨刮和清洗系统、电动门窗和天窗、电动和加热座椅、除霜除雾系统、计算机控制和 CAN 总线系统、GPS 系统等电子电气系统,这些装置大大提高了汽车的安全性和舒适性。我国汽车电气系统大多采用 12 V 蓄电池电压,负极搭铁。

第 3 章

汽车性能劣化规律及使用寿命

3.1 汽车使用性能及评价

3.1.1 汽车动力性与经济性

汽车的动力性是指汽车发挥最大功率或最大转矩时所表现的性能。包括汽车在平坦路面上的速度性能(最高车速、加速性能)、汽车的爬坡能力以及汽车的滑行性能等。

汽车的经济性是一个广义的概念,包括燃油、运行材料、维修保养等项目的经济性。一般所说的汽车经济性主要是指燃油经济性,即汽车行驶时燃料消耗的状况。燃油经济性不但与发动机技术状况有关,而且与汽车的传动系和行驶系等的技术状况都有关系。

检查汽车的动力性和经济性,一般都通过道路试验(路试)和台架试验(台试)来实现。动力性检测的主要依据是 GB/T 18276—2000,经济性检测的主要依据是 GB 19578—2004。

1. 汽车动力性

汽车是一种高效率的运输工具,运输效率在很大程度上取决于汽车的动力性。所以,动力性是汽车各种性能中最基本、最重要的性能。汽车的动力性主要由下列三方面的指标来评定:① 汽车的最高车速。② 汽车的加速能力。③ 汽车的最大爬坡度。

汽车的最高车速　在水平良好的路面(混凝土或沥青)上汽车能达到的最高稳定行驶车速。

汽车的加速能力　可用加速时间、加速距离或加速度来表示。考虑到检测的方便性,一般都用加速时间来表示汽车的加速能力。加速时间分原地起步加速时间和超车加速时间。原地起步加速时间指汽车由Ⅰ挡或Ⅱ挡起步,并以最大的加速强度(包括选择恰当的换挡时机)逐步换至最高挡后到某一预定的距离或车速所需的时间。超车加速时间指用最高挡或次高挡由某一较低车速全力加速至某一高速所需的时间。因为超车时汽车与被超车辆并行,容易发生安全事故,所以超车加速能力强,并行行程短,行驶就安全。一般常用 0→402.5 m(0→1/4 mile)或 0→400 m 的时间来表明汽车原地起步加速能力;也有用 0→96.6 km/h(0→60 mile/h)或 0→100 km/h 所需的时间来表明加速能力的。对超车加速能力还没有一致的规定,采用较多的是用最高挡或次高挡由 30 km/h 或 40 km/h 全力加速行驶至某一高速所需的时间,还有用加速过程曲线即车速 - 时间关系曲线全面反映加速能力的。

汽车的爬坡能力　是用满载(或某一载质量)时汽车在良好路面上的最大爬坡度 i_{max} 表示的。

显然,最大爬坡度是指Ⅰ挡最大爬坡度。轿车最高车速大,加速时间短,经常在较好的道路上行驶,一般不强调它的爬坡能力;然而,它的Ⅰ挡加速能力大,故爬坡能力也强。货车在各种地区的各种道路上行驶,所以必须具有足够的爬坡能力,一般 i_{max} 在30%即16.7°左右。越野汽车要在坏路或无路条件下行驶,因而爬坡能力是一个很重要的指标,它的最大爬坡度可达60%即31°左右。应指出,上述三方面指标均应在无风或微风条件下测定。

有时也以汽车在一定坡道上必须达到的车速来表明汽车的爬坡能力。军用车辆的战术技术要求中,不一定包含车辆的最高车速,但常规定在一定坡道上车辆应达到的速度。也有以一定坡道上汽车的加速时间来表明汽车加速性能的。汽车具有这样的加速性能,便可以安全地从有坡度的匝道进入高速公路而驶入高速行驶的车流。

2. 汽车的燃油经济性

在保证动力性的前提下,汽车能以最少的油耗保持正常行驶的能力,称为汽车的燃油经济性。

汽车的燃油经济性常用一定运行工况下汽车行驶百公里的燃油消耗量或一定量的燃油能使汽车行驶的里程数来衡量。

在我国及欧洲,燃油经济性指标的单位为L/100 km,即行驶100 km所消耗的燃油升数。其数值越大,汽车燃油经济性越差。美国为MPG或mile/USgal,指的是每加仑燃油能行驶的英里数。这个数值越大,汽车的燃油经济性越好。

等速行驶百公里燃油消耗量是常用的一种评价指标,指汽车在一定载荷(我国标准规定轿车为半载、货车为满载)下,以最高挡在水平良好路面上等速行驶100 km的燃油消耗量。常测出每隔10 km/h或20 km/h速度间隔的等速百公里燃油消耗量,然后在图上连成曲线,称为等速百公里燃油消耗量曲线,用它来评价汽车的燃油经济性。

但是,等速行驶工况并没有全面反映汽车的实际运行情况,特别是在市区行驶中频繁出现的加速、减速、怠速停车等行驶工况。因此,在对实际行驶车辆进行跟踪测试统计的基础上,各国都制定了一些典型的循环行驶试验工况来模拟实际汽车运行状况,并以其百公里燃油消耗量(或MPG)来评定相应行驶工况的燃油经济性。

我国控制乘用车燃料消耗量的第一个强制性国家标准《乘用车燃料消耗量限值》(GB 19578—2004)于2004年9月2日经国家质检总局和国家标准委员会批准发布,2005年7月1日正式实施。该标准按照整车整备质量规定了乘用车燃料消耗量的限值。具体测量方法按照最新国家标准GB/T 19233—2008《轻型汽车燃料消耗量试验方法》进行。标准规定汽车在模拟城市和市郊的运转循环下,通过测定排放的二氧化碳(CO_2)、一氧化碳(CO)和碳氢化合物(HC)的排放量,用碳平衡法计算燃料消耗量。

3.1.2 汽车安全及环保性能

1. 汽车的安全性

汽车的安全性是指汽车在运行中避免发生碰撞、燃烧事故以及碰撞、燃烧后可减轻损失或避免和减少伤亡的性能。

汽车的安全性一般可分为主动安全性、被动安全性、事故后安全性和生态安全性。

主动安全性 是指汽车能帮助驾驶员在所有交通状况下尽可能安全地避免事故发生的一种

性能。通俗讲就是要使汽车在行驶时“有惊无险”,防患于未然。

被动安全性 是指汽车在发生事故后,尽可能减小其后果(特别是人员伤亡)的一种性能。通俗讲就是要做到汽车发生事故时“车毁人不亡”。

事故后安全性 是指事故发生后能够预防和减少二次事故等次生灾害的发生或者便于驾乘人员逃生以及救助人员施救的一种性能。

生态安全性 是指汽车在生产、使用、维修乃至在报废回收、销毁等各个环节对生态环境没有伤害或伤害尽可能地小的一种性能。

(1) 汽车主动安全性评价

汽车主动安全性主要包括制动性能、转向系统性能、视认特性和视野保障系统性能等。

1) 制动性能

汽车制动性是指汽车在行驶时能在短距离停车且维持行驶方向稳定性和在下长坡时能维持一定车速的能力。另外也包括在一定坡道能长时间停放的能力。制动效能、制动效能的恒定性及制动时的方向稳定性是汽车制动性的三个重要评价指标。

制动效能 制动效能是指汽车迅速降低车速直至停车的能力。汽车制动效能用制动距离和制动减速度来衡量。它是制动性能的最基本指标。

制动效能的恒定性 制动效能的恒定性是指制动系统抗热衰退性能和抗水衰退性能。抗热衰退性能是指汽车高速行驶制动或下长坡时制动性能的保持程度,抗水衰退性能是指汽车涉水后对制动效能的保持能力。

汽车在繁重的工作条件下(例如高速制动或下长坡制动时),制动器需要较长时间实施高强度制动,使得制动器温度迅速上升(常达300℃,山区道路甚至达到600~700℃),摩擦力矩显著下降,这种现象通常称为热衰退现象。

热衰退现象是高速制动或山区行车不可避免的问题,有些国家规定大型货车必须装备辅助制动器。在我国,某些山区运输汽车甚至采用喷洒冷却水的措施来降低制动器温度,以保证汽车有足够的制动性能。

当汽车涉水后,因水进入制动器,短时间内制动效能的降低,称为水衰退现象。汽车应能在短时间内迅速恢复制动效能。

制动时的方向稳定性 制动时的方向稳定性常用制动时汽车按给定路径行驶的能力来评价。制动时汽车方向稳定性,是指汽车制动过程中不发生跑偏、侧滑以及失去转向能力的性能。汽车的制动方向稳定性能不佳时,制动时发生跑偏、侧滑或失去转向能力,汽车将偏离给定的行驶路径。

制动跑偏是指汽车在制动过程中自动向左或向右偏驶的现象,制动侧滑是指制动时汽车的某轴或多轴发生横向移动的现象。严重的跑偏必然侧滑,对侧滑敏感的汽车也有跑偏的趋势。通常,跑偏时车轮印迹重合,侧滑前后印迹不重合。

前轮失去转向能力,是指制动时汽车不再按原来弯道行驶而沿切线方向驶出,或者汽车直线行驶时转动方向盘仍按直线行驶的现象。

2) 转向系统性能

转向系统性能从下列五个方面进行评价:

操纵性与稳定性 汽车在行驶过程中,会碰到各种复杂的情况,有时直线行驶,有时曲线行驶。此外，汽车还要经受来自地面不平、坡道、大风等各种外部因素的干扰。一辆操纵性能良好的汽车必须具备以下能力：根据道路、地形和交通情况的限制，汽车能正确地遵循驾驶员通过操纵机构所给定的方向行驶的能力，即汽车的操纵性；汽车在行驶过程中具有抵抗力图改变其行驶方向的各种干扰，并保持稳定行驶的能力，即汽车的稳定性。

车辆的操纵性和稳定性紧密相关。操纵性差，汽车的稳定性就被破坏了；稳定性差，汽车则会失去操纵性，因此，通常将操纵性和稳定性统称为车辆的操纵稳定性。

转向操纵轻便性 转向操纵轻便性是指驾驶员操纵方向盘的容易程度。转向沉重容易使驾驶员疲劳或使车辆操纵失控而导致交通事故的发生。有的汽车采用转向助力装置，这从结构上保证了转向的轻便性。在机动车使用期间，转向装置会由于装配时调整不当或使用中有关零部件变形等原因引起转向沉重。为了保证机动车转向操纵轻便性，国家标准规定：机动车在平坦、硬实、干燥和清洁的道路上行驶，以10 km/h的速度在5 s之内沿螺旋线从直线行驶过渡到直径为24 m的圆周行驶时，施加于方向盘外缘的最大切向力不得大于245 N。

最小转弯直径 车辆的最小转弯直径会直接影响车辆的机动性。车辆的机动性就是指车辆在最小面积内活动的能力，它决定了驾驶员为装卸货物而移动车辆，或者在停车场地及维修车间内调动车辆时所需要场地的面积、车道宽度以及驾驶员的劳动强度，机动性还影响车辆能够通过狭窄弯曲地带或绕开不可越过的障碍物的能力。

转向车轮的稳定效应 当车轮在偶然受外力作用或方向盘稍微转动而偏离直线行驶时，转向车轮应有自动回正恢复直线行驶的能力。当转向车轮摆转一定的角度后，在放松方向盘时，转向车轮应有迅速回正恢复直线行驶的能力。转向车轮具有的保持自动返回直线行驶位置的能力，称为转向车轮的稳定效应。转向车轮越稳定，汽车向前直线行驶的性能越好，操纵越轻便。

转向车轮的稳定效应是通过转向车轮的定位角来实现的，同时，转向车轮的稳定效应也与轮胎的横向弹性有关。如果转向车轮同时又是驱动车轮时，转向车轮将受到驱动时前进推力的影响而趋稳定。

汽车转向轮的振动 汽车在行驶过程中，有时出现转向轮的左右摆振和上下跳动。转向轮的振动降低了汽车操纵性与方向稳定性，使轮胎磨损急剧增加，并增加了转向机构的动载荷，降低零件的使用寿命，同时也严重影响行驶安全。

转向轮的摆振与车辆悬架系统的技术状况、车轮定位、车轮平衡等有密切关系。转向轮定位若不合理，则会导致转向轮侧滑过大，转向轮侧滑过大必然导致车轮高速行驶时摆振，为此，GB 7258中规定转向轮的侧滑量不得大于5 m/km。

车轮若不平衡，高速行驶时车轮必然跳动；当左右车轮都不平衡，且不平衡质量处于对称位置时，振动会更为严重。为了避免因车轮不平衡引起的振动，要求无论是新轮胎还是经翻修过的轮胎，在装用之前，都要进行动平衡试验，消除不平衡因素。高速行驶的车辆对车轮的不平衡度要求更高。

3）视认特性和视野保障系统性能

驾驶员在行车中所感觉到的道路、车辆等信息的准确性将直接影响汽车的主动安全性。良好的视认特性是汽车主动安全性的重要组成部分。汽车在行驶过程中，大约95%以上的外部环境信息是通过人的观察来进行收集的。视认特性包括视野性能、被视认性、防眩目性等。其中视野性能包括前方视野、后方视野以及特殊环境下的视野性能(如寒冷、雨天及夜晚等的视野),被视认性则通过车辆示宽、紧急闪烁、报警、反射等信号装置加以实现。

先进的视野保障系统和技术可大大提高汽车的视认性,从而有效地保障汽车主动安全。视认和视野保障系统方面的新技术包括电动外后视镜结合倒车时自动切换视野角度反射地面路况的技术、凸面镜片扩大可视化区域技术、电感防目眩内后视镜技术、雨量传感器技术,氙气(气体放电)前照灯技术、自动选择灯光模式(可根据城市、高速公路、晴天或雨雾天等环境)技术、照射高度可调技术、转向随动的主动灯光系统技术、高位制动灯技术、LED发光二极管后尾灯技术等。还有驾驶员报警系统、车道偏离报警系统、不怕漏气的轮胎技术等。

(2) 汽车被动安全性评价

汽车被动安全性是指汽车在发生意外事故时对乘员进行有效保护的能力。由于汽车被动安全性总是与广义的汽车碰撞事故联系在一起的,故又称为“汽车碰撞安全性”。

1) 汽车碰撞事故分类及特征

汽车碰撞事故可分为单车事故和多车事故,其中单车事故又可细分为翻车事故和与障碍物碰撞事故。翻车事故一般是驶离路面或高速转弯造成的,其严重程度主要与事故车辆的车速和翻车路况有关,既可能是人车均无大恙的局面,也可能造成车毁人亡的严重后果。与障碍物碰撞事故主要可分为前撞、尾撞和侧撞,其中前撞和尾撞较常见,而侧撞较少发生。

不难看出,单车事故中汽车可受到前、后、左、右、上、下六个方向的冲击载荷,且对汽车施加冲击载荷的障碍物可以是有生命的人体或动物体,也可以是无生命的物体。显然障碍物的特性和运动状态对汽车事故的后果影响较大。这些特性包括质量、形状、尺寸和刚性等。

多车事故为两辆以上的汽车在同一事故中发生碰撞。尽管多车事故中,可能有两辆以上的汽车同时相撞,但讨论其特征时可只考虑两辆车相撞的情形。

从上述分析可以看出,尽管单车事故看上去只涉及单一车辆,似乎情况相对简单,但车辆本身可能造成的损伤比多车事故更复杂,因为单车事故包括了上、下受冲击载荷的情形,而多车事故中一般不包括这一情形。

2) 汽车碰撞安全法规

为了减轻汽车碰撞事故对人类造成的危害,汽车工业发达国家先后针对汽车碰撞事故中常见的人体损伤和其他危害制定了相应的汽车碰撞安全法规。其中最著名的是美国和欧洲碰撞安全法规,除此之外,日本、澳大利亚和我国也都先后制定了碰撞安全法规。汽车安全法规一般包括防止事故发生、减轻碰撞事故时对乘员的损伤以及发生事故后的防护等内容。对车辆而言,最难以满足的性能要求也就是法规关于碰撞安全性方面的要求。

目前,我国汽车强制性标准中包含的有关汽车安全方面的标准共有63项,其中主动安全21项,碰撞安全23项,一般安全19项。而且汽车安全性方面的标准、法规还在不断地增加和完善当中。

值得一提的是,在欧、美、日等发达国家,现在的发展趋势是,政府制定的安全法规是对汽车产品的最低要求,而汽车生产厂家对汽车安全性能的追求目标是要求更高的“新车评价程序”——NCAP(New Car Assessment Program)和企业以实际交通事故分析结果为依据而制定的汽车碰撞安全性评价方法。与汽车碰撞安全法规不同,NCAP是由政府、保险公司、消费者组织、汽车俱乐部或杂志社等机构共同制定的汽车碰撞安全性评价体系,并且NCAP规定的实车碰撞速度往往比安全法规中规定的车速要高,即在更严重的碰撞环境下评价车内乘员的损伤,并根据头部、胸部等主要部位的损伤将试验车的安全性分级,星级越高,表示该车型的碰撞安全性越好。组织者将这些信息公布给消费者,以引导消费者购车,所以NCAP得到各汽车生产厂的高度重视,把它作为汽车产品开发的重要评价依据。

我国的C-NCAP(China New Car Assessment Program,中国新车评价程序)是中国汽车技术研究中心在深入研究和分析国外NCAP的基础上,结合我国汽车标准、法规等实际,确定有关汽车安全性能的试验和评分规则。进行安全性能碰撞测试的新车可以是生产企业委托测试的,也可以是研究中心选取的,评价结果按星级划分并公开发布。

3)碰撞安全措施

由于汽车碰撞安全法规是指导、评价汽车碰撞安全性的依据,改善碰撞安全性的措施一般都瞄准如何直接和间接地降低法规所规定的伤害指标这一总目标。汽车碰撞安全措施主要包括汽车结构缓冲与吸能措施、车内乘员保护措施。

①汽车结构缓冲与吸能措施

通常将汽车的碰撞称为“一次碰撞”,而将人体与车内部件的碰撞称为“二次碰撞”。显然“二次碰撞”是由于“一次碰撞”导致人体与汽车快速相对运动而造成的。尽管“二次碰撞”是造成人体损伤的直接原因,但“一次碰撞”在很大程度上决定了“二次碰撞”的剧烈程度,因此“一次碰撞”对人体损伤有很大影响。控制好“一次碰撞”,对减少人体损伤有重要的意义,合理设计汽车结构的缓冲与吸能特性是控制好“一次碰撞”的关键。为便于汽车碰撞安全性分析,汽车可分为如图3.1所示的两类区域,即乘员安全区(A区)和缓冲吸能区(B区)。

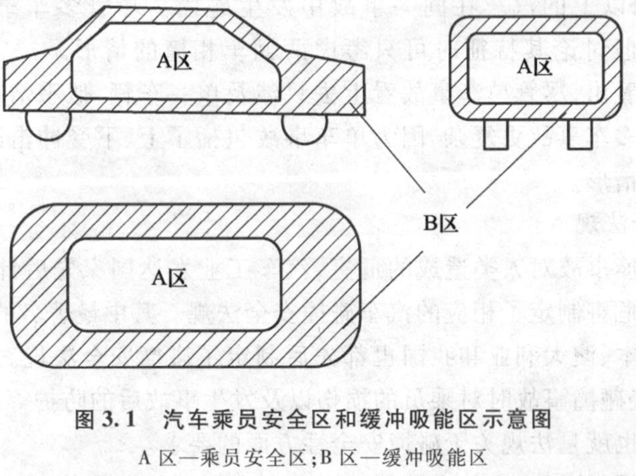

图3.1 汽车乘员安全区和缓冲吸能区示意图

A区—乘员安全区;B区—缓冲吸能区

很显然,仅从乘员不被汽车碰撞变形后产生挤压受伤的角度看,乘员安全区在碰撞中的变形越小越好。要使A区变形小,就要求缓冲吸能区(B区)有较大的总体刚度,但B区的刚度过大又会影响汽车的缓冲吸能性能。从缓冲吸能角度讲,B区的刚性应足够小,变形应足够大,这就导致了A区变形小与B区变形大的矛盾。为解决这一矛盾,B区必须设计成“外柔内刚”式的结构,即B区与A区交界处设计成具有较大刚性的结构,而在B区外围设计成具有较小刚性和较好缓冲吸能的结构。由于汽车的结构特点所限,B区抗侧向和上方的碰撞能力较差,而抗前撞和尾撞的能力相对较好。由于汽车轮胎的作用和受汽车底部结构刚性较大的保护,所有汽车抗击来自下方的冲击能力很强,而且,除非汽车坠崖,来自下方的碰撞冲击力一般也较小,所以一般不考虑针对下方冲击载荷的缓冲与吸能。

② 车内乘员保护措施

为了减轻“二次碰撞”给人体造成的伤害,车内乘员碰撞保护措施越来越被重视,且其性能也在不断提高。车内乘员碰撞保护措施主要包括安全带、安全气囊、安全转向系统、安全座椅和仪表板等。

安全带的作用是使乘员在汽车碰撞时不飞离座椅与汽车内饰件发生剧烈碰撞。当汽车受到碰撞载荷时,人体作用在安全带上的力使安全带的运动速率超过一定的阈值后,安全带系统的锁紧机构发生锁止,限制安全带继续抽出,从而达到约束乘员运动的目的。由于汽车碰撞时加速度值一般都较高,用于约束人体的力要相当大才能达到有效保护的目的,因此安全带要求有足够高的强度,并且其固定点和锁紧装置要在规定的极限碰撞载荷作用下保证不失效。安全带的另一个重要性能指标是冲击载荷作用下的延伸率,延伸率过大将降低保护效果。此外,安全带固定点位置和锁紧装置的敏感性和刚度都对其保护性能有重要影响。

安全气囊是避免乘员与汽车内饰件发生直接碰撞的有效手段。目前主要有防正撞和防侧撞气囊两大类型,无论是防正撞气囊还是防侧撞气囊,其系统组成都是一样的,即都由气体发生器、传感器与控制器和气囊及其附件组成。当传感器探测到相关的碰撞信号,并经分析确认气囊应被打开时,控制器触发气体发生器,短时间内产生大量气体对气囊充气,从而使气囊在人体与汽车内饰件间形成一个气垫,达到保护人体的目的。虽然安全气囊的工作原理看上去简单,但由于它的工作过程短暂而复杂,并受众多因素的影响,所以设计制造出性能优良的安全气囊是一项具有很大挑战性的工作。

安全转向系统主要包括方向盘和压塌式转向管柱。当汽车发生前撞时,驾驶员的头部或胸部较易与方向盘发生碰撞,从而加大头部和胸部的伤害指标值。为解决这一问题,可将方向盘的刚度进行优化,使其在满足转向刚性要求的前提下,尽量降低抵抗驾驶员的碰撞刚度;同时使方向盘的塑胶覆盖层尽量软化,以降低其表面接触刚度。压塌式转向管柱可有多种形式,其主要功能要求是当方向盘受到的碰撞力达到一定阈值时,转向管柱能顺利地产生位移(被压塌),从而将方向盘提供的碰撞阻力限制在一定的峰值。

安全座椅包括两类,即标准配置中的安全座椅和专为小孩配置的安全座椅。对于标准配置中的安全座椅,一方面应考虑与安全带配合防止乘员在汽车前撞中发生“潜水”现象;另一方面应优化设计头枕,以使乘员颈部在尾撞中少受或免受伤害。防“潜水”现象的座椅设计一方面要考虑座椅表层材料具有合适的摩擦特性,另一方面要提供合理的椅垫形状,以获得足够的抗“潜水”阻力。专为小孩配置的安全座椅一般都朝向向后安置,主要保护前撞中的未成年乘员少受或免受伤害,其主要特性要求包括足够的刚度和表层缓冲吸能性能。目前国内几乎没有专为小孩配置的安全座椅。

仪表板的安全性设计也是至关重要的,其中要考虑的因素主要是在保证基本刚度以满足结构功能要求的前提下,提供尽可能好的缓冲吸能性能。性能优良的仪表板设计可有效降低“二次碰撞”对人体头部和腿部的损伤。

2. 汽车环保性能

汽车产生的废气、噪声是世界公认的城市两大公害。改革开放以来，我国汽车保有量持续以年递增10%以上的速度增长，汽车所造成的环境污染日趋严重。因此，检测并控制汽车排放污染物、汽车噪声，对于保护人类生存环境具有重要意义。

(1) 汽车排放污染物的种类与危害

1) 汽车排放污染物的种类

汽车所排放的污染物主要有CO(一氧化碳)、HC(碳氢化合物)、NO_x(氮氧化物)、微粒(由碳烟、铅氧化物等重金属氧化物和烟灰等组成)和硫化物等。污染物的排放途径为汽车发动机排气管、曲轴箱和燃油供给系统，通过这些途径排出的污染物分别称为排气污染物、曲轴箱污染物和燃油蒸发污染物。

① CO。CO是燃料不完全燃烧的产物。当发动机混合气过浓或燃烧质量不佳时，易生成CO而从发动机排气管排出。特别是发动机在怠速工况时，混合气供给偏浓，发动机工作循环中的气体压力和温度不高，燃烧速度减慢，因不完全燃烧所生成的CO浓度增高；发动机在加速过程中供给较浓混合气，或因点火过分推迟补燃增多时，均会使CO的排放量增加。

② HC。废气中的HC是发动机未燃尽的燃油分解所产生的气体。汽车排放污染物中，HC的20% ~25%来自曲轴箱窜气，20%来自油路系统和燃油箱中燃油的蒸发，其余则由发动机排气管排出。发动机冷起动或怠速工况下混合气较浓，且燃烧温度过低或燃油雾化不良时，发动机排出的废气中的HC含量增加。

③ NO_x。NO_x是空气中的N_2与O_2在高温高压条件下反应而生成的。汽车发动机所排废气中的NO_x主要由NO(一氧化氮)和NO_2(二氧化氮)构成。汽油机排出的氮氧化物中，NO占99%，而柴油机排出的氮氧化物中NO_2的比例稍大。发动机的负荷和压缩比越高，发动机的燃烧温度越高，燃烧终了气缸内的压力越高，生成NO_x的条件也越充分。

④ 微粒。汽油机排出的浮游微粒主要有铅化物、硫酸盐、低分子物质。当汽油机使用含铅汽油时，燃烧废气中将会有铅化合物以微粒状从排气管排出。柴油机排出的微粒比汽油机多30 ~60倍，主要为含碳物质(碳烟)和高分子量有机物(润滑油的氧化和裂解产物)。碳烟是柴油发动机燃烧不完全的产物，主要由直径由0.1 ~1.0 μm的多孔性碳粒构成。当汽车起动、加速、上坡时，由于混合气过浓，碳烟排放量会增加；柴油喷雾质量不高、雾化不良时，也会增大碳烟的排放量。

⑤ 硫化物。发动机排出的硫化物主要为SO_2(二氧化硫)，由所用燃油中含有的硫与空气中的氧反应而生成。

2) 汽车排放污染物的危害

汽车排放污染物对环境的影响主要有两个方面：一是污染环境，二是参与形成光化学烟雾，进一步恶化空气质量。污染物种类不同，对人的健康危害也有所不同。

① CO。CO能与血液中的血红蛋白结合，形成碳氧血红蛋白CO - Hb，从而使这部分血红蛋白失去输送氧气的能力，造成血液输氧能力下降，导致人体缺氧。

② HC。HC可以使人的骨髓功能减弱，血小板减少，刺激眼、鼻、呼吸道，危害植物，同时也是形成光化学烟雾的因素。

③ NO_x。它由96% ~98%的一氧化氮(NO)和2% ~4%的二氧化氮(NO_2)构成，其中NO_2

危害眼睛、呼吸道和肺；NO_x 使纤维、塑料、橡胶、电子材料提前老化，并参与形成光化学烟雾。

④ 光化学烟雾。它由臭氧（O_3）、多种过氧化物和多种游离基组成，强烈刺激眼睛、呼吸道，诱发癌症，危害作物，腐蚀金属、橡胶，降低空气能见度。

⑤ 固体颗粒物。它由碳粒、铅氧化物和多种高分子氧化物构成，其中铅可以损害心、肺、造血系统，造成智力低下；碳烟中的有害物质可致癌，降低空气能见度，附着在固体表面，影响美观，腐蚀金属。

⑥ SO_2。SO_2 可形成酸雨，危害环境和作物。

（2）汽车排放污染物的排放标准

目前，我国汽车排放污染物限值实施的国家标准主要有 GB 18285—2005《点燃式发动机汽车排放污染物排放限值及测量方法（双怠速法及简易工况法）》、GB 3847—2005《车用压燃式发动机和压燃式发动机汽车排气烟度排放限值及测量方法》、GB 14763—2005《装用点燃式发动机重型汽车燃油蒸发污染物排放限值》、GB 11340—2005《装用点燃式发动机重型汽车曲轴箱污染物排放限值》、GB 18352—2005《轻型汽车排放污染物排放限值及测量方法（中国Ⅲ、Ⅳ阶段）》和 GB 17691—2005《车用压燃式、气体燃料点燃式发动机与汽车排气污染物排放限值及测量方法（中国Ⅲ、Ⅳ、Ⅴ阶段）》。

（3）排气净化技术

1）汽油发动机机内净化

① 采用电控的汽油喷射装置。采用电控的汽油喷射装置是机内净化的主要措施。电控汽油喷射有以下优点：

a. 进气管道中没有狭窄的喉管，空气流动阻力小，充气性能好，因此输出功率较大。

b. 能使各缸混合气的分配均匀，尤其是多点喷射，可使各缸混合气的浓度得到精确控制。

c. 可根据发动机转速、负荷、冷却水温等参量的变化来改变燃料喷射量，精确控制混合比，确保发动机完全燃烧，也使冷起动与加速性能改善，再配合电控点火系，可大幅度降低排气中的 CO 和 HC。

d. 具有良好的加速等过渡性能。

e. 容易实现分层给气的稀薄燃烧，使燃烧室末端处为稀混合气，可提高发动机的抗爆性，降低对燃料辛烷值的要求或提高汽油机的压缩比，提高热效率，改善燃料经济性。

② 改善燃烧状况。改善燃烧状况是从配气相位、点火时刻、燃烧方式和燃烧室形状等方面考虑的一种机内净化方法。

a. 混合气在气缸内燃烧时，火焰到达燃烧室壁附近，往往由于表面温度低而熄火，引起 HC 排放量增加。显然，减小燃烧室的表面积和容积之比（面容比）可减少 HC 的排放量。面容比按盆形、楔形、碗形、半球形的燃烧室结构逐渐减小。此外，降低压缩比也可降低面容比，同时还可减少 NO_x 的排放量。

b. 配气相位特别是气门重叠时间对 NO_x、HC 排放量的影响很大。试验表明，气门重叠时间长时，因排气彻底，进气充足，气缸内温度低，NO_x 排放量将减少，而 HC 的增加量并不多；当气门重叠时间短时，HC 将减少，而 NO_x 却增加较多。

c. 延迟点火时刻，可降低燃烧最高温度，从而减少 NO_x 的排放量；同时，由于燃烧持续时间较长，促进氧化作用，使 HC 排放量减少。这种方法已普遍用于各种低公害汽车上。但是延迟点火会引起功率下降和过热等问题。为此,必须对点火提前角进行控制:在怠速和减速时减小点火提前角,以减少 CO、HC 的生成量;中、高速时则加大点火提前角,以保证功率;发动机过热时,将点火提前角加到最大值,使转速上升,加强冷却作用直至恢复到正常温度为止。

d. 稀薄燃烧是指能燃用空燃比为 18:1 或更稀混合气的汽油机。稀薄燃烧按供给方式可分为均质和非均质两种。目前,分层燃烧(作为稀薄燃烧中的非均质燃烧)是实现稀薄燃烧的主要方式。分层进气实现稀薄燃烧的原理是在点火瞬间,火花塞电极周围局部区域应具有较浓的可燃混合气,其空燃比在 12 ~ 13.5 ,而在燃烧室的大部分区域具有较稀的混合气。在浓稀之间,有从浓到稀的各种空燃比混合气,以利火焰传播。因为燃烧室中混合气浓度有组织地分成各种层次,所以被称为分层进气(分层燃烧)发动机。

为了使发动机在燃用稀混合气时工作稳定可靠,必须同时做到以下几点:控制燃烧过程,使之实现快速燃烧;改善供给系混合气制备与分配;改进或强化点火系统。

③ 排气再循环(EGR)系统。排气再循环是目前降低 NO_x 排放量的一种有效措施。它是将一部分排气引入进气管,与新混合气混合后进入气缸燃烧,从而实现再循环;并对送入进气系统的排气进行最佳的控制。其基本原理是排气中的主要成分是 CO_2、H_2O 和 N_2 等,这三种气体的热容量较高。当新混合气和部分排气混合后,热容量也随之增大。在进行相同发热量的燃烧时,与不混入时相比,可使燃烧温度下降,这样就抑制了 NO_x 生成。

2) 汽油发动机机外净化

① 使用新型燃料。在改进和研制发动机的结构、燃烧状况等以期达到降低油耗和减少污染的同时,也应注意开拓新的能源和代用燃料这一新路。研究表明,某些新能源和代用燃料其油耗与污染程度远低于现有的燃料。目前,有些国家已把液化石油气、醇燃料和氢气作为汽车的代用燃料。尽管有些技术问题尚待解决,但已获得较满意的使用效果。

液化石油气发动机是比较成熟的机型,很多国家都有定型产品。液化石油气在常温下是气体,在一定压力下则呈液态存在。它主要是丙烷和丁烷的混合物。在石油开采和炼制过程中,它作为副产品而形成,亦可从天然气或煤中提取。

液化石油气由于在发动机工作温度下呈气态存在,所以燃烧时能和空气均匀混合形成质量良好的混合气,获得完全的燃烧。燃烧后的有害排放物远比汽油少。液化石油气的辛烷值很高,可以提高发动机的压缩比从而可获得较高的动力性能。它的缺点是装液化石油气的气瓶重量大,气瓶更换频繁及具有爆炸的危险性等。因此,目前液化石油气多用于定线行驶的公共汽车上。

使用甲醇或甲醇与汽油的混合燃料,比单纯燃用汽油时 NO_x 的排放量可以减少一些,而 HC 和 CO 的排放量则明显下降。由于甲醇与汽油的温合燃料抗爆性好,可使发动机的压缩比提高 10%,故提高了发动机的功率。甲醇可从煤中提炼而得,我国是煤炭资源较丰富的国家,因此甲醇燃料是一种很有发展前景的代用燃料。甲醇与汽油的混合燃料(甲醇重量百分比为 15% ~ 20%)在某些国家已经付诸实用。但甲醇具有毒性,对铸铁和铝合金有腐蚀作用,同时还能溶解塑料。因此,在使用中应采取特殊的防治措施。

氢气是一种不含碳的清洁燃料,燃烧后没有 CO 和 HC 的排放污染。当氢气与空气混合气的过量空气系数超过 2 时, NO_x 的排放量则很低。氢气与空气的混合气燃烧时,其着火界限很宽,氢气在空气中的含量为4%～75%时,均可燃烧。另外,氢对点火能量要求较低,且火焰传播速度快,约为普通燃料的7～9倍,因此,其动力性能很高。目前,很多国家都在致力于氢发动机的研究,并做了大量的行车试验。但由于氢气的大量制取及储存等问题,还有待于进一步研究解决,因此,氢气发动机汽车尚未能作为正式产品投放市场。

② 三元催化反应器。催化反应器(转化器)采用沉积在面容比很大的载体表面上的催化剂作为介质,发动机排出的气体在其通过,使 HC 和 CO 的再氧化反应能在较低的温度下更快进行,使排气中 HC、CO 与排气中的余氧结合,生成无害的 CO_2、H_2O,而排气中的 NO_x 经过还原催化反应器,将 NO_x中的氧转入 HC、CO 中,生成 CO_2、H_2O 和 N_2。三元催化反应器不仅能促使 CO、HC 的氧化反应,也能促使 NO_x 的还原反应,从而使 CO、HC 和 NO_x 这三种有害成分都得到净化。

对同一催化剂的氧化与还原反应而言,其催化反应特性与通过的排气中所含的氧含量有关,因此由催化反应所导致的净化效率,也就与发动机所用的空燃比有关。三元催化剂在理论空燃比为中心的某一狭小范围内同时具有氧化、还原反应,使 CO、HC 和 NO_x 净化率都高。因此使用三元催化反应器时,必须装氧传感器和空燃比反馈控制系统,并通常与微机控制系统结合在一起使用。

③ 曲轴箱强制通风装置。从气缸窜入曲轴箱的气体和箱内润滑油蒸气若用通风管直接排到大气中去,由于这部分气体中含有高浓度的未燃烃、润滑油蒸气、不完全燃烧产物以及不同量的废气成分等,会对大气造成污染。因此,现在汽车上广泛采用了将窜气引入气缸内燃烧掉的曲轴箱强制通风系统(PCV)。PCV 有开式和闭式两种。开式 PCV 系统是在早先曲轴箱通风的基础上,将曲轴箱和空气滤清器下方的进气管连通,并且加装一个 PCV 阀,而将原通风管拆除后形成的。这种结构简单,改装方便,不必维修保养,可基本上消除曲轴箱排放。但自通气孔进入曲轴箱的空气未经滤清,而且当曲轴箱内排放气体大量增加时,有从通气孔倒流到大气中去的可能性。

闭式 PCV 系统将通气孔改接,接在空气滤清器已滤清的一侧,从而避免了开式 PCV 系统的缺点。新鲜空气先经空气滤清器,然后进入曲轴箱和窜气混合,发动机工作时,利用进气管真空度把 PCV 阀打开,进入气缸进行燃烧。当发动机在高速全负荷工作时,一旦窜气量过多而不能完全吸尽时,多余的窜气还可以从曲轴箱倒流入滤清器,经进气管吸入气缸。这种方式既不会使窜气排入大气,又能用新鲜空气进行曲轴箱换气。由于这种装置的双重优点,目前在世界上已被普遍采用。

④ 燃料蒸发净化装置。为防止油箱内的燃油蒸气对大气的污染,现在大部分车辆采用燃料蒸发控制系统。该系统由一个重新设计的油箱加油盖、油气分离器和炭罐组成。

a. 使用密封式的加油盖,其内部装有压力、真空释放阀,可防止油箱损坏。当油箱内的压力增大到一定数值时,释放阀就会打开,避免油箱爆炸;当真空增大时,释放阀又会打开,防止油箱变形。

b. 油气分离器的主要功能是防止液态燃油进入活性炭罐。液态燃油进入分离器或油气经过分离器时,会冷凝成燃油,并可通过其中最短一条管路流回油箱。

c. 活性炭罐的功能是储存燃油蒸发的油气。炭罐本身是一个抗油性的尼龙或塑料容器,里面装满了活性炭颗粒。

3）柴油机碳烟的净化

① 改进进气系统。柴油机的烟度在很大程度上取决于燃料与空气的比值(FA)，混合气FA加大，烟度就上升。在功率一定时，改进进气系统、提高充量系数等所有增大进气量的措施，都有助于减少碳烟。

② 改变喷油时间。在直接喷射式柴油机中，当其他参数不变，加大喷油提前角会造成滞燃期增长，使更多的燃料在着火前喷入混合，加快了燃烧速度并较早地结束燃烧过程，所有这些因素可使排气的烟度降低。然而过早喷射会引起更大的燃烧噪声，较大的机械和热应力以及较高的 NO_x 排放量。采用柴油机电控喷油，可精确控制喷油量及喷油时间，使 HC 排放降低。

③ 改进供给系统。改进供给系统，使喷油具有较高的初速度，缩短喷油持续时间，对减小排烟是有利的。改进油嘴和供给系统配合参数，可消除滴漏及过后喷射(二次喷射)的产生。滴漏是喷射终了时，由于针阀落座缓慢，从油嘴中流出雾化不良的粗大油滴与火焰接触，对火焰起激冷作用，此时缸内温度和氧的浓度下降，在这些油滴外围裂解产生碳烟附在液体表面上极难燃尽。过后喷射时，针阀落座关闭后第二次离开阀座升起，此时，喷射压力不足，雾化程度和穿透能力都变差，因而使碳烟增加。

④ 后处理。柴油机碳烟后处理有以下几种方法：固体碳粒可以经过静电、过饱和水蒸气、超声波等使小粒子聚合成较大的粒子，再通过旋风除尘器净化；也可用各种滤清器过滤出碳粒。

4）柴油机排气的净化

柴油机的燃烧室形式对排污量的影响很大。试验表明，分隔式燃烧室排污量比直接喷射式低得多。采用分隔式燃烧室时，副燃烧室中的混合气浓度较大，且燃烧温度峰值较低，对 NO_x 的形成不利。而当燃油及燃烧气体喷到主燃烧室进行二次燃烧时，由于大量空气的冷却作用，活塞又已开始下移，燃烧最高温度低，再一次造成了不利于产生 NO_x 的条件，因此分隔式燃烧室柴油机的 NO_x 排放量小。此外，分级燃烧中的燃烧涡流作用，使空气与燃油得到良好的混合，避免了主燃烧室中高温局部缺氧现象，因而产生的 HC 和 CO 较少。在采用分隔式燃烧室的柴油机中，用预燃室的发动机排污量比用涡流室的低，故预燃室式燃烧室的应用目前有增多的趋势。

减小喷油提前角，可降低最高燃烧温度，使 NO_x 排放量减少，这是目前用来降低直接喷射式柴油机 NO_x 排放量的最有效的措施。但喷油提前角小会引起排烟量上升和功率下降。

采用废气涡轮增压可使过量空气系数提高，进气温度上升，因而 CO、HC 及碳烟的排放量均得以降低，但 NO_x 的排放量会增加。采用废气涡轮增压，则既能全面降低排污量，又能提高柴油机性能，因此适用于汽车和工程机械等柴油机，但应装设冒烟限制器，以减少低速和加速时的排烟。

(4) 汽车噪声危害

噪声对人类和环境的危害非常严重，白天室外噪声达 50 dB(A)、夜间室外噪声达 35～40 dB(A)会使人产生烦躁感；高于 70 dB(A)的噪声使人容易疲劳，产生头晕、头痛、失眠、记忆力下降等各种病症。如长时间在噪声很大的环境中，会使人激动、发怒，甚至失去理智。机动车特别是重型车辆会产生超过 90 dB(A)的噪声，不仅影响周围环境，还会影响驾驶员工作效率，使得驾驶员注意力下降、反应时间加长，发生交通事故趋势增加。因此，要进行汽车噪声的质量检测，运用技术措施有效控制汽车噪声，达到人们满意或可以接受的程度。

(5) 汽车噪声检测评价指标

1) GB 7258—2004《机动车运行安全技术条件》的规定

① 对于发动机最大功率大于或等于 7 kW 的机动车，喇叭声级范围为 90 ~ 115 dB(A)。

② 汽车(三轮汽车和低速货车除外)驾驶员耳旁噪声声级不应大于 90 dB(A)。

③ 客车以 50 km/h 的速度匀速行驶时，车内噪声不应大于 79 dB(A)，其检验方法按 GB/T 18697—2002 的规定执行。

2) 汽车定置噪声限值

GB 18565—2001《营运车辆综合性能要求和检验方法》对汽车定置噪声限值进行了详细规定，具体内容见表 3.1。

表 3.1 汽车定置噪声限值/dB(A)

车辆类型	燃料种类		车辆出厂日期	
			1998 年 1 月 1 日以前	1998 年 1 月 1 日以后
轿车	汽油		87	85
微型客车、货车	汽油		90	88
轻型客车、货车、越野车	汽油	$n_r \leqslant 4\,300$ r/min	94	92
		$n_r > 4\,300$ r/min	97	95
	柴油		100	98
中型客车、货车、大型客车	汽油		97	95
	柴油		103	101
重型货车	$P \leqslant 147$ kW		101	99
	$P > 147$ kW		105	103

注：P——汽车发动机额定功率。

n_r——发动机额定转速。

3.1.3 汽车舒适性及通过性

1. 汽车舒适性

(1) 汽车舒适性概念

汽车舒适性包括感官舒适性和乘坐舒适性。

汽车感官舒适性范围很广，包括汽车的外观视觉，内部空间尺寸，内饰材料、布置、造型、颜色，汽车音响及多媒体技术，汽车座椅材料，车内操作件手感，车内空气质量、温度、湿度等。

汽车乘坐舒适性即行驶平顺性，是指汽车在一般行驶速度范围内行驶时，避免因汽车在行驶过程中所产生的振动和冲击，使人感到不舒服、疲劳，甚至损害健康，或者使货物损坏的性能。行驶平顺性主要是根据乘员的舒适程度来评价,所以又称为乘坐舒适性。

汽车是一个复杂的多质量振动系统,其车身通过悬架的弹性元件与车桥连接,而车桥又通过弹性轮胎与道路接触,发动机、驾驶室等也是以橡胶垫固定于车架。在激振力的作用下(如道路不平而引起的冲击和加速、减速时的惯性力,以及发动机与传动轴振动等)系统将发生复杂的振动,对乘员的生理反应和所运货物的完整性均会产生不利的影响。在坏路上,汽车的允许行驶速度受动力性的影响不大,主要取决于行驶平顺性,由于被迫降低行车速度,因此汽车的平均技术速度减低,运输生产率下降。其次,振动产生的动载荷加速了零件的磨损,乃至引起损坏,降低汽车的使用寿命。此外,振动还引起能量的消耗,使燃料经济性变坏。因此,减少汽车本身的振动,不仅关系到乘坐的舒适性和所运货物的完整性,而且关系到汽车的运输生产率、燃料经济性、使用寿命和工作可靠性等。

(2) 汽车行驶平顺性的评价

ISO 2631—1:1997(E)标准规定:当振动波形峰值系数 <9(峰值系数是加权加速度时间历程的峰值与加权加速度均方根值的比值)时,用加权加速度均方根值来评价振动对人体舒适和健康的影响,根据测量,各种汽车(包括越野汽车)在正常行驶工况下对这一方法均适用。有些"人体振动测量仪"采用加权振级 L_{aw},它与加权加速度均方根值 a_w 及人的主观感觉之间的关系见表3.2。

表3.2 L_{aw}和 a_w 与人的主观感觉之间的关系

加权加速度均方根值 $a_w/(m/s^2)$	加权振级 L_{aw}/dB	人的主观感觉
<0.315	110	没有不舒适
0.315~0.63	110~116	有一些不舒适
0.5~1.0	114~120	相当不舒适
0.8~1.6	118~124	不舒适
1.25~2.5	122~128	很不舒适
>2.0	126	极不舒适

当峰值系数 >9 时, ISO 2631—1:1997(E)标准规定用4次方和根值的方法来评价,它能更好地估计偶尔遇到过大的脉冲引起的高峰值系数振动对人体的影响。

(3) 汽车行驶平顺性的影响因素

汽车是由多质量组成的复杂振动系统。为了便于分析,需要进行简化。在研究振动时,常将汽车视为由彼此相联系的悬挂质量与非悬挂质量所组成的。汽车的悬挂质量由车身、车架及其上的总成所构成。该质量由减振器、悬架弹簧与车轴、车轮相连。车轮、车轴构成非悬挂质量,车轮再经过具有一定弹性和阻尼的轮胎支撑在路面上。悬架结构、轮胎、悬挂质量和非悬挂质量是影响汽车平顺性的重要因素。

影响行驶平顺性的结构参数很多,并且彼此间的关系较复杂,必须对这些参数进行综合分析,以便正确地选择参数,提高汽车行驶的平顺性。

(4) 汽车舒适性的感官评价(表 3.3)

表 3.3 影响舒适性的部分可量化指标

因素	舒适带	不快带	不舒适或有害
减速度/(m/s^2)	0~3	2~4	4 以上
振动/cm	0.2~2	2~5	15 以上
噪声/dB	45~65	65~120	120 以上
暑/℃	22~27	27~43	43 以上
寒/℃	18~15	15~0	0 以下
湿度/%	70~30	30~15	15 以下
换气/(m^3/min)	0.6~0.35	0.35~0.14	0.14 以下
CO 浓度-质量分级/%	0~0.01	0.01~0.03	0.03 以上
CO_2 浓度-质量分级/%	0.03~3	3~10	10 以上

2. 汽车的通过性

汽车的通过性指汽车在一定的装载质量下,能以足够高的平均速度通过各种坏路、无路地带(如松软的土路、沙漠、雪地、沼泽及坎坷不平地段),克服各种障碍(陡坡、侧坡、壕沟、台阶、灌木丛、水障等)的能力。

根据地面对通过性的影响及汽车本身的相关性能,汽车的通过性又分为支承通过性和几何通过性。汽车的通过性主要取决于地面的物理性质及汽车的结构参数和几何参数。同时,它还与汽车的其他性能(如动力性、平顺性、机动性、稳定性、视野性等)密切相关。

(1) 汽车支承通过性的评价

汽车的支承通过性是指车辆顺利通过松软土壤、沙漠、雪地、冰面、沼泽等地面的能力。为了综合分析汽车的通过性能,一般常采用牵引系数、牵引效率及燃油利用指数三项指标来总体评价支承通过性。

① 牵引系数。单位车重的挂钩牵引力(净牵引力)。它表明汽车在松软地面上加速、爬坡及牵引其他车辆的能力。

② 牵引效率(驱动效率)。驱动轮输出功率与输入功率之比。它反映了车轮功率传递过程中的能量损失,这部分损失是由于轮胎橡胶与帘布层间摩擦生热及轮胎下土壤的压实和流动而造成的。

③ 燃油利用指数。单位燃油消耗所输出的功。对越野车、工程车特别是军用车辆,这项指标尤为重要,它反映续驶里程和野外生存保障能力。

(2) 汽车几何通过性的评价

汽车几何通过性表征车辆通过坎坷不平路段和障碍的能力。

由于汽车与地面间的间隙不足而被地面托住无法通过的情况,称为间隙失效。当车辆中间底部的零件碰到地面而被顶住时,称为"顶起失效";当车辆前端或尾部触及地面而不能通过时,则分别称为"触头失效"和"托尾失效"。显然,后两种情况属同一类失效。

汽车几何通过性一般通过与间隙失效有关的汽车整车几何尺寸即汽车通过性的几何参数来评价。这些参数包括最小离地间隙、纵向通过角、接近角、离去角、最小转弯直径、转弯通道圆等。

① 最小离地间隙、接近角、离去角、最小转弯直径的概念见第2章2.4.2节。

② 纵向通过角　汽车满载、静止时，分别通过前、后车轮外缘作垂直于汽车纵向对称平面的切平面，当两切平面交于车体下部较低部位时所夹的最小锐角。它表示汽车能够无碰撞地通过小丘、拱桥等障碍物的轮廓尺寸。纵向通过角越大，顶起失效的可能性越小，汽车的通过性越好。

③ 转弯通道圆　当方向盘转到极限位置、汽车以最低稳定车速转向行驶时，车体上所有点在支承平面上的投影均位于圆周以外的最大内圆，称为转弯通道内圆；车体上所有点在支承平面上的投影均位于圆周以内的最小外圆，称为转弯通道外圆。转弯通道内、外圆半径的差值为汽车极限转弯时所占空间的宽度，此值决定了汽车转弯时所需的最小空间。它越小，汽车的机动性越好。

现代各种汽车通过性几何参数的数值范围见表3.4。

表3.4　汽车通过性的几何参数

汽车类型	最小离地间隙 h/mm	接近角 γ_1/(°)	离去角 γ_2/(°)	最小转弯直径 d_{min}/m
4×2 轿车	120~200	20~30	15~22	7~13
4×4 轿车、吉普车	210~370	45~50	35~40	10~15
4×2 货车	250~300	25~60	25~45	8~14
4×4、6×6 货车	260~350	45~60	35~45	11~21
6×4、4×2 客车	220~370	10~40	6~20	14~22

(3) 汽车通过性的影响因素

1) 行驶速度

当汽车的行驶速度降低时，土壤的剪切和车轮滑转的倾向减少，因此，用低速行驶克服困难地段，也可改善汽车的通过性，为此，越野汽车传动系统的最大总传动比一般较大。越野汽车最低稳定车速可按表3.5选取，其值随汽车总质量而定。

表3.5　越野汽车的最低稳定车速

汽车总质量/kN	<19.6	<63.7	<78.4	<78.4
最低稳定车速/(km/h)	≤5	≤2~3	≤1.5~2.5	≤0.5~1

2) 汽车车轮

车轮对汽车通过性有决定性的影响，为了提高汽车的通过性，必须正确选择轮胎的花纹、尺寸、结构参数、气压等，使汽车行驶滚动阻力较小，附着能力较大。

轮胎花纹　轮胎花纹对附着系数有很大影响。正确地选择轮胎花纹对提高汽车在一定类型地面上的通过性有很大作用。越野汽车的轮胎具有宽而深的花纹，当汽车在湿路面上行驶时，由于只有花纹的凸起部分与地面接触，使轮胎对地面有较高的单位压力，足以挤出水层；而在松软地面上行驶时，轮胎下陷，嵌入土壤的花纹凸起的数目增加，与地面接触面积且土壤剪切面积都迅速增加，因而，同样能保证有较好的附着性能。

轮胎直径和宽度 增大轮胎直径和宽度，都能降低轮胎的接地比压。用增加车轮直径的方法来减小接地比压，增加接触面积以减少土壤阻力和减少滑转，要比增加宽度更为有效。但增大轮胎直径会使惯性增大，汽车质心升高，轮胎成本增加，并要采用大传动比的传动系统。因此，大直径轮胎的推广使用受到了限制。加大轮胎宽度不仅直接降低了轮胎的接地面比压、而且轮胎较宽，允许胎体有较大的变形，而不降低其使用寿命，因而可使轮胎气压取得低些，使汽车在沙漠、雪地、沼泽地面上行驶时，具有良好的通过性。但这种专用于松软地面的特种轮胎，由于花纹较大，气压过低，不应在硬路面上工作，否则将过早损坏和迅速磨损。

轮胎的气压 在松软地面上行驶的汽车，应相应降低轮胎的气压，以增大轮胎与地面的接触面积，降低接地比压，提高土壤推力。轮胎气压降低时，虽然土壤的压实阻力随着减小，但轮胎本身的迟滞损失却逐渐增加。为了提高越野汽车通过松软地面的能力，在硬路面上行驶时又不致引起过大的滚动阻力和影响轮胎寿命，可装用轮胎的中央充气系统，使驾驶员能根据道路情况，随时调节轮胎气压。

前轮距和后轮距 当汽车在松软地面上行驶时，各车轮都需克服形成轮辙的阻力（滚动阻力），如果汽车前轮距与后轮距相等，并有相同的轮胎宽度，则前轮辙与后轮辙重合，后轮就可沿被前轮压实的轮辙行驶，使汽车总滚动阻力减小，提高汽车通过性。所以，多数越野汽车的前轮距与后轮距相等。

前轮与后轮的接地比压 试验证明，前轮距与后轮距相等的汽车行驶于松软地面时，当前轮对地面的单位压力比后轮的小 20% ~30% 时，汽车滚动阻力最小。为此，除在设计汽车时，可将负荷按此要求分配于前、后轴外，也可以使前、后轮的轮胎气压不同，以产生不同的接地比压。

3）差速器

在汽车传动系中安装差速器，可使左右驱动车轮以不同的角速度转动。普通齿轮式差速器，由于具有在驱动轮间平均分配转矩的特性，因此会大大降低汽车的通过性。这是因为驱动轮上驱动力的大小取决于附着力较小的一侧车轮，所以驱动力可能不足以克服行驶阻力，而使汽车失去通过能力。

差速器中机件间的摩擦作用对提高汽车的通过性是有益的。正是由于这种摩擦作用，差速器才可能将较大的转矩传给不滑转的车轮。越野汽车上通常采用凸块或蜗杆等高摩擦差速器，总驱动力可增加 10% ~15%。如采用强制锁止差速器，总驱动力可增加 20% ~25%。

4）驾驶方法

驾驶方法对提高汽车通过性有很大影响。在通过沙地、泥泞、雪地等松软地面时，应该用低速挡，以保证车辆有较大的驱动力和较低的行驶速度。在行驶中应避免换挡和加速，并保持直线行驶，因为转弯时将引起前后轮辙不重合，增加滚动阻力。

后轮是双胎的汽车，常会在两胎间夹杂泥石，或使车轮表面粘附一层很厚的泥，使附着系数降低，增加车轮滑转趋势。遇到这种情况，驾驶员可适当提高车速，将车轮上的泥甩掉。当汽车传动系统装有差速锁时，驾驶员应该在估计有可能使车轮滑转的地段前，就将差速器锁住。因为车轮一旦滑移后，土壤表面就会被破坏，附着系数下降，再锁住差速锁不会起显著作用。

3.2 汽车性能劣化规律

3.2.1 汽车技术状况变化的原因及影响因素

1. 汽车的技术状况

汽车的技术状况是指定量测得的、表征某一时刻汽车的外观和性能的参数值的总和。

在汽车使用过程中,汽车内部零件之间、零件与工作介质和工作产物之间、汽车与外部环境之间均存在着相互作用,其结果是汽车零件在机械负荷、热负荷和化学腐蚀作用下,引起零件磨损、发热、腐蚀等一系列物理的和化学的变化,使零件尺寸、零件相互装配位置、配合间隙、表面质量等发生改变。如发动机气缸活塞组的尺寸、曲柄连杆机构的尺寸、制动器制动蹄片的尺寸、制动蹄与鼓的间隙等,在汽车使用过程中时刻都在发生着变化。汽车是由机构、总成组成的,而机构和总成又由零件组成,所以零件是汽车的基本组成单元。零件性能下降后,汽车的技术状况将受到影响,因此汽车技术状况的变化取决于组成零件的综合性能。

随着汽车行驶里程的增加,汽车的技术状况将逐渐变坏,致使汽车的动力性下降、经济性变坏、使用方便性下降、行驶安全性和使用可靠性变差,直至最后达到使用极限。其主要外观症状有:

① 汽车最高行驶速度降低;

② 加速时间与加速距离增长;

③ 燃料与润滑油消耗量增加;

④ 制动迟缓、失灵;

⑤ 转向沉重;

⑥ 行驶中出现振抖、摇摆或异常声响;

⑦ 排黑烟或有异常气味;

⑧ 运行中因技术故障而停歇的时间增多。

2. 汽车技术状况变化的原因

汽车技术状况的变化是汽车诸多内在原因综合作用的结果。主要原因有零件之间相互摩擦而产生的磨损,零件与有害物质接触而产生的腐蚀,零件在交变载荷作用下产生疲劳,零件在外载、温度和残余应力作用下发生变形,橡胶及塑料等非金属零件和电气元件因长时间使用而老化,由于偶然事件造成零件损伤等。这些原因使零件原有尺寸和几何形状及表面质量发生改变,破坏了零件原来的配合特性和正确位置关系,从而引起汽车(或总成)技术状况变坏。

磨损是零件的主要损坏形式,磨损现象只发生在零件表面,其磨损速度既与零件的材料、加工方法有关,又受汽车运用中装载、润滑、车速等条件的影响。引起汽车技术状况变化的主要磨损形式有磨料磨损、分子—机械磨损和腐蚀磨损。磨料磨损是零件相互摩擦表面间由坚硬、锐利的微粒的作用下产生的磨损。微粒有的来自外界,如尘埃、沙土等;而有的微粒是从零件工作表面上脱落下来的,如金属磨屑。在零件相互摩擦过程中,磨料的作用将加速零件的磨损过程。分子—机械磨损也称粘着磨损,当零件接触面承受大载荷、滑动速度高、润滑又不良时，零件表面在摩擦过程中会产生大量的热，使材料强度降低并形成局部热点，易使零件局部表面金属粘结在一起。而粘结点在零件表面的相对运动中又被撕开，使一部分金属从一个零件表面转移到另一个零件表面，从而造成零件表面的损伤。产生粘着磨损的典型实例是气缸筒“拉缸”和曲轴“烧瓦”。腐蚀磨损是摩擦表面在酸、碱等腐蚀物质作用下而产生的磨损。腐蚀物质对零件表面的腐蚀可使表面形成薄而脆的氧化层，在摩擦力作用下，氧化层脱落，腐蚀作用进一步向零件深部发展，再形成氧化层。如此，氧化层不断生成，不断脱落，从而造成了零件表面的损伤。

疲劳损坏是由于零件承受超过材料的疲劳极限的循环应力时而产生的损坏。通常，易于产生疲劳损坏的零件是承受交变载荷较大的零件，如汽车的钢板弹簧等。在由交变载荷导致的内部循环应力作用下，零件表面产生疲劳裂纹，裂纹不断积累、加深、扩展而产生零件的疲劳损坏。

腐蚀损坏产生于与腐蚀性物质接触的零件表面。易于产生腐蚀损坏的主要部件有燃料供给系统和冷却系统管道、车身、车架等。在汽车运动中，车身外表要受到风沙的磨蚀。而汽车使用环境中的空气湿度、尘埃等，对车身及裸露的金属零件也有一定的腐蚀作用。

零件所受载荷在内部产生的应力超过零件材料的弹性极限，就会发生变形。零件在制造和加工过程中产生的残余应力和零件受热不匀而产生的热应力足够大时，也会导致零件变形或加剧变形过程。

老化是零件材料在物理、化学和温度变化的影响下逐渐变质或损坏的故障形式。汽车上的橡胶零部件（如轮胎、油封、膜片等）和电气元件（如晶体管、电容器等）长期受环境和温度变化的影响，会逐渐老化而失去原有性能。例如温度的冷、热作用，油类及液体的化学作用，太阳光的辐射作用等。在汽车使用过程中，润滑油等液体的性能也会因氧化、污染而逐渐变坏。

因汽车零件和运行材料性能的变化而使汽车技术状况逐渐变坏的现象，不仅发生于汽车使用过程中，也发生于贮存过程中。例如橡胶、塑料等非金属零件因老化而失去弹性，强度下降；燃料、润滑油、制动液等氧化变质及产生沉淀；金属零件产生锈蚀；车身表面漆层剥落等。

3. 汽车技术状况变化的影响因素

汽车在使用过程中，技术状况的变化取决于汽车结构设计的合理性、制造工艺水平、零部件材料的物理化学性能、各种使用因素等。特别是各种使用因素对汽车技术状况的变化所起的作用尤为突出。

影响汽车技术状况变化的使用因素包括运行条件、燃料和润滑油的品质、汽车运用的合理性等。

(1) 汽车运行条件

汽车运行条件主要包括道路条件、交通状况和气候条件。

道路条件 汽车运行的道路条件对汽车技术状况有重要影响。汽车运行速度范围、发动机转速控制范围、汽车承受的载荷、操纵（换挡、转向、制动等）次数和强度等汽车运行情况都取决于道路的质量，因此汽车总成、零件的磨损强度也取决于汽车运行的道路条件。汽车在良好道路上行驶时，行驶阻力小，承受的冲击和动载荷小，汽车的速度性能得以发挥，燃油经济性好，零件磨损速率小，汽车的使用寿命就长。汽车在坏路面上行驶时，行驶阻力大，低挡使用的时间比例大，因而汽车的平均技术速度低，但发动机转速和负荷却很大，气缸内平均压力也很高，所以气缸—活塞组件磨损严重；汽车在崎岖不平的道路上行驶时，汽车底盘各总成（如车轮、悬架、车桥等）受到的冲击载荷加大，有时甚至遭到直接破坏和损伤；汽车在不良道路上使用时，由于操作次数增加和使用时间增长，离合器、变速器、制动蹄和制动鼓等部件的磨损增大，这都使得汽车在坏路面上运用时的使用寿命大为缩短。

交通状况 交通状况对汽车技术状况的变化也有很大影响。在路面质量和交通状况良好的道路上行驶时，汽车能够经常采用高挡在经济工况下运行，操纵次数减少，因而汽车运行平稳，所承受的冲击载荷大为减轻；而在不良交通状况下运行时，如在城市混合交通状况下，常因车多路窄、交通流量大、交叉路口多而不能以最佳工况运行。据统计，在同样路面条件下，货车在市内的行驶速度较郊区降低50%左右，换挡次数增加2～2.5倍，制动消耗的能量增加7～7.5倍。显然，汽车在交通状况不良的道路上行驶时，汽车技术状况的恶化进程加剧。

气候条件 气候条件包括环境温度、湿度、风力和阳光辐射强度等。气候条件通常影响汽车总成的工作温度，改变其技术性能和工作可靠性。

图3.2为环境温度与汽车及总成故障率的关系曲线。在适宜的环境温度下，汽车及总成故障率最低，可靠性最高。汽车上的每个总成都对应于一个最佳工作温度，气候条件通过对汽车总成工作温度的影响而使汽车的技术状况发生变化。如发动机磨损最小时的冷却系统水温为70～90℃（图3.3）。气温过低时，发动机散热多，发动机工作温度偏低，使润滑油粘度大、流动性差，起动时到达润滑表面的时间长；同时燃油雾化不良，燃油以液滴状态进入气缸后，会冲刷缸壁上的润滑油膜，使磨损加剧。试验表明，在－15℃的条件下起动发动机时，润滑油经2 min才能到达主轴承；在5℃时起动并走热发动机一次，气缸磨损程度相当于汽车行驶30～40 km的气缸磨损量；而在18℃时起动并走热发动机一次，气缸磨损程度相当于汽车行驶200～250 km的气缸磨损量。当气温过高时，发动机易过热，润滑油粘度降低，在摩擦表面不易形成油膜，磨损也将加剧。

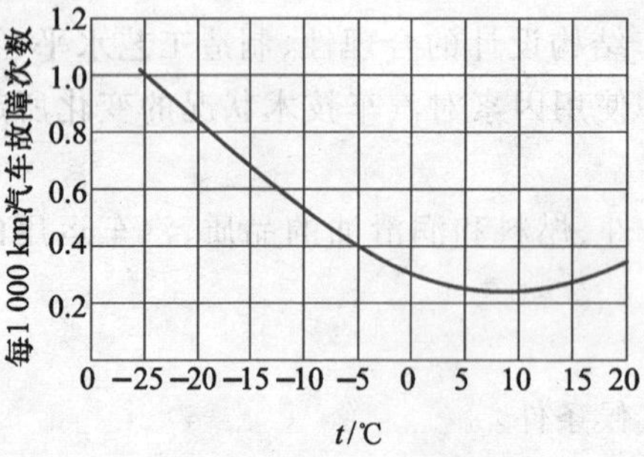

图3.2 环境温度对汽车故障率的影响

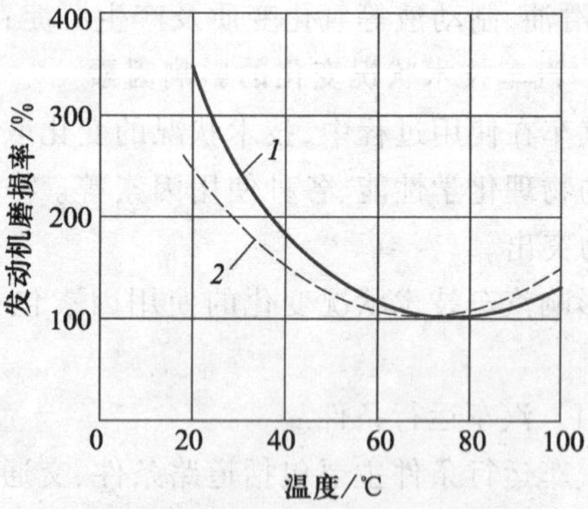

图3.3 温度对发动机磨损的影响

1—化油器式发动机；2—柴油机

另外，非金属材料制成的零部件在低温下易出现硬化、开裂、弹性下降或零件结构强度降低等现象；气温过高，则易使供油系统和液压制动管路产生气阻并易发生爆胎，而使汽车的工作可靠性下降。

季节交替使环境温度、湿度和道路情况发生相应变化，如夏季炎热、干燥，灰尘多；秋、冬季雨雪多，气候湿冷，道路泥泞。不同季节的气候条件通过对汽车工作过程的影响而影响着汽车零件的磨损强度和汽车技术状况的变化。

(2) 燃料和润滑油的品质

燃料、润滑油规格和品质对保证汽车正常工作和技术状况的变化速度具有重要影响。

汽油的蒸发性、馏分温度、辛烷值和含硫量是与汽车技术状况的变化有直接联系的指标。馏分温度高低表示汽油中所含重馏分的多少。馏分温度越高，说明汽油中不易挥发、雾化和燃烧的重馏分越多。重馏分易以液滴状态进入气缸，冲刷缸壁润滑油膜，窜入曲轴箱稀释润滑油，从而使润滑条件变差，磨损加剧。若所用汽油的辛烷值与发动机的压缩比不相适应，则易于发生爆燃，使发动机承受的机械负荷和热负荷增大，同时破坏缸壁上的润滑油膜，使磨损加剧，同时还会引起气门烧蚀、连杆变形、火花塞绝缘部分损坏等故障。燃料中的含硫量决定了发动机腐蚀磨损的强弱。

柴油的蒸发性、十六烷值、粘度、含硫量对发动机工作过程有很大影响。柴油中重馏分过多，会使燃烧不完全而形成碳粒，排放烟度增大，气缸磨损增加，还易堵塞喷油器喷孔。十六烷值对发动机工作的平稳性影响很大。柴油十六烷值选择不当，柴油机工作粗暴，所承受的载荷增大；或因其蒸发性差、低温流动性不良，发动机起动困难，从而加剧零件磨损。柴油的粘度应适宜，粘度大，则柴油的低温流动性和雾化性差，燃烧不完全，积炭和黑烟排放多；粘度小，则柴油对于喷油泵柱塞偶件的润滑作用下降，磨损加剧。柴油中含硫量从0.1%增加到0.5%时，柴油机气缸和活塞环的磨损量将增加20%～25%。

润滑油的粘度和抗氧化安定性是对汽车技术状况影响较大的性能指标。润滑油的粘度应与发动机转速、磨损状况和气候条件相适应。粘度大，则润滑油流动性差，低温时润滑条件差，磨损加剧；粘度小，则润滑油流动性好，但油性差，润滑油吸附金属表面的能力差，易使工作表面出现边界摩擦或半干摩擦状态，也会使发动机的磨损增加。如果润滑油的氧化安定性不良，则易于在空气中的氧和热的作用下形成胶质沉淀物，使润滑油润滑性能下降；同时会因胶质物在油管、油道和机油滤清器中的沉积而影响润滑系统的正常工作，从而加剧零件的磨损。

(3) 汽车的合理运用

驾驶技术、装载情况和行驶速度等因素对汽车技术状况的变化有很大影响。

驾驶技术 驾驶技术对汽车的使用寿命有直接影响。实践证明，相同型号和结构强度的汽车在运行条件相同或类似时，若驾驶员素质和驾驶技术有差别，则在汽车行驶一定的里程后，其技术状况也会产生很大差别。驾驶技术好的驾驶员在驾驶操作过程中，一般均注意采用预热升温、平稳行驶、换挡及时、合理滑行、温度控制等一系列正确合理的操作方法，并注意根据道路情况合理选择行驶路线和车速、保证车辆经常处于最佳工作状态，从而使车辆技术状况变差的速度放慢，汽车使用寿命延长。同时，驾驶员还应有一定的技术素质，能根据汽车使用说明书中所规定的各项使用要求合理使用车辆。

避免超载 汽车装载量应按额定装载量进行控制。在超载状态下，汽车各总成承受的负荷增加，发动机工作不稳定，低速挡使用时间比例增大，冷却系统和润滑系统的工作温度升高，从而导致发动机和其他总成的磨损增大,汽车的使用寿命缩短。

车速 车速对汽车技术状况的影响十分明显。汽车载质量一定时,行驶速度对发动机磨损的影响如图3.4所示。汽车行驶速度过高,发动机经常处于高转速下运转,活塞在气缸内平均移动速度增高,气缸磨损相应增大。高速行驶时,汽车底盘特别是行驶机构受到的冲击载荷增大,易使前、后桥发生永久变形;同时,高速行驶时,制动使用更为频繁,汽车制动器磨损加剧。因此,汽车经常高速行驶对汽车使用寿命有一定影响。汽车行驶速度过低时,低挡使用的时间比例增多,汽车行驶相同里程发动机平均运转次数增多,同时由于润滑条件变差,其磨损强度较大。

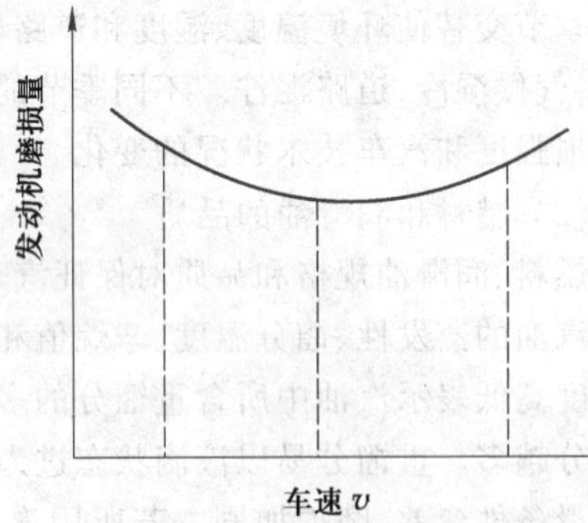

图3.4 行驶速度对发动机磨损的影响

3.2.2 汽车性能劣化的规律

汽车的技术状况可用汽车的工作能力或运用性能来评价。汽车的运用性能包括动力性、经济性、使用方便性、行驶安全性、使用可靠性、载质量和容积等。

汽车的运用性能是由原设计与制造工艺所确定的,主要取决于汽车的设计制造质量,在汽车使用过程中,汽车的实际运用性能从汽车的初始性能开始,随着使用时间或行驶里程的增长而变化。汽车的初始性能取决于汽车的制造质量;而汽车的实际运用性能除取决于汽车的制造质量外,还取决于汽车的运用条件和运输工作情况等多方面的因素。在汽车制造方面,可以通过改进汽车的结构设计和完善汽车的制造工艺来提高汽车的运用性能;在汽车运用方面,可以通过合理运用来提高汽车的实际运用性能。

汽车在使用过程中受到外部环境和内部条件多种因素的作用,其结构强度和使用条件都有平稳变化的一面,同时又有不确定的一面,其反映在汽车运用性能的变化规律上,表现为渐发性和突发性两种变化规律。渐发性变化规律指汽车运用性能的变化随行驶时间或行驶里程单调变化,从而可用函数式表示的变化规律;突发性变化规律表示汽车或总成出现故障或达到极限状态的时间是随机的、偶发的,没有必然的变化规律,对其变化过程独立地进行观察所得结果呈现不确定性,但在大量重复观察中又具有一定的统计规律。渐发性变化规律又称为函授变化规律,突发性变化规律又称为随机变化规律。

如果汽车运用合理,则汽车主要运用性能的变化按使用时间或行驶里程而逐渐呈函数规律变化,而汽车在使用过程中出现的某些具体故障则是随机发生的。

汽车运用性能随使用时间或行驶里程的增加逐渐变差的过程也称为汽车技术性能"劣化",汽车技术性能劣化规律如图3.5所示。

汽车技术性能劣化可分为相对劣化和绝对劣化。相对劣化是指由于汽车工业发展,汽车新产品性能提高,而使原有产品的技术性能相对落后;绝对劣化是指随着使用时间推移,汽车技术性能逐渐下降。提高汽车技术性能的措施有三种,一种是对汽车进行大修。大修是对汽车原有技术性能的恢复性作业,其最好效果仅能达到汽车原有的技术性能,一般情况下,大修汽车与新车性能存在着不同程度的差异,存在着不可逆转的技术性能劣化趋势。第二种是技术改造。技

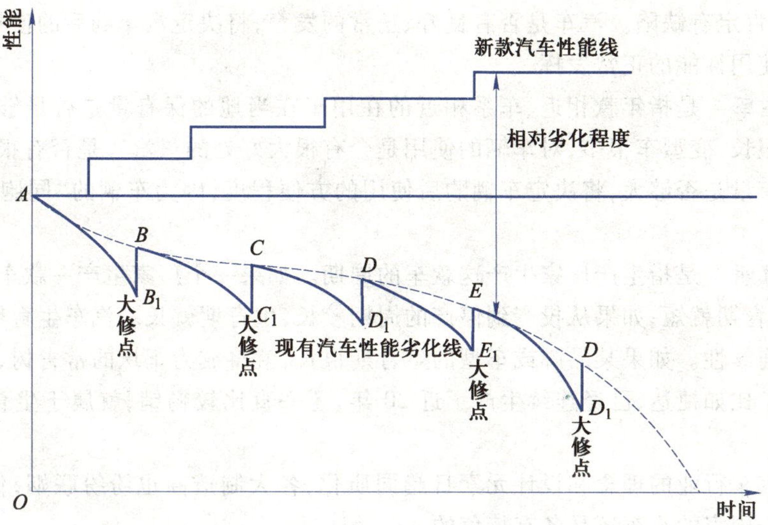

图 3.5 汽车技术性能劣化规律

术改造是利用当前新技术或新工艺，对原有汽车进行改造，改造后将会使汽车性能得到某种程度的提高。第三种是对汽车进行更新，即以性能更好的新型汽车替代当前性能相对落后的旧汽车。很显然，采用不同的措施，其投资和效果是不同的，应进行技术经济分析。

3.3 汽车品牌与保值

3.3.1 汽车主流品牌特点

汽车被称为“改变世界的机器”。由于汽车工业具有很强的产业关联度，因而常常被视为一个国家经济发展水平的重要标志。汽车一百多年的发展历史经历了几个重要的里程碑，其中福特的流水线生产和丰田的全面质量管理就是时代产物的杰出代表。在汽车技术日益发达的今天，从纯粹的技术层面上已经没有太大的秘密可言。汽车厂家之间的竞争更多地表现在品牌、制作工艺和耐用性等细微之处。比如国外一些汽车生产线，它会在某道流程上针对汽车的一项功能进行上万次的实验，直到找到这项功能的不足之处，然后再加以改进，这也是世界名车之所以经典的原因。与新的轿车品牌相比，传统品牌由于在规模上的优势，使得他们在制作、配件上都能达到比较高的标准化生产。

生产一部汽车，尤似诞生一个生命，也讲究“血统”、“发育”、“出生率”、“生育期”。不同的身世，造就不同的风格和特点。

汽车的血统 是指某品牌、型号的汽车是出自以哪家制造商为首的汽车集团以及是否是该集团的主流、畅销车型。汽车是否有纯正的“贵族”血统，一般来说能够在很大程度上代表该品牌汽车的装配、制造质量和水平。

汽车的发育 是指汽车的开发、设计、制造、装配工艺水平的高低。如果某车在设计、制造过程中的每一道工序和流程都精益求精、精雕细琢，那么，其发育肯定正常；相反，如果粗制滥造、东拼西凑，其发育肯定有缺陷。汽车是否有良好、正常的发育，将决定汽车购后的使用状况，影响汽车的各项技术使用性能的正常发挥。

汽车的出生率 是指年款相近、车系相近的在用车在当地的保有量是否足够多。如果同一款车的产品线很长、变型车很多，对车辆的使用是会有很大好处的。汽车是否有很高的出生率以及在当地的保有量是否够大，将决定车辆购后使用的方便程度，因为车辆的“同胞”越多，维修就越方便、便宜。

汽车的生育期 是指生产厂家生产这款车的周期。如果一个厂家生产一款车的周期只有短暂的一两年，生育期就短；如果从投产到停产的周期较长，生育期就长。汽车生育期的长短，将影响汽车生产的连续性。如果某品牌或车型的生育期很长，就将成为车坛的常青树，那么这款车就相对比较保值。比如捷达，已经连续生产了近20年，还一直比较畅销，就属于生育期较长的“车坛的常青树”。

尽管全球汽车行业的理念和设计元素日趋同质化，各大制造商也纷纷联姻，你中有我、我中有你，但是，各个国家的汽车还是各有特色的。

1. 德国车

中庸、稳重、科技——如百年基因的梅赛德斯－奔驰、百年沧桑的宝马、被誉为国民轿车的大众、艰难复兴的奥迪、无限激情的保时捷、百年创新的欧宝、追逐豪华的迈巴赫等无不印证了这一点。

(1) 设计理念

日耳曼思维与汽车设计 德国汽车设计理念是希望自己的每一件产品都是一件精雕细琢的艺术品。并且他们相信，只有每一个细小的部件都做工精细，这样设计和制造出来的车才够得上完美。这可能与日耳曼民族的特性有关，日耳曼民族是世界上最敬业的民族之一。他们生产的车是世界上“均衡性”和耐久性最好的。

沉稳低调外形保守 从外形设计来看，德国车没有日本车的小巧精致，没有美国车的豪华气派，没有法国车的时尚前卫，但却自成一派，形成了鲜明的形象识别。这种硬朗且传统的设计风格造就了德国汽车沉稳低调、相对保守的外形。

(2) 制造理念

严谨作风缔造汽车精品 德国人对质量的要求有时几近苛刻，他们非常注重内在的东西，对每一个细节的追求都倾注了他们更多的热情和造车理念，比如，德国大众的口号是“源于对汽车的爱”，那是一种真的爱！是真正的要打造一辆质量上乘的驾乘工具，因此不放过每一个细节。德国工人在生产的时候都带着精益求精的态度去工作，能造不出质量上乘的汽车来么？德国有一套专门的工业体系标准，国际上的ISO9000质量体系就是以此为蓝本设计的。

安全、耐用、残值高 民族文化背景会影响到很多方面，造车领域也不例外。车的质量有两个概念，一个是故障质量，这一点日本车的确做得是非常好的，所以它的故障率要低于德国车。另一个是品质质量，它注重的是持久性和残值。德国汽车在制造工艺和材料选择上都非常考究。德国造车注重安全(如钢板的承受力、变形的程度、分区缓冲的感觉)，所以德国车在碰撞试验中的分数往往较高。另外，德国人更喜欢主动安全，认为设计和生产高质量的产品才是硬道理。

2. 美国车

豪华、大气、霸气——不论是百年传奇的福特、兼并中壮大的通用汽车，还是风雨八十年的克莱斯勒、光荣与梦想的凯迪拉克，他们旗下的每款汽车无不透露出豪华、大气和霸气。

(1) 设计理念

宽、大、豪华是美国本土车的共性 美国汽车设计一直离不开两个因素。一是美国经济的发展，二是美国人的个性特点。比如就美国国情而言，地广人稀是美国的国情，这恰恰与中国相反。因此他们能够享受这样宽大豪华的汽车任意驰骋在国土上。综合多种因素造成美国车给人们造成的印象是大、舒适、随意性等，这是留给普遍大众的印象。因此，从某种角度来看待美国车的设计理念就有点霸道。当然随着世界市场需求的多样化，它们也在做很多改变。比如前几年的车展上凯迪拉克的概念车就标志着新的发展思路，之后出来的量产车确实让人们改变了以往对美国车的印象。同样福特福克斯两厢车的推出就证明美国汽车设计也在不断地改进自己的设计理念，向大众需求的观念方向靠拢。

舒适与实用兼而有之 同样美国汽车设计得大一点还有街道和路况等原因。在美国很少有很小的碎胡同，像北京、上海那样的羊肠胡同就更加少见了。把美国车放到一个弯道很碎的地方高速行驶不会觉得美国车舒服，为什么很多人坐美国车的时候容易晕车，就是因为美国汽车减振效果比较好。但是这种舒服是在高速公路上非常舒服。有的时候鱼和熊掌不可兼得，要求舒适型的同时驾驶的精准性可能会降低。美国的道路很宽，不在乎那一点点精准度，开美国车的时候感觉很随便。美国汽车为什么设计得动力强劲，当然与其实用主义有关。美国人的车后面是经常要挂东西的，挂宿营车、挂游艇、挂小拖车等，由于要求大的拖挂能力，对发动机的转矩要求很高，在不采用增压的情况下实现高转矩没有别的办法，只有增大排量。

(2) 制造理念

忽略小问题，把握大方向 很多美国车的消费者都觉得美国车宽大、霸气，开起来特随意、安全性能还不错，但小毛病总是不断、油耗也高。为什么小毛病那么多，难道美国人的技术实力不如日本人吗？显然不是，能够探月，造个车算什么？但我们知道，汽车在美国人的心目中并没有汽车在我国人心目中那么神圣，在我国人们往往认为汽车就是身份、地位、财富等的象征。而美国人认为在确保安全的前提下，什么品牌无所谓。并且他们更换汽车的周期也比较短，三五年换一台车是很正常的事情，而我国人们觉得买一台车是开一辈子的事。所以有时候在国内市场上卖得很好的一款美国车屡次出现质量问题，也就不奇怪了。美国人不愿意把车像欧洲人那样当个艺术品制造，但并不代表他们不能生产出高品质的汽车来，林肯、凯迪拉克不都是经典的化身吗？

北美市场是全球市场的风向标，能接纳全球各个地方的车型。但是美国自己生产的车型始终在区域里面能有非常好的表现。

3. 英国车

工艺、品位、价值、豪华、典雅——劳斯莱斯、宾利、罗孚、捷豹、莲花、阿斯顿·马丁，没落的工业帝国曾提供给世界一大批优秀的车型和品牌。

从历史上看，北大西洋的不列颠群岛有着全球最为悠久的汽车工业史，而在20世纪50年代之前，英国更是一直保持着世界第二大汽车生产国的地位。时过境迁，虽然现在英国的许多顶尖品牌归他国所有，但它们的“根”却始终在英国。英系车始终散发着独特的魅力，让其他众多车系可望却不可及。从极具特色的外形到细致入微的工艺,英系车在点滴之间都流露着英国汽车文化的痕迹——“绅士、严谨和精湛”,并在真正懂得欣赏汽车的人们心里幻化成一个经典、精致的汽车文化情结。

(1) 设计理念

在英国汽车人严谨、求实的制造理念之下,诞生了以MG、罗孚、劳斯莱斯、宾利以及Mini等为代表的一大批全球知名品牌。这些轿车品牌在人们的心目中一直是轿车家族的极品,被誉为“英王皇冠的明珠”。英国轿车一般都具有古朴典雅、雍容华贵的外形设计,处处散发出浓郁醇正的英国新古典主义气息。

噪声极低、行驶起来像幽灵一样的“银色幽灵”高级轿车,劳斯莱斯成为了各国元首、皇室、贵族必备的“坐骑”;MG汽车从诞生的那天起就展现了汽车的优雅本质,自1920年问世以来,这个品牌一直受到社会的认可和好评,从流行欧洲一直到风靡世界;Mini轿车精巧、乐趣、激发朝气与自由,是20世纪60年代英国的标志之一。它曾经与福特T型车、大众的甲壳虫并称世界三大最成功、最重要的小型轿车。

英国的汽车不仅品牌历史悠久、造型优雅,而且对世界汽车技术进步贡献卓越。正是技术上的进步为英国汽车提供了根基,这些汽车品牌才历久弥新,让人难以忘怀。

(2) 制造理念

英国汽车的制造理念经年累积,形成严谨、务实的作风,比起德国不相上下。

英国汽车制造工业向来被人们看做世界汽车工业的鼻祖,产品品质堪称经典中的经典。从根本上来说,是品质造就了品牌,而严谨、求实则保证了汽车的品质。

众所周知,一个品牌如果能够在长达百年的汽车历史上占有重要地位,其持久、稳定的优异品质无疑是赢得尊敬的关键因素。

劳斯莱斯的银色幽灵具有全铝立体框架车身,车身轻、抗扭曲刚性强,其空气悬架系统也是世界轿车的风向标;在世界跑车市场有着突出表现的阿斯顿·马丁跑车可在4.7 s的时间内从静止起动加速到100 km/h,代表了世界汽车的潮流;MG一直致力于技术上的创新和改进,正是这样,MG才在赛车领域独占鳌头;作为经济型轿车,Austin著名品牌Mini的车轮直径仅为25.4 cm,技术落后的铁质发动机功率远比别的汽车要小,但Mini的秘诀则是巧妙地把重心分布在适当的轴距和轮距上。Mini轿车模样可爱,性能卓越,因此获得了世界范围的青睐,成为英国最佳的单一品牌轿车。

4. 法国车

时尚、前卫、不精——无论是凝聚狮子故事的标致、坚持中成长的雪铁龙,还是法兰西浪漫的雷诺、永不屈服的布加迪等,或多或少隐含法国人特有的性格特质。

(1) 设计理念

法国人以浪漫著称世界,他们血统里的浪漫、洒脱和无所顾忌筑就了成功的法国文化。走在巴黎的街上,你会深刻地感受到浪漫而悠久的文化氛围,但是,从身边飞驰而过的一辆辆具有未来风格、超前意识的汽车,体现了法国人大有打破传统与和谐的不拘一格。

法国汽车的设计,在很大程度上更突出在新设计的外延方面,像微型车的精巧、商务车的功能特性、轿车的尽善尽美以及与众不同的设计标准,都是法国汽车这些年来设计追求的本质。可能在汽车设计的突出方面,法国汽车欠缺意大利设计的美学观念、欠缺德国车设计的中规中矩、欠缺美国车设计的豪放以及日本车设计的经济实惠。但它还是以其内在的浪漫特性与求新求变的创新理念,赢得了业界对法系车的重视。

(2) 制造理念

提起法国,总是让人联想到浪漫,但它的浪漫并不仅仅体现在风土人情,还蕴涵着绚丽的文化气息。法国人造汽车也是当做艺术品来设计的。法国车实用、舒适以及人性化。在世界汽车设计的各大门派中,法国汽车一向以新颖、独特而著称于世,可以毫无顾忌地称赞每一辆法国车都富于浪漫气质、创新精神。在欧洲,道路经常起伏,法国汽车的设计非常注重底盘技术,以适应道路,并在驾驶时以让人感觉非常舒适为宗旨,让驾驶者充分感受到驾驶的乐趣。

其实法系车在造型方面只能说是另辟蹊径,大胆夸张,优秀作品不少,但失败作品同样也大有车在。客观来说在一些家用小车和 MPV 方面,法系车的确有很多优秀的设计作品,但大中型车或者跑车等高档车方面法系车造型设计并不算成功。所以说另类和突破传统并不等同于漂亮和浪漫。拿法国最悠久的标致公司来说,它的车过于强调夸张的大弧线,结果造成整部车有各种大曲线拼凑在一起的感觉,307 和 407 系列就是最典型的例子,无论是前照灯、进气格栅,还是侧面的线条都没有和谐统一成一个整体,感觉弄巧成拙。

5. 意大利车

前卫时尚、超凡不群——菲亚特、法拉利、阿尔法·罗密欧、蓝旗亚、玛莎拉蒂、兰博基尼……朵朵都是汽车王国的奇葩。

(1) 设计理念

从时装、家具、建筑到汽车,意大利的风格左右着全世界的设计趋势。意大利设计师的灵感得益于其丰厚的文化艺术传统和创新精神,从古罗马时期的无名工匠到文艺复兴时期的米开朗基罗和达·芬奇,这一传统世代相承。在众多杰出的设计门类里,作为意大利风格设计中重要的组成部分的汽车造型设计,更是被那些享誉世界的汽车造型设计师们演绎得炉火纯青、别具一格。

早期的意大利汽车造型设计,受到了美国设计的影响,但到了 20 世纪 30 年代,意大利人就已经开始设计具有它们自己特色的汽车了。这些汽车因为在设计中使用了有节制的、优雅的线条而不同凡响,在这一时期确立的设计特点,到今天仍然是意大利设计中最重要的特色。二十世纪六七十年代,以美国车为代表的夸张造型达到了鼎盛时期,然而,当时世界经济处于萧条时期,对汽车有直接影响的便是燃油危机。在那个时候,大家更需要一种简单、实用、有良好空气动力性的车型,于是以乔治·亚罗为代表的意大利车身设计界所倡导的朴实、简练、细腻和流畅的实用风格在国际上得到了很高的评价。乔治·亚罗也借此奠定了大师的地位。

由于意大利人不仅有着与法国人相同的浪漫和时尚的嗅觉,而且有着奔放和没有禁忌的个性。设计时排除了其他客观条件的限制,豪放、性感、洒脱,多以性能的表现和外形吸引顾客,此种风格充分地反映了意大利人的热情、浪漫、灵活和机敏的个性。

(2) 制造理念

法拉利、兰博基尼、玛莎拉蒂,这些足以令人热血沸腾的名字均出自同一个国家——意大利。如果说法国是赛车的发源地,那么意大利就是高级跑车的故乡。对于对生活充满热情的意大利拉丁民族来说,一辆车是否实用,是否能让人们真正去拥有并不重要。重要的是这些跑车足够豪放、足够性感、足够炫目、足够吸引大家的目光。基于这样的理念,意大利制造的跑车大多造型夸张,车身线条复杂而独特,外形是意大利汽车吸引顾客的不二法则。在汽车业界有一个公认的事实——自第二次世界大战结束后，意大利的车身研究设计公司成为风靡世界的“意大利设计风格”的主角。他们把创造性和制造才能完美地结合在一起，以神奇的职业才能和热情的合作态度，向世界各国汽车制造业提供外形精美绝伦的车身。

菲亚特简单而不乏激情，蓝旗亚沉静不乏进取，阿尔法·罗密欧浪漫不乏理智，法拉利奔放不乏温馨，兰博基尼执着不乏灵动。意大利的每一款汽车的名字和车标都和它们本身一样富有传奇色彩，它们卓越的品质、良好的性能和堪称先锋的科技运用领先于世界汽车工业，从F1赛车的速度挑战到国际车展的精英荟萃和息息相关的生活用车，都汲取了意大利文化的精华。今天川流于街市的意大利汽车的流畅线条所带给人们身心的享受，不可止息的探索欲望一直沉淀在意大利的文明中。

6. 瑞典车

自然生活的真实写照——沃尔沃、萨博、Koenigsegg 幽灵，其每一款都会感受到瑞典人真实的生活观，也是全球效仿和模仿的对象。

(1) 设计理念

安全高于一切。瑞典是唯一形成属于自己的汽车文化的斯堪的纳维亚国家，沃尔沃作为瑞典最重要的汽车制造商，一直以来都遵从和发展着属于斯堪的纳维亚国家特有的设计风格。因此沃尔沃注重对传统的尊重，追求形式与功能上的一致，将现代主义设计思想和传统设计文化相结合，既注意汽车本身的实用功能又强调设计中的人文因素。

瑞典人把对大自然的热爱和对生活的简略追求都体现在了设计体系当中（从宜家家具的设计风格就可以知道瑞典的简略理念已经深入人心），在这个到处是森林湖泊的美丽国度中，简约、时尚、眷恋故土和返璞归真是这个国度中人的精神之魂，萨博的设计对此做了完美的诠释。萨博在不事张扬的典雅中糅合了精巧，完整且完美地体现了“瑞典式优雅”所在，了解并读懂了它的人自然会心领神会。

(2) 制造理念

强调安全、稳重、大方的设计风格延续到了生产领域，比如为了测试一款车型的安全系数，获得数据是基于确保晚期孕妇的安全出行。怀孕晚期的孕妇在开车去医院的途中经常会发生交通事故，通过对虚拟孕妇“琳达”的研究，人们可以了解在汽车相撞事故中，汽车安全系统是否可以有效地保护孕妇和胎儿，从而更好地改进安全系统的设置。目前，“琳达”已经进行了安全带和气囊等安全测试，研究人员希望类似的虚拟测试人可以用于帮助制定未来轿车的安全系数标准。

7. 日本车

经济、实用、多小恩小惠——不论是创造辉煌历史的丰田汽车、强调人车环境协调一致的本田汽车，还是蹒跚起步的日产汽车、被誉为时尚创意活力的马自达。其旗下的每一款汽车无不强调经济、时尚、实用。

(1) 设计理念

节俭是根本。可能受绘画手法的影响，日本车的设计趋向于平面化。难能可贵的是日本设计师能够把自己的设计理念和消费者的偏好结合起来，这就是日本汽车设计的高明之处，也是日本汽车能够在较短时期内立于世界汽车之林的重要原因。有时候成功的模仿比简单创新更能创造市场需求，日本人深知这一点。日本由于自身所处的位置较为特殊，自然资源历来匮乏，需要靠外界的供给，因此，在设计生产过程之中如何考虑节约就成为必要。

(2) 制造理念

可以从一些细小的事情看出日本在生产制造汽车过程之中秉承的那种精细理念,没有太多创新设计,但力求制造趋于完美,这恰恰体现日本国民的一种内在精神。日本人将这些理念应用到了造车,于是在20世纪60年代开始,受天时地利之便,造就了一个辉煌的产业,甚至撼动了传统的帝国,成为了一个新崛起的产业。

日系车一般都是在安全准则允许的情况下更少地利用能源做更多的功能性回报——比如油耗。油耗低、经济实用、人性化设施齐备,是对日本车最中肯的评价。

8. 韩国车

便宜、质量不高——现代、起亚、大宇、双龙,其车型都有日本车的影子,但又不及日本车。

众所周知,韩国汽车工业起步于20世纪60年代(比我国稍晚,但是进步比我国大,可谓"神速"),受日本汽车企业的影响颇深,但是目前的质量还没有赶上其"老师"。在国际市场上,韩国的车是最便宜的,当然,因为价格低廉,质量肯定是不会很好的。

(1) 设计理念

韩国的汽车设计理念还处在模仿和学习阶段,从开始的学习日本到近几年越来越向欧洲车厂的设计风格靠拢。可以从韩国著名企业现代所聘请的设计师和推出的几款著名车型中找到模仿的影子。韩国汽车从设计方面着手,用挖掘人才的方式提高自身的设计水平,在避免被中国车厂超越的同时,努力缩短与日本车之间的距离。

(2) 制造理念

像中国传统的儒家思想一样,韩国造车追求的正是中庸之道,不着重汽车哪一部分的特别出色,而在各个方面力求综合平衡。不过,起步较晚的韩国车和"世界一流水准"尚有一定距离,至少到目前为止,韩国车之中还没有出现一部敞篷车,这就证明韩国车在底盘、车架刚性等工程技术方面还有不足。但是,这从另一方面也反衬出韩国人造车的踏实和智慧——在技术储备没有达到一流水准之前,用更能够讨好消费者口味的方法来造车。

3.3.2 影响保值的一般要素

在目前日渐成熟的国内车市环境下,3至5年就升级换购新车的车主越来越多,车辆是否保值已成为广大理性车主购车时考虑的重要因素。加上近期国内通胀压力不断加剧,高保值车型更是凭借着过硬的产品品质、经济的养车成本、成熟的售后服务、良好的车主口碑及实实在在的省钱之道赢得了众多精明车主的青睐。

保值就是产品在使用一段时间后残留在产品里的剩余价值。车辆是否保值,一般用保值率来衡量。

保值率是指一款车型在使用一段时期后的交易价格与目前购买该款新车或同等替代车型所需价格的比率,即(旧车平均收购价/新车市场平均报价)×100%。它反映了一款新车使用后的折价程度,在二手车交易过程中起到确定交易价格的基础作用。随着中国二手车交易市场的快速发展,保值率逐渐成为消费者选购汽车的重要因素。

保值率取决于汽车的性能、车况、事故情况、保养情况、配件价格及维修便捷程度等多项因素,是汽车综合水平的体现。一辆车是否保值率高,是由品牌、血统、生产厂家、市场保有量、新车行情、价位、颜色、使用时间、油耗等九大因素综合决定的。

(1) 品牌

品牌影响力是影响二手车是否保值的最主要因素。品牌知名度、美誉度较高的车型保值率明显在市场中占优势。在性能配置和价格相距不远的前提下,二手车消费者通常都会选择知名度高、形象良好的品牌。

(2) 血统

即车系。由于造车理念不同,欧美车系通常在安全性、使用寿命上较有优势;而日系车,从成本出发,总在符合标准的情况下把成本控制到最好。这样欧洲车看起来就比较“皮实”,而日系车比较“脆弱”。相比之下,德系车在二手车市场拥有非常高的消费者信任度,保值率最高,美国车次之,日、韩车表现相对欠佳。

(3) 生产厂家

大众、广州本田、一汽丰田等规模大、成立时间早的企业的产品,在市场上保值率高,反之则低。由于生产规模和技术水平的客观差异,合资企业的产品保值率普遍高于自主品牌产品。

(4) 市场保有量

市场保有量大的车型,说明消费者对该车型的认可,而且其维修保养成本相对较低,零件比较好找,保值率也高。例如东风雪铁龙毕加索,造型过于前卫,让许多消费者难以接受,市场占有率较小,因此它的保值率就远远低于系出同门的爱丽舍。

(5) 新车行情

新车的当期价格很大程度上决定了二手车价格。二手车的行情受新车行情影响很大。新车价格往往是二手车市场定价的一个重要指标。通常新车价格跳水越快,对应的二手车售价也越低,主要是因为除了计算折旧费之外还要扣除新车市场降价带来的大幅“贬值”,如果新车频繁降价会大大影响其在二手车市场的价格。

(6) 价位

国内轿车市场兴起了小排量低价潮流,目前最低在2.5万~3.0万元区间。例如夏利、奥拓、QQ、奇瑞等品牌。在旧车市场有这样一个规律,“越便宜的车保值率越高”,的确,夏利、奥拓就是如此。说它们保值率高,从另外一个角度理解,就是“赔钱少”。3万元买一辆夏利,一年后再卖,行情可以到2.6万元,算上3 000多元的购置税,也就赔了8 000元左右,这对于绝大多数车主都是可以接受的。即使2002年(登记5年)的夏利7101,收购行情仍然可以到2万元,可见其赔钱确实少,保值率自然就高。

(7) 颜色

个性化的颜色,在新车市场上比较受欢迎,要加价才能买到,但在二手车市场上,黑、白、灰三色比较受欢迎。同样,外观相对中庸的车型,二手车市场的需求量大、折旧率低。

(8) 使用时间

根据机械产品故障率“浴盆”曲线规律,生命周期的中间阶段故障率较低、保值率较高。如15万元以上的新车,一年后折旧率(1-保值率)一般在25%~30%之间,从第二年起,旧车每年在上一年的基础上再折旧10%~15%。从第五年起,折旧率又大幅度上升。可见2~5年内的二手车保值率较高。

(9) 油耗

节能二手车成市场新宠,燃油税的开征已成定局,汽车市场的交易情况也开始产生了一些变化。从二手车市场反应状况来看，节油小排量车型的受追捧程度已达到了一个新的热度。而综合新车和二手车市场的情况来看，油耗俨然成了时下衡量车型保值率的关键因素之一。从目前实际情况来看，日系车型的油耗普遍较低，以一汽丰田卡罗拉为例，其发动机采用的双VVT-i技术，在城市走走停停的状态下确实是省油的利器，再加上即将出台的燃油税政策让所有购车者都下意识地紧盯油耗数据，才造就了日系车在二手车市场的强势地位。

根据目前国内汽车市场的实际情况，在购买车辆时，为确保保值率高，应注意下列十个方面：建议值得关注：

首先，要选价格坚挺、降价幅度小的新车。那些长则两三个月，短则一两周就降价一次的车型，要谈保值很难。这种车，你买的时候，价格低得令你“心动”，买后两三个月，就该降得令你“心痛”了。

第二，选择换型周期长的车，避开即将更新换代的车型。老车型的退市，往往意味着其在二手车市场上也将加快贬值的步伐。一般来说，德系轿车更新换代的周期为6~7年，日系轿车为4~5年。

第三，看用户口碑。选择被消费者认为耐久性强、故障率低、长期使用之下油耗依然比较低的车型。

第四，选择生产批量大、维修保养方便、花费较少的车型。

第五，尽量购买基本型或舒适型车。与豪华型车相比，它们的降价空间会小不少。有些车型增加了一些配置，价格比基本型就会贵很多，但汽车性能却没有根本的不同。

第六，购买符合国家即将颁布的新标准的车型。如满足欧Ⅲ以上排放标准等。如果车辆排放标准低，当国家实行新的高标准时，势必会成为高污染车，毫无疑问会迅速贬值。

第七，新车型下线一年后是最佳购买时机。因为一般车辆销售到这个阶段，价格中的水分已经被挤掉不少，同时，汽车生产线经过一年的磨合也确保了车辆品质。

第八，慎选近期还未降价、销售又很一般的车型。相对而言，已经大幅降价的车型，购车后迅速贬值的可能性就低一些。另外，首次购车应尽可能购买成熟企业的产品，除了该产品短期内不太可能停产外，这类汽车由于售后服务网络健全、保有量大，车辆保值率相对较高，三五年内出售会有个好价钱。

第九，买车前需要考虑车辆售后的使用成本。尤其是燃油及零配件成本等，这些也是衡量车辆保值率的重要因素。

第十，最后一点，也是最重要的一点，保值性具有一定的滞后性。今天二手车市场里的热点车，往往也是三年前新车市场的畅销车，在几款新车里确定不了哪款最保值时，购买其中销量最大的车型是最好的选择。

3.4 汽车使用寿命

3.4.1 汽车使用寿命概念

1. 汽车的磨损

汽车在使用和闲置过程中不可避免地会发生实物形态变化和技术性能低劣化变化，这种变化称为磨损。汽车磨损分为有形磨损和无形磨损两大类。

(1) 有形磨损

有形磨损又称物理磨损,它是指汽车在使用和闲置过程中出现的可见性磨损。使用过程中的磨损是指由于摩擦、振动、锈蚀和疲劳等因素产生的磨损,其结果表现为零部件原始尺寸和形状发生改变、零件损坏、公差配合等级变低、汽车故障率增加、油耗增加等;闲置过程中的磨损表现为机件表面锈蚀、橡胶件老化变质、汽车故障率增加、动力性能下降等。

汽车有形磨损程度可由下式表示:

$$\alpha_t = \frac{R_t}{P_t} \tag{3-1}$$

式中 α_t——第 t 年汽车修理费耗用率;

R_t——累计 t 年汽车修理费,元;

P_t——第 t 年同类型新车的价值,元/台。

(2) 无形磨损

无形磨损是指由于技术进步引起的汽车贬值。其表现形式有两种:① 由于生产率提高,生产同类产品的成本下降,导致原有汽车相对贬值;② 由于新技术的应用,性能更好、可靠性更高的汽车出现,致使原有汽车贬值。

无形磨损程度主要体现在新旧车型相比价格、生产率和生产成本的变化,这种变化越大,说明无形磨损越大。反映无形磨损的方法有多种,其中单因素方法是根据同型号新旧车的价格计量无形磨损程度:

$$\beta_t = \frac{P_0 - P_t}{P_0} = 1 - \frac{P_t}{P_0} \tag{3-2}$$

式中 β_t——第 t 年汽车贬值程度;

P_0——原新车的价值,元/台。

还有多因素方法,例如,由金秀满编著的《汽车运用技术经济学》中提出的无形综合磨损程度系数算法:

$$Z_t = \frac{P_0}{P_t}\frac{W_0}{W_n}\frac{C_n}{C_0} \tag{3-3}$$

式中 Z_t——第 t 年综合磨损程度系数;

W_n、W_0——新、旧汽车年生产率;

C_n、C_0——新、旧汽车年使用成本,元。

Z_t是一个小于1的数,Z_t越小,说明旧车无形磨损程度越大。

2. 汽车的寿命

汽车的寿命是研究汽车报废条件的一个极为重要的时间指标。由于研究角度不同,对汽车的寿命有不同的定义,在研究汽车更新问题时,目前常提到的寿命有以下五种:

(1) 物理寿命

物理寿命又称物质寿命或自然寿命,它是指汽车从全新状态投入使用时开始,到不能再使用而报废时为止的全部时间。物理寿命侧重于汽车有形磨损程度。由于有形磨损,汽车的技术性能逐渐恶化,最终丧失工作能力。物理寿命与汽车的使用管理水平、维修保养质量以及汽车使用环境等因素有关。

(2) 折旧寿命

运输企业根据财务规定的设备折旧原则和方法,把汽车原值通过折旧的形式转入产品成本中,从汽车投入使用时开始到使汽车净值接近于零时为止的全部时间定义为汽车的折旧寿命。汽车的折旧寿命与汽车年营业运输收入有关,与折旧费提取方法有关。

(3) 技术寿命

技术寿命是指汽车性能在市场上能维持其自身价值而不显陈旧落后的全部时间。技术寿命与汽车工业发展速度、汽车产品更新换代速度有关。

(4) 经济寿命

经济寿命是指汽车从开始使用(或封存)时起至由于遭受有形磨损和无形磨损(贬值),再继续使用在经济上已不合算为止的全部时间。即自新车开始投入使用之日起,到全过程使用年均利润达到最大或年均费用达到最低而退出使用为止的全部时间,退出使用包括转卖、转作它用或报废等几种形式。

(5) 合理使用寿命

它是以汽车经济寿命为基础,综合考虑其他因素(如汽车工业生产能力即货源问题、更新退役产品的处理价格、汽车役龄总体构成、更新资金来源等)的影响,统筹分析确定的汽车服役年限。

在上述五种寿命指标中,物理寿命相对较长,如果以物理寿命为依据确定汽车退役、报废标准,就会导致高昂的维修费用。然而,在国民经济发展不平衡特别是广大的农村地区还相对落后的情况下,以物理寿命为依据适当延长汽车使用时间,做到物尽其用,具有现实的意义。折旧寿命相对较短,折旧寿命多用于企业中,不宜作为其他用途车辆及私家车。技术寿命是军用车辆及经济状况较好的车主必须考虑的一个指标。经济寿命是所有寿命中最短的,是汽车报废标准重要的参考指标,特别是发达国家,其报废标准的主要依据是经济寿命。合理使用寿命是考虑整个国民经济发展和能源节约的实际情况后,所制定的符合我国实际情况的使用期限。

3.4.2 最佳更新时刻的确定

确定汽车更新时刻的主要根据是汽车的经济寿命。汽车使用到经济寿命时及时更新,可取得最佳经济效果,提前或延迟更新,都会在一定程度上造成经济损失。确定经济使用寿命所依据的原则是使车辆的一次性投资和各年度经营费用的总和最小。其确定方法有低劣化数值法、最小年均费用法、判定大修与更新界限法、总费用比较法、新 MAPI 法、定性分析法、折旧法等。以下主要介绍低劣化数值法。

汽车在使用过程中随着时间增加,有形磨损会越来越大,导致维护与修理费用越来越高,同时无形磨损的影响也越来越明显,这就是汽车技术性能低劣化。用低劣化数值表示汽车损耗的方法称为低劣化数值法。低劣化数值法按是否考虑资金的时间价值,可分为静态分析法和动态分析法两种。

1. 静态低劣化数值法

静态低劣化分析法不考虑资金的时间价值。假设汽车的维修费用每年以 λ 的数值增加,第一年末为 λ,第二年末为 2λ,…,第 T 年末为 $T\lambda$,那么,逐年低劣化值是一个差值为 λ 的等差数

列，根据等差数列求和公式可求出从第二年至第 T 年低劣化值的总和为

$$\lambda + 2\lambda + \cdots + T\lambda = \frac{T(T+1)\lambda}{2} \tag{3-4}$$

平均每年低劣化值为

$$\frac{T(T+1)\lambda}{2T} = \frac{(T+1)}{2}\lambda \tag{3-5}$$

设汽车平均每年的使用成本为 C，则

$$C = \frac{K_0}{T} + \frac{T+1}{2}\lambda \tag{3-6}$$

式中 K_0——汽车折旧基金；

T——使用年限；

K_0/T——年折旧费。

由于汽车的经济寿命是指使汽车使用费用最低时的使用期，因此，对式(3-6)求极小值，令方程的一阶导数等于0，求解得到的 T 值即为经济寿命期。

$$\frac{\mathrm{d}C}{\mathrm{d}T} = \frac{\lambda}{2} - \frac{K_0}{T^2} \tag{3-7}$$

即

$$T = \sqrt{\frac{2K_0}{\lambda}} \tag{3-8}$$

如果汽车残值不等于0，则式(3-8)可改写为

$$T = \sqrt{\frac{2(K_n - S_v)}{\lambda}} \tag{3-9}$$

式中 K_n——汽车购置原值；

S_v——T 年的汽车残值。

在上述计算式中低劣化值 λ 是采用汽车年均费用变化量，在实际应用中也可以把汽车单位行驶里程的费用变化量作为低劣化值指标，例如，元/车千千米。汽车轮胎费用单独计算，不计入汽车原值，在这种情况下，汽车经济寿命的低劣化数值法计算公式推导如下：

设车装轮胎价值为 K_w，汽车经济寿命里程为 L，λ_1 为低劣化值，单位是(元/车千千米)，则有

$$K_0 = K_n - K_w - S_v \tag{3-10}$$

如果把式(3-8)中的变量 T 换成 L，把年低劣化系数 λ 换成车千千米低劣化系数 λ_1，并对 L 求导，则可得出汽车经济寿命里程计算公式

$$L = \sqrt{\frac{2K_0}{\lambda_1}} = \sqrt{\frac{2(K_n - K_w - S_v)}{\lambda_1}} \tag{3-11}$$

设汽车年平均行驶里程为 L_a 则可求出经济寿命期

$$T = \frac{L}{L_a} \tag{3-12}$$

例3-1 某汽车原值为55 000元，车装轮胎价值为5 000元，汽车最终残值为2 000元，λ_1 为0.84元/车千千米，年平均行驶里程为 4.2×10^4 千米，试求该车的经济寿命里程和年限。

解：K_0 = 55 000元 − 5 000元 − 2 000元 = 48 000元

$$L=\sqrt{\frac{2K_0}{\lambda_1}}=\sqrt{\frac{2\times 48\ 000}{0.84}}\text{ 车千千米}=338\text{ 车千千米}$$

$$T=\frac{L}{L_a}=\frac{338}{42}\text{ 年}=8\text{ 年}$$

在上述计算公式中单位行驶里程低劣化值 λ_1 是关键指标，一般可采用数理统计方法求得。当费用呈线性变化时，可采用线性回归方程计算。

设回归方程为 $$y=a+bx$$

式中 y——经营费用；

x——行驶里程；

a——经营费用初始值；

b——相当于低劣化值。

例 3-2 某种汽车原始价值为 40 000 元，使用费用以每年 2 000 元的速度增加，设残值为零，求该汽车经济寿命。

解：用公式求解

$$T=\sqrt{\frac{2K_0}{\lambda}}=\sqrt{\frac{2\times 40\ 000}{2\ 000}}\text{ 年}=6.3\text{ 年}$$

通过列表法可以证明计算公式的正确性，年均总费用变化情况列于表 3.6 中。从表中可以看出，开始时由于折旧费较高，导致总费用较高，到第六年时总费用最低，从第七年开始由于维修费上升，导致总费用呈上升趋势，因此更新期定为 6 年为宜，这与计算结果相同。

表 3.6 年均费用变化情况

使用年限	1	2	3	4	5	6	7	8	9	10
汽车折旧费(K_0/T)/元	40 000	20 000	13 333	10 000	8 000	6 667	5 714	5 000	4 444	4 000
年低劣化平均值/元	2 000	3 000	4 000	5 000	6 000	7 000	8 000	9 000	10 000	11 000
年平均总费用/元	42 000	23 000	17 333	15 000	14 000	13 667	13 714	14 000	14 444	15 000

2. 动态低劣化数值法

动态分析方法是在经济分析时考虑资金的时间价值。由于汽车的原值是通过折旧逐年回收的，汽车的残值以及每年的经营费用都是随时间变化的，这就像是把一笔资金投入生产或存入银行一样，对这些资金占用时间不同就会产生不同的经济效果。因此必须考虑所占用资金的时间价值。动态分析法是采用费用等年值计算方法，其公式为

$$C(T)=(A/P,i,T)\left[K_0+\sum_{t=1}^{T}\lambda t(P/F,i,t)\right] \tag{3-13}$$

把式(3-13)计算出的每年费用总值列表对比，其中总费用最小的年份即为最佳更新期。对例 3-2 进行动态分析，设年利率 $i=0.15$，计算结果见表 3.7。

用动态分析法计算的最佳更新期为 8 年，较静态分析法计算出的最佳期长 2 年。

表3.7 计算结果表

使用年限	①	1	2	3	4	5	6	7	8	9	10
当年低劣化值	②	2 000	4 000	6 000	8 000	10 000	12 000	14 000	16 000	18 000	20 000
现值系数(P/F)	③	0.869 6	0.756 1	0.657 5	0.571 8	0.497 2	0.432 3	0.375 9	0.326 9	0.284 3	0.247 2
低劣化值现值	④	1 739.2	3 024.4	3 945	4 574.4	4 972	5 187.6	5 262.6	5 230.4	5 117.4	4 944
低劣化值累计	⑤	1 739.2	4 763.6	8 708.6	13 283	18 255	23 442.6	28 705.2	33 935.6	39 053	43 997
汽车原值	⑥	40 000	40 000	40 000	40 000	40 000	40 000	40 000	40 000	40 000	40 000
投资回收系数(A/P)	⑦	1.150 0	0.615 1	0.438 0	0.350 3	0.298 3	0.264 2	0.240 4	0.222 9	0.209 6	0.119 3
年平均总费用	⑧	47 999.85	27 534	21 334	18 665	17 378	16 762	16 517	16 480*	16 570	16 741

注:④=②×③ ⑧=(⑤+⑥)×⑦。

3.4.3 汽车报废标准

汽车经长期使用,车型老旧,性能低劣,物料超耗严重,维修费用过高,继续使用不经济、不安全的应予以报废。车辆报废应根据车辆报废的技术条件,提前报废会造成运力浪费,过迟报废又会增大运输成本。机动车报废年限及延缓报废使用情况见表3.8。

表3.8 机动车报废年限及延缓报废使用情况

车辆类型	使用年限	延缓报废年限	延期检验周期
微型载货汽车(总质量≤1.8 t的货车)	8年	不得延期	—
矿山作业专用车和带拖挂的载货汽车(指全挂汽车、列车)	8年	4年,吊车、消防车、钻探车等专项作业车还可根据车况再延长使用期限	吊车、消防车、钻探车等专项作业车每年1次,其他汽车每年2次
各类出租汽车	8年	19座以下出租车不能延期,其他延期4年	19座以上汽车每年2次

续表

车辆类型	使用年限	延缓报废年限	延期检验周期
轻型载货汽车 1.8 t<总质量≤6 t	1990 年 7 月 7 日前初次登记的,8 年	不能延期	—
	1990 年 7 月 7 日起初次登记的,10 年	4 年	每年 2 次
9 座(含)以下非营运载客汽车(包括轿车、越野型车)	15 年	无限期	每年 2 次,超过 20 年的从第 21 年起每年 4 次
旅游载客汽车	10 年	10 年	每年 4 次
9 座以上非营运载客汽车	10 年	10 年	每年 2 次,超过 15 年的每年 4 次
大型营运客车	10 年	4 年	每年 4 次
其他汽车	10 年	4 年	每年 2 次
三轮农用运输车和装配单缸柴油机的四轮农用运输车	6 年	3 年	每年 2 次
装配多缸柴油机的四轮农用运输车	9 年	3 年	每年 2 次
两轮摩托车	10 年	3 年	每年 2 次
三轮摩托车	8 年	不得延期	—

注:① 营运车辆(包括出租车)转为非营运车辆或非营运车辆转为营运车辆,均按营运车辆(出租车)年限计算。

② 右置方向盘汽车最长使用年限为 10 年(不同类型的车辆参照上表执行),不得延期。

第 4 章

二手车技术状况鉴定

二手车技术状况鉴定是二手车鉴定评估的基础与关键，一般包括静态检查、动态检查和仪器检查三个方面。静态检查是指二手车在静态状态下，根据检查人员的技能和经验，辅以简单的测量器具，对二手车技术状况进行检查。动态检查是指二手车在工作状态(发动机运转、二手车在运动或静止状态)下，根据检测人员的技能和经验，辅以简单的测量器具，对二手车的技术状况进行检查。仪器检查是指使用仪器、设备对二手车的技术性能和故障进行检测和诊断，既定性又定量地对二手车进行技术检查。

其中静态检查和动态检查是依据评估人员的技能和经验对被评估车辆进行直观、定性判断，即初步判断评估车辆的运行情况是否基本正常、车辆各部分有无故障及故障的可能原因、车辆各总成及部件的新旧程度等，是评价过程不可缺少的。而仪器检查是对评估车辆的各项技术性能及各总成部件技术状况进行定量、客观的评价，是进行二手车技术等级划分的依据，在实际工作中往往视评估目的和实际情况而定。

4.1 静态检查

4.1.1 静态检查的流程、工具及操作要点

1. 二手车静态检查流程

为使二手车静态检查科学、规范，一般严格按图 4.1 流程和图 4.2 方位图进行检查，每个方位规定有详细的检查项目、操作规程及方法。

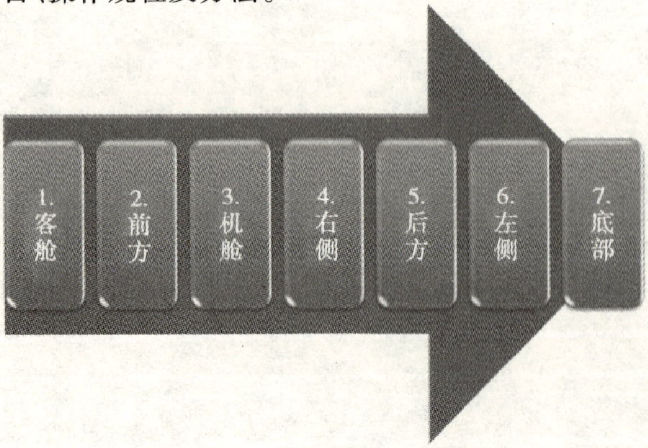

图 4.1 静态检查流程

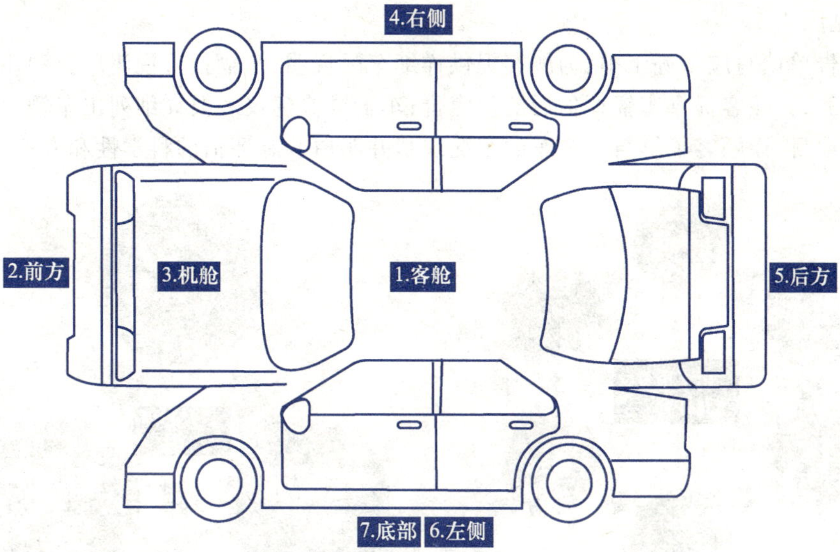

图 4.2 静态检查流程方位图

2. 二手车静态检查的工具

(1) 专业工具

为体现专业形象，评估人员应随身携带五大专业工具，如图 4.3 所示。同时应准备好评估表、评估夹(带刻度尺)、作业表、签字笔、计算器、记事本等办公工具。

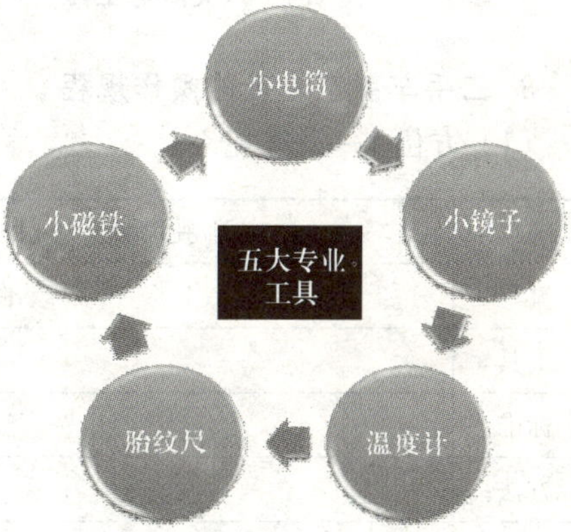

图 4.3 五大专业工具

小电筒 用来照亮发动机舱和汽车下面又暗又脏的地方。在鉴定评估过程中随身携带，谨慎使用，注意勿划伤车辆。

小镜子 鉴定光线暗淡的死角处。在鉴定评估过程中随身携带，一般与小电筒配合使用。

温度计 快速鉴定空调系统冷却效果。在测量空调系统出风口温度时使用(正常范围为 5℃ ~10℃)。

胎纹尺 鉴定轮胎磨损程度。“机动车运行安全技术条件”规定，乘用车转向轮磨损极限为 3.2 mm，其他车轮磨损极限为 1.6 mm。

小磁铁 用于检查塑料车身腻子的车身镶板。

(2) 服务工具

为体现规范操作，评估人员应准备六大服务工具(图 4.4)，创建鉴定评估差异化体验，表现对顾客车辆的呵护和对顾客的尊重。

白毛巾 在静态检查 1 号方位时使用。触摸内饰件后立即用毛巾擦拭；进入驾驶室前，将双手的污渍擦干净；随时保持洁净能够使顾客感觉“安心、放心”。

脚垫等其他五件套 在静态检查 1 号方位内饰静态鉴定评估时使用，事后拆下。

(3) 心理工具

为降低顾客的心理预期，客观理性地看待评估结果，评估人员应精心填写并给顾客出示三大心理工具，见图4.5。

评估报告单填写应字迹工整，为顾客提供详细车况说明；车辆报价说明单要利用图示说明历史价格的趋势，为顾客提供车辆评估后的初定价；车辆维修建议表要详细列出车辆故障清单和其他需修复的项目，让顾客了解自己汽车的车况现状并明白鉴定评估的科学性和专业性。

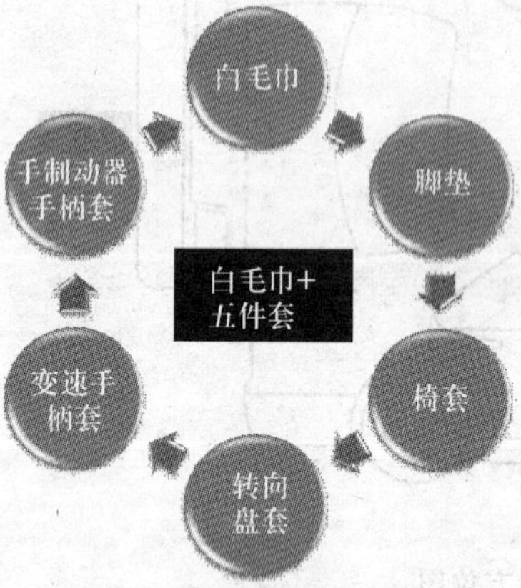

图4.4 六大服务工具

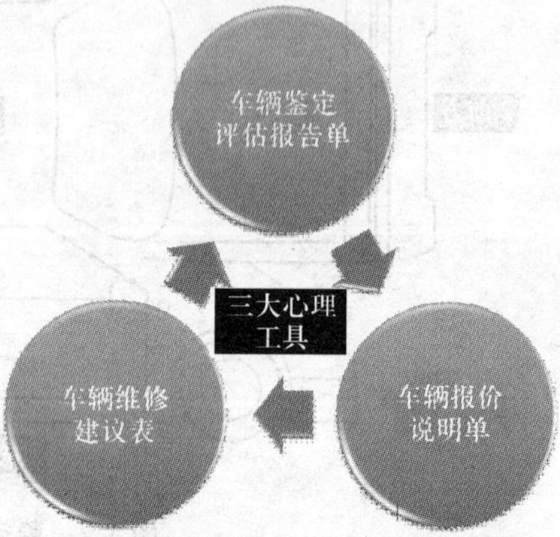

图4.5 三大心理工具

3. 二手车静态检查的操作规程

(1) 方位1——客舱

部位	驾驶席	副驾驶席	后排座椅
流程	白毛巾拭手，开车门，安装“五件套”		
工具	车钥匙、小电筒、温度计		
标准	不遗漏，逐项鉴定，判定损伤等级		
方法	“五感”定性，温度计等定量		
动作	坐姿，检查机油后着车（起动发动机），从下到上、从左到右、从前到后进行检查，开启油箱、行李厢、发动机舱盖	坐姿，检查机油后着车，从下到上、从左到右、从前到后进行检查	坐姿，从下到上、从左到右、从前到后进行检查
内容要点	钣喷：仪表板有无拆卸痕迹 机电：记录表征里程，查看机油数量、质量，尾气颜色状况，怠速及运转状况，各灯、仪表状况，中控台功能键状况，门窗玻璃控制状况，方向盘、座椅、倒车镜调节状况，气囊、安全带状况，查方向盘自由行程，操作雨刮器、大灯清洗器 内饰：座椅等表面、地板、地毯、顶棚 损伤：上下、左右装配缝隙，座椅表面、地板、地毯、顶棚脏污、划痕、损伤及损伤等级	机电：前风窗玻璃是否更换，座椅调节状况，多功能显示屏工作状况，电子娱乐设备状况，扶手箱、手套盒状况 内饰：座椅、仪表板表面 损伤：座椅表面、地板、地毯、顶棚脏污、划痕、损伤及损伤等级	机电：查看扶手箱、前排座椅头枕后的多功能显示屏工作状况，后排出风口温度，气帘、安全带状况，头枕调节状况，上下、左右装配缝隙及修复痕迹，感受音效，后风挡玻璃是否更换，地图灯、阅读灯状况 内饰：后排座椅分拆情况 损伤：安全带、座椅表面、地板、地毯、后搁物板、顶棚脏污、划痕、损伤及损伤等级

（2）方位2——前方

部位	正前方：风挡玻璃、发动机舱盖、前灯、保险杠总成	左前方：车体左前	右前方：车体右前，与左前方对称
流程	由远（距车前 2 m 处）及近（1 步），远观近赏	由远（距车前 2 m、45°处）及近（1 步），远观近赏	由远（距车前 2 m、45°处）及近（1 步），远观近赏
工具	小电筒		
标准	不遗漏、逐项鉴定，判定损伤等级		
方法	“五感”定性，评估夹上直尺定量	“五感”定性	“五感”定性
动作	先蹲后站，从下到上、从左到右、由远及近	先蹲后站，从下到上、由近及远，视线与腰线平行	先蹲后站，从下到上、由近及远，视线与腰线平行
内容要点	机电：（车辆所有人或助手操作）查看车灯、车灯类型、原装还是改装，目测整车左右高差、前轮外倾状况 钣喷：表面色差，风挡玻璃裂纹、孔洞、是否原装、玻璃密封胶（条）状况，发动机舱盖、保险杠喷涂状况、钣金状况，线条缝隙状况、差异程度，冲压线状况 损伤：涂装表面、钣金损伤尺寸、面积，损伤等级	钣喷：从远处查看前后车门、翼子板是否变形、有无色差，其腰线是否连贯、有无下坠 损伤：大致记录，在方位 6 时再仔细鉴定	钣喷：从远处查看前后车门、翼子板是否变形、有无色差，其腰线是否连贯、有无下坠 损伤：大致记录，在方位 4 时再仔细鉴定

（3）方位3——机舱

部位	板喷：舱盖里侧、发动机舱	机电：发动机	内饰：舱盖里侧、发动机舱	损伤：发动机舱盖、发动机舱
流程	（方位 1 已拉开舱盖锁扣）抬起舱盖、支撑	机械性能→电子电器性能→油液	舱盖→发动机舱	发动机舱盖→发动机舱
工具	小电筒、小镜子配合			
标准	不遗漏、逐项鉴定，判定损伤等级	不遗漏、逐项鉴定，判定异响部位	不遗漏、逐项鉴定	不遗漏、逐项鉴定，判定损伤等级
方法	“五感”定性，评估夹上直尺定量	“五感”定性，必要时请维修技师支持	“五感”定性，评估夹上直尺定量	“五感”定性，评估夹上直尺定量

续表

动作	站立,从上到下、从左到右、由近及远,微欠身	站立,从上到下、从左到右、由近及远,微欠身	站立,从上到下、从左到右、由近及远,微欠身	站立,从上到下、从左到右、由近及远,微欠身
内容要点	舱盖:是否更换、轻重、封胶、焊点、铰链螺栓、表面喷涂、隔声板 发动机舱:首先鉴定VIN和发动机号码,防火墙走水槽上沿、防火墙、左右翼子板内侧及螺栓、左右减振器支架、左右副车架、水箱支架、各散热器是否有损伤、修复及修复的程度	机械:各散热器、发动机缸体、缸盖是否有损伤、变形,是否更换过,发动机运转是否平稳、有无异响及异响的部位,进、排气歧管与缸盖结合处是否串气,转向机、半轴是否渗漏 电子电器:空调制冷状况,ABS泵完好程度 油液:除机油外的油液数量、质量	舱盖:隔声板是否更换、拆装过,新旧程度,有否泡水、过火,雨刮水喷嘴及水管状况 发动机舱:油迹、污渍程度,油迹、污渍用常规方法能否清洗,所有线束新旧程度、是否更换过、有否拆装,是否泡水、过火,导线、电瓶桩头是否氧化、氧化的程度	舱盖:损伤面积、裂纹长度、变形程度 发动机舱:VIN、发动机号码,损毁程度,防火墙、左右翼子板内侧、左右副车架、水箱支架、左右减振器支架、缸体、缸盖、进排气歧管、散热器损伤面积、长度,ABS泵是否破裂 管线:所有管线、转向机密封套破损程度、老化程度

(4) 方位4——右侧

部位	总览:车辆右侧	前部:右前翼子板、右前车轮、悬架、前保险杠右端	中部(前门):前门总成、A柱、B柱、车顶前部	中部(后门):后门总成、B柱、C柱、车顶后部	后部:后门总成、B柱、C柱、车顶后部
流程	由远(距车右侧2 m)及近(1步),远观	距车1步,探身进入车内,近观	距车1步,探身进入车内,近观	距车1步,探身进入车内,近观	距车1步,探身进入车内,近观
工具	小电筒、胎纹尺	小电筒、胎纹尺	小电筒、小镜子	小电筒、小镜子	小电筒、小镜子、胎纹尺
标准	不遗漏、逐项鉴定,判定损伤等级	不遗漏、逐项鉴定,判定损伤等级	不遗漏、逐项鉴定,判定损伤等级	不遗漏、逐项鉴定,判定损伤等级	不遗漏、逐项鉴定,判定损伤等级
方法	“五感”定性,评估夹上直尺定量	“五感”定性,胎纹尺、评估夹上直尺定量	“五感”定性,评估夹上直尺定量	“五感”定性,评估夹上直尺定量	“五感”定性,胎纹尺、评估夹上直尺定量

续表

动作	站立→半蹲，从上到下、从前到后、由远及近				
内容要点	车顶、保险杠、前后翼子板、前后门、腰线、前后悬架、前后车轮、接合缝、表面色差	钣喷：翼子板钣金损伤、喷涂状况，与保险杠、大灯、前车门贴合处接缝状况，补充方位1鉴定风挡玻璃 机电：右前悬架（减振器）状况、轮胎磨损、裂纹，轮毂材质、损伤，制动盘磨损状况 内饰：挡泥板护板、减振器防尘套状况 损伤：翼子板、灯罩、保险杠损伤面积、裂纹、孔洞大小，表面划痕长度，轮胎磨损程度，裂纹、划痕长度，轮辐损伤程度，制动盘磨损量，给出损伤等级	钣喷：车顶前部、A柱、B柱、门框、门槛、门外板有否变形、切割及喷涂状况，车门饰板、门铰链螺栓有无拧动痕迹，封胶、胶条、焊点状况，倒车镜表面状况，窗玻璃是否原装 机电：门窗升降器开关状况，门灯、扬声器、线束状况，补充鉴定方位1副驾驶座椅调整状况 内饰：车门饰板完好、清洁状况 损伤：车顶前部、A柱、B柱、门框、门槛、门外板变形修复程度、损伤面积、划痕长度，车门饰板划痕、裂纹、孔洞大小，判定损伤等级	钣喷：车顶后部、B柱、C柱、门框、门槛、门外板有否变形、切割及喷涂状况，车门饰板、门铰链螺栓有无拧动痕迹，封胶、胶条、焊点状况，窗玻璃是否原装 机电：门窗升降器开关状况，门灯、扬声器、线束状况 内饰：车门饰板完好、清洁状况，补充鉴定方位1副驾驶座椅后显示屏状况 损伤：车顶后部、B柱、C柱、门框、门槛、门外板变形修复程度、损伤面积、划痕长度，车门饰板划痕、裂纹、孔洞大小，判定损伤等级	钣喷：车顶后部、B柱、C柱、门框、门槛、门外板有否变形及喷涂状况，车门饰板、门铰链螺栓有无拧动痕迹，封胶、焊点状况，窗玻璃是否原装 机电：门窗升降器开关状况，门灯、扬声器、线束状况 内饰：车门饰板完好、清洁状况，补充方位1鉴定副驾驶座椅后显示屏状况 损伤：车顶后部、B柱、C柱、门框、门槛、门外板变形修复程度、损伤面积、划痕长度，车门饰板划痕、裂纹、孔洞大小，轮胎磨损程度，判定损伤等级

（5）方位5——后方

部位	远观：车辆后方	近观：车顶后部、风挡玻璃、行李厢盖、尾灯、后轮、车身	行李厢1：行李厢盖里侧、左右翼子板里侧、行李厢、后围板	行李厢2：备胎室
流程	由远（距车右侧2 m）及近（1步），远观	距车1步，探身进入车内，近观	距车1步，探身进入车内，近观	距车1步，取出备胎，探身进入车内，近观
工具	小电筒		小电筒、小镜子	小电筒、小镜子

续表

标准	不遗漏、逐项鉴定，判定损伤等级			
方法	“五感”定性，评估夹上直尺定量			
动作	站立→半蹲，从上到下、从左到右、由远及近	站立→半蹲，从上到下、从前到后、从左到右	站立→半蹲，从上到下、从前到后、从左到右	欠身站立，从上到下、从前到后、由外到内
内容要点	车顶、风挡玻璃、行李舱盖、尾灯、后轮定位、车身端正否、左右高差、表面色差、线条缝隙	钣喷：车顶后部、行李舱盖、保险杠总成损伤、变形及喷涂状况，窗玻璃是否原装，表面色差 机电：尾灯、泊车辅助系统状况 损伤：车顶后部、风挡玻璃、行李舱盖、尾灯、车身、保险杠总成变形修复程度、损伤面积、划痕长度，裂纹、孔洞大小，后轮定位状况，左右高差、结合缝线条匀称否，判定损伤等级	钣喷：舱盖、左右翼子板里侧、行李舱底板、后围板是否切割、更换、焊点、封胶，舱盖铰链是否修复、拆装，有无喷漆痕迹，保险杠是否修复、更换，有无喷漆痕迹，玻璃是否原装 机电：舱盖铰链、撑杆状况，线束状况，碟盒工作状况 内饰：舱盖隔声板、行李舱底板隔声棉、舱口胶条、地板垫状况 损伤：舱盖、左右翼子板里侧、行李舱底板、后围板、保险杠、胶条损伤程度、面积、长度，判定损伤等级	钣喷：备胎室周边、备胎室底板钣喷、封胶 机电：备胎宽窄、规格、尺寸、材质 损伤：备胎室周边、备胎室底板是否变形、切割、焊接，封胶新旧程度，备胎损伤程度，判定损伤等级

(6) 方位6——左侧

与“方位4——右侧”完全对称，但是比其增加了“收尾”的流程和内容：

① 读取温度计读数；

② 拆除“五件套”；

③ 将装置、功能键调到顾客原来的状态；

④ 用白毛巾将手触摸过的部位擦拭干净；

⑤ 关闭发动机，升起驾驶席车窗；

⑥ 将车钥匙(或行驶证)奉还给顾客，感谢其参与。

收尾时注意全车轮胎的品牌、规格、花纹是否一致，玻璃的标识是否一致。

(7) 方位7——底部

只有上举升机或者利用地沟对鉴定评估车辆的底部进行专业、仔细、全面的技术鉴定，静态鉴定工作才完整，结论才可靠，才有说服力和公信力。在置换业务和二手车收购业务中，如果客户置换和出售二手车的意向很强，在准备签订成交协议前，必须对车辆底部进行技术鉴定，以切实规避经营风险。底部检查的内容要点包括：

① 发动机护板、油底壳、油箱；

② 车身拉伸、校正、修复痕迹；

③ 地板底面拼接、断裂痕迹；

④ 排气管、消声器状况；

⑤ 油液渗漏状况；

⑥ 悬架损伤状况。

4.1.2 静态检查的主要内容

二手车的静态检查主要包括识伪检查、发动机技术状况静态检查、底盘技术状况静态检查、车身技术状况静态检查和电气设备技术状况静态检查等内容。

静态检查的目的是快速、全面地了解二手车的大概技术状况。通过全面检查，发现一些较大的缺陷，如严重碰撞、车身或车架锈蚀或有结构性损伤、发动机或传动系严重磨损、车厢内部设施不良、损伤、维修费用较大等，为其价值评估提供依据。

1. 识伪检查

在二手车交易市场不可避免会出现一些走私车辆、拼装车辆、盗抢车辆以及事故车辆，如何界定这部分车辆，在二手车鉴定评估过程中是一项十分重要而又艰难的工作。它必须凭借技术人员所掌握的专业知识和丰富经验，结合有关部门的信息材料，对评估车型进行全面细致的鉴别，将这部分车辆与其他正常车辆区分开，从而使二手车交易规范、有序地进行。

（1）对走私车辆、拼装车辆的鉴别方法

走私车辆是指没有通过国家正常进口渠道进口的，并未完税的进口车辆。拼装车辆是指一些不法厂商和不法商人为了牟取暴利，非法组织生产、拼装，无产品合格证的假冒、低劣汽车。这些汽车有些是境外整车切割，境内焊接拼装车辆；有些是进口汽车散件国内拼装的国外品牌汽车；有些是用国内零配件拼装的国内品牌汽车；有些是旧车拼装车辆，即两台或者几台拼装成一台汽车；甚至有的是国产或进口零配件拼装的杂牌汽车。

对走私车辆、拼装车辆，在二手车交易鉴定评估中，首先要确定这些车辆的合法性。因为，一种是车辆技术状况较好的，符合国家有关机动车行驶标准和要求，已经国家有关执法部门处理，通过拍卖等其他方式，在公安车管部门已注册登记上牌，并取得合法地位的车辆。这些二手车在评估价格上要低于正常状态的车辆。另一种是无牌、无证的非法车辆。对走私车辆、拼装车辆的鉴别方法：

① 运用公安车管部门的车辆档案资料，查找车辆来源信息，确定车辆的合法性。这是一种最直接有效的判别方法。

② 查验二手车的汽车产品合格证、维修保养手册。对进口车必须查验进口产品商验证明书和商验标志。

③ 检查二手车外观。查看车身是否有重新做油漆的痕迹，特别是顶部下沿部位。车身的曲线部位线条是否流畅，尤其是小曲线部位根据目前技术条件没有专门的设备不可能处理得十分完美，留下的再加工痕迹比较明显。检查门柱和车架部分是否有焊接的痕迹，很多走私车辆是在

境外把车身切割后运入国内,再进行焊接拼凑起来的。查看车门、发动机盖、行李厢盖与车身的接合缝隙是否整齐、均衡。

④ 查看二手车内饰。检查内装饰材料是否平整、内装饰压条边沿部分是否有明显的手指印或其他工具碾压后留下的痕迹,车顶部装饰材料上或多或少都会留下被弄脏后的痕迹。

⑤ 打开发动机盖,检查发动机和其他零部件是否有拆卸后重新安装的痕迹、是否有旧的零部件或缺少零部件。查看电线、管路布置是否有条理、安装是否平整。核对发动机号码和车辆识别代码(车架号码)字体和部位。

(2) 对盗抢车辆的鉴别方法

盗抢车辆一般是指公安交通车管部门已登记上牌的,在使用期内丢失的或被不法分子盗窃的,并在公安部门已报案的车辆。由于这类车辆被盗窃方式多种多样,它们被盗窃后所遗留下来的痕迹也会不同。如撬开门锁、砸车窗玻璃、撬方向盘锁等都会留下痕迹。这些被盗赃车大部分经过一定修饰后再被卖出。这些车辆很可能会流入二手车交易市场。这类车的鉴别方法一般有:

① 根据公安交通车辆管理部门的档案资料,及时掌握车辆状态情况,防止盗抢车辆进入市场交易。这些车辆从车辆主人报案起到追寻找到止这段时期内,公安交通车管部门将这部分车辆档案材料锁定,不允许进行车辆过户、转籍等一切交易活动。

② 根据盗窃手段,主要检查汽车门锁是否过于新、锁芯有无被更换过的痕迹、门窗玻璃是否为原配正品、窗框四周的防水胶是否有插入玻璃升降器开门的痕迹、方向盘锁或点火开关是否有破坏或调换的痕迹。

③ 不法分子急于对有些车辆销赃,它们会对车辆的有关证件进行篡改和伪造,使被盗赃车面目全非。检查重点是核对发动机号码和车辆识别代码、钢印周围是否变形或有褶皱现象、钢印正反面是否有焊接的痕迹。

④ 查看车辆外观是否全身重新做过油漆,或者改变原车辆颜色。

2. 发动机技术状况的静态检查

(1) 检查发动机外部状况

① 观察发动机的外观是否整洁。如果发动机上堆满灰尘,说明该车的日常维护不够;发动机表面特别干净,也可能是车主在此前对发动机进行了特别的清洗,不能由此断定车辆状况一定很好。

② 打开发动机盖查看线、管等布置是否有条理,发动机和其他零部件之间的相对位置是否正常,发动机及其他相关部件有无漏油现象。

③ 观察发动机前部传动带的磨损情况,有无裂纹、油迹,松紧度是否合适;发动机上的各连接件、紧固件及油门拉线、喷油泵供油拉杆等是否有松动、脱落或卡滞等现象。

④ 检查发动机的水箱、水泵、气缸体、气缸盖及冷却系统的其他连接部位,各处均不得有漏水现象。用手将水箱进、出水口处的连接软管捏一下,以观察是否有裂痕。

⑤ 检查水箱盖关闭后是否紧密、胶垫是否松脱。

⑥ 观察发动机燃油系统、润滑系统及各连接部位,各处均不得有漏油现象。

⑦ 观察蓄电池壳体上部有无溢出的电解液或白粉末、蓄电池壳体有无裂纹、加液孔盖通气孔是否堵塞、两极桩上的电缆连接是否可靠。

⑧ 观察起动机、发电机等处的电气线路连接是否可靠、分电器盖上有无裂纹、各缸分火线有无破损、连接是否可靠等。

（2）检查冷却液

揭开水箱盖查看，如果水箱内的水为黄色，或水箱外有锈水漏出的痕迹，则要特别注意。查看风扇传动带的松紧度是否合适。用力捏压一下水箱的上下两条胶喉，看看有没有裂痕。检查水箱盖关闭后是否紧密，胶垫是否松脱。行驶一段路后，看看水箱盖有没有沾上油迹，如果有，表明气缸顶垫衬漏气。小心观察水箱有没有撞过的迹象、散热片是否烧焊。

（3）检查机油

检查发动机油量。拿出机油量度尺看看机油是否混浊不堪或起水泡，并且要注意油的高度，如高度过高表示可能烧了气缸垫，水箱水混入了曲轴箱内；如高度太低，则可能是机油上窜，与汽油一并被烧掉了，意味着发动机要大修了。用手试机油的黏性，看看有没有沙砾，颜色应以深黄为最佳。

3. 底盘技术状况的静态检查

（1）传动系的检查

① 检查离合器踏板的自由行程是否符合整车技术条件的有关规定，离合器摩擦片是否装反、油污或被烧焦、铆钉是否松动，个别压力弹簧是否疲劳折断，膜片弹簧是否疲劳开裂，分离拨叉支点是否磨损，分离轴承是否磨损等。对于采用液压操纵机构的离合器，还应该注意液压系统是否存在泄漏。

② 检查变速器盖周边、壳体侧盖周边、加油螺塞处、放油口螺塞处、轴承盖处及车速表软轴安装位置有无明显漏油痕迹，换挡控制机构是否调整不良、连接处是否磨损等。

③ 检查传动轴、中间轴及万向节等处有无裂纹和松动，传动轴是否弯曲、传动轴轴管是否凹陷，万向节轴承是否因磨损而松旷，万向节凸缘盘连接螺栓是否松动等。

④ 检查驱动桥壳体是否有铸造缺陷或裂纹，驱动桥加油口螺塞、放油口螺塞及油封、各接合面等腰三角形处是否可见明显的漏油痕迹，通气孔是否堵塞等。

⑤ 检查飞轮、离合器、变速器、传动轴及驱动桥等处的固定螺栓是否松动。

（2）转向系的检查

① 检查方向盘与转向轴的连接部位是否松旷，转向器垂臂轴与垂臂连接部位是否松旷，纵、横拉杆球头连接部位是否松旷，纵、横拉杆臂与转向节的连接部位是否松旷，转向节与主销之间是否松旷。

② 检查转向节与主销之间是否配合过紧或缺润滑油，纵、横拉杆球头连接部位是否调整过紧或缺润滑油，转向器是否无润滑油或缺润滑油。

③ 检查转向轴是否弯曲，其套管是否凹瘪。

④ 对于动力转向系统，还应该检查动力转向泵驱动带是否松动、转向油泵安装螺栓是否松动、动力转向系统油管及管接头处是否存在损伤或松动等。

（3）行驶系的检查

① 检查车辆的车架是否弯、扭、裂、断、锈蚀等，车架上的螺栓、铆钉是否整齐、紧固。

② 检查车辆前、后桥墩是否有变形、裂纹等。

③ 检查车辆钢板弹簧是否有裂纹、断片和碎片现象，两侧钢板弹簧的厚度、长度、片数、弧度、新旧程度是否相同，钢板弹簧U形螺栓和中心螺栓是否松动，钢板弹簧销与衬套的配合是否松旷。检查减振器是否漏油、减振弹簧是否有裂纹。

④ 检查车桥和悬架之间的各种拉杆和导杆是否变形、各接头和衬套是否松旷和移位。

⑤ 检查车轮轮毂轴承是否松旷，轮胎螺母和半轴螺母是否齐全、紧固。检查同一轴上的轮胎型号和花纹是否相同、轮胎型号是否符合规定要求。

⑥ 检查轮胎的磨损情况，轿车轮胎胎冠上的花纹深度不得小于1.6 mm；其他车辆转向轮的胎冠花纹深度不得小于3.2 mm，其余轮胎胎冠花纹深度不得小于1.6 mm。轮胎花纹深度可用胎纹尺测量(图4.6)。

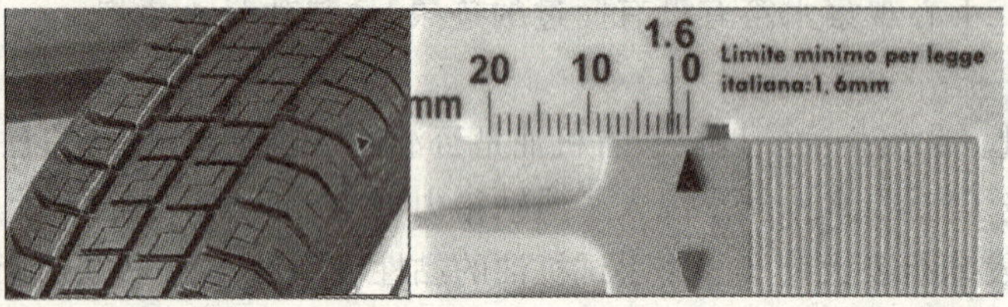

图4.6 轮胎花纹深度测量

有的轮胎设有胎面磨耗(打滑)标记，当磨损量超过正常限度时，磨损标记就会显露出来。若标记显露出来，则表明轮胎已磨损到极限状态，应更换。另外，轮胎的胎面和胎壁上不得有长度超过25 mm、深度足以暴露出轮胎帘布层的破裂和割伤。转向车轮不得使用翻新轮胎。

⑦ 检查车轮的横向和径向摆动量。检查时顶起前桥，将百分表的触点与轮胎胎冠外自由侧接触，用手前、后摆动轮胎，测量其横向摆动量。将百分表移至轮胎上方，使百分表触点与轮胎胎冠中部接触，用撬杠往上撬动轮胎，测量其径向摆动量。总质量小于或等于4.5 t的汽车车轮的横向和径向摆动量不得大于5 mm，其他车辆不得大于8 mm。

(4) 制动系的检查

① 检查制动踏板的自由行程是否符合有关技术条件的规定。

② 检查液压制动系统的总泵、分泵、管路或管路接头处是否漏油，油管是否凹瘪。

③ 检查制动液是否变质。

④ 检查真空助力装置的真空管有无损伤。

⑤ 检查气压制动系的储气筒气压是否达到规定气压、气压制动管路是否凹瘪。

⑥ 检查驻车制动系统的缆线有无卡滞、锈蚀等。

4. 车身技术状况的静态检查

(1) 检查车辆的周正情况

在汽车制造厂，汽车车身及各部件的装配位置是由生产线上经过严格调试的装、夹具保证的，装配出的车辆各部分对称、周正。而维修企业对车身的修复则是靠维修人员目测和手工操作，装配难以精确保证。因此检查车身情况，可站在车的前部观察车身各部的周正、对称状况，特别注意观察车身各接缝，如出现不直、缝隙大小不一、线条弯曲、装饰条脱落或新旧不一的现象，说明该车可能出现事故或修理过。

方法一：

在汽车的前面5~6 m处蹲下，沿着轮胎和汽车的外表面看汽车的两侧。在两侧，前、后车轮应该排成一线。然后，走到汽车后面进行同样观察，前轮和后轮应该仍然成一条直线，否则说明车架或整体车身弯了。即使左侧前、后轮和右侧前、后轮互相成一条直线，但一侧车轮比另一侧车轮更突出车身，也说明汽车曾有过碰撞。

方法二：

蹲在前车轮附近，检查车轮后面的空间，即车轮后面与车轮罩后缘之间的距离，用直尺测量这段距离。再转到另一前轮，测量车轮后面和车轮罩后缘之间的距离。该距离应该和另一前轮大致相同。在后轮测量同一间隙。如果发现左前轮或左后轮和它们的轮罩之间距离与右前轮或右后轮的相应距离明显不同，则说明车架或整体车身弯了。

(2) 检查车身油漆状况

查看排气管、镶条、窗户四周和轮胎等处是否有多余油漆。如果有，说明该车做过油漆或翻新。用一块磁铁沿车身周围移动，如遇到突然减少磁力的地方，说明该局部补了灰，做了油漆。当用手敲击车身时，如敲击声发脆，说明车身没有补灰做漆；如敲击声沉闷，则说明车身曾补过灰，做过漆。

如果发现了新漆的迹象，就应立即查找车身制造不良或金属抛光的痕迹。沿车身看，并查找是否有像波状或非线性翼子板或后顶盖侧板那样的不规则板材。如果发现车身制造或面板、车门、发动机罩、后备厢盖等配合不好，则汽车可能遭受过碰撞，以至于这些板面对准很困难。换句话说，车架可能已经弯曲。

总而言之，仔细查看油漆状况，甄别是原厂面漆还是修补喷漆，是局部修补喷漆还是全车喷漆等，是车身质量检查的核心，更是判别是否为事故车的有效切入点。车身漆面鉴别技巧要把握好“二、三、四”法则：二个方法（看、摸），三个注意（原厂漆面结构、修补喷漆的种类、修补喷漆的缺陷），四个关键（边、角、线、面）。

(3) 检查底盘线束及其他连接状况

正常情况下，未发生事故的车辆其连接部件配合良好，车身没有多余焊缝，线束、仪表部件等安装整齐、新旧程度接近。因此在检查车辆底盘时，应认真观察车底是否漏水、漏油、漏气，锈蚀程度与车体上部检查的是否相符，是否有焊接痕迹，车辆转向节臂转向横、直拉杆及球销有无裂纹和损伤，球销是否松旷，连接是否牢固可靠，车架是否弯、扭、裂、断、锈蚀等，螺栓、铆钉是否齐全、紧固，车辆前后是否有变形、裂纹，固定在车身上的线束是否整齐，新旧程度是否一致，这些都可以作为判断车辆是否发生过事故的线索。

(4) 检查橡胶件与内饰件老化程度

车辆中的内饰件和橡胶零部件的老化和磨损一般随使用时间的增加而加剧，并且使用条件越坏其老化磨损的进程也越快，因此可用来作为判断车辆使用损耗的指标。具体来说可观察车辆橡胶件、内饰件的颜色、硬化脆化程度，查看座椅的新旧程度、是否下凹、车顶的内篷是否开裂、地毯或地胶是否残旧、车厢内部是否污秽发霉。打开后备厢，检查防水胶边是否损坏脱落、车门周边的密封条是否硬化。根据这些部位的检查情况判断车辆的使用时间和技术状况。

另外，应仔细检查离合器踏板和制动踏板的踏脚胶垫是否磨损过度，通常一块踏脚胶垫寿命是30 000 km左右，如果换了新的，则说明此车已行驶了30 000 km以上；内装饰材料是否平整、表面是否干净，尤其是压条边沿部分要特别仔细检查，经过再装配过的车辆内装饰压条边沿部分有明显手指印或其他工具碾压后留下的痕迹印，车顶部装饰材料或多或少要留下弄脏过的迹印。

(5) 检查车身金属锈蚀程度

车身金属的锈蚀程度可一定程度地反映该车辆的使用时间和行驶里程，同时也可反映车身主要部件的装配情况和密封效果,使用时间长、经过修复的车辆难免出现局部密封不严的情况,造成相应位置潮湿或生锈,因此车身锈蚀程度也是判断车辆使用损耗的重要指标。具体操作中首先检查防护板、窗户、水槽、底板、各接缝等处,如锈蚀严重,说明该车较旧。其次可揭开地毡或胶板、打开后备厢盖,查看车厢底板、后备厢是否潮湿或有生锈的痕迹,如果有的话,说明该车密封性下降,下雨时使用可能漏水。特别值得注意的是,应揭开水箱盖观察水箱及水箱内冷却水的颜色,如果全是黄色锈水,或水箱外有锈水漏出的痕迹,则要特别注意。

(6) 检查驾驶室和车厢内部

① 驾驶员座椅、乘员座椅安装应牢固可靠。驾驶员座椅、副驾驶员座椅及客车前面设有座椅或护栏的座椅的安全带应齐全、有效。

② 查看座椅的新旧程度,座椅表面应平整、清洁、无破损。座椅松动和严重磨损、凹陷,说明该车常常载人,可推断该车经常行驶在高负荷的工况下。

③ 查看车顶的内篷是否破裂、车辆内部是否污秽发霉。车内如有发霉的味道,表明车子可能有泄漏的情况。

④ 检查地毡或地板胶是否残旧,从地毯磨痕可推论出该车使用频繁程度。

⑤ 揭开地毡或地板胶,查看车厢底板是否有潮湿或生锈的痕迹、是否有烧焊的痕迹。

⑥ 检查行李厢,检查厢盖防水胶条是否完好,检查行李厢是否锈蚀;查看行李厢开口处左右两边的钣金件或与后保险杠的接合处时,可先翻开行李厢下的地毯,检视该处有无烧焊过的痕迹。

⑦ 查看仪表盘是否原装,检查仪表盘底部有没有更改线束的痕迹。要求安装汽车行驶记录仪的车辆有无按要求安装,能否正常工作。

⑧ 检查里程表,已经行驶的千米数是车辆行驶年龄的参照,家用车一般每年行驶19 000 ~24 000 km。

⑨ 检查离合器踏板、制动踏板、加速踏板有无弯曲变形及干涉现象,离合器踏板和制动踏板的踏脚胶垫是否磨损过度。

⑩ 坐在车上试试所有踏板有没有弹性,离合器踏板应该有少许空间,同时留心听听踏下踏板有没有异响声发出。

5. 电气设备技术状况的静态检查

电气设备技术状况静态检查的主要内容如下:

1) 检查汽车电路线束有无烧焦或破损。检查电路线束的连接和固定是否可靠,各线束插接器是否脏污、氧化,接触是否可靠。

2) 检查电路线束是否碰到过热、转动部件或有无被发动机排出的废气吹到的可能。

3) 检查线束是否有足够的伸缩余地;穿过金属板孔时,是否有护套保护。

4) 检查照明、信号、仪表装置是否齐全,型号、规格是否符合要求。

5) 检查车厢内的仪表板是否为原装的。

6) 检查仪表板及各种开关上的标志是否清晰。

7) 检查雨刮器、洗涤器、音响装置、玻璃升降器、电动后视镜及转向柱倾斜、升降机构等工作是否正常。

8) 检查空调设备制冷是否正常。

4.2 动态检查

二手车动态检查是指汽车在工作状态下的检查。通过对汽车各种工况(如发动机起动、怠速、起步、加速、匀速、滑行、强制减速、紧急制动、从低速挡到高速挡的行驶、从高速挡到低速挡的行驶)的检查,了解汽车的操纵性能、制动性能、滑行性能、加速性能、噪声和尾气排放情况,以鉴定二手车的技术状况。

动态检查主要是根据检查人员的经验和技能,辅之以简单的测量器具,在动态情况下对二手车的技术状况进行检查鉴定。动态鉴定的完整流程包含十个环节,如图 4.7 所示。

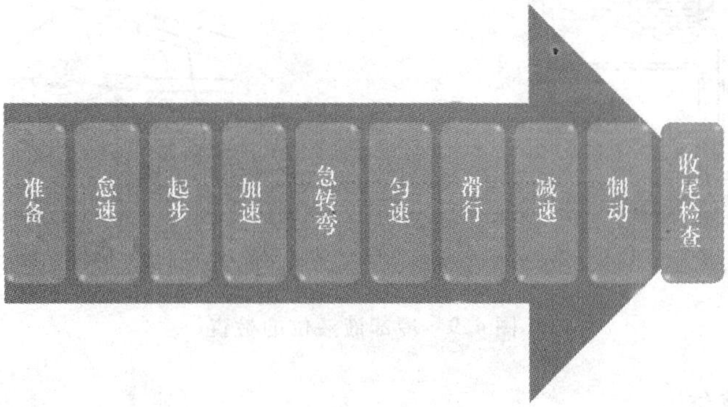

图 4.7 动态检查的流程

4.2.1 动态检查前的准备

在进行路试之前,应检查机油油位、冷却液液位、制动液液位、转向油液位、踏板自由行程、方向盘自由行程、轮胎胎压、各警示灯状况等项目,各个项目正常后方可起动发动机,进行路试检查。

1. 检查机油油位

检查之前应将车停放在平坦的场地上。将起动开关钥匙拧到关闭位置,把驻车制动杆(手制动杆)放到制动位置,变速杆放到空挡位置。

打开发动机舱盖,抽出机油尺,将机油尺用抹布擦净油迹后,插入机油尺导孔,拔出查看。油位在上下刻线之间,即为合适(图 4.8)。如果超出上刻线,应放出一部分机油;如果低于下刻线,可从加油口处添加,待 10 min 后,再次检查油位。补充机油时应注意清洁并检查是否有渗漏现象。

2. 检查冷却液液位

检查冷却液时,对于没有膨胀水箱的冷却系统,可以打开散热器盖进行检视,要求液面不低于排气孔 10 mm;如果使用防冻液时,要求液面高度低于排气孔 50 ~ 70 mm(这是为了防止防冻液因温度增高而溢出)。对于装有膨胀水箱的冷却系统,膨胀水箱的冷却液液位应在规定刻线之间(图 4.9)。检查液量时,应在冷车状态下进行,检查后应扣紧散热器盖。补充冷却液时,应使用软水及同一种防冻液。在添加前要检查冷却系是否有渗漏现象。

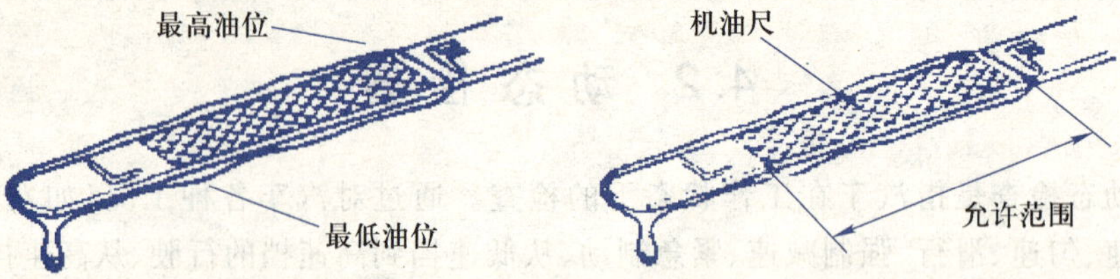

图 4.8 机油油位的检查

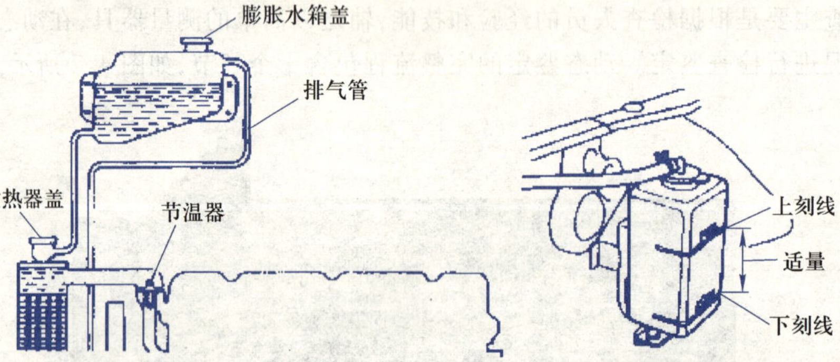

图 4.9 冷却液液位的检查

3. 检查制动液液位

正常制动液量位置应在储液罐的上限与下限刻线之间或标定位置处。当液位低于标定刻线或下限位置时,应把新的制动液补充到标定刻线或上限位置。

由于常用的制动液(指醇醚类)具有一定的吸湿性。因此,在向储液罐内补充制动液时,一方面要使用装在密封容器的新制动液,另一方面要避免长时间开放储液罐的加液口盖。因为制动液吸收水分后其沸点会显著降低,容易引起气阻,造成制动失灵。

在添加或更换制动液时,要严格执行厂方有关规定。否则制动液的效能将会改变,制动件会被损坏。如发现制动液量显著减少,应注意查找渗漏部位,及时修复,防止制动失灵。

4. 检查离合器液压油液位

检查离合器液压油液位高度的方法与检查制动液相同。

5. 动力转向液压油的油量

首先将动力转向储油罐的外表擦干净,然后再将加油口盖从储油罐上取下,用干净的布块将油标尺上的油擦干净,重新将油标尺装上(检查时,请不要拧紧加油口盖),然后取下油标尺,检查油平面,油标尺所示的刻度和意义与机油尺相同。如果油平面高度低于油标尺下限刻度,则需要添加同种的转向液压油,直到上限刻度为止。在添加之前应检查动力管路是否有渗漏现象。在检查或添加转向液压油时,应检查油质的污染情况,发现变质或污染时应更换。

6. 检查燃油箱的油量

打开点火开关钥匙,观察燃油表了解油箱大致储油量。也可打开油箱盖,观察或用清洁量尺测量。但要注意油箱盖的清洁,避免尘土脏物落入。

7. 检查冷却风扇传动带

检查冷却风扇传动带的张紧度,用拇指以 90 ~ 100 N 的力按下传动带中间部位时,挠度应为

10～15 mm。如果不符合要求，则说明冷却风扇传动带松旷，会打滑，应通过调节发动机支架固定螺栓来调整冷却风扇传动带的张紧度。

8. 检查转向盘游动间隙

将汽车处于直线行驶的位置，左右转动方向盘（动力转向系统的车辆，应在起动汽车发动机后做此项检查），最大游动间隙由中间位置向左或向右应不超过15°。如果游动间隙超过标准，说明转向系统的各部间隙过大，需要对转向系统进行调整。

两手握住方向盘，将方向盘向上下、前后、左右方向摇动推拉，应无松旷的感觉。如果有松旷的感觉，说明转向机内轴承需要调整。左右转动方向盘，察看转向机摇臂、横拉杆、直拉杆、转向臂球销固定螺帽，应无松脱现象，开口销无缺损，否则应予拧紧配齐。

9. 检查制动踏板行程

用手轻压制动踏板，自由行程应在10～20 mm范围内，否则应调整踏板自由行程。踩下制动踏板全程时，检查制动踏板与地板之间应有一定的距离。踩下液压制动系统的制动踏板时，踏板反应要适当，过软说明制动系统有故障。空气制动系统气路中的工作气压必须符合规定。

10. 检查轮胎气压

拧开轮胎气嘴的防尘帽，用轮胎气压表测量轮胎气压，轮胎的气压应符合轮胎的规定。气压不足，应进行充气；气压过高，应放出部分气体。

4.2.2 发动机运转情况检查

1. 发动机起动状况的检查

在正常情况下，用起动机起动发动机时，应在3次内起动成功。起动时，每次时间不超过5～10 s，再次起动时间要间隔15 s以上。若发动机不能正常起动，说明发动机的起动性能不好。

如果由于发动机曲轴不能转动而导致发动机无法起动，其原因主要可能是蓄电池电量不足或起动机工作不良，也可能是发动机运转阻力过大。检查发动机起动阻力时，应拆下全部火花塞或喷油器，人工运转曲轴，检查转动阻力。

如果起动时曲轴能正常转动，但发动机起动仍很困难，对于汽油发动机，其原因主要可能是点火系统点火不正时、火花塞火弱或无火；燃油系统工作不良，使混合气过稀或过浓；气缸压缩压力过低等。对于柴油发动机，除气缸压缩压力过低外，燃油中有水或空气，输油泵、喷油泵、喷油器工作不良，燃油系统管路堵塞等，都可能导致发动机起动困难。

2. 发动机无负荷工况检查

（1）检查发动机怠速运转情况

怠速工况下，发动机应在规定的转速范围内稳定地运转。如果怠速转速过高或运转不稳定，说明发动机怠速不良。对于汽油发动机，怠速不良的原因主要有点火正时、气门间隙、配气正时或怠速调整不当；真空漏气；曲轴箱通风单向阀不密封或卡阻，怠速时不能关闭；废气再循环装置或燃油蒸发排放装置（如果安装）误动作；点火系统或供油系统工作不良；气缸压缩压力过低或各缸压缩压力不一致等。

对于柴油发动机,怠速不良的原因主要有供油正时、气门间隙、配气正时或怠速调整不当;燃油中有水、气或粘度不符合要求;各缸柱塞、出油阀偶件及喷油器工况不一致,或是调速器锈蚀、松旷、弹簧疲劳、供油拉杆对应的拨叉或齿扇松动等,导致各缸喷油量或喷油压力不一致;气缸压缩压力过低或各缸压缩压力不一致等。

发动机怠速运转时,检查各仪表工作状况,检查电源系统充电情况。

(2) 检查急加速性

待水温、油温正常后,通过改变节气门开度,检查发动机在各种转速下运转是否平稳,改变转速时过渡应圆滑。迅速踏下加速踏板,发动机由怠速状态猛加速,观察发动机转速是否能迅速由低速到高速灵活反应,发动机应无“回火”、“放炮”现象。当加速踏板踩到底时,迅速释放加速踏板,发动机转速是否能迅速由高速到低速灵活反应,发动机不能怠速熄火。发动机加速运转过程中,检查发动机有无“敲缸”和气门运动噪声。在规定转速下,发动机机油压力应符合有关规定。

(3) 检查发动机窜油、窜气

打开润滑油加注口,缓缓踩下加速踏板,如果窜气严重,肉眼可以观察到油雾气。若窜气不严重,可将一张白纸放在离润滑油加注口 50 mm 左右处,然后加速,若窜油、窜气,白纸上会有油迹,严重时油迹面积大。

(4) 检查排气颜色

正常的汽油发动机排出的气体应该是无色的,在严寒的冬季可见白色的水汽;柴油发动机带负荷工作时排出的气体一般是淡灰色的,当负荷较大时,为深灰色。无论是汽油机还是柴油机,如果排气颜色发蓝色,说明机油窜入燃烧室。若机油油面不高,最常见的是气缸与活塞密封出现问题,即活塞、活塞环因磨损与气缸的间隙过大。无论汽油发动机还是柴油发动机,如果排气管冒黑烟,说明混合气过浓、汽油发动机点火时刻过迟等。

(5) 检查发动机熄火情况

对于汽油机,关闭点火开关后,发动机正常熄火;对于柴油机,停机装置应灵活有效。

4.2.3 动态路试检查

汽车路试一般在 20 km 左右。通过一定里程的路试检查汽车的工况。路试检查的内容如下:

1. 检查离合器

正常的离合器应该接合平稳、分离彻底,工作时不得有异响、抖动和不正常打滑现象。踏板自由行程应符合二手车技术条件的有关规定。自由行程过小,一般说明离合器摩擦片磨损严重。踏板力应与该型号车辆的踏板力相适应。各种车辆的踏板力应不大于 300 N。

离合器常出现的故障为打滑和分离不彻底,有的还有异响。这些故障会导致起步困难、行驶无力、爬坡困难、变速器齿轮发出刺耳的撞击声、起步时车身发抖等现象。

(1) 离合器分离不彻底的检查

在发动机怠速状态时,踩下离合器踏板几乎触底时,才能切断离合器;或是踩下离合器踏板,感到挂挡困难或变速器齿轮出现刺耳的撞击声;或挂挡后不抬离合器踏板,车子开始行进,表明该车的离合器分离不彻底。其原因是:离合器踏板自由行程过大、离合器压盘限位螺钉调整不当,或是更换了过厚的离合器摩擦片、离合器分离杠杆不在同一平面上等。

(2) 离合器打滑的检查

如果离合器打滑,会出现起步困难、加速无力、重载上坡时有明显打滑甚至发出难闻气味等现象。比如在挂上1挡后,慢抬离合器车子没反应,发动机也不熄火,就是离合器打滑的表现。其原因是:离合器踏板自由行程太小、分离轴承经常压在膜片弹簧上,使压盘总是处于半分离状态;离合器压盘弹簧过软或折断;离合器与飞轮连接的螺钉松动等。

(3) 离合器异响的检查

如果在使用离合器过程中出现异响也是不正常的。响声形成的原因大部分都是离合器内部的零件有损坏,这肯定需要进修理厂了。其故障原因是分离轴承磨损严重、轴承回位弹簧过软或折断、膜片弹簧支架有故障等。

(4) 离合器自由行程的检查

当踩下离合器踏板到3/4时,离合器就应该稳固地接合。检查其行程是否合适,可以用直尺在踏板处测量,先测出踏板最高位置高度,再测出踩下踏板到感到有阻力时的高度,两个数值的差就是该车离合器行程数值,如果不符合要求就需要及时调整。

2. 检查制动性能

(1) 制动性能检测的技术要求

GB 7258—2004《汽车运行安全技术条件》中规定,汽车制动性能和应急制动性能的路试检测在平坦、硬实、清洁、干燥且轮胎与地面间附着系数不小于0.7的水泥或沥青路面上进行,检验时发动机与传动泵分离。汽车在规定初速度下的制动距离和制动稳定性要求见表4.1。

表4.1 制动距离和制动稳定性要求

车辆类型	制动初速度/(km/h)	满载检验制动距离要求/m	空载检验制动距离要求/m	制动稳定性要求车辆任何部位不得超出的试车道宽度
座位数≤9的载客汽车	50	≤20	≤19	2.5
其他总质量≤3.5 t的汽车	50	≤22	≤21	2.5
3.5 t≤总质量≤4.5 t的汽车	50	≤22	≤21	3.0
其他汽车、汽车列车及无轨电车	50	≤10	≤9	3.0

(2) 制动性能检查内容

1) 检查行车制动

如果制动跑偏,很可能是同一车桥上的两个车轮制动力不等,或者是制动力不能同时作用在两个车轮上导致的。其原因可能由于轮胎气压不一致,或是制动鼓(盘)与摩擦片间隙不均匀,或是摩擦片有油污,或是制动蹄片弹簧损坏等,应根据形成原因在修理厂加以维修。

汽车起步后,先点一下制动检查是否有制动;将车加速至20 km/h作一次紧急制动,检查制动是否可靠,有无跑偏、甩尾现象;再将车加速至 50 km/h,先用点制动的方法检查汽车是否立即减速、跑偏,再用紧急制动的方法检查制动距离和跑偏量。

2) 检查制动效能

如果在行车时进行制动,减速度很小,制动距离又很长,说明该车的制动效能不佳。其原因可能是摩擦片与制动鼓(盘)的间隙太大,制动踏板自由行程过大,制动油管内有空气,制动总泵或分泵有故障,或是制动油管漏油等造成的,需要到修理厂维修。

试车时,发现踏下制动踏板的位置很低,连续踩几脚后,踏板才逐渐升高,但仍感觉比较软,这很可能是制动管路内有空气所导致的;当第一脚踩下踏板制动失灵,再继续踩踏板时制动良好,就说明踏板自由行程过大,或是摩擦片与制动鼓(盘)的间隙过大。总之,凡是制动效能不佳的车辆,都必须进修理厂了,也必然影响车辆的身价。

3) 检查制动失效

在行车中出现制动失效,不能使车辆减速或停止。其原因可能是制动液渗漏、制动总泵和分泵有严重故障。这样的车必须大修。

4) 检查驻车制动(手刹)

如果在坡路上拉紧手刹后出现溜车,说明驻车制动有故障。其原因可能是手制动器拉杆调整过长,或是摩擦片与制动鼓(盘)间隙过大或有油污,摩擦片磨损严重或打滑,制动鼓(盘)与摩擦片接触不良等造成的。这些故障需要在修理厂解决。

驻车制动力、施加于驻车制动操纵装置上的力和操纵装置的储备行程均应符合《汽车运行安全技术条件》(GB 7258—2004)要求。

5) 检查制动系统辅助装置

对于气压制动系统的二手车,当制动系统的气压低于 400 kPa 时气压报警装置应发出报警信号。对于装备有弹簧储能制动器的二手车,当制动系统的气压低于 400 kPa 时弹簧储能制动器自锁装置应正常有效。

3. 检查变速器

从低速挡加速到高速挡,再由高速挡减至低速挡,检查变速器是否轻便灵活、是否有异响、互锁和自锁装置是否有效、是否有乱挡现象、加减车速是否有跳挡现象,同时,换挡时变速不得与其他部件干涉。自动变速器的车辆在平坦的路面起步一般不用踩加速踏板,如果需要踩加速踏板才能起步,说明自动变速器保养不好,或已到保修里程;检查自动变速器是否有换挡迟滞现象,自动变速器的车辆换挡时应该无明显的感觉,如果感觉车辆在加减速时有明显的发"冲"现象,说明自动变速器保养不好,或已到大修里程。传动轴及中间轴承应正常工作,无松旷、异响,差速器、主减速器应工作正常、无异响。

4. 转向操纵检查

(1) 方向盘自由行程检查

将车辆停放在平坦路面上,左右转动方向盘,从中间位置向左或向右时,方向盘游动间隙不应该超过 15°。如果是带助力的车辆,最好在起动发动机后做检查。如果方向盘的间隙过大,就需要对转向系统各部分间隙进行调整。

(2) 转向系传动间隙检查

两手握住方向盘,上、下、左、右方向摇动,此时应该没有很松旷之感。如果很松,就需要调整转向轴承、横拉杆、直拉杆等,看有无松旷或螺帽脱落现象。

(3) 转动方向盘沉重检查

在宽敞的路段,以 15 km/h 的速度行驶,左、右转动方向盘,看转向是否灵活、轻便。若感觉很沉重,则可能是横拉杆、前车轴、车架有弯曲变形,前轮的定位不准确,轮胎气压不足,转向节轴承缺油。对于有助力的二手车,在行进中如果感到转向沉重就可能是有故障了。其原因有可能是油路中有空气,或是油泵压力不足,或是驱动带打滑,或是动力缸、安全阀等漏油。

(4) 摆振检查

路试二手车时,发现前轮摆动、方向盘抖动,这种现象称为摆振,可能的原因是转向系的轴承过松、横拉杆球头磨损松旷、轮毂轴承松旷、车架变形或者是前束过大。

(5) 跑偏检查

如果在路试中,挂空挡松开方向盘,出现跑偏问题,有可能是以下原因导致的:悬架系统故障,其中一侧的减振器漏油,或是螺旋弹簧故障;前轮定位不好,或是两边的轴距不准确;还可能是车架受过碰撞事故而变形;或是车轮胎压不等。

(6) 转向噪声检查

转向时如果动力转向系统出现噪声,很可能是以下故障造成的:油路中有空气,储油罐油面过低,油路堵塞或是油泵噪声。

5. 检查汽车的动力性

通过道路试验分析汽车动力性能,其结果接近于实际情况。汽车动力性在道路试验中的检测项目一般有高挡加速时间、起步加速时间、最高车速、陡坡爬坡车速、长坡爬坡车速,有时为了评价汽车的拖挂能力,也进行汽车牵引力检测。另外,有时为了分析汽车动力的平衡问题,采用高速滑行试验测定滚动阻力系数和空气阻力系数。道路试验会受到道路条件、风向、风速、驾驶技术等因素的影响,且这些因素可控性差,同时还需要按规定条件选用和建造专门的道路等。

小客车动力性能最常见的指标是从静止状态加速至 100 km/h 所需时间 t(s)和最高车速,其中前者是最具意义的动力性能指标和国际流行的小客车动力性能指标。

汽车起步后,作加速行驶,猛踩加速踏板,检查汽车的加速性能,各种汽车设计时的加速性能不尽相同。就轿车而言,一般发动机排量越大,加速性能就越好。有经验的二手车鉴定估价人员,能够了解各种常见车型的加速性能,通过路试能够检查出被检汽车的加速性能与正常的该型号汽车加速性能的差距。

检查汽车的爬坡性能。检查汽车在相应的坡道上,使用相应的挡位时的动力性能是否与经验值相近,感觉是否正常。

检查汽车是否能够达到原设计车速,如果达不到,估计一下差距大小。

6. 检查传动系统间隙

路试中,将汽车加速至 40 ~ 60 km/h 时迅速抬起加速踏板,检查有无明显的金属撞击声。如果有,说明传动间隙大。

7. 检查机械传动效率

在平坦的路面上作滑行试验,将机动车运行到 50 km/h 时,踏下离合器踏板,将变速器挂入空挡滑行,根据经验,通过滑行距离估计汽车各传动效率是否高。

8. 检查传动系统与行驶系统的动平衡

汽车在任何车速下都不应抖动。如果汽车在某一车速范围内抖动，说明汽车的传动系统或行驶系统动平衡有问题，应检查轮胎、传动轴、悬架、间隙等。

4.2.4 自动挡汽车的路试检查

1. 准备工作

在道路试验之前，应先让汽车以中低速行驶 5 ~ 10 min，让发动机和自动变速器都达到正常工作温度。

2. 升挡检查

将操纵手柄拨至前进挡(D)位置，踩下油门踏板，使节气门保持在 1/2 开度左右，让汽车起步加速，检查自动变速器的升挡情况。自动变速器在升挡时发动机会有瞬时的转速下降，同时车身有轻微的颤动感。正常情况下，随着车速的升高，试车者应能感觉到自动变速器能顺利地由 1 挡升入 2 挡，随后再由 2 挡升入 3 挡，最后升入超速挡。若自动变速器不能升入高挡(3 挡或超速挡)，说明控制系统或换挡执行元件有故障。

3. 升挡车速的检查

将操纵手柄拨至前进挡(D)位置，踩下油门踏板，并使节气门保持在某一固定开度，让汽车加速。当察觉到自动变速器升挡时，记下升挡车速。一般 4 挡自动变速器在节气门开度保持在 1/2 时由 1 挡升至 2 挡的升挡车速为 25 ~ 35 km/h，由 2 挡升至 3 挡的升挡车速为 55 ~ 70 km/h，由 3 挡升至 4 挡(超速挡)的升挡车速为 90 ~ 120 km/h。由于升挡车速和节气门开度有很大的关系，即节气门开度不同时，升挡车速也不同，而且不同车型的自动变速器各挡位传动比都不相同，其升挡车速也不完全一样，因此，只要升挡车速基本保持在上述范围内，而且汽车行驶中加速良好，无明显的换挡冲击，都可认为其升挡车速基本正常。若汽车行驶中加速无力，升挡车速明显低于上述范围，说明升挡车速过低(即过早升挡)；若汽车行驶中有明显的换挡冲击，升挡车速明显高于上述范围，说明升挡车速过高(即太迟升挡)。

由于降挡时刻在行驶中不易察觉，因此在道路试验中一般无法检查自动变速器的降挡车速，只能通过检查升挡车速来判断自动变速器有无故障。如有必要，还可检查其他模式下或操纵手柄位于前进低挡位置时的换挡车速，并与标准值进行比较，作为判断故障的参考依据。

升挡车速太低一般是控制系统故障所致；升挡车速太高则可能是控制系统的故障所致，也可能是换挡执行元件的故障所致。

4. 升挡时发动机转速的检查

有发动机转速表的汽车在作自动变速器道路试验时，应注意观察汽车行驶中发动机转速变化的情况。它是判断自动变速器工作是否正常的重要依据之一。在正常情况下，若自动变速器处于经济模式或普通模式，节气门保持在低于 1/2 开度范围内，则在汽车由起步加速直至升入高速挡的整个行驶过程中，发动机转速都低于 3 000 r/min，通常在加速至即将升挡时发动机转速可达到 2 500 ~ 3 000 r/min，在刚刚升挡后的短时间内发动机转速下降至 2 000 r/min 左右，如果在整个行驶过程中发动机转速始终过低，加速至升挡时仍低于 2 000 r/min，说明升挡时间过早或发动机动力不足；如果在行驶过程中发动机转速始终偏高，升挡前后的转速在 2 500 ~ 3 500 r/min 之间，而且换挡冲击明显，说明升挡时间过迟；如果在行驶过程中发动机转速过高，经常高于

3 000 r/min,在加速时达到 4 000～5 000 r/min,甚至更高,则说明自动变速器的换挡执行元件(离合器或制动器)打滑,需要拆修自动变速器。

5. 换挡质量的检查

换挡质量的检查内容主要是检查有无换挡冲击。正常的自动变速器只能有不太明显的换挡冲击,特别是电子控制自动变速器的换挡冲击十分微弱。若换挡冲击太大,说明自动变速器的控制系统或换挡执行元件有故障,其原因可能是油路油压过高或换挡执行元件打滑,自动变速器有故障需要维修。

6. 锁止离合器工作状况的检查

自动变速器变扭器中的锁止离合器工作是否正常也可以采用道路试验的方法进行检查。试验中,让汽车加速至超速挡,以高于 80 km/h 的车速行驶,并让节气门开度保持在低于 1/2 的位置,使变扭器进入锁止状态。此时,快速将油门踏板踩下至 2/3 开度,同时检查发动机转速的变化情况。若发动机转速没有太大变化,说明锁止离合器处于接合状态;反之,若发动机转速升高很多,则表明锁止离合器没有接合,其原因通常是锁止控制系统有故障。

7. 发动机制动作用的检查

检查自动变速器有无发动机制动作用时,应将操纵手柄拨至前进低挡(S、L 或 2、1) 位置,在汽车以 2 挡或 1 挡行驶时,突然松开油门踏板,检查是否有发动机制动作用。若松开油门踏板后车速立即随之下降,说明有发动机制动作用,否则说明控制系统或前进强制离合器有故障。

8. 强制降挡功能的检查

检查自动变速器强制降挡功能时,应将操纵手柄拨至前进挡(D)位置,保持节气门开度为 1/3左右,在以 2 挡、3 挡或超速挡行驶时突然将油门踏板完全踩到底,检查自动变速器是否被强制降低一个挡位。在强制降挡时,发动机转速会突然上升至 4 000 r/min 左右,并随着加速升挡,转速逐渐下降。若踩下油门踏板后没有出现强制降挡,说明强制降挡功能失效。若在强制降挡时发动机转速上升过高,达 5 000～6 000 r/min,并在升挡时出现换挡冲击,则说明换挡执行元件打滑,自动变速器需要拆修。

4.2.5 路试后的检查

1. 检查各部件温度

1）检查润滑油、冷却液温度。冷却液温度不应超过 90 ℃,发动机润滑油温度不应高于 90 ℃,齿轮油温度不应高于 85 ℃。

2）检查运动机件过热情况。查看轮毂、制动鼓、变速器壳、传动轴、中间轴轴承、驱动桥壳(特别是减速器壳)等的温度,不应有过热现象。

2. 检查渗漏现象

1）在发动机运转及停车时,水箱、水泵、缸体、缸盖、暖风装置及所有连接部位不得有明显渗水、漏水现象。

2）汽车连续行驶距离不小于 10 km,停车 5 min 后观察,不得有明显渗油、漏油现象。

3）检查汽车气、电泄漏现象。

4.3 仪器检查

二手车技术状况的仪器检查在二手车鉴定评估中主要用于对被评估二手车用动态检查性能把握不准或不熟悉，并且对评估准确性要求较高的情况，常用于较高档的冷僻车型和司法鉴定评估。

二手车的技术状况是由汽车的各种性能参数决定的。这些性能参数反映了汽车在特定性能方面的情况。它们涉及汽车的行驶安全性、能源消耗情况、对环境的影响情况等，采用特定的检测仪器和特定的试验方法，获得这些参数的具体值，然后对比相应的国家法规和标准，评定二手车性能。

良好的技术状况是保障二手车行驶安全的根本，同时也是正确评估二手车价格的基本依据。如何获得二手车的技术状况，评判二手车的技术状况是否达到要求，是每一个二手车鉴定评估师必须掌握的知识。

二手车技术状况的仪器检查项目繁多，这里主要是指二手车综合性能检测，而二手车综合性能检测主要包括汽车的动力性、经济性、安全性、可靠性和排气污染物等的检测和评价。现在我国汽车综合性能检测主要是通过在全国各地的汽车综合性能检测站进行的。

4.3.1 汽车动力性检测

汽车动力性的检测方法有道路试验和室内台架试验两大类。室内台架试验不受客观条件影响，测试条件易于控制，所以在汽车检测站得到广泛应用。

汽车动力性台架试验的方式，主要是用无外载测功仪检测发动机功率，底盘测功机检测汽车的最大输出功率、最高车速和加速能力。室内台架试验不受气候、驾驶技术等客观条件的影响，只受测试仪本身测试精度的影响，测试条件易于控制，汽车检测站广泛采用汽车动力性台架试验方式。为了取得精确的测量结果，底盘测功机的生产厂家应在说明书中给出该型号底盘测功机在测试过程中本身随转速变化机械摩擦所消耗的功率，对风冷式测功机还需给出冷却风扇随转速变化所消耗的功率。另外，由于底盘测功机的结构不同，对汽车在滚筒上模拟道路行驶时的滚动阻力也不同，在说明书中还应给出不同尺寸的车轮在不同转速下的滚动阻力系数值。

1. 汽车底盘输出功率的检测方法

通过底盘测功机检测车辆的最大底盘驱动功率，用以评定车辆的技术状况等级。

底盘测功机又叫底盘测功试验台，是一种在不解体情况下检验汽车使用性能的检测设备。它不仅可以通过在室内台架上模拟汽车道路行驶工况的方法来检测汽车的动力性，而且还可以测量多工况排放指标及燃油消耗量。此外，底盘测功机还能方便地进行汽车的加载调试和诊断汽车在负载条件下出现的故障等。由于汽车底盘测功机在试验时能对试验条件进行控制，使周围环境条件的影响降到最小，同时通过功率吸收加载装置来模拟道路行驶阻力，控制行驶状况，故能进行符合实际行驶状况的复杂循环试验，因而得到了广泛应用。

1）在动力性检测之前，必须按汽车底盘测功机说明书的规定进行试验前的准备。台架举升器应处于升状态，无举升器者滚筒必须锁定；车轮轮胎表面不得夹有小石子或坚硬之物。

2）汽车底盘测功机控制系统、道路模拟系统、引导系统、安全保障系统等必须工作正常。

3）在动力性检测过程中，控制方式处于恒速控制，当车速达到设定车速（误差 ±2 km/h）并稳定 5 s 后，计算机读取车速与驱动力数值，并计算汽车底盘输出功率。

4）输出检测结果。

2. 发动机功率的检测方法

发动机功率的检测方法有无负荷测功法和有负荷测功法两种。其中，有负荷测功法需要将发动机从汽车上卸下，不利于就车检测，但其测量的功率精度较高；无负荷测功法又称为动态测功法，它是利用发动机无外载检测仪检测发动机功率，使用方便，检测快捷。具体方法如下：

1）起动发动机并预热至正常状态，与此同时接通无外载测功仪电源，连接传感器。

2）按仪器使用说明书进行操作。

3）从测功仪上读取或换算成发动机的功率值。

3. 数据处理

（1）检测的数据处理

目前底盘测功机显示的数值，有的是功率吸收装置吸收功率的数值，有的是驱动轮输出的最大底盘输出功率的数值。对于显示功率吸收装置所吸收功率数值的，在检测结果的数据处理时，必须增加汽车在滚筒上滚动阻力消耗的功率、台架机械阻力消耗的功率及风冷式功率吸收装置的风扇所消耗的功率。计算公式为：

汽车底盘最大输出功率 DP_{max} = 功率吸收装置所消耗的功率 + 滚动阻力所消耗的功率 + 台架机械阻力所消耗的功率 + 风冷式功率吸收装置冷却风扇所消耗的功率

（2）检测发动机最大输出功率的数据处理

由于在底盘测功机上测得的是底盘最大输出功率，而发动机最大输出功率为：

发动机最大输出功率 P_{emax} = 附件消耗功率 P_1 + 传动系消耗功率 P_2 + 底盘最大输出功率 DP_{max}

所以，在测得底盘最大输出功率之后，应增加传动系消耗功率 P_2 及附件消耗功率 P_1，才可确定发动机最大输出功率 P_{emax}，若该汽车发动机额定功率为净功率，不包括发动机附件消耗功率 P_1，则处理后发动机最大输出功率 P_{emax} 的数值为：

发动机最大输出功率 P_{emax} = 传动系消耗功率 P_2 + 底盘最大输出功率 DP_{max}

用发动机无外载测功仪测得的发动机功率为净功率 P_e。若该汽车发动机的额定功率为总功率，而不是净功率，则所测得的功率应加上发动机附件消耗功率 P_1 才可与额定功率比较。

4.3.2 汽车燃油经济性检测

汽车燃油经济性一般是通过燃油消耗量试验来确定的，它是用以评价在用汽车技术状况与维修质量的综合性参数，也是诊断和分析汽车故障的重要参考。常用油耗仪或油耗计检测汽车燃油消耗量。目前汽车检测维修部门一般都是使用油耗计测量燃油消耗量。油耗计有很多种，其中容积式油耗计应用较为普遍。

1. 汽车燃油经济性路试检测

《汽车燃料消耗量试验方法》（GB/T 12545—1990）对汽车燃料消耗量道路试验的汽车、道路、气象、测试仪器等作了具体规定。试验项目及规程如下：

(1) 直接挡全节气门加速燃料消耗量试验

试验测试路段长度为 500 m,试验时,汽车挂直接挡(没有直接挡可用最高挡),以(30 ±1)km/h 的初速度稳定通过 50 m 的预备路段,在测试路段的起点开始,节气门全开,加速通过测试路段,测量并记录通过测试路段的加速时间、燃料消耗量以及汽车到达测试路段终点时的速度。

试验往返各进行两次,测得同方向加速时间的相对误差不应大于 5%。取所测 4 次试验结果的平均值作为测定值。

(2) 等速燃料消耗量试验

试验测试路段长度为 500 m,汽车用常用挡位等速行驶,通过 500 m 的测试路段,测量通过该路段的时间及燃油消耗量。

试验车速从 20 km/h 开始(最小稳定车速高于 20 km/h 时从 30 km/h 起),以每隔 10 km/h 均匀选取车速,直到最高车速的 90%,至少测定 5 个试验点。每种车速往返各进行两次,取 4 次试验结果的平均值作为测定值,以消除风和坡度对测试结果的影响。然后按以下两式计算实测车速和等速百公里燃油消耗量:

$$v = \frac{3.6 \times 500}{t} = \frac{1\ 800}{t}$$

$$Q_0 = \frac{F}{500} \times 100 = 0.2F$$

式中 v——实测车速,km/h;

t——燃油消耗时间,s;

F——经过 500 m 路段的燃油消耗量,mL;

Q_0——车辆在某车速下的百公里燃油消耗量,L/100 km。

算出 Q_0 值后,还应修正为标准状态下的百公里燃油消耗量。显然,由于行驶阻力不同(主要是迎风阻力随车速变化很大),车辆在不同车速下等速行驶时的百公里油耗是不同的。在试验结束后,根据试验结果数据,以车速为横坐标、燃油消耗量为纵坐标,绘制等速百公里燃油消耗量散点图,根据散点图绘制等速燃油消耗量特性曲线。图 4.10 所示为某车实测等速百公里燃油消耗量曲线,主要测试了 30 km/h、40 km/h、50 km/h、60 km/h、80 km/h、100 km/h 几个车速点。从图中可以看出,该车车速在 50 km/h 左右时油耗最低。

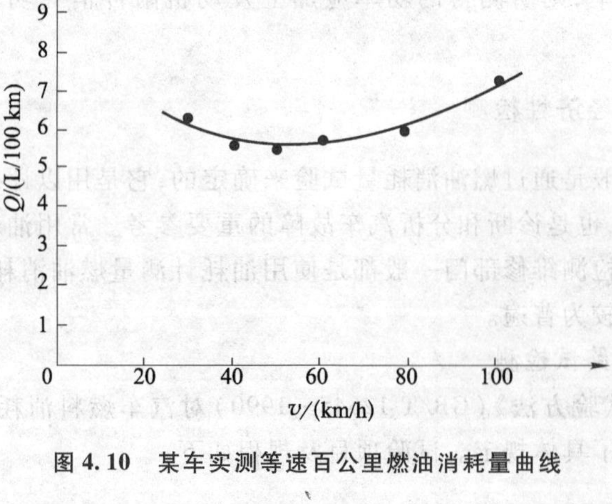

图 4.10 某车实测等速百公里燃油消耗量曲线

(3) 多工况燃料消耗量试验

多工况燃料消耗量试验也称为循环试验。进行道路试验时，采用匀速、加速、减速和怠速等多工况的组合来决定燃油消耗量。各国根据不同车型常用工况制定了不同的试验循环规程。我国针对轿车、客车和载货汽车分别制定了不同的循环工况，图 4.11 中给出了轿车的多工况试验循环图。由图可见试验包括了多次的加速、匀速、减速和怠速的工况循环，完成一次循环试验的时间总共为 195 s。

每次循环试验后，应记录通过循环试验的燃油消耗量和通过的时间。试验往返各进行两次，取 4 次试验结果的平均值作为多工况燃料消耗量试验的测定值。

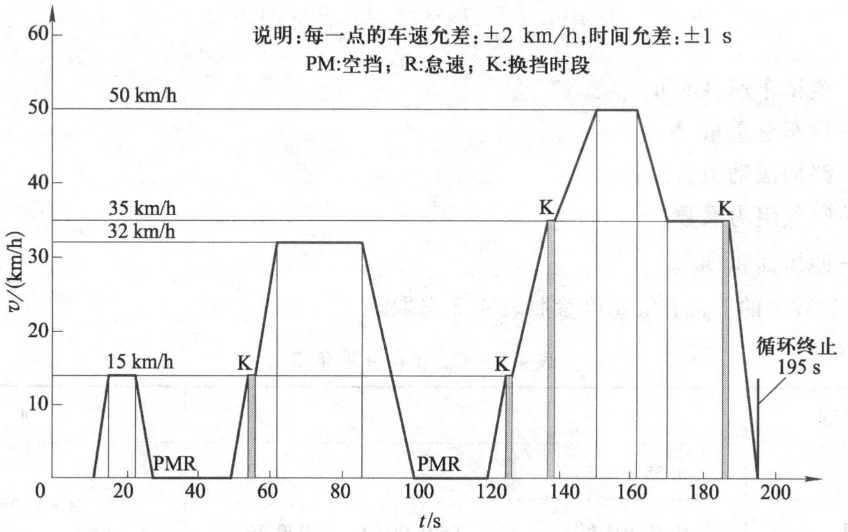

图 4.11 轿车的多工况试验循环图

(4) 限定条件下的平均使用燃料消耗量试验

测试路段应设在三级以上平原干线公路上，其长度不小于 50 km。应保持的车速：轿车为 (60 ±2) km/h，铰接式客车为 (35 ±2) km/h，其他车辆为 (50 ±2) km/h。车辆尽可能保持匀速行驶，每隔 10 km 停车一次，怠速 1 min 后重新起步。记录制动次数、各挡位使用次数、时间和行程。测定每 50 km 单程的燃油消耗量，往返各试验一次，以两次试验结果的平均值作为限定条件下的平均使用燃料消耗量的测定值。

2. 汽车燃油经济性台架检测

测量燃油经济性的台架试验应在底盘测功机上进行。要取得与路试一致的结果，关键是模拟道路上的行驶阻力，包括轮胎的滚动阻力和迎面风的空气阻力，将这些阻力转化为底盘测功机对被试汽车的负载。

(1) 试验准备

试验准备工作包括以下几方面：

1) 油耗传感器在燃油管路中的安装和必要的管路改接。

2) 排除油路中的空气泡。

3) 汽车发动机达到规定的热状态，冷却液温度在 80 ~90 ℃之间。

4）仪器条件。测定车速的仪器和油耗计：精度为0.5 %；计时器：最小读数为0.1 s。

5）做好安全防范工作，避免人身和设备事故。

（2）试验项目

按照国家标准有关规定，在底盘测功机上应进行模拟的等速百公里燃油消耗量试验。

（3）模拟加载量的确定

汽车在底盘测功机上试验时，应给汽车施加一定负载，以模拟汽车在平直道路上按规定车速行驶时所受到的阻力。这种阻力主要包括车轮所受的滚动阻力以及汽车的迎风阻力两部分。这两项对应的功率可按下式计算：

$$P_k = \frac{v}{3\,600}\left(Gf + \frac{1}{21.15}C_D A v^2\right) \tag{4-1}$$

式中 v——测试车速，km/h；

G——汽车总重量，N；

f——路面滚动阻力系数；

C_D——空气阻力系数；

A——迎风面积，m^2。

上述各参数中的 C_D、f 和 A 可参照表4.2选取。

表4.2 C_D、f 和 A 取值表

车辆类型	C_D	f	A
轿车	0.35～0.55	$f = 0.007\,6 + 0.000\,56v$	$A = 1.05BH$（B 为轮距，H 为车高）
货车	0.40～0.60		
客车	0.58～0.80		

上式之所以使用代表驱动轮输出功率的 P_k，是因为在实际行驶时，驱动轮输出功率正好等于这两项阻功率之和。

（4）试验方法

试验时，先设定好试验车速，起动发动机，变速器应挂直接挡或最高挡，逐渐踩下加速踏板，使测功机指示功率等于预定加载功率并使汽车稳定在试验车速，此时按下油耗测量按钮，当驱动轮在滚筒上驶过不少于500 m的距离时，即可从显示装置上读取汽车等速百公里燃油消耗量值。

与路试类似，可在不同车速下进行多次试验，并做出汽车等速百公里燃油消耗量特性曲线。

4.3.3 汽车制动性能检测

《机动车运行安全技术条件》（GB 7258—2004/XG3—2008）规定，台试检验制动性能应满足下列要求：

1. 行车制动性能检验

1）汽车、汽车列车、无轨电车和农用运输车在制动试验台上测出的制动力应符合表4.3的要求。对空载检验制动力有质疑时，可用表4.3规定的满载检验制动力要求进行检验。

表 4.3 台试检验制动力要求

车辆类型	制动力总和与整车重量的百分比/%		轴制动力与轴荷的百分比/%	
	空载	满载	前轴	后轴
汽车、汽车列车、无轨电车和四轮农用运输车	≥60	≥50	≥60①	—

注:① 空载和满载状态下测试均应满足此要求。

2）检验时制动踏板力或制动气压应符合以下要求：

① 满载检验时。气压制动系统:气压表的指示气压≤额定工作气压;液压制动系统:座位数小于或等于9的载客汽车踏板力≤500 N;其他车辆踏板力≤700 N。

② 空载检验时。气压制动系统:气压表的指示气压≤600 kPa;液压制动系统:座位数小于或等于9的载客汽车踏板力≤400 N;其他汽车踏板力≤450 N。

3）制动力平衡要求。在制动力增长全过程中,同时测得的左右轮制动力差的最大值与全过程中测得的该轴左右轮中制动力大者之比,对前轴不得大于20%,对后轴在后轴制动力不小于后轴轴荷的60%时不得大于24%;当后轴制动力小于后轴轴荷的60%时,在制动力增长的全过程中同时测得的左右轮制动力差的最大值不得大于后轴轴荷的8%。

4）汽车和无轨电车的单车制动协调时间应不大于0.6 s,汽车列车的协调时间应不大于0.8 s。

5）汽车和无轨电车车轮阻滞力要求:进行制动力检测时车辆各轮的阻滞力均不得大于该轴轴荷的5%。

2. 驻车制动性能检验

当采用制动试验台检验车辆(两轮、边三轮摩托车和轻便摩托车除外)驻车制动的制动力时,车辆空载,乘坐一名驾驶员,使用驻车制动装置,驻车制动力的总和应不小于该车在测试状态下整车重量的20%;对总质量为整备质量1.2倍以下的车辆,此值为15%。

当车辆经台架检验后对其制动性能有质疑时,可用规定的路试检验进行复检,并以满载路试的检验结果为准。

3. 台试制动性能检验方法

1）用滚筒式制动试验台检验。制动试验台滚筒表面应干燥,没有松散物质及油污。驾驶员将车辆驶上滚筒,位置摆正,起动滚筒,使用制动,测取所要求的参数值,并记录车轮是否抱死。

在测量制动时,为了获得足够的附着力,避免车轮抱死,允许在车辆上增加足够的附加质量或施加相当于附加质量的作用力(附加质量或作用力不计入轴荷),或采取防止车辆移动的措施(例如加三角垫块或采取牵引等方法)。

当采取上述方法之后,仍出现车轮抱死并在滚筒上打滑或整车随滚筒滚动向后移出的现象,而制动力仍未达到合格要求时,应改用本标准中规定的其他方法进行检验。

2）用平板制动试验台检验。制动试验台平板表面应干燥,没有松散物质及油污。

驾驶员以5~10 km/h的速度将车辆对正平板台并驶上平板,置变速器于空挡,急踩制动,使车辆停住,测取所要求的参数值。

4. 路试制动性能检验方法

1）路试检验制动性能应在平坦(坡度不应超过1%)、干燥和清洁的硬路面(轮胎与路面之间的附着系数不小于0.7)上进行。

2)在试验路面上画出制动稳定性要求相应宽度试车道的边线,被测车辆沿着试验车道的中线行驶至高于规定的初速度后,置变速器于空挡,当滑行到规定的初速度时,急踩制动,使车辆停住。

3)应采用速度计、第五轮仪或用其他测试方法测量车辆的制动距离。

4)应采用速度计、制动减速度仪或用其他测试方法测量车辆充分发出的平均减速度(FMDD)。充分发出的平均减速度应在测得公式中相关参数后计算确定。

4.3.4 汽车车轮侧滑检测

为保证汽车转向车轮作无横向滑移的直线滚动,要求车轮外倾角和车轮前束有适当的配合,当车轮前束值与车轮外倾角匹配不当时,车轮就在直线行驶时不作纯滚动,产生横向滑移现象。当这种滑移现象过于严重时,将破坏车轮的附着条件,丧失定向行驶能力,大大降低汽车行驶的安全性,并导致轮胎的异常磨损。侧向滑移量的大小与方向可用汽车车轮侧滑检验台来检测。

《机动车运行安全技术条件》(GB 7258—2004)规定:前轴采用非独立悬架的机动车转向轮的横向滑移量,用侧滑仪(包括双板和单板侧滑仪)检测时侧滑量值应不大于5 m/km。

同时规定转向轮横向侧滑量检验方法如下:

1)将车辆对正侧滑试验台(对于单板侧滑仪,将车辆的一侧车轮对正侧滑板),并使方向盘处于正中位置。

2)使车辆沿台板上的指示线以3~5 km/h的车速平稳前行,在行进过程中,不得转动方向盘。

转向轮通过台板时,测取横向侧滑量。

当检测结果不合格时,需分析不合格的原因。当偏差较小时,一般通过调整就可以排除这种现象;当偏差较大时,有时还是需更换部分零部件,甚至还需校正车身才能排除这种现象。分析明确不合格原因后,估算排除不合格现象需多少费用。

4.3.5 四轮定位检测

由于汽车行驶速度越来越高,汽车的操纵稳定性对汽车安全越来越重要。汽车不仅具有前轮定位参数要求,有些高速客车和轿车还具有后轮外倾角和后轮前束等参数。这些定位参数的变化会使汽车操纵稳定性下降,同时增加轮胎的异常磨损和某些零部件过早的疲劳损伤。

例如,主销后倾角过大时,转向沉重,驾驶员容易疲劳;主销后倾角过小时,汽车直线行驶时,容易产生前轮摆振,方向盘摇摆不定,转向自动回正能力下降;当左右车轮的主销后倾角不相等或前后桥不平行时,汽车会出现行驶跑偏现象,会大大降低汽车的操纵稳定性和增加驾驶员疲劳。

通过四轮定位仪对定位参数的检测和修正,可增加汽车行驶时的安全性,增强操纵稳定性,减少轮胎磨损,减少悬架系统和行驶系统部分零部件的疲劳损伤,降低燃油消耗。

四轮定位仪可检测的项目包括前轮前束值/角(前轮前束角/前张角)、前轮外倾角、主销后倾角、主销内倾角、后轮前束值/角(后轮前束角/前张角)、后轮外倾角、轮距、轴距、左右轴距差、转向 20°时的前张角、推力角等。

因为各种汽车的四轮定位参数不尽相同,可调参数也不尽相同,所以在检测汽车四轮定位前必须先查阅被评估汽车生产厂的四轮定位参数标准,哪些参数是可调的,哪些参数是不可调的,一般可通过从维修手册或四轮定位仪内存中查阅。

专业的汽车评估人员在拿到四轮定位检测不合格的报告后,通常要会同被评估汽车的专业维修人员对不合格项目进行认真分析,四轮定位修理中,通常的修理方法包括调整、更换部分零部件和车身校正。由多种原因造成不合格的项目一般还需进行现场检验,根据现场检验结果,分析最大和最小可能产生的原因,拟订维修方案,确定被评估汽车恢复到四轮定位合格可能所需的费用范围。

4.3.6 汽车车速表检测

在行车中汽车驾驶员通过车速表来了解、掌握车辆行驶速度,这就要求车速表具有一定的精度,能尽量准确反映车辆的实际速度。为保证行车安全,在相应安全法规中要求对车速表进行定期检定。

1. 汽车车速表误差形成原因

汽车的车速表一般是通过速度传感器将汽车行驶速度传递给车速表,以使其指示车辆的行驶速度。传感器、车速表的制造、装配误差,以及车速表性能下降,或轮胎磨损、轮胎气压不符合规定等因素都可能引起车速表的指示车速与实际车速之间出现误差。

车速表的转轴一般通过变速器或分动器输出轴上的蜗杆－蜗轮传动副经软轴驱动。由汽车理论可知,车速与变速器输出轴转速以及车轮的滚动半径成正比,在变速器输出轴转速不变的情况下,车速表指示值为定值。汽车轮胎在使用过程中随行驶里程的增加而逐渐磨损,其滚动半径逐渐减小,轮胎气压降低也影响滚动半径的大小。因此车速表指示值与实际车速就会形成误差。为消除上述原因所引起的车速表指示误差,需对车速表进行适时的校验。

2. 车速表的校验方法

车速表校验方法通常有道路试验法和室内台架试验法两种。道路试验法是汽车以不同车速等速通过某一预定长度的试验路段,测定通过该路段的时间,然后计算出实际车速,并与驾驶室内车速表指示值相对照,即可求出不同车速下车速表的指示误差。台架试验法是在滚筒式车速表试验台上进行。

3. 有关标准

根据国家标准规定,车速表允许误差范围为 $-5\% \sim +20\%$,即当实际车速为 40 km/h 时,车速表指示值应为 38 ~48 km/h,或当车速表的指示值为 40 km/h 时,车速表试验台速度指示仪表指示值应为 33.3 ~42.1 km/h。

4. 车速表试验台的测试方法

因汽车形式、牌号不同,不同车速表试验台的使用方法也不同,因此应按使用说明书的规定正确使用。一般的使用方法如下:

(1) 检测前试验台准备

1) 滚筒处于静止状态,检查指示仪表的零点位置,若有偏差应予以调整。

2) 检查滚筒是否沾有油、水、泥等杂物,若有应予以清除。

3）检查举升器动作是否自如和有无漏气（或漏油）部位，否则予以修理。

4）检查导线的连接情况，若有接触不良或断路应予以修复。

（2）被检车辆准备

1）按制造厂的规定调整轮胎气压。

2）清除轮胎上沾有的水、油、泥和嵌入轮胎花纹沟槽内的石子等杂物。

（3）检测方法

1）接通试验台电源。

2）升起滚筒间举升器。

3）被测车辆从其纵向中心线与滚筒轴线垂直的方向驶入试验台，使具有车速信号的车轮置于滚筒上。

4）降下举升器至轮胎与举升器托板完全脱离为止。

5）为安全起见，在车辆前方不得站有人员，并用挡块抵住处于试验台滚筒外的车轮。

6）对于标准型车速表试验台：

① 起动汽车，待汽车驱动轮在滚筒上稳定后，挂入最高挡，踏下加速踏板使驱动轮平稳地加速运转。

② 当汽车车速表的指示值达到规定的检测车速（40 km/h）时，读取试验台速度表指示值，或当试验台速度表的指示值达到检测车速时，读取汽车车速表指示值。

7）对于电动机驱动型车速表试验台：

① 接合试验台离合器，使滚筒轴与电动机轴相连接。

② 汽车的变速器处于空挡，接通试验台电源，电动机驱动滚筒旋转。

③ 当汽车车速表达到检测车速时，读取试验台速度表指示值，或当试验台速度表指示值达到检测车速时，读取汽车车速表的指示值。

8）检测结束后，轻轻踩下汽车制动踏板，使滚筒停止旋转。对于电动机驱动型试验台必须先切断电源。

9）升起举升器，去掉挡块，汽车驶离试验台。

10）切断试验台电源。

4.3.7 汽车前照灯检测

汽车前照灯是汽车在夜间或能见度较低的条件下，为驾驶员提供道路照明的重要设备，而且也是驾驶员发出警示信号以及进行联络的灯光信号装置。所以汽车前照灯必须有足够的发光强度和正确的照射方向，由于汽车在行驶的过程中会受到振动，可能引起前照灯部件的安装位置发生变动，从而改变光束的正确照射方向，同时，灯泡在使用过程中会逐渐老化，反射镜面也会受到污染而使其聚光的性能变差，导致前照灯的亮度不足。这些变化都会使驾驶员对前方道路情况辨认不清，或在与对面来车交会时造成对方驾驶员眩目等，从而导致事故的发生。因此，汽车前照灯的强度和照射方向被列为汽车安全检测的必检项目。

1. 汽车前照灯的配光性能

配光性能是指灯光照到物体上时，光的照度分布情况。前照灯的配光性能的测试，是将前照灯光投射到远处一个屏幕上后，测试屏幕表面各处的照度分布。目前国际上通用的前照灯配光标准有两种：美国 SAE 标准和欧洲 ECE 标准，我国执行 ECE 标准。按此标准制造的前照灯，其近光照到测试屏幕各处的照度是上下左右不对称的，属于“非对称防眩光前照灯”。

按 GB 4599—2007 的规定，测试前照灯配光性能的方法，是在汽车前方 25 m 处置一屏幕，测试灯光在屏幕上的照度分布。其中，对近光灯的配光性能要求比远光要详细得多。

2. 近光光束及照射位置

在检验前照灯近光光束照射位置时，将前照灯近光照射在距离 10 m 的屏幕上，要求乘用车前照灯近光光束明暗截止线转角或中点的高度应为(0.7～0.9)H(H为前照灯基准中心高度，下同)，机动车(装用一只前照灯的机动车除外)前照灯近光光束水平方向位置向左偏不允许超过 170 mm，向右偏不允许超过 350 mm。

3. 远光光束发光强度及照射位置

1) GB 7258—2004 规定，机动车每只前照灯的远光光束发光强度最小值应达到表 4.4 的要求，测试时，其电源系统应处于充电状态。该标准还规定，采用四灯制的汽车，其中两只对称的灯达到两灯制的要求时视为合格。

表 4.4 前照灯远光光束发光强度最小值要求

使用情况	灯制	发光强度/cd
新车	二灯制	18 000
	四灯制	15 000
在用车	二灯制	15 000
	四灯制	12 000

2) 远光光束照射位置。在检验前照灯远光光束及远光单光束灯照射位置时，将前照灯远光照射在距离 10 m 的屏幕上，要求在屏幕上光束中心点的离地高度，对乘用车为(0.9～1.0)H；对其他机动车为(0.8～0.95)H；机动车(装用一只前照灯的机动车除外)前照灯远光光束水平位置要求，左灯向左偏不允许超过 170 mm、向右偏不允许超过 350 mm，右灯向左或向右偏均不允许超过 350 mm。

可见，不论远光还是近光，光束照射方向都只能向下偏而不能向上偏，目的是能照到前方路面。另外，照射方向的偏移量实际是非常小的，折算成光轴角 α(光束偏离正前方的微小角度)，就可以看得更清楚。

4.3.8 汽车排气污染物检测

1. 汽车排气污染物的成分及其危害

随着汽车保有量的增加，汽车排气污染物造成的环境污染情况将日趋严重。所以对汽车排气污染物监控和防治已成为政府及环保部门对汽车管理的一项重要工作。要搞好汽车排气污染物的监控与防治，首先必须做好检测工作。用废气分析仪和烟度计测定排气污染物的浓度，目的是控制排气污染物的扩散，使其限定在被允许的范围内，以达到保护生态环境和自然界生态平衡的目的。

汽车排放的污染物主要有一氧化碳(CO)、碳氢化合物(HC)、氮氧化物(NO_x)、微粒物(PM)

(由碳烟、铅氧化物等重金属氧化物和烟灰等组成)和硫化物等。这些污染物由汽车的排气管、曲轴箱和燃油系统排出,分别称为排气污染物(又称尾气)、曲轴箱污染物和燃油蒸发污染物。此外,还有含氯氟烃(CFC's)和二氧化碳(CO_2)等各种有害成分,直接或间接危害人类的健康。

在上述汽车排放污染物中,CO是燃油不完全燃烧的产物,对人的健康危害较大。HC主要是燃油蒸发及不完全燃烧的产物,由200多种不同的成分构成,含有致癌物质。NO_x是在燃烧室高温高压条件下,由氮和氧化合而成,排放到大气后变成NO_2,其毒性很强,对人及植物生长均有不良影响,是形成酸雨及光化学烟雾的主要物质之一。PM的主要成分是碳烟,上面附有大量化学物质,包含致癌物质,吸入人体后会在肺部长期停留。

随着汽车数量的增加,汽车排放污染物对环境造成的危害会日益严重,因此世界各国和地区都先后制定了限制汽车废气排放的限量值。

我国现行的汽车排放国家标准分别是:

GB 18285—2005《点燃式发动机汽车排气污染物排放限值及测量方法》。

GB 18352.1—2001《轻型汽车污染物排放限值及测量方法(Ⅰ)》(相当于欧洲Ⅰ号标准)。

GB 18352.2—2001《轻型汽车污染物排放限值及测量方法(Ⅱ)》(相当于欧洲Ⅱ号标准)。

GB 18352.3—2005《轻型汽车污染物排放限值及测量方法(中国Ⅲ、Ⅳ阶段)》(相当于欧洲Ⅲ号标准)。

GB 17691—2005《车用压燃式、气体燃料点燃式发动机与汽车排气污染物排放限值及测量方法》。

2. 汽车排气污染物的检测

测定汽油车排气污染物有非分散型红外线分析仪、氢火焰离子型分析仪和化学发光分析仪等仪器;测定柴油车有滤纸式烟度计和消光式烟度计等。检测站一般多采用非分散型红外线分析仪和滤纸式烟度计来测量汽车排气污染物的排放状况。

汽油车的排气测定方法分多工况法、等速工况法和怠速法。检测站主要以单怠速法测量汽油车的排气污染物。

(1) 汽油车排放污染物测定前的准备工作

在进行汽车排放污染物检测时必须做好测定前的准备工作,包括测量仪器的准备和被测车辆的准备。

1) 仪器的准备

仪器使用前先接通电源预热30 min以上,然后进行相关部位的检查,接着从仪器上取出采样导管进行校正,吸进清洁空气,用零点调整旋钮调整零位,再把测定器附属的标准气体从标准气体注入口注入,用标准气体校正旋钮,使指示值符合校正基准值。在注入标准气体时,应关闭仪器上的泵开关。

一氧化碳测定器是以标准气体储气瓶里的一氧化碳浓度作为校正基准值,而碳氢化合物测定器由于在标准气体里采用丙烷(C_3H_8)气体,所以须通过换算公式求出正己烷(C_6H_{14})的值,作为校正基准。其换算公式为:

校正基准值 = 标准气体(丙烷)浓度 × 换算系数(正己烷换算值)

接通简易校正开关,对于有校正位置刻度线的仪器,可用标准调整旋钮把仪表指针调到标准刻度线位置;对于没有标准刻度线的仪器,要在标准气体校正后立即进行简易校正,使仪器指针与标准气体校正后的指示值重合。检查采样探头和导管内是否有残留 HC。如果管内壁吸附残留 HC 过多,仪表指针偏离零点太多,要用压缩空气或布条等清洁采样探头和导管。

2) 被测车辆的准备

按规定转速使被测车发动机作怠速运转,发动机达到规定热车温度。

(2) 汽油车排气污染物的测定

将废气分析仪的量程开关放在最大挡,然后被检车以 0.7 倍的额定转速运转 6 s 后,降至规定怠速转速,插入采样导管,深度等于 400 mm。边看指示针边变换量程转换开关,选择合适的排气气体浓度的挡位,维持 1.5 s 后,读取 30 s 内的最高值和最低值,其平均值为测量结果。

3. 柴油车烟度计的使用方法

(1) 测定前的准备工作

① 仪器的准备:首先进行仪器检查,然后接通烟度计电源预热 5 min 以上,并检查来自空气压缩机的空气压力,使之符合规定要求。将校正用的标准纸即烟度卡对着检测部分,用指示调零旋钮将指示计校正到符合标准纸的污染度表示值。

② 被测车辆的准备:以制造厂规定的怠速预热发动机,并使之达到规定测量温度,同时在加速踏板上安装好踏板开关。

(2) 柴油机排气烟度测试

① 起动发动机,并加速 2 ~3 次吹净排气管和消声器中的烟尘。

② 发动机怠速运转 5 ~6 s,并进行空气清扫 2 ~3 s。

③ 脚踩住踏板开关,并迅速将踏板踩踏到底持续 4 s。

④ 松开加速踏板 11 s,同时读数并走纸,再用压缩空气清扫 3 ~4 s,调整吸入泵,并连续按③的方法操作 4 次,读取后 3 次读数的平均值。

4.4 事故车辆检查和判别

4.4.1 事故车的定义

汽车碰撞事故可分为单车事故和多车事故。

单车事故又可细分为翻车事故和与障碍物碰撞事故。翻车事故一般是驶离路面或高速转弯造成的,其严重程度主要与事故车辆的车速和翻车路况有关,图 4.12 列举了翻车的几种典型状态。与障碍物碰撞事故主要可分为前撞、尾撞和侧撞,前撞和尾撞较常见,侧撞较少发生。图 4.13 为几种典型的汽车与障碍物碰撞形态。尽管在单车事故中侧撞较少发生,但当障碍物具有一定速度时也有可能发生,见图 4.14。单车事故中汽车可受到前、后、左、右、上、下的冲击载荷,且对汽车施加冲击载荷的障碍物可以是有生命的人体或动物体,也可以是无生命的物体。显然障碍物的特性和运动状态对汽车事故的后果影响较大。这些特性包括质量、形状、尺寸和刚性等。这些特性参数的实际变化范围很大,如人体的质量远比牛这类动物体的质量小,而路面和混凝土墙的刚性远比护栏和松土的刚性大。障碍物特性和状态的千变万化导致的结果是对事故车辆及乘员造成不同类型和不同程度的伤害。

(a) 正向坠崖翻车　(b) 侧向坠崖翻车　(c) 高速转弯翻车

图 4.12 翻车情形

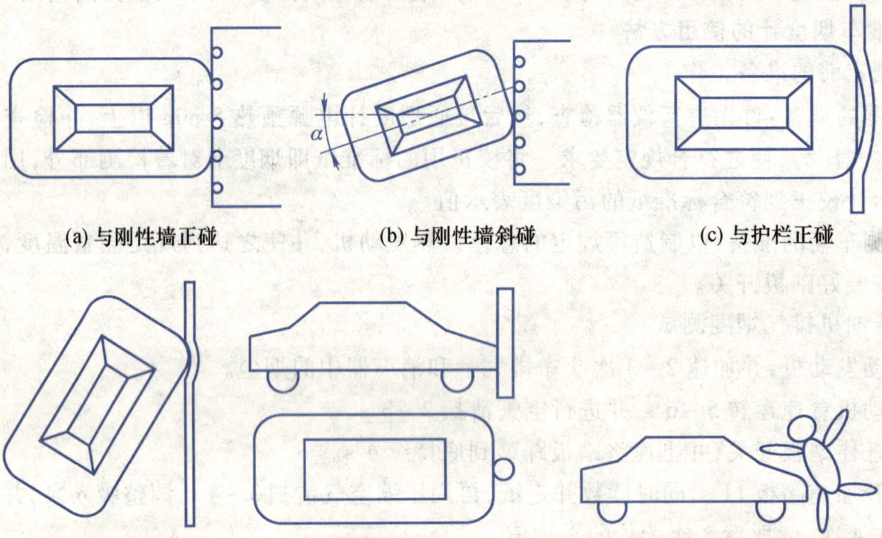

(a) 与刚性墙正碰　(b) 与刚性墙斜碰　(c) 与护栏正碰

(d) 与护栏斜碰　(e) 与刚性柱碰撞　(f) 与行人碰撞

图 4.13 汽车与障碍物碰撞情形

图 4.14 单车侧撞事故

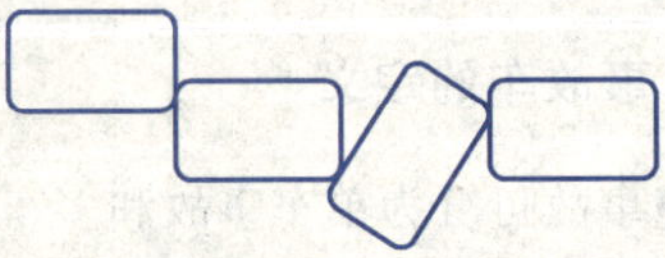

图 4.15 多车事故

多车事故为两辆以上汽车在同一事故中发生碰撞，见图 4.15。尽管多车事故中，可能有两辆以上的汽车同时相撞，但讨论其特征时可只考虑两辆车相撞的情形，见图 4.16。图 4.16a 所示的正面相撞和图 4.16c 所示的侧面相撞都是具有极大危险性的典型事故状态，占到事故的 70% 以上。追尾事故在市内交通中发生时，一般相对碰撞速度较低。但由于追尾可造成被撞车辆中乘员颈部的严重损伤和致残，其后果仍然十分严重。从图 4.16 不难看出，在多车事故中，不同车辆所受的碰撞类型是不一样的，如在图 4.16a 所示的正面碰撞中，两辆车均受前撞；在图 4.16b 所示的追尾事故中，前面车辆受到尾撞，而后面车辆却受前撞；在图 4.16c 所示的侧撞事故中，一辆汽车受侧碰，而另一辆汽车却受前撞。在多车事故中，汽车的变形模式也是千变万化的，但与

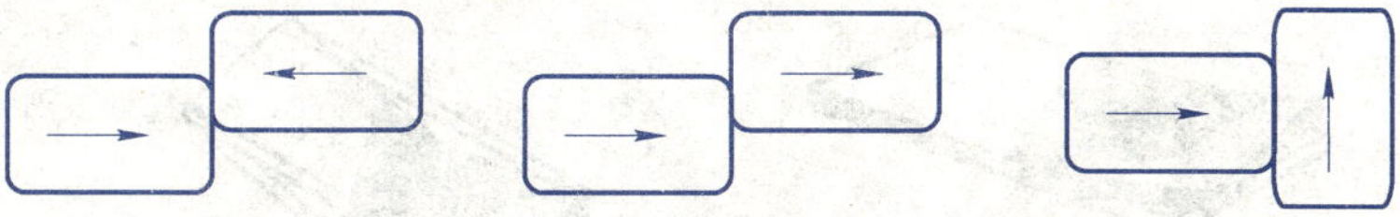

图 4.16 两车相撞情形

单车事故相比，有两个明显的特征：

1）在多车事故中一般没有来自上、下方向的冲击载荷。

2）给事故汽车施加冲击力的均为其他车辆，尽管不同车辆的刚性不一样，但没有单车事故中障碍物的刚性变化大。

在实际生活中，除了以上描述的典型单车事故和典型多车事故外，还有这两类典型事故混合产生的综合型事故，如在多车事故中，一辆或多辆车与行人或其他障碍物发生碰撞。对于这类综合型事故的分析，可结合典型单车事故和典型多车事故的分析方法来讨论。

4.4.2 事故车损伤类型

1. 按汽车碰撞行为分类

按汽车碰撞行为汽车碰撞损伤可分为直接损伤（或一次损伤）和间接损伤（或二次损伤）。

（1）直接损伤

直接损伤是指车辆直接碰撞部位出现的损伤。直接碰撞点为车辆前方，推压前保险杠、车辆前翼子板、散热器护栅、发动机罩、车灯等导致其变形。

（2）间接损伤

间接损伤是指二次损伤，并离碰撞点有一段距离的损伤。是因碰撞力传递而导致的变形，如车架横梁、行李厢底板、护板和车轮外壳等，变形有弯曲变形和各种钣金件的扭曲变形等。

2. 按汽车损伤现象不同分类

按汽车碰撞后导致的损伤现象不同，汽车碰撞损伤可归纳为侧弯、凹陷、折皱或压溃、菱形损坏、扭曲五大类，如图 4.17 所示。

（1）侧弯

汽车前部、汽车中部或汽车后部在冲击力的作用下，偏离原来的行驶方向发生的碰撞损坏称为侧弯。图 4.17a 所示为汽车的前部侧弯，冲击力使“汽车”的一边伸长、一边缩短。

侧弯也有可能在汽车中部和后部发生。侧弯可以通过视觉观察和对汽车侧面的检查判别出来，在汽车的伸长侧面留下一条刮痕，而在缩短侧面会有折皱。发动机罩不能正常开启等情况都是侧面损坏的明显特征。

对于非承载式车身汽车，折皱式侧面损坏一般发生在汽车车架横梁的内部和相反方向的外部。承载式车身也能够发生侧面损坏。

（2）凹陷

凹陷是汽车的前罩区域出现比正常规定低的情况，损坏的车身或车架背部呈现凹陷形状。凹陷一般是由于正面碰撞或追尾碰撞引起的，有可能发生在汽车的一侧或两侧（图 4.17b）。当发生凹陷时，可以看到在汽车翼子板和车门之间顶部变窄、底部变宽，也可以看到车门锁处过低。

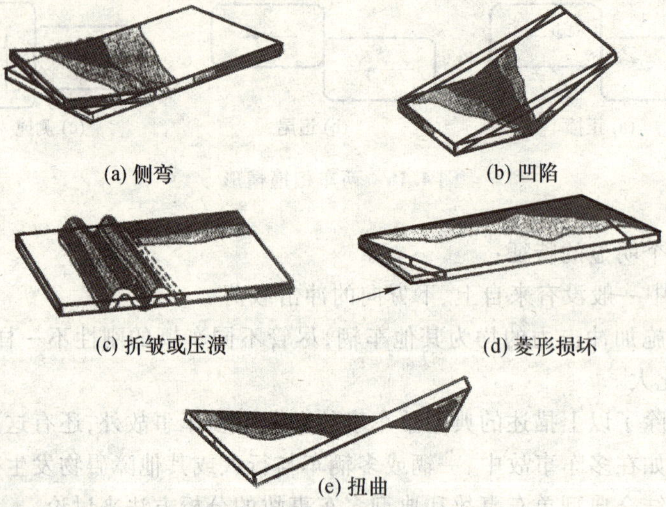

图 4.17 汽车碰撞损坏类型

凹陷是一种普通碰撞损坏类型，大量存在于交通事故中。尽管折皱或扭曲在汽车车架本身并不明显，但是一定的凹陷将破坏汽车车身的钣金件的结合。

(3) 折皱或压溃

折皱是在车架上(非承载式车身汽车)或侧梁上(承载式车身汽车)微小的弯曲。如果仅仅考虑车架或侧梁上的折皱位置，常常是另一种类型损坏。

例如，在车架或车架边梁内侧有折皱，表明有向内的侧面损坏；折皱在车架或车架边梁外侧，表明有向外的侧面损坏；在车架或车架边梁的上表面有折皱，一般表明是向上凹陷类型；如果折皱在相反的方向即位于车架的下表面，则一般为向下凹陷类型。

压溃是一种简单、具有广泛性的折皱损坏。这种损坏使得汽车框架的任何部分都比规定要短(图 4.17c)。压溃损坏一般发生在前罩板之前或后窗之后。车门没有明显的损坏痕迹。然而在前翼子板、发动机罩和车架棱角等处会有折皱和变形。在轮罩上部车身框架常向上升，引起弹簧座损坏，如图 4.18 所示。伴随压溃损坏，保险杠的垂直位移很小。发生正面碰撞或追尾碰撞，会引起这种损坏。

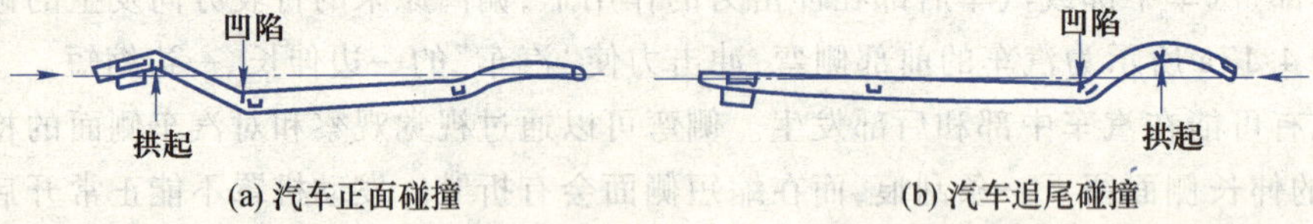

图 4.18 车架的压溃、折皱和凹陷损坏

在决定严重压溃损坏的修理方法时，必须记住，在承载式车身上，高强度钢加热后易于拉伸，但这种方法要严格限制，因为这些钢材若加热处理不当，会使其强度降低。对弯曲横梁冷法拉直可能导致板件撕裂或拉断。然而对小的撕裂，可用焊接的方法修复，但必须合理地考虑零件是修理还是更换。如果结构部件扭绞，即弯曲超过 90°，则该零件应该更换；如果弯曲小于 90°，可能拉直并且能够满足设计强度，则该零件可以修理。用简单的方法拉直扭绞零部件可能会使汽车

结构性能下降。

(4) 菱形损坏

菱形损坏是指汽车的一侧向前或向后发生位移,使车架或车身不再是方形。如图4.17d所示,汽车的形状类似一个平行四边形,这是由于汽车碰撞发生在前部或尾部的一角或偏离质心方向所造成的。明显的迹象就是发动机罩和车尾行李厢盖发生了位移。在后驾驶室后侧围板的后轮罩附近或在后侧围板与车顶盖交接处可能会出现折皱。折皱也可能出现在乘客室或行李厢地板上。通常,压溃和凹陷会带有菱形损坏。

菱形损坏经常发生在非承载式车身汽车上,车架的一边梁相对于另一边梁向前或向后运动。可以通过量规交差测量方法来验证菱形损坏。

(5) 扭曲

扭曲即汽车的一角比正常的要高,而另一角要比正常的低(图4.17e)。当一辆汽车以高速撞击到路边或高等级公路中间分界之安全岛时,有可能发生扭曲型损坏。后侧车角发生碰撞也常发生扭曲损坏,仔细检查能发现板件不明显的损坏,然而真正的损坏一般隐藏在下部。由于碰撞,车辆的一角向上扭曲,同样,相应的另一角向下扭曲。由于弹簧弹性弱,如果汽车的一角凹陷到接近地面的程度,应该检查是否有扭曲损坏。当汽车发生滚翻时,也会有扭曲。

只有非承载式车身汽车才能真正发生扭曲,车架的一端垂直向上变形,而另一端垂直向下变形,从一侧观察,看到两侧纵梁在中间处交叉。

承载式车身汽车前后横梁并没有连接,因此不存在真正意义上的"扭曲"。承载式车身损坏相似的扭曲是,前部和后部元件发生相反的凹陷。例如,右前侧向上凹陷,左后侧向下凹陷,左前侧向下凹陷而右后侧向上凹陷。

要区别车架扭曲和车身扭曲,因为它们的修理方法和修理工时是不同的。对于承载式车身汽车而言,在校正每一端的凹陷时应对汽车的拉伸修理进行评估。对于非承载式车身汽车,需要两方面的拉伸修理,汽车前沿的拉伸修理和汽车后端的修理。

4.4.3 事故车的检查与判别

要准确地评估一辆事故汽车,就要对其碰撞受损情况作出准确的诊断。就是说,要确切地评估汽车受损的严重程度、范围及受损部件。确定完这些之后,才能制订维修工艺,确定维修方案。一辆没有经过准确诊断的汽车会在修理过程中发现新的损伤情况,这样,必然会造成修理工艺及方案的改变,从而造成修理成本的改变,由于需要控制修理成本,往往会造成修理质量的不尽人意,甚至留下质量隐患,对碰撞作出准确的诊断是衡量一名汽车评估人员水平的重要标志。

通常,一般的汽车评估人员对碰撞部位直接造成的零部件损伤都能作出诊断,但是这些损伤对于与其相关联零部件的影响以及发生在碰撞部位附近的损伤常常会被疏忽。因此对于现代汽车,较大的碰撞损伤只用目测来鉴定是不够的,还必须借助相应的工具及仪器设备来鉴定汽车的损伤。

1. 在进行碰撞损伤鉴定评估之前应当注意的安全事项

1) 在查勘碰撞受损的汽车之前,先要查看汽车上是否有破碎玻璃棱边,以及是否有锋利的刀状和锯齿状金属边角,为安全起见,最好对危险的部位做上安全警示,或进行处理。

2) 如果有汽油泄漏的气味,切忌使用明火和开关电气设备。事故较大时,为保证汽车的安全,可考虑切断蓄电池电源。

3）如果有机油或齿轮油泄漏,注意当心滑倒。

4）在检验电气设备状态时,注意不要造成新的设备和零部件损伤。如在车门变形的情况下,检验电动车窗玻璃升降功能时,切忌盲目升降车窗玻璃。

5）应在光线良好的场所进行碰撞诊断,如果损伤涉及底盘件或需在车身下进行细致检查时,务必使用汽车升降机,以提高评估人员的安全性。

2. 基本的汽车碰撞损伤鉴定步骤

1）了解车身结构的类型。

2）以目测确定碰撞部位。

3）以目测确定碰撞的方向及碰撞力大小,并检查可能有的损伤。

4）确定损伤是否限制在车身范围内,是否还包含功能部件或零配件(如车轮、悬架、发动机及附件等)。

5）沿着碰撞路线系统地检查部件的损伤,例如,立柱的损伤可以通过检查门的配合状况来确定。

6）测量汽车的主要零部件,通过比较维修手册车身尺寸图表上的标定尺寸和实际汽车上的尺寸来检查汽车车身是否产生变形量。

7）用适当的工具或仪器检查悬架和整个车身的损伤情况。

一般而言,汽车损伤鉴定按图4.19所示的步骤进行。

3. 碰撞对不同车身结构汽车的影响

现代汽车车身既要经受行驶中的振动,还要在碰撞时能给乘员提供安全。现代汽车车身设计成在碰撞时能够最大限度地吸收碰撞时的能量,使得对乘员的影响减少。因此,现代乘用车在碰撞时,前部和后部车身形成一个吸引能量的结构,在某种程度上碰撞容易损坏,使得车身中部形成一个相对安全区,当汽车以48 km/h的速度碰撞坚固障碍物时,发动机室的长度会被压缩30% ~40%,但乘员室的长度仅被压缩1% ~2%。

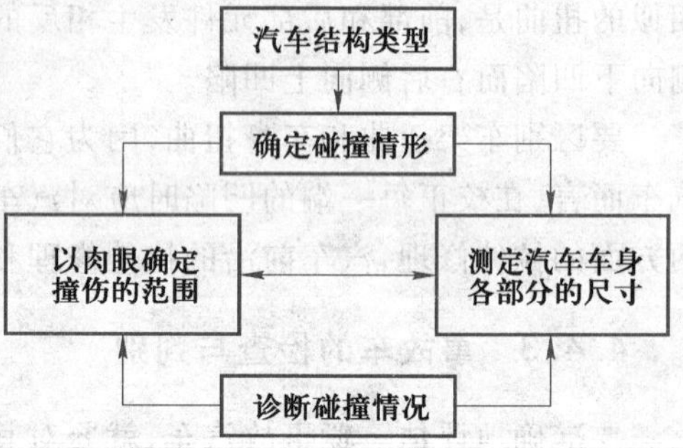

图4.19 损伤鉴定步骤图

汽车车身结构有两种基本类型:承载式车身和非承载式车身。非承载式车身遭受碰撞后,可能是车架损伤,也可能是车身损伤,或车架和车身都损伤,车架和车身都损伤可通过更换车架来实现车轮定位及主要总成定位,然而,承载式车身受碰撞后通常都会造成车身结构件的损伤。通常非承载式车身的车身修理只需满足形状要求,而承载式车身的车身修理既要满足形状要求,更要满足车轮定位及主要总成定位。所以碰撞对不同车身结构汽车的影响不同,从而造成修理工艺和方法的不同,最终造成修理费用的差距。

(1) 对非承载式车身结构汽车的影响

非承载式车身由车架及围在其周围的可分解的部件组成,如图4.20所示。图中车架上圈出的部位为车架刚度较小的部位,主要用来缓冲和吸收来自前端或后端的碰撞能量,车身通过橡胶件固定在车架上,橡胶件同样也能减缓从车架传至车身上的振动效应。但这里需要注意的是,遇有强烈振动时，橡胶垫上的螺栓可能会折曲，并导致车架与车身之间出现缝隙。而且，由于振动的大小和方向，车架可能遭受到损伤而车身则没有。

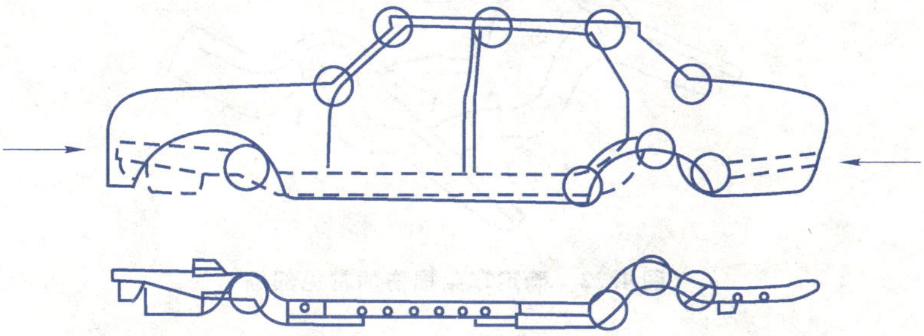

图 4.20 车架上刚度较弱的部位

1）车架变形的种类。车架的变形大致分为以下五种：

① 左右弯曲。如图 4.21 所示，从一侧来的碰撞冲击力经常会引起车架的左右弯曲或一侧弯曲。左右弯曲通常发生在汽车前部或后部，一般可通过观察钢梁的内侧及对应钢梁的外侧是否有皱曲来确定，如图 4.22 所示。

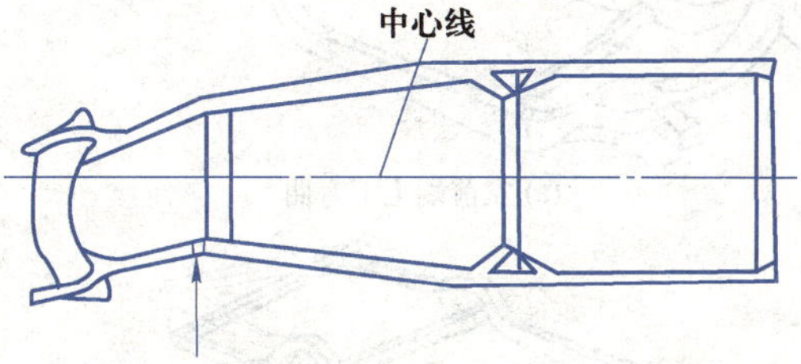

(a) 由前端碰撞引起的车架前部左右弯曲

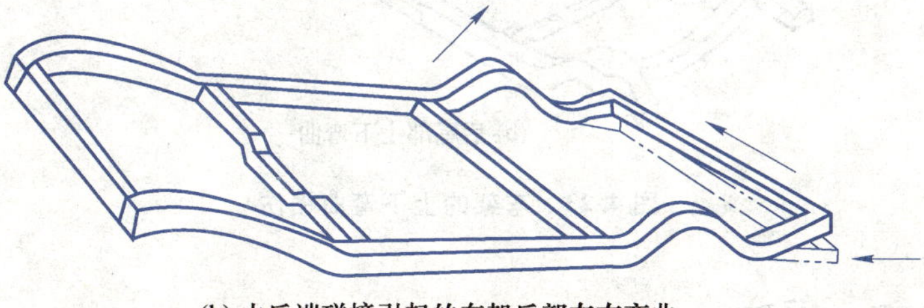

(b) 由后端碰撞引起的车架后部左右弯曲

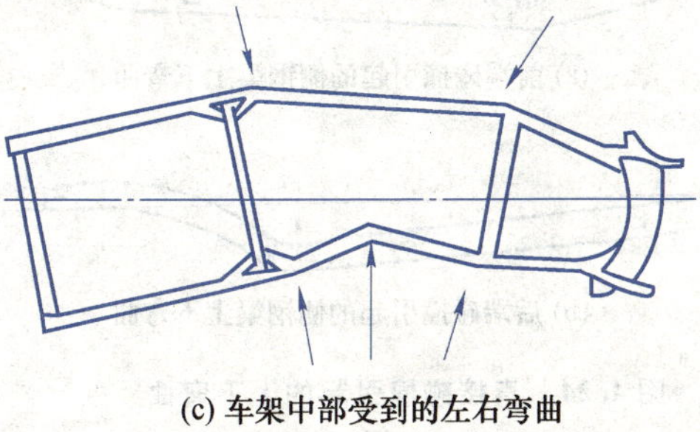

(c) 车架中部受到的左右弯曲

图 4.21 各种不同的左右弯曲变形

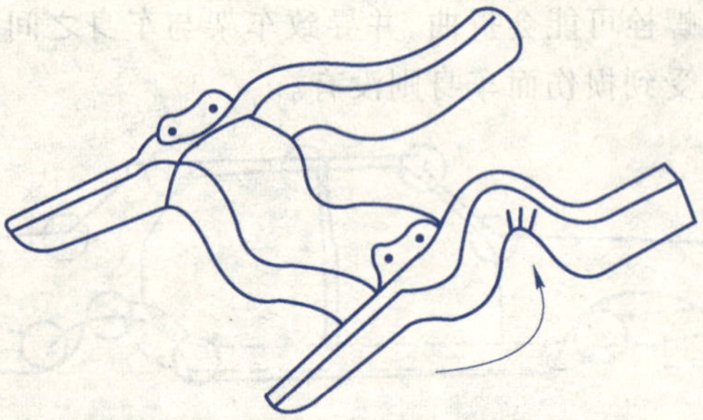

图 4.22 确定车架损伤的常见部位

此外,通过发动机盖、行李厢盖及车门的缝隙、错位等情况都能够辨别出左右弯曲变形。

② 上下弯曲。如图 4.23 所示,汽车碰撞后产生弯曲变形,车身外壳表面会比正常位置高或低,结构上也有前、后倾现象。上下弯曲一般由来自前方或后方的直接碰撞引起,如图 4.24 所示,可能发生在汽车的一侧也可能是两侧。

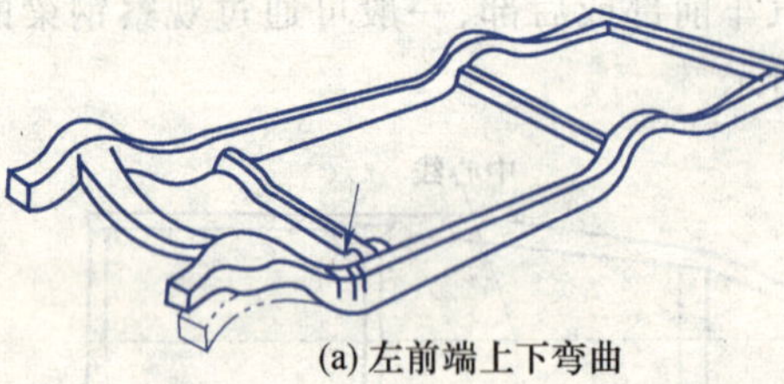

(a) 左前端上下弯曲

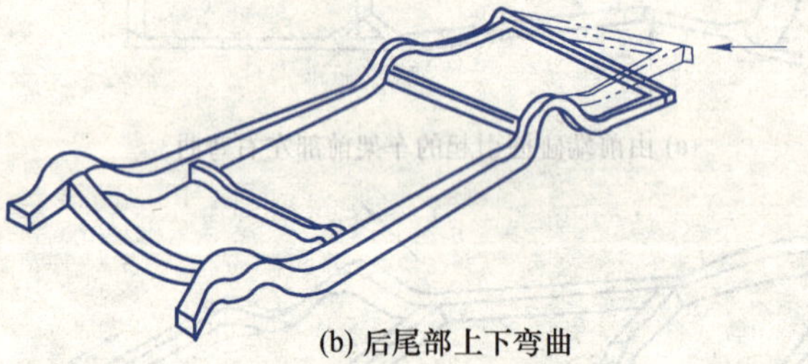

(b) 后尾部上下弯曲

图 4.23 车架的上下弯曲损伤

(a) 前端碰撞引起的侧钢梁上下弯曲

(b) 后端碰撞引起的侧钢梁上下弯曲

图 4.24 直接碰撞引起的上下弯曲

判别上下弯曲变形可以查看翼子板与门之间的缝隙上下是否在顶部变窄,而下部变宽;也可以查看车门在撞击后是否下垂。上下弯曲变形是碰撞中最常见的一种损伤,交通事故中常见到这种受损汽车。严重的上下弯曲变形能够造成悬架钢板的弯曲变形损伤。

③ 折皱与断裂损伤。如图 4. 25 所示,汽车碰撞后车架或车上某些零部件的尺寸会与厂家提供的技术资料不相符,断裂损伤通常表现在发动机盖前移和侧移、行李厢盖的后移和侧移。有时看上去车门与周围吻合很好,但车架已产生了皱折或断裂损伤,这是非承载式车身结构不同于承载式车身结构的特点之一。折皱或断裂通常发生在应力集中的部位,如图 4. 26 所示,而且车架通常还会在对应的翼子板处造成向上变形。

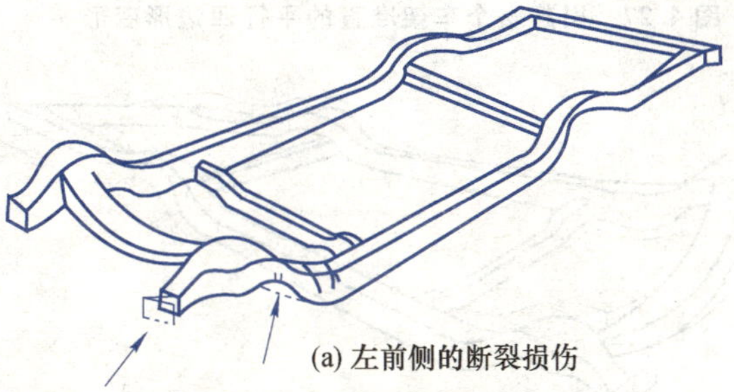

(a) 左前侧的断裂损伤

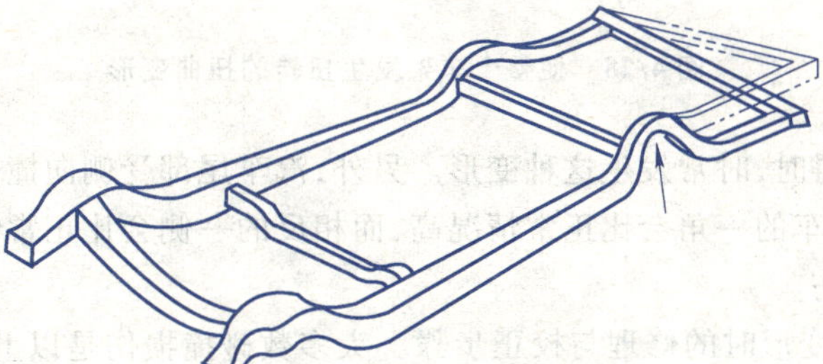

(b) 左后侧的断裂损伤

图 4. 25 直接碰撞引起的上下弯曲

(a) 由前端碰撞引起的车架断裂损伤

(b) 由后端碰撞引起的车架断裂损伤

图 4. 26 车架的断裂损伤

④ 平行四边形变形。如图 4. 27 所示,汽车的一角受到来自前方或后方的撞击力时,其一侧车架向后或向前移动,引起车架错位,使其成为一个接近平行四边形的形状,平行四边形变形会对整个车架产生影响,而不是一侧的钢梁。从视觉上,会看到发动机盖及行李厢盖错位,通常平行四边形变形还会附有许多断裂及弯曲变形损伤的组合损伤。

⑤ 扭曲变形。如图 4. 28 所示,扭曲变形是车架损伤的另一种形式,当汽车在高速下撞击到

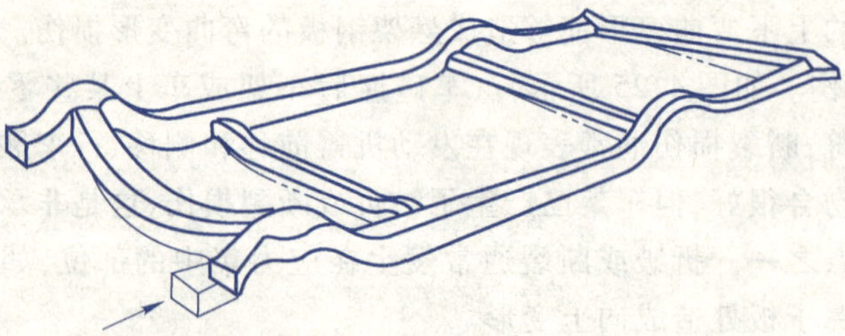

图 4.27　引起整个车架准直的平行四边形变形

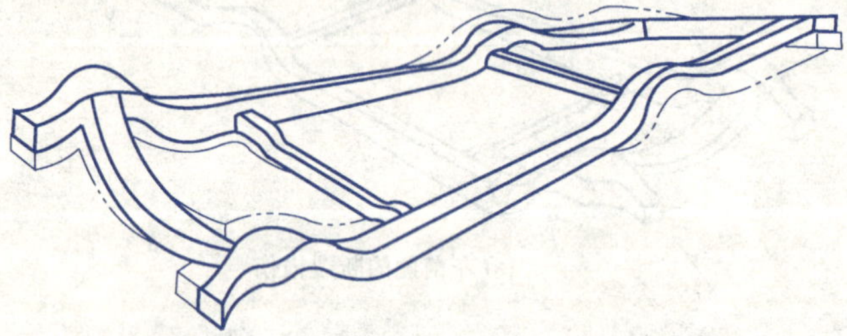

图 4.28　使整个车架发生扭转的扭曲变形

与车架高度相近的障碍时，时常发生这种变形。另外，汽车尾部受侧向撞击时也时常发生这种变形。受到此损伤后，汽车的一角会比正常情况高，而相反的一侧会比正常情况低。应力集中处时常伴有皱折或断裂损伤。

2）车架产生多种变形时的修理与校正步骤。大多数碰撞损伤是以上所述损伤类型的混合，其修理与校正步骤如下：

① 解决扭曲变形。

② 解决平行四边形变形。

③ 解决折皱与断裂损伤。

④ 解决上下弯曲变形。

⑤ 解决左右弯曲变形。

（2）碰撞对承载式车身结构汽车的影响

1）碰撞对承载式车身结构汽车的影响

由碰撞引起的整体式汽车的损伤可以运用图 4.29 所示的圆锥体形法进行分析。

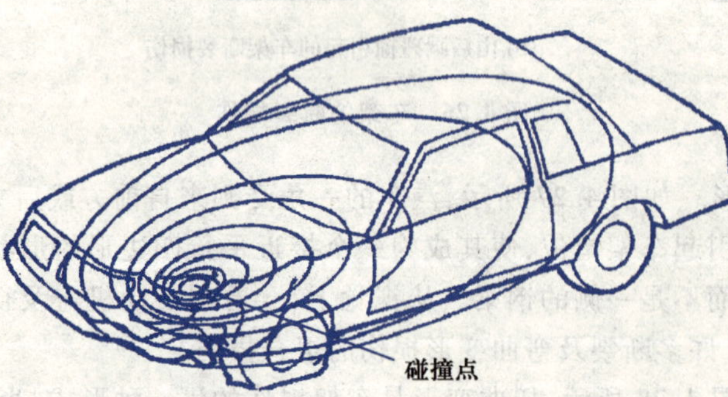

图 4.29　碰撞力以圆锥体模式在承载式车身上传播

承载式车身结构汽车通常被设计成能够很好地吸收碰撞时产生的能量。这样受到撞击时，汽车车身由于吸收撞击能量而产生变形，撞击能量通过车身扩散，车身结构从撞击点依次吸收撞击能量，使得撞击能量主要被车身吸收。将目测撞击点作为圆锥体的顶点，圆锥体的中心线表示碰撞力的方向，其高度和范围表示碰撞力穿过车身壳体扩散的区域。圆锥体顶点附近通常为主要的受损区域。

由于整个车身壳体由许多片薄钢板连接而成，碰撞引起的振动大部分被车身壳体吸收，如图 4.30所示。

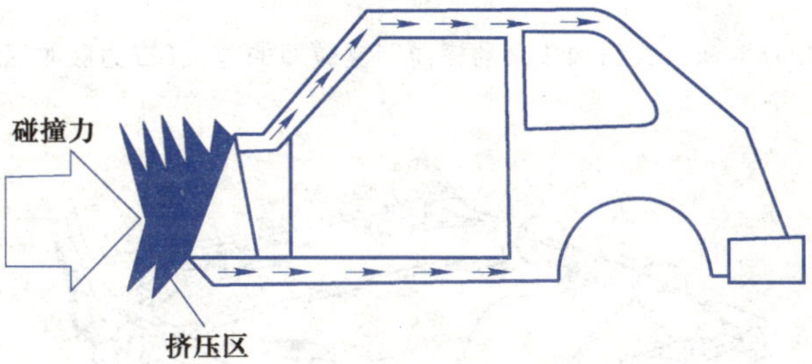

图 4.30 碰撞能量沿着车身扩散

振动波的影响被称为“二次损伤”，通常，此损伤会影响整体式车身内部零部件和造成相反一侧的车身变形损伤，如图 4.31 所示。

为了控制二次损伤变形并为乘员提供一个更为安全的空间，承载式车身结构的汽车在前部和后部设计了如图 4.32 所示的碰撞应力吸收区域。在受到碰撞时，它能按照设计要求形成折曲，这样传到车身结构的振动波在传送时就被大大减小。换句话说，来自前方的碰撞应力被前部车身吸收，如图 4.33 所示。来自后方的碰撞应力被后部车身吸收，如图 4.34 所示。而来自前侧方的碰撞应力被前翼子板及前部纵梁吸收，中部的碰撞应力被边梁、立柱和车门吸收，来自后侧方的碰撞应力被后翼子板及后部纵梁吸收。

2）承载式结构车身碰撞损伤按部位分类

① 前端碰撞。汽车前端正面碰撞损伤时，汽车在碰撞事故中多为主动物。碰撞的冲击力主要取决于被评估汽车的重量、速度、碰撞范围及碰撞源。碰撞较轻时，保险杠会被向后推，前纵梁及内轮壳、前翼子板、前横梁及散热器框架会变形；如果碰撞程度加大，那么前翼子板就会弯曲变形并移位触到车门，发动机盖铰链会向上弯曲变形并移位触到前围盖板，前纵梁变形加剧造成副梁的变形；如果碰撞程度更剧烈，前立柱将会产生变形，车门开关困难，甚至造成车门变

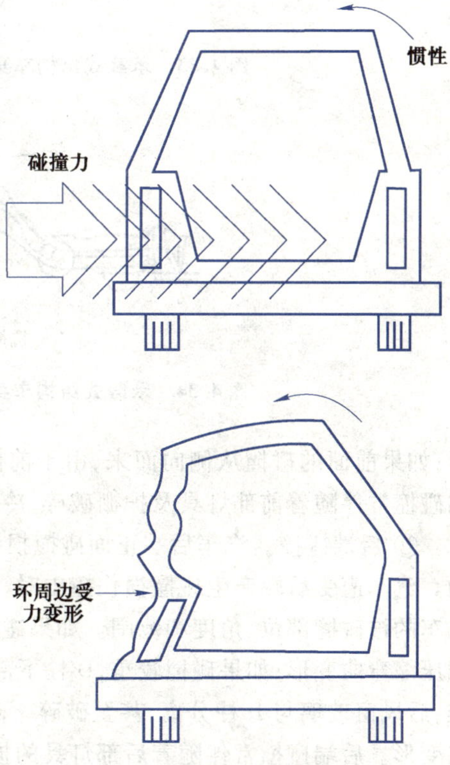

图 4.31 由于惯性作用，汽车车顶向碰撞的一侧移动

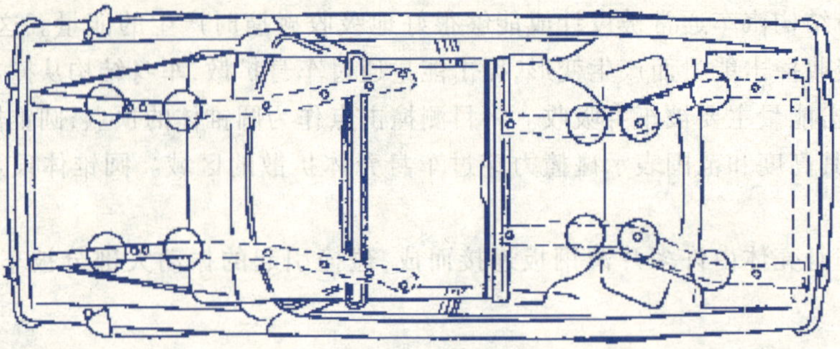

图 4.32 承载式结构车身的横向刚度较弱的部位(应力吸收区域)

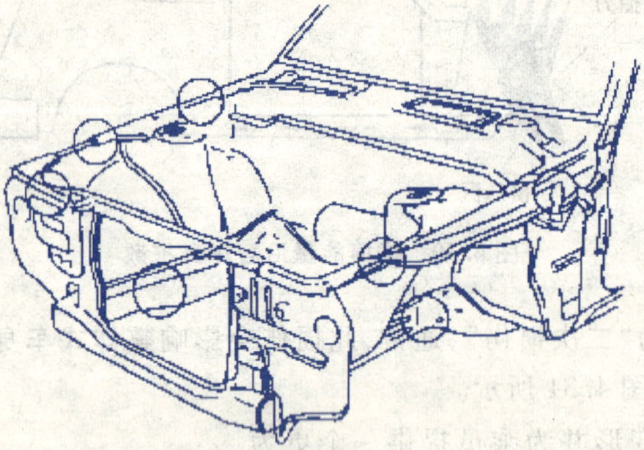

图 4.33 承载式结构车身的前部刚度较弱的部位(应力吸收区域)

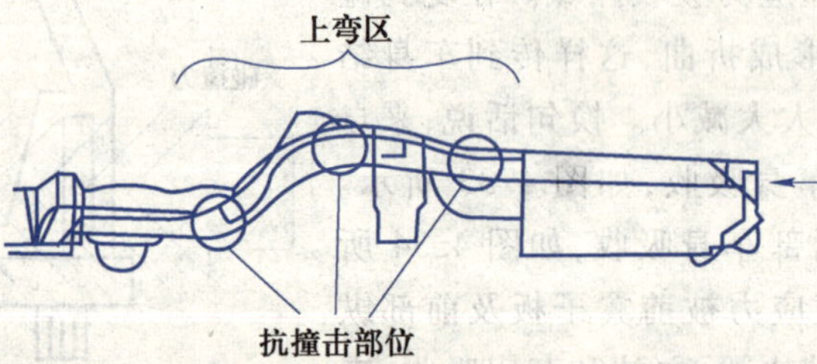

图 4.34 承载式结构车身的后部刚度较弱的部位(应力吸收区域)

形;如果前面的碰撞从侧向而来,由于前横梁的作用,前纵梁就会产生变形,如图 4.35 所示。前端碰撞常伴随着前部灯具及护栅破碎,冷凝器、散热器及发动机附件损伤,车轮移位等。

② 后端碰撞。汽车后端正面碰撞损伤时,损伤较严重往往是因为汽车在碰撞事故中为被动物。汽车遭受后端产生碰撞损伤撞击时,碰撞的冲击力主要取决于撞击物的重量、速度及被评估汽车的被碰撞部位、角度和范围。如果碰撞较轻,通常后保险杠、行李厢后围板及行李厢底板可能压缩弯曲变形;如果碰撞较重,D 柱下部前移,D 柱上端与车顶接合处会产生折曲,后门开关困难,后风窗玻璃与 D 柱分离,甚至破碎。碰撞更严重会造成 B 柱下端前移,在车顶 B 柱处产生凹陷变形。后端碰撞常伴随着后部灯具的损坏等。

③ 侧面碰撞。在确定汽车侧面碰撞时,分析汽车的结构尤为重要。一般来说,对于严重的

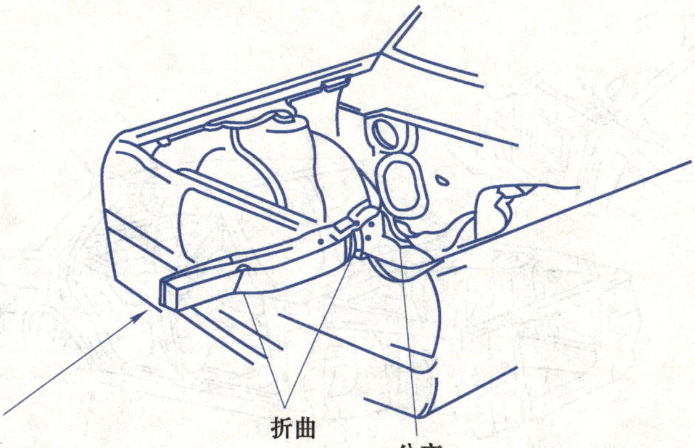

图 4.35 承载式结构车身的弯曲及断裂效应

碰撞,车门 A、B、C 柱以及车身底板都会变形。当汽车遭受侧向力较大时,惯性会使另一侧的车身产生变形。当前、后翼子板中部遭受严重碰撞时,还会造成前、后悬架零部件的损伤,前翼子板中后部遭受严重碰撞时,还会造成转向系统中横拉杆、转向机齿轮齿条的损伤。

④ 底部碰撞。底部碰撞常为行驶中路面由于凹凸不平、路面上异物(如石块)造成车身底部与路面或异物发生碰撞,致使汽车底部零部件与车身底板损伤。常见的损伤部位有前横梁、发动机下护板、发动机油底壳、变速箱油底壳、悬架下托臂、副梁、后桥及车身底板等。

⑤ 顶部碰撞。汽车发生顶部单独碰撞的概率较小,单独的顶部受损多为空中坠落物所致,以顶部面板及骨架变形为主。汽车倾覆是造成顶部受损的常见现象,汽车倾覆造成顶部受损常伴随着车身立柱、翼子板和车门变形及车窗破碎。

4. 目测确定碰撞损伤的程度

在大多数情况下,碰撞部位能够显示出结构变形或者断裂的迹象。用肉眼进行检查时,先要后退离开汽车对其进行总体观察。从碰撞的位置估计受撞范围的大小及方向,并判断碰撞如何扩散,再查看汽车上是否有扭转、弯曲变形,设法确定损伤的位置以及所有的损伤是否都是由同一起事故引起的。

碰撞力沿着车身扩散,并使汽车的许多部位发生变形,碰撞力具有穿过车身坚固部位抵达并损坏薄弱部件,最终扩散并深入至车身部件内的特性。因此,为了查找出汽车损伤,必须沿着碰撞力扩散的路径查找车身薄弱部位(碰撞力在此形成应力集中)。沿着碰撞力的扩散方向一处一处地进行检查,确认是否损伤和损伤程度。具体可从以下几个方面来加以识别:

(1) 钣金件的截面突然变形

碰撞所造成的钣金件的截面变形与钣金件本身的设计结构变形不一样。钣金件本身的设计结构变形处表面油漆完好无损,而碰撞所造成的钣金件的截面变形处油漆起皮、开裂。车身设计时,要使碰撞产生的能量能够按照一条既定的路径传递,在指定的地方吸收,如图 4.36 所示。

(2) 零部件支架断裂、脱落及遗失

发动机支架、变速器支架、发动机各附件支架是碰撞应力吸受处,因此在汽车设计时就有保护重要零部件免受损伤的功能。在碰撞事故中常有各种支架断裂、脱落及遗失现象出现。

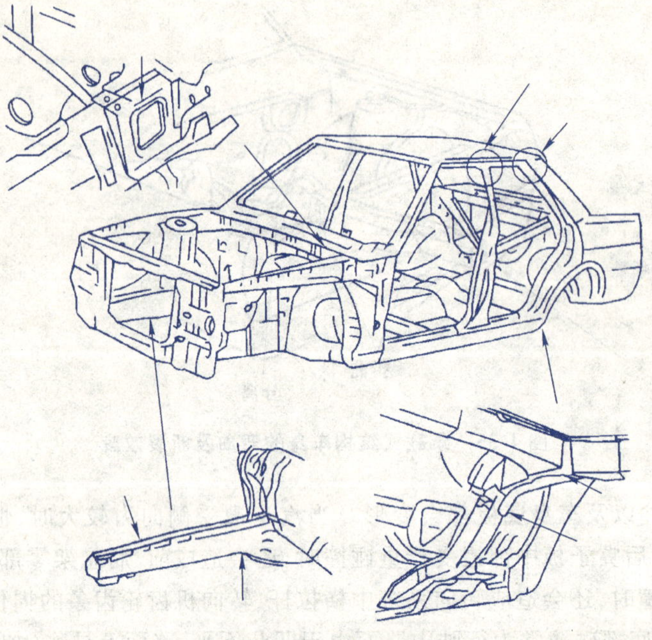

图 4.36 损伤容易出现的部位

（3）检查车身每一部位的间隙和配合

车门是以铰链装在车身立柱上的，通常立柱变形就会造成车门与车门、车门与立柱的间隙不均匀，如图 4.37 所示。

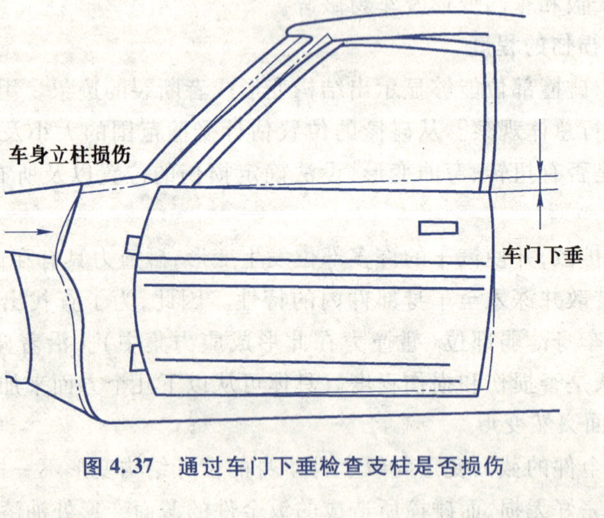

图 4.37 通过车门下垂检查支柱是否损伤

另外，还可通过简单的开关车门，查看车门锁机与锁扣的配合，从锁机与锁扣的配合可以判断车门是否下沉，从而判断立柱是否变形，查看铰链的灵活程度可以判断主柱及车门铰链处是否变形。

在汽车前端碰撞事故中，检查后车门与后翼子板、门槛、车顶侧板的间隙，并作左右对比是判断碰撞应力扩散范围的主要手段。

(4) 检查汽车本身的惯性损伤

当汽车受到碰撞时,一些质量较大部件(如装配在橡胶支座上的发动机、离合器总成)在惯性力的作用下会造成固定件(橡胶垫、支架等)、周围部件及钢板的移位、断裂。对于承载式车身结构的汽车还需检查车身与发动机及底盘结合部是否变形。

(5) 检查来自乘员及行李的损伤

乘员和行李在碰撞中由于惯性力作用还能引起车身的二次损伤,损伤的程度因乘员的位置及碰撞的力度而异,其中较常见的损伤有方向盘、仪表工作台、转向柱护板及座椅等。行李厢中的行李是造成行李厢中 CD 机、音频功率放大器等设施损伤的常见因素。

5. 车身变形的测量

碰撞损伤汽车车身尺寸的测量是做好碰撞损失评估的一项重要工作,就承载式车身结构的汽车来说,准确的车身尺寸测量对于损伤鉴定更为重要。转向系统和悬架大都装配在车身上。齿轮齿条式转向器通常装配在车身或副梁上,形成与转向臂固定的联系,车身的变形直接影响到转向系统中横拉杆的定位尺寸。大多数汽车的主销后倾角和车轮外倾角是不可调整的,而是通过与车身的固定装配来实现的,车身悬架座的变形直接影响到汽车的主销后倾角和车轮外倾角。发动机、变速器及差速器等也被直接装配在车身或车身构件支承的支架上。车身的变形还会使转向器和悬架变形,或使零部件错位,进而导致车身操作失灵,传动系统的振动和噪声,拉杆接头、轮胎、齿轮齿条的过度磨损和疲劳损伤。为保证汽车正确的转向及操纵性能,关键定位尺寸的公差不允许超过 3 mm。

碰撞损伤的汽车最常检测的部位如下:

(1) 车身的扭曲变形测量

要修复碰撞产生的变形,撞伤部位的整形应按撞击的相反方向进行,修复顺序也应与变形的形成顺序相反。因此,检测也应按相反的顺序进行。

测量车身变形时,应记住车身的基础是它的中段,所以应首先测量车身中段的扭曲和方正状况,这两项测量将告诉汽车评估人员车身的基础是否周正,然后才能以此为基准对其他部位进行测量。

扭曲变形是最后出现的变形,因此应首先进行检测。扭曲是车身的一种总体变形。当车身一侧的前端或后端受到向下或向上的撞击时,另一侧就以相反的方向变形,这时就会呈现扭曲变形。

扭曲变形只能在车身中段测量,否则,在前段或后段的其他变形导致扭曲变形的测量数据不准确。为了检测扭曲变形,必须悬挂两个基准自定心规,它们也称为 2 号(前中)和 3 号(后中)规。2 号规应尽量靠近车体中段前端,而 3 号规则尽量靠近车体中段的后端。然后相对于 3 号规观测 2 号规,如果量规平行,则说明没有扭曲变形,否则说明可能有扭曲变形。注意,真正的扭曲变形必须存在于整个车身结构中。当中段内的两个基准规不平行时,要检测是否为真正的扭曲变形时,通常再挂一个量规。应走到未出现损伤变形的车身段,把 1 号(前)或 4 号(后)自定心规挂上。这个自定心规应相对于靠其最近的基准规来进行测量,即 1 号规相对于 2 号规、4 号规相对于 3 号规观测。如果前(或后)量规相对于最靠近它的基准规观测的结果是平行的,则表示不存在真正的扭曲变形,而只是在中段失去了平行。当存在真正的扭曲变形时,各量规将呈现出图 4.38 所示的情形。

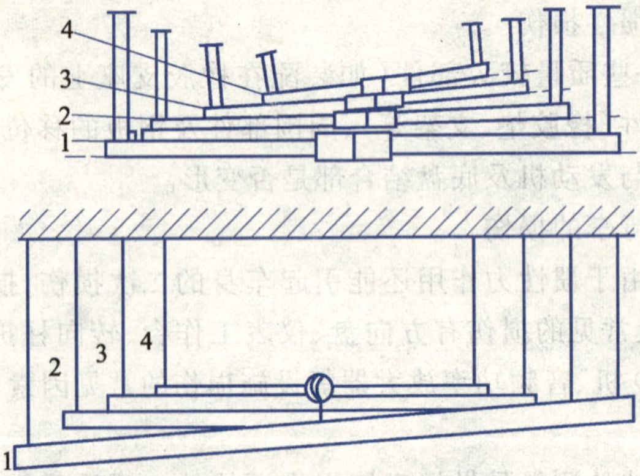

图 4.38　车身扭曲时各个自定心规呈现出的状态

（2）前部车身的尺寸测量

图 4.39 所示为典型的承载式结构车身的前部控制点和定位尺寸。通过测量图中所标位置的尺寸和出厂车身尺寸来判断碰撞产生的变形量。最常用的方法是上部测量两悬架座至另一侧散热器框架上控制点的距离是否一致，下部测量前横梁两定位控制点至另一侧副梁后控制点的距离是否一致。通常检查的尺寸越长，测量就越准确。如果利用每个基准点进行两个或更多个位置尺寸的测量，就能保证所得到的结果更为准确，同时还有助于判断车身损伤的范围和方向。

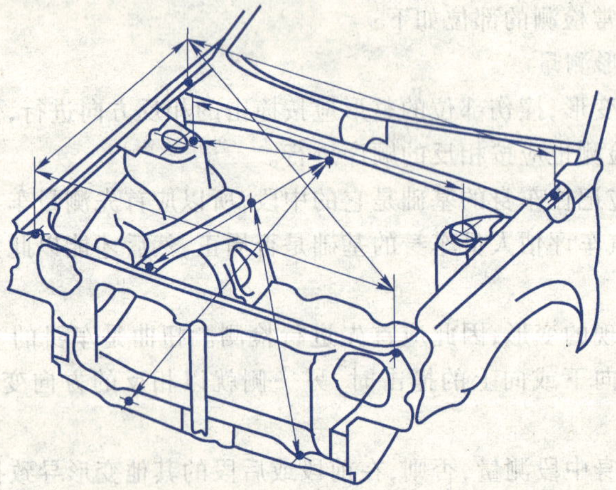

图 4.39　前部车身上的测量点

（3）车身侧围的测量

图 4.40 所示为典型的车身侧围的控制点和定位尺寸。

通常汽车左右是对称的，利用车身的左右对称性，通过测量可以进行车身挠曲变形的检测，如图 4.41 所示。

这种测量方法不适用于车身的扭曲变形和左右两侧车身对称受损的情况（图 4.41c）。

在图 4.42 中通过左侧、右侧长度 yz、YZ 的测量和比较，可对损伤情况作出很好的判断，这一方法适用于左侧和右侧对称的部位，它还应与对角线测量法结合使用。

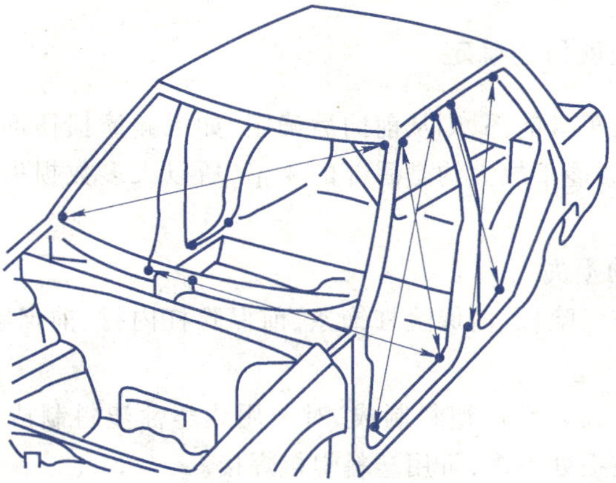

图 4.40 车身侧板上的测量点

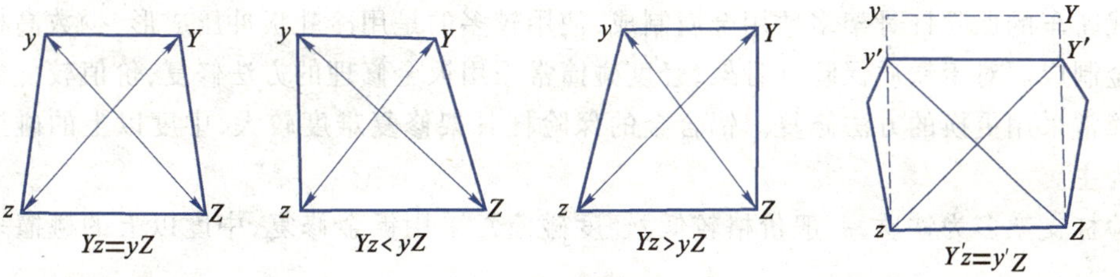

(a) 车身没有挠曲　(b) 车身挠曲变形　(c) 车身两侧均发生变形

图 4.41 利用对角线法测量车身挠曲变形

(4) 车身后段的测量

后部车身的变形大致上可通过行李厢盖开关的灵活程度,以及与行李厢结合的密封性来判断。后风窗玻璃是否完好,后风窗玻璃与风窗玻璃框的配合间隙左右、上下是否合适也是汽车评估判断车身后部是否变形的常用手段。后部车身的常见测量点如图 4.43 所示。

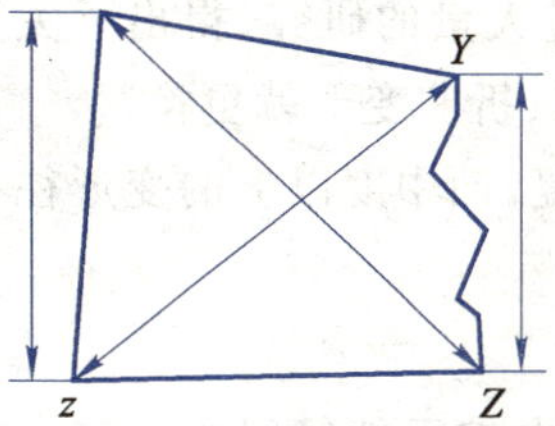

图 4.42 左右侧高度尺寸的比较

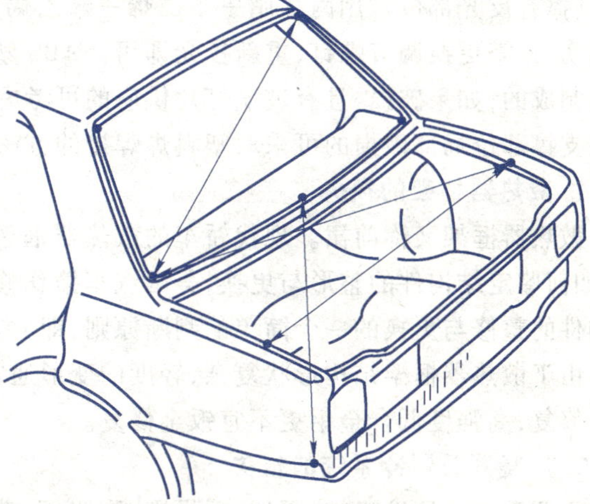

图 4.43 后部车身测量点

4.4.4 事故车损失项目的确定

如果碰撞损伤部位在车身前部，则从前向后确定，如果碰撞损伤部位在车身后部，则从后向前确定，由于车身前部的碰撞事故大约是后部的4倍，所以大多数损失项目是从前向后、从外向里，分总成进行确定的。

1. 前保险杠及附件的损失

前保险杠及附件由前保险杠、前保险杠饰条、前保险杠内衬、前保险杠骨架、前保险杠支架、前保险杠灯等组成。

现代轿车的保险杠绝大多数用塑料制成，对于用热塑性塑料制成的、价格非常昂贵的保险杠，并且为表面做漆的，破损处不多，可用塑料焊机焊接。

保险杠饰条破损后基本以换为主。

保险杠使用的内衬多为中高档轿车，常为泡沫制成，一般可重复使用。

现代轿车的保险杠骨架多数用金属制成，使用较多的是用冷轧板冲压成形，少数高档轿车采用铝合金制成。对于铁质保险杠骨架，轻度碰撞常采用钣金修理的方法修复，价值较低的中度以上的碰撞常采用更换的方法修复。铝合金的保险杠骨架修复难度较大，中度以上的碰撞多以更换修复为主。

保险杠支架多为铁质，一般价格较低，轻度碰撞常采用钣金修复，中度以上的碰撞多为更换修复。

保险杠灯多为转向信号灯和雾灯，表面破损后多采用更换修复，对于价格较高的雾灯，且损伤为少数支撑部位的，常用焊接和粘结的方法修复。

2. 前护栅及附件的损失

前护栅及附件由前护栅饰条、前护栅铭牌等组成。前护栅及附件的破损多数以更换修复为主。

3. 前照灯及角灯的损失

前照灯及角灯由前大灯、前角灯等组成。现代汽车灯具表面多为聚碳酸酯(PC)或玻璃制成，支撑有反光部位常用丙烯腈—丁二烯—苯乙烯共聚物(ABS)制成。最常见的损伤为调节螺钉损伤，只需更换调节螺钉，重新校光即可。ABS塑料属热塑性塑料，可用塑料焊焊接。表面用玻璃制成的，如果破损，且有玻璃灯片供应的可考虑更换玻璃灯片，对于价格较昂贵的大灯，并且只是支撑部位局部破损的可采取塑料焊焊接的方法修复。

4. 散热器框架的损失

散热器框架又称前裙。现代轿车的散热器框架在承载式车身中属于结构件，多为高强度钢板，如何鉴定结构件的整形与更换，美国汽车撞伤修理业协会经过大量的研究，得出了关于撞伤结构件的整修与更换的一个简单的判断原则，即“弯曲变形就整修，折曲变形就更换”。

由于散热器框架结构形状复杂，轻度的变形通常可以钣金修复，而中度以上的变形往往不宜钣金修复，高强度低合金钢更不宜钣金修复。

5. 冷凝器及制冷系统的损失

空调系统由压缩机、冷凝器、干燥瓶、膨胀阀、蒸发箱、管道及电控元件等组成。汽车空调冷凝器均采用铝合金制成，中、低档车的冷凝器一般价格较低，中度以上的损伤一般采用更换的方法处理，高档轿车的冷凝器一般价格较高，中度以下的损伤常采用氩弧焊进行修复。注意冷凝器因碰撞变形后虽然未漏冷媒，但拆下后重新安装时不一定就不漏冷媒。

储液罐（干燥器）因碰撞变形一般以更换为主。如果系统在碰撞中以开口状态暴露于潮湿的空气中时间较长（具体时间由空气湿度决定），则应更换干燥器，否则会造成空调系统工作时“冰堵”。

压缩机因碰撞常见的损伤有壳体破裂，带轮、离合器变形等。壳体破裂一般采用更换的方法修复，带轮、离合器变形一般采用更换带轮、离合器的方法修复。

汽车的空调管有多根，损伤的空调管一定要注明是哪一根，常用×××~×××加以说明。

汽车空调管有铝管和胶管两种，铝管因碰撞常见的损伤有变形、折弯、断裂等，变形一般采取校正的方法修复，价格较低的空调管折弯、断裂一般采取更换的方法修复，价格较高的空调管折弯、断裂一般采取截去折弯、断裂处，用氩弧焊接再接一节的方法修复。胶管的破损一般用更换的方法修复。

汽车空调蒸发箱通常由蒸发箱壳体、蒸发器和膨胀阀等组成，最常见的损伤为蒸发箱壳体破损，蒸发箱壳体大多用热塑性塑料制成，局部的破损可用塑料焊焊接修复，严重的破损一般需更换，决定更换时一定要考虑有无壳体单独更换。蒸发器换与修的处理基本同冷凝器。膨胀阀因碰撞损伤的可能性极小。

空调系统中的压缩机是由发动机通过一个电动离合器驱动的。在离合器接通和断开的过程中，由于磁场的产生和消失，产生了一个脉冲电压。这个脉冲电压会损伤车上精密的电脑模块。为了防止出现这种情况，在空调电路中接入一个分流二极管，这个二极管阻止电流沿有害的方向流过。当空调系统发生故障时，分流二极管有可能被击穿。如果不将被击穿的二极管换掉，可能会造成空调离合器不触发，甚至损伤电脑模块。

6. 散热器及附件的损失

散热器及附件包括散热器、进水管、出水管、副散热器等。现代汽车散热器基本上是铝合金的，铜质散热器由于造价较高，基本已不再使用。判断散热器的修与换基本与冷凝器相似，所不同的是散热器常有两个塑料水室，水室破损后，一般需更换，而水室在遭受撞击后最易破损。

水管的破损一般以更换方式修复。

水泵带轮是水泵中最易损伤的零件，通常变形后以更换为主，较严重的会造成水泵前段（俗称水泵头子）中水泵轴承处损伤，一般更换水泵前段即可，而不必更换水泵总成。

轻度风扇护罩变形一般以整形校正为主，严重的变形常常采取更换的方法修复。

主动风扇与从动风扇常为风扇叶破碎，由于生产厂家将风扇叶做成了不可拆卸式的，也无风扇叶购买，所以风扇叶破碎后都要更换总成。

风扇传动带在碰撞后一般不会损伤，由于其正常使用的磨损也会造成损伤，拆下后如果需更换应确定是否是碰撞原因。

7. 发动机盖及附件的损失

轿车发动机盖绝大多数采用冷轧钢板冲压而成，少数高档轿车采用铝板冲压而成。冷轧钢板在遭受撞击后常见的损伤有变形、破损，铁质发动机盖是否需更换主要依据变形的冷作硬化程度和基本几何形状程度，冷作硬化程度较少、几何形状程度较好的发动机盖常采用钣金修理法修复，反之则更换。铝质发动机盖通常产生较大的塑性变形就需更换。

发动机盖锁遭受碰撞变形、破损多以更换为主。

发动机盖铰链遭受碰撞后多以变形为主,由于铰链的刚度要求较高,变形后多以更换为主。

发动机盖撑杆常有铁质撑杆和液压撑杆两种,铁质撑杆基本上都可以通过校正修复,液压撑杆撞击变形后多以更换修复为主。

发动机盖拉线在轻度碰撞后一般不会损伤,碰撞严重会造成折断,折断后应予以更换。

8. 前翼子板及附件的损失

前翼子板遭受撞击后其修理与发动机基本相同。

前翼子板的附件常有饰条、砾石板等,饰条损伤后多以更换为主,即使饰条未遭受撞击,也常因钣金整形翼子板而需拆卸饰条,许多汽车的饰条拆下后就必须更换。砾石板因价格较低撞击破损后一般做更换处理。

9. 前纵梁及悬挂座的损失

对于承载式车身的汽车,前纵梁及悬挂座属于结构件,按结构件方法处理。

10. 车轮的损失

车轮由轮辋、轮胎、轮罩等组成。轮辋遭撞击后以变形损伤为主,多以更换的方式修复;轮胎遭撞击后会出现爆胎现象,以更换方式修复;轮罩遭撞击后常会产生破损现象,以更换方式修复。

11. 前悬挂系统及相关部件的损失

前悬挂系统及相关部件主要包括悬挂臂、转向节、减振器、稳定杆、发动机托架、刹车盘等。

前悬挂系统及相关部件中刹车盘、悬挂臂、转向节、稳定杆、发动机托架均为安全部件,发现有撞击变形均应更换。

减振器主要鉴定是否在碰撞前已损伤。减振器是易损件,正常使用到一定程度后会漏油,如果减振器外表已有油泥,说明在碰撞前已损伤。如果外表无油迹,碰撞造成弯曲变形,应更换。

12. 传动轴及附件的损失

中低档轿车多为前轮驱动,碰撞常会造成外侧等角速万向节(俗称外球笼)破损,常以更换方式修复,有时还会造成半轴弯曲变形,也以更换方式修复为主。

13. 方向操纵系统的损失

操纵系统中方向操纵系统与刹车系统遭撞击损伤后从安全的角度出发多以更换修复。

安装有安全气囊系统的汽车,驾驶员气囊都安装在方向盘上,当气囊因碰撞引爆后,不仅要更换气囊,通常还要更换气囊传感器与控制模块等。

变速操纵系统遭撞击变形后,轻度的常以整修修复为主,中度以上的以更换修复为主。

14. 发动机附件的损失

发动机附件主要包括正时室及附件、油底壳及胶垫、发动机支架及胶垫、进气系统、排气系统等。发动机附件中正时室及附件因撞击破损和变形以更换修复为主。油底壳轻度的变形一般无需修理,放油螺塞处碰伤及中度以上的变形以更换为主。发动机支架及胶垫因撞击变形、破损以更换修复为主。进气系统因撞击破损和变形以更换修复为主。排气系统中最常见的撞击损伤为发动机移位造成的排气管变形,由于排气管长期在高温下工作,氧化现象较严重,通常无法整修。消声器吊耳因变形超过弹性极限破损,也是常见的损伤现象,以更换修复。

15. 发电机及蓄电池的损失

发电机最常见的撞击损伤为带轮、散热叶轮变形,壳体破损,转子轴弯曲变形等。带轮变形以更换方法修复。散热叶轮变形以校正修复为主。壳体破损、转子轴弯曲变形以更换发电机总成修复为主。

汽车用蓄电池的损伤多以壳体四个侧面破裂为主。汽车蓄电池多为铅酸蓄电池,由 6 格(汽油车)或 12 格(柴油车)组成。

碰撞会造成 1 格或多格破裂,电液外流。一时查看不到破裂处,可通过打开加液盖观察电液量来判断。如果只是 1 格或几格严重缺液多为蓄电池破裂,如果每格都缺液多为充电电流过大所致,而不是破裂。

16. 前风窗玻璃及附件的损失

前风窗玻璃及附件因撞击损伤基本上以更换修复为主。

前风窗玻璃胶条分为密封式和粘贴式两种类型。普通型桑塔纳轿车采用胶条密封式,更换风窗玻璃不用更换密封胶条。对于粘贴式的风窗玻璃,更换风窗玻璃时可能还要更换风窗玻璃饰条(如夏利 TJ7100 型和奥迪 100 型车)。

因为许多车将内视镜粘贴在前风挡玻璃上,所以将其与风窗玻璃归在一起。内视镜多为二次碰撞致损,破损后一般以更换为主。

17. 雨刮系统的损失

雨刮系统中雨刮片、雨刮臂、雨刮电机因撞击损伤主要以更换修复为主。雨刮固定支架、联动杆中度以下的变形损伤以整修修复为主,严重变形一般需更换。一般雨刮喷水壶只在较严重的碰撞中才会损伤,损伤后以更换为主。雨刮喷水电机、喷水管和喷水嘴因撞坏的情况较少出现,若撞坏以更换为主。

18. A 柱及饰件的损失

A 柱因碰撞产生的损伤多以整形修复为主,由于 A 柱为结构钢,当产生折弯变形时以更换外片为主要修复方式。

A 柱有上下内饰板,破损后一般以更换为主。

前围多为结构件,整修与更换按结构件的整修与更换原则执行,A 柱内饰板因撞击破损以更换修复为主。前围上板上安装有暖风系统。较严重的碰撞常会造成暖风机壳体、进气罩的破碎,以更换为主,暖风散热器、鼓风机一般在碰撞中不会损伤。

集雨栅为塑料件,通常价格较低,因撞击常造成破损,以更换修复为主。

19. 仪表台及中央操纵饰件的损失

仪表台因正面的严重撞击,或侧面撞击常造成整体变形、折皱和固定爪破损。整体变形在弹性限度内,待骨架校正好后重新装回即可。折皱影响美观,对美观要求较高的新车或高级轿车应更换,因仪表台一般较贵,旧车更换意义不大。少数固定爪破损常以焊修修复为主,多数固定爪破损以更换修复为主。左右出风口常在侧面撞击时破碎,右出风口也常因二次碰撞被副驾驶员右手支承时压坏。左右饰框通常在侧面碰撞时破损,严重的正面碰撞也会造成支爪断裂,均以更换为主。杂物箱常因二次碰撞被副驾驶员膝盖撞破裂,一般以更换为主。普通型桑塔纳轿车中央操纵饰件为通道罩。严重的碰撞会造成车身底板变形,车身底板变形后会造成通道罩破裂,以更换为主。

20. 车门及饰件的损失

门防擦饰条碰撞变形应更换,由于门变形需将门防擦饰条拆下整形,多数防擦饰条为自干胶式,拆下后重新粘贴上不牢固,用其他胶粘贴影响美观,应考虑更换。门框产生塑性变形后,一般不易整修,应考虑更换。门下部的修理同发动机盖。门锁及锁芯在严重撞击后会产生损伤,一般以更换为主。后视镜镜体破损以更换为主,对于镜片破损,有些高档轿车的镜片可单独供应,可以通过更换镜片修复。玻璃升降机是碰撞经常损伤的部件,玻璃导轨、玻璃托架也是经常损伤的部件,碰撞变形后一般都要更换,但玻璃导轨、玻璃托架常会在评估中遗漏。车门内饰修理同A柱内饰。后门与前门结构与修理方法基本相同。

21. 前座椅及附件的损失

座椅及附件因撞击造成的损伤常为骨架、导轨变形和棘轮、齿轮根切现象,骨架、导轨变形常可以校正,棘轮、齿轮根切通常必须更换棘轮、齿轮机构,许多车型因购买不到棘轮、齿轮机构常会更换座椅总成。

桑塔纳轿车提供座椅骨架,绝大多数调节部分的损伤都可以通过更换座椅骨架来修复,而不用更换座椅总成。

现今我国没有强制使用被动安全带,绝大多数中、低档车为主动安全带,大多数安全带在中度以下碰撞后还能使用,但必须严格检验,前部严重碰撞的安全带,收紧器处会变形,从安全角度考虑,应更换。中、高档轿车上安装有安全带自动收紧装置,收紧器上拉力传感器感应到严重的正面撞击后,电控自动收紧装置会点火,引爆收紧装置,从而达到快速收紧安全带的作用。但安全带自动收紧装置工作后必须更换。

22. 侧车身、B柱及饰件、门槛及饰件的损失

有的汽车车身侧面设计成一个整块,如富康轿车。而普通型桑塔纳轿车没有这样设计。车身侧面内饰的破损以更换为主。

B柱的整修与更换同A柱。

一般的碰撞边梁的变形以整形修复为主,边梁保护膜是评估中经常遗漏的项目,只要边梁需要整形,边梁保护膜就要更换。

门槛饰条破损后一般以更换为主。

23. 车身地板的损失

车身地板因撞击常造成变形,常以整修方式修复,对于整修无法修复的车身地板,在现有的国内修理能力下,应该考虑更换车身总成。

24. 车顶及内、外饰件的损失

严重的碰撞和倾覆会造成车顶损伤。

车顶的修复同发动机盖,只要能修复,原则上不予更换。内饰同车门内饰。落水槽饰条为铝合金外表做漆,损伤后一般应予以更换。

25. 后风窗玻璃及附件的损失

后风窗玻璃及附件的结构同前风窗玻璃。区别在于,前风窗玻璃为夹胶玻璃,而后风窗玻璃为带加热除霜的钢化玻璃。修理方法同前风窗玻璃。

26. 后翼子板及饰件的损失

后翼子板与前翼子板不同,后翼子板为结构件,按结构件方法处理。后备厢落水槽板、三角窗内板、挡泥板外板及挡泥板内板一般不予更换。后三角窗按风窗玻璃方法处理。后悬挂座按结构件方法处理。

27. 后搁板及饰件的损失

后搁板因碰撞基本上都能整形修复，此处如果达到不能整形修复的情况，说明车身已达到了更换的程度。后搁板面板用毛毡制成，一般不用更换。后墙盖板也很少破损，如果损伤则以更换为主。

现代汽车都安装高位刹车灯，高位刹车灯按前照灯方法处理。

28. 后桥及后悬挂的损失

后悬挂按前悬挂方法处理；后桥按副梁方法处理。

29. 后部地板、后纵梁及附件的损失

后纵梁按前纵梁方法处理，其他与车身底板处理方法相似。备胎盖在严重的追尾碰撞中会破损，以更换为主。

30. 行李厢盖及附件的损失

行李厢盖及附件按发动机盖及附件方法处理。

行李厢工具盒在碰撞中时常破损，评估时注意不要遗漏。后轮罩内饰、左侧内饰板、右侧内饰板碰撞一般不会损伤。

31. 后围及铭牌的损失

后围按发动机盖方法处理。铭牌损伤后以更换修复为主。

32. 雾灯的损失

按前照灯方法处理。

33. 后保险杠及附件的损失

按前保险杠方法处理。

根据车辆受损情况，可以从前到后，也可以从后到前，逐项确定。对于一些进口小客车汽车的受损情况，可以借助 MITGHELL 碰撞估价指南逐项确定。

第 5 章

二手车价值评估

5.1 二手车鉴定评估方法的选择

5.1.1 评估方法的区别与联系

1. 重置成本法与收益现值法

重置成本法与收益现值法的区别在于,前者是历史过程,后者是预期过程。重置成本法比较侧重对车辆过去使用状况的分析。尽管重置成本法中的更新重置成本是现时价格,但重置成本法中的其他因素都是基于对历史的分析,再加上对现时的比较后得出结论。如有形损耗就是基于被评估车辆的已使用年限和使用程度等来确定的。由此可见,如果没有对被评估车辆的历史判断和记录,那么运用重置成本法评估车辆的价值是不可能的。

与重置成本法比较,收益现值法的评估要素完全是基于对未来的分析。收益现值法不必考虑被评估车辆过去的情况怎样,也就是说,收益现值法从不把被评估车辆已使用年限和使用程度作为评估基础。收益现值法所考虑和侧重的是被评估对象未来能给予投资者带来多少收益。预期收益的测定,是收益现值法的基础。一般而言,预期收益越大,车辆的价值越大。

2. 重置成本法与现行市价法

理论上讲,重置成本法也是一种比较方法。它是将被评估车辆与全新车辆进行比较的过程,而且,这里的比较更侧重于性能方面。比如,评估一辆二手车时,首先要考虑重新购置一台全新的车辆时需花多少成本,同时还需进一步考虑二手车的陈旧状况和功能、技术情况。只有当这一系列因素充分考虑周到后,才可能给二手车定价。而上述过程都涉及与全新车辆的比较,否则就无法确定二手车的价格。

与重置成本法比较,现行市价法的出发点更多地表现在价格上。由于现行市价法比较侧重价格分析,因此对现行市价法的运用便十分强调市场化程度。如果市场很活跃,参照车辆很容易取得,那么运用现行市价法所取得的结论就会更可靠。现行市价法的这种比较性,相对于重置成本法而言,其条件更为广泛。

运用重置成本法时,也许只需有一个或几个类似的参照车辆即可。但是运用现行市价法时,必须有更多的市场数据。如果只取某一数据作比较,那么现行市价法所作的结论将肯定受到怀疑。

3. 收益现值法与现行市价法

如果说收益现值法与现行市价法存在某种联系,那么这一联系就是现行市价法与收益现值法的结合。通过把现行市价法和收益现值法结合起来评估车辆的价值,在二手车市场交易发达的国家应用得相当普遍。

从评估观点看,收益现值法中任何参数的确定,都具有人的主观性。因为预期收益、折现率等都是不可知的参数,也容易引起争议。但是这些参数在运用收益现值法评估车辆价值时必须明确,否则收益现值法就不能使用。然而,一旦从估计上来考虑收益现值法中的参数,那么这就涉及估计依据问题。对这样的问题,在市场发达的地方,解决的方式便是寻求参照车辆,通过选择参照车辆,进一步计量其收益折现率及预期年限,然后将这些参照车辆数据比较有效地运用到被评估车辆上,以确定车辆的价值。

把收益现值法和现行市价法结合起来使用,其目的在于降低评估过程中的人为因素,更好地反映客观实际,从而使车辆的评估更能体现市场观点。

4. 清算价格法与现行市价法

清算价格法与现行市价法都是基于现行市场价格确定车辆价格的方法。所不同的是,利用现行市价法确定的车辆价格,如果被出售者接受,而不被购买者接受,出售者有权拒绝交易。但利用清算价格法确定的清算价格,若不能被买方接受,清算价格就失去意义。这就使得利用清算价格进行的评估,完全是一种站在购买方立场上的评估,在某种程度上,这可以被认为是一种取悦于购买方的评估。

5. 折旧法和重置成本法

折旧法和重置成本法都是从二手车“损耗”的角度出发评价二手车价值的,但二者有很大区别,主要体现在以下几个方面:

(1) 规定使用年限与规定折旧年限的含义不同

规定使用年限不同于规定折旧年限。规定使用年限由《汽车报废标准》确定,是一个全国统一的标准;规定折旧年限是企业对某一类资产作出会计处理的统一标准,是一种高度政策化数字,对于该类资产中的每一项资产虽然具有普遍性、同一性和法定性,但不具有实际磨损意义上的个别性或特殊性。实际上,折旧年限表现为以下几个方面的特征:

1) 折旧年限是一个平均年限,对于同一类型中的任何一项资产均适用。

2) 它是在考虑损耗的同时,又考虑社会技术经济政策和生产力发展水平,有时甚至以它为经济杠杆,体现对某类资产鼓励或限制生产的政策。

3) 它是以同类资产中各项资产运转条件均相同的假定条件为前提的。这种情况下,同类型的资产,无论其所在地如何,维护情况、运行状况如何,均适用同一折旧年限。

4) 折旧年限是一个预计使用年限。预计使用年限是指固定资产预计经济使用年限,通常短于固定资产的物质使用年限。在预计时应同时考虑有形损耗和无形损耗,在科技进步迅猛的现代社会,产品更新换代快,无形损耗有时会大于有形损耗。因此,企业应结合本企业的具体经营规模和经营效益等情况,合理地确定固定资产的折旧年限。

在二手车估价中,鉴定估价人员可根据估价目的合理地确定折旧年限,一般可用《汽车报废标准》中规定的使用年限代替预计使用年限。

(2) 两者的损耗含义不同

折旧是由损耗决定的,但折旧并不完全是真正意义上的实际磨损,而是企业根据国家有关规定,结合本企业的具体经营规模和经营特点等情况,在确定的固定资产折旧年限内,分摊固定资产原值而计提的折旧额。根据《企业会计准则——固定资产》的规定,对入账的固定资产,不管企业使用与否都应计提折旧。因此,折旧是高度政策化了的损耗。

二手车实体有形损耗是指二手车在存放和使用过程中,由于自然力的作用而发生的损耗,是真正的实体磨损。

(3) 折旧额与实体性贬值意义不同

折旧额是会计账面上根据固定资产的原始价值和预计使用年限,按照选择的折旧方法合理地分摊固定资产的应提折旧总额。年限折旧法计算的折旧额与固定资产的实际使用强度没有联系。实体性贬值是由于实体磨损而带来的贬值,不同于折旧额,不能用账面上累计折旧额代替实体性贬值。实体性贬值可以通过折旧得到补偿。在车辆使用过程中,价值的运动依次经过价值损耗、价值转移和价值补偿,折旧作为转移价值,是在损耗的基础上确定的。

(4) 重置成本法中成新率的确定与折旧年限确定的基础损耗本身具有差异性

确定折旧年限的损耗包括有形损耗(实体性损耗)和无形损耗;而评估中确定成新率的损耗,包括实体性损耗、功能性损耗和经济性损耗。其中,功能性损耗只是无形损耗的一种形式,而不是无形损耗的全部。

优缺点:

1) 优点:计算方法简便,适用范围广泛。

2) 缺点:忽略了某些固定资产在不同期间使用的强度的不均衡性所导致不同期间固定资产有形损耗程度的差异。

5.1.2 评估方法的比较

1. 重置成本法

采用重置成本法的优点是,比较充分地考虑了车辆的损耗,评估结果更趋于公平合理。在不易计算车辆未来收益或难以取得市场参照车辆的条件下,可广泛地使用。采用重置成本法的缺点是工作量较大,且经济性损耗不易准确计算。

2. 收益现值法

采用收益现值法的优点是与投资决策相结合,容易被交易双方接受;能比较真实准确地反映车辆本金化的价格。采用收益现值法的缺点是预期收益额预测难度大,受主观判断和未来不可预知因素的影响较大。

3. 现行市价法

采用现行市价法的优点是能够客观地反映车辆目前的市场情况,其评估参数指标直接从市场上获得,评估值能反映市场的现实价格,评估结果易于被各方面理解和接受。采用现行市价法的缺点,是由于我国二手车交易市场的发育仍不完善,寻找参照车辆有一定困难。

4. 清算价格法

清算价格法仅限于在特定条件下使用。在我国,关于清算价格法的理论与实践,都有待进一步总结与完善。

5. 折旧法

1) 采用等速折旧法计提折旧,二手车的转移价值平均摊配于其使用年限中,它的优点是计算简单,容易理解。但是,随着二手车使用时间的推移,一方面,其磨损程度逐渐增加,使用后期的维修费支出将会高于使用前期的维修费支出，即使各个使用年度负担的折旧费相同，但各个使用年度的二手车使用成本（折旧费与维修费之和）也会不同。这种方法没有考虑二手车使用过程中相关支出摊配于各个使用年度的均衡性。另一方面，当代科学技术进步飞快，导致了二手车无形损耗（功能性损耗和经济性损耗）加快，等速折旧法没有反映这种损耗的摊配比例。

2）采用加速折旧法计提折旧，克服了等速折旧法的不足。因为这种方法前期计提的折旧费较多而维修费较少，后期计提的折旧费较少而维修费较多，一方面，保持了各个使用年度负担的二手车使用成本的均衡性；另一方面，也较多地反映了由于技术进步所带来的价值损耗客观实际。

5.1.3　评估方法的选用

1. 重置成本法的选用

重置成本法是二手车鉴定评估中一种常用方法，它适用于继续使用前提下的二手车鉴定评估。对在用车辆，可直接运用重置成本法进行评估，无须作较大的调整。在目前，我国二手车交易市场尚需进一步规范和完善，运用现行市价法和收益现值法的客观条件受到一定的制约；而清算价格法仅在特定的条件下才能使用。因此，重置成本法在二手车鉴定评估中得到了广泛的应用。

2. 收益现值法的选用

二手车的评估多数情况下采用重置成本法，但在某些情况下，也可运用收益现值法。运用收益现值法进行二手车鉴定评估的前提是被评估车辆具有独立的、能连续用货币计量的可预期收益。由于在车辆的交易中，人们购买的目的往往不在于车辆本身，而是车辆的获利能力。因此，该方法较适于从事营运的车辆。

3. 现行市价法的选用

现行市价法的运用首先必须以市场为前提，它是借助于参照车辆（该参照车辆与被评估车辆相同或相似）的市场成交价或变现价运作的。因此，一个发达活跃的二手车交易市场是现行市价法得以广泛运用的前提。

此外，现行市价法的运用还必须以可比性为前提。运用该方法评估车辆市场价值的合理性与公允性，在很大程度上取决于所选取的参照车辆的可比性。可比性包括两方面内容：

1）被评估车辆与参照车辆之间在规格、型号、用途、性能、新旧程度等方面应具有可比性。

2）参照车辆的交易情况（如交易目的、交易条件、交易数量、交易时间、交易结算方式等）与被评估车辆将要发生的情况具有可比性。

以上所述的市场前提和可比前提，既是运用现行市价法进行二手车鉴定评估的前提条件，也是对运用现行市价法进行二手车鉴定评估的范围界定。对于车辆的买卖，以车辆作为投资参股、合作经营，均适用现行市价法。

4. 清算价格法的选用

清算价格法适用于企业破产、抵押、停业清理时要售出的车辆。这类车辆必须同时满足以下三个条件，方可利用清算价格法进行出售：

1）具有法律效力的破产处理文件、抵押合同及其他有效文件为依据。

2）车辆在市场上可以快速出售变现。

3）清算价格足以补偿因出售车辆所付出的附加支出总额。

5. 折旧法评估的选用

由于折旧法采用的是经济使用年限,且可以采用加速折旧法计算二手车的价值转移,使二手车剩余价值相对比较小,这对二手车收购方来说是比较有利的。因此,折旧法比较适用于二手车的收购。

5.2 二手车成新率的确定

成新率是反映二手车新旧程度的指标。二手车成新率是表示二手车的功能或使用价值占全新机动车的功能或使用价值的比率,也可以理解为二手车的现时状态与机动车全新状态的比率。成新率与贬值率是反映同一辆汽车的两个方面,贬值率包括实体性贬值率、功能性贬值率和经济性贬值率。成新率与贬值率之间的关系是:

$$成新率 = 1 - 贬值率$$

成新率是重置成本法评估汽车价值的核心。如何科学、准确地确定成新率是二手车评估中的重点和难点。因为成新率的确定不仅需要根据一定的客观资料和检测手段,而且在很大程度上依靠评估人员的学识和经验来进行判断。目前,在二手车的鉴定评估中,成新率的计算方法主要有使用年限法、行驶里程法、整车观测法、部件鉴定法、综合系数调整法、保值率调整法和综合分析法等。

5.2.1 使用年限法

使用年限法是通过确定被评估二手车的尚可使用年限与规定使用年限的比值来确定二手车成新率的一种方法。使用年限法确定成新率的常用方法有等速折旧法和加速折旧法两种,其中加速折旧法包括年份数求和法和双倍余额递减法。

1. 机动车规定使用年限和已使用年限

(1) 规定使用年限

车辆规定使用年限是指《汽车报废标准》中对被评估车辆规定的使用年限。各种类型汽车规定使用年限应按1997年出台的《汽车报废标准》和2001年3月1日国家发布的《关于调整汽车报废标准若干规定的通知》的规定执行。各类汽车规定使用年限见表5.1。

表5.1 汽车报废标准规定使用年限表

车辆类型和用途					使用年限
载客车	营运	出租	小型、微型(含轿车)		8年
			中型		8年
			大型	19座及以下	8年
				19座及以上	8年,可延4年
		旅游			10年,可延10年
		其他			10年,可延5年
	非营运	小型、微型(含轿车)			15年,可延
		大、中型			10年,可延10年

续表

车辆类型和用途		使用年限
载货车	微型	8 年
	重、中、轻型	10 年，可延 5 年
专项作业车	矿山专用作业车	8 年，可延
	其他专用作业车	10 年，可延

(2) 已使用年限

使用年限是代表汽车运行量和工作量的一种计量，这种计量是以汽车正常使用为前提的，包括正常的使用时间和使用强度。对于汽车这种商品来说，它的经济使用寿命指标有规定使用年限和规定行驶里程数作为运行量的计量单位。从理论上讲，综合考虑已使用年限和行驶里程数要符合实际，汽车的已使用年限应采用折算年限，即

$$\text{折算年限}=\frac{\text{总的累计行驶里程}}{\text{年平均行驶里程}}$$

这种使用年限表示方法既反映了汽车的使用情况（管理水平、使用水平、保养水平）、使用强度，又包括了运行条件和某些停驶时间较长的汽车的自然损耗。但在实践操作中，很难找到总的累计行驶里程和年平均行驶里程这一组数据，所以已使用年限一般取汽车从新车在公安交通管理机关注册登记之日起至评估基准日的时间，这个时间可以以年、月或日为计算单位。实际计算中，通常在使用等速折旧时，将已使用年限和规定使用年限换算成月数，在使用加速折旧时，已使用年限和规定使用年限按年数计算，不足一年部分按十二分之几折算。

(3) 使用年限法的前提条件

使用年限法计算成新率的前提条件是车辆在正常使用条件下，按正常使用强度（年平均行驶里程）使用。我国各类汽车年平均行驶里程见表 5.2。

表 5.2　我国各类汽车年平均行驶里程表

汽车类别	年平均行驶里程/万公里	汽车类别	年平均行驶里程/万公里
微型、轻型货车	3～5	租赁车	5～8
中型、重型货车	6～10	旅游车	6～10
私家车	1～3	中、低档长途客运车	8～12
出租车	10～15	高档长途客运车	15～25
公务、商务用车	3～6		

汽车按年限折旧一般采取加速折旧的方法，而不采取等速折旧的方法。二手车的市场价格也呈加速折旧的态势，通常来说，25 万元以上的汽车采用年份数求和法较好，25 万元以下的汽车采用双倍余额递减法较好。

2. 等速折旧法估算成新率

等速折旧法又称直线折旧法或平均折旧法。等速折旧法是指用车辆的原值除以车辆使用年限,以求得每年平均折旧额的方法。采用等速折旧法估算二手车成新率的计算公式为

$$C_d = \left(1 - \frac{Y}{G}\right) \times 100\% \tag{5-1}$$

式中 C_d——等速折旧法成新率;

G——车辆规定使用年限;

Y——车辆已使用年限。

例5-1 某辆私家车已使用4年,试用等速折旧法计算其成新率。

解:按国家汽车报废标准,非营运9座以下客车的规定使用年限为15年,即 $G=15, Y=4$,则该车的成新率为

$$C_d = \left(1 - \frac{Y}{G}\right) \times 100\% = \left(1 - \frac{4}{15}\right) \times 100\% = 73\%$$

例5-2 某辆旅游大巴客车已使用3年6个月,试用等速折旧法计算其成新率。

解:按国家汽车报废标准,该车的规定使用年限为10年,即 $G=10$ 年 $=120$ 个月, $Y=3$ 年6个月 $=42$ 个月,则该车的成新率为:

$$C_d = \left(1 - \frac{Y}{G}\right) \times 100\% = \left(1 - \frac{42}{120}\right) \times 100\% = 65\%$$

3. 加速折旧法估算成新率

对于二手车折旧,除了采用直线折旧法外,还采用加速折旧法,加速折旧法中年份数求和法和双倍余额递减法应用最广。

(1) 年份数求和法

年份数求和法是指每年的折旧额可用车辆原值减去残值的差额乘一个逐年变化的递减系数来确定的一种方法。年份数求和法估算二手车成新率的计算公式为

$$C_f = \left[1 - \frac{2}{G(G+1)} \sum_{n=1}^{Y} (G+1-n)\right] \times 100\% \tag{5-2}$$

或

$$C_f = \frac{\sum_{n=1}^{G-Y} n}{\sum_{n=1}^{G} n} \times 100\% \tag{5-3}$$

式中 C_f——年份数求和法成新率。

对于不足一年部分,应按十二分之几折算,而不应化为月份计算。如已使用 a 年 b 个月的计算公式为

$$C_{(a,b)} = \left(C_a - \frac{C_a - C_{a+1}}{12}\right) \times b \tag{5-4}$$

例5-3 某辆出租车,已使用5年,试用年份求和法计算其成新率。

解:按国家汽车报废标准,该车的规定使用年限为8年,即 $G=8, Y=5$,则该车的成新率为

$$C_f=\left[1-\frac{2}{G(G+1)}\sum_{n=1}^{Y}(G+1-n)\right]\times 100\%$$
$$=\left[1-\frac{2}{8\times 9}\sum_{n=1}^{5}(8+1-n)\right]\times 100\%$$
$$=\left[1-\frac{2}{72}\sum_{n=1}^{5}(8+1-n)\right]\times 100\%$$
$$=\left[1-\frac{2}{72}\times 30\right]\times 100\%\approx 16.7\%$$

或

$$C_f=\frac{\sum_{n=1}^{G-Y}n}{\sum_{n=1}^{G}n}\times 100\%=\frac{\sum_{n=1}^{3}n}{\sum_{n=1}^{8}n}\times 100\%=\frac{6}{36}\times 100\%\approx 16.7\%$$

例 5-4 某辆货车已使用 4 年 8 个月,试用年份求和法计算其成新率。

解:按国家汽车报废标准,该车的规定使用年限为 10 年,即 $G=10$,$Y=4$ 年 8 个月。由于有不足一年的月份,成新率分两步计算。

已使用 4 年的成新率为

$$C_f=\left[1-\frac{2}{G(G+1)}\sum_{n=1}^{Y}(G+1-n)\right]\times 100\%=\left[1-\frac{2}{10\times 11}\sum_{n=1}^{4}(10+1-n)\right]\times 100\%=38.2\%$$

已使用 5 年的成新率为

$$C_f=\left[1-\frac{2}{G(G+1)}\sum_{n=1}^{Y}(G+1-n)\right]\times 100\%=\left[1-\frac{2}{10\times 11}\sum_{n=1}^{5}(10+1-n)\right]\times 100\%=27.3\%$$

则已使用 4 年 8 个月的成新率为

$$C_{(4,8)}=C_4-\frac{C_4-C_5}{12}\times 8=38.2\%-\frac{38.2\%-27.3\%}{12}\times 8=30.9\%$$

(2) 双倍余额递减法

余额递减折旧法是指任何年的折旧额用现有车辆原值乘以在车辆整个寿命期内恒定的折旧率,接着用车辆原值减去该年折旧额作新的原值,下一年重复这一做法,直到折旧总额分摊完毕。在余额递减中所使用的折旧率通常大于直线折旧率,当使用的折旧率为直线折旧率的两倍时,称为双倍余额递减法。双倍余额递减法计算二手车成新率的计算公式为

$$C_s=\left(1-\frac{2}{G}\right)^{Y}\times 100\% \tag{5-5}$$

或

$$C_s=\left[1-\frac{2}{G}\sum_{n=1}^{Y}\left(1-\frac{2}{G}\right)^{n-1}\right]\times 100\% \tag{5-6}$$

式中 C_s——双倍余额递减法成新率。

同样,在使用双倍余额递减法时,已使用年限和规定使用年限按年数计算,不足一年部分按十二分之几折算。

运用使用年限法估算二手车成新率需注意的问题：

1）使用年限是代表车辆运行或工作量的一种计量，这种计量是以车辆正常的使用时间和正常的使用强度为前提的。

2）在当今汽车技术更新日新月异的市场环境下，汽车的实际折旧呈加速状态，等速折旧法不能很好地反映汽车实际折旧水平，应慎用等速折旧法计算二手车成新率。

3）使用年限法方法简单，容易操作，一般用于价值不高的二手车评估。

例 5－5 某租赁公司欲转让一台捷达轿车，该车初次登记日期为 1999 年 3 月，评估基准时是 2004 年 3 月。请分别用等速折旧法、年份数求和法和双倍余额递减法计算成新率。

解：该车已使用年限（Y）为 5 年，由于是租赁车，则其规定使用年限为 10 年①。

（1）等速折旧法计算的成新率

$$C_{\mathrm{d}} = \left(1 - \frac{Y}{G}\right) \times 100\%$$

$$= \left(1 - \frac{5}{10}\right) \times 100\%$$

$$= 50\%$$

（2）年份数求和法计算的成新率

$$C_{\mathrm{f}} = \left[1 - \frac{2}{G(G+1)}\sum_{n=1}^{Y}(G+1-n)\right] \times 100\%$$

$$= \left[1 - \frac{2}{10 \times (10+1)}\sum_{n=1}^{5}(10+1-n)\right] \times 100\%$$

$$= \left\{1 - \frac{2}{10 \times 11}\left[(10+1-1) + (10+1-2) + (10+1-3) + (10+1-4) + (10+1-5)\right]\right\} \times 100\%$$

$$= 27.3\%$$

（3）双倍余额递减法计算的成新率

$$C_{\mathrm{s}} = \left[1 - \frac{2}{G}\sum_{n=1}^{Y}\left(1 - \frac{2}{G}\right)^{n-1}\right] \times 100\%$$

$$= \left[1 - \frac{2}{10}\sum_{n=1}^{5}\left(1 - \frac{2}{10}\right)^{n-1}\right] \times 100\%$$

$$= \left\{1 - \frac{1}{5} \times \left[\left(1 - \frac{1}{5}\right) + \left(1 - \frac{1}{5}\right)^{1} + \left(1 - \frac{1}{5}\right)^{2} + \left(1 - \frac{1}{5}\right)^{3} + \left(1 - \frac{1}{5}\right)^{4}\right]\right\} \times 100\%$$

$$= 32.8\%$$

注：有的省市租赁车规定使用年限为 8 年，有的省市规定为 10 年。

5.2.2 行驶里程法

行驶里程法是通过确定被评估二手车尚可行驶的里程数与规定行驶里程数的比值来确定二手车成新率的一种方法。以下介绍等速折旧法和 54321 法两种方法。

1. 等速折旧法

$$C_{\mathrm{L}} = \left(1 - \frac{S_{\mathrm{Y}}}{S_{\mathrm{G}}}\right) \times 100\% \tag{5-7}$$

式中 C_L——行驶里程成新率；

S_Y——累计行驶里程，km；

S_G——规定行驶里程，km。

此公式使用的前提是，车辆的使用强度大，累计行驶里程超过年平均行驶里程。

我国各类汽车年平均行驶里程见表5.2。

车辆规定行驶里程是指《汽车报废标准》中规定的该车型的行驶里程。各种类型汽车规定行驶里程应按1997年出台的《汽车报废标准》和1998年《关于调整轻型载货汽车报废标准及其补充规定》的规定执行。各类汽车规定行驶里程见表5.3。

表5.3 各类汽车规定行驶里程

汽车类别	行驶里程/万千米
轻、微载货汽车（含越野型）	40
矿山作业专用车	30
重、中型载货汽车（含越野型）	40
特大、大、中、轻、微型客车（含越野型）、轿车	50
其他车辆	45

行驶里程更真实地反映了二手车使用强度及使用过程中实际的物理损耗。它反映了二手车使用强度对其成新率的影响，总的行驶里程越大，车辆的实际有形损耗也越大。

由于汽车里程表容易被人为更改，因此，在实际应用中，要确保车辆里程表的记录必须是原始的，可以参考车辆维护手册记录的实际里程。

2. 54321法

我们规定一部车的有效寿命为30万千米，将其分为5段，每段6万千米，每段价值依序为新车价值的5/15、4/15、3/15、2/15、1/15。

假设新车价值为20万元，已行驶12万千米，那么该车还值多少钱呢？

$$20\text{万元}\times(3+2+1)\div15=8\text{万元}$$

由于简单易行，又不需要专业知识，54321法适用于正常使用的非事故车辆，特别是家用轿车的快速估价，但评估的结果不够正确，还需与其他方法配合使用。

5.2.3 整车观测法

整车观测法是指评估人员采用人工观察的方法，辅以简单的仪器检测，判定被评估二手车的技术等级以确定成新率的一种方法。整车观测法观察和检测的技术指标主要有二手车的现时技术状况、使用时间及行驶里程、主要故障经历及大修情况、整车外观和完整性等。二手车技术状况分级及对应的成新率参见表5.4。

表 5.4 二手车成新率评估参考表

车况等级	新旧情况	有形损耗率/%	技术状况描述	成新率/%
1	使用不久	0~10	刚使用不久,行驶一般在 30 000~50 000 km,在用状态良好,能按设计要求正常使用	100~90
2	较新车	11~35	使用一年以上,行驶 150 000 km 左右,一般没有经过大修,在用状态良好,故障率低,可随时出车使用	89~65
3	旧车	36~60	使用4~5年,发动机或整车经过一次大修,大修较好地恢复原设计性能,在用状态良好,外观受损,恢复情况良好	64~40
4	老旧车	61~85	使用5~8年,发动机经过两次大修,动力性能、经济性能、工能可靠性能都有所下降,外观油漆脱落受损、金属件锈蚀程度明显。故障率上升,维修费用、使用费用明显上升。但车辆符合《机动车安全技术条件》,在用状态一般或较差	39~15
5	待报废处理车	86~100	基本到达或到达使用年限,通过《机动车安全技术条件》检测,能使用但不能正常使用,动力性、经济性、可靠性下降,燃料费、维修费、大修费用增长速度快,车辆收益与支出基本持平,排放污染和噪声污染到达极限	15以下

5.2.4 部件鉴定法

部件鉴定法是在确定二手车各组成部分技术状况的基础上,按其组成部分对整车的重要性和价值量的大小来加权评分,最后确定成新率的一种方法。采用部件鉴定法估算二手车成新率的计算公式为

$$C_{\mathrm{B}} = \sum_{i=1}^{n} \alpha_i \beta_i \qquad (5-8)$$

式中 C_{B}——部件鉴定法成新率;

α_i——第 i 项部件的成新率;

β_i——第 i 项部件的权重。

部件鉴定法确定成新率的基本步骤如下:

1)先将车辆分成如表 5.5 所述几个部分的总成部件,再根据各总成部件的建造成本与车辆建造成本的比重,按一定百分比确定权重。

2)以全新车辆对应的功能标准为满分 100 分,其功能完全丧失为 0 分,再根据各总成、部件的技术状况估算各总成部件的成新率。

3）将各总成部件的成新率与权重相乘，即得到各总成部件的权分成新率。

4）最后将各总成部件权分成新率相加，即得被评估车辆的成新率。

表 5.5 机动车总成、部件价值权重分配

总成名称	权重/%		
	轿车	客车	货车
发动机及离合器总成	25	28	25
变速器及传动轴总成	12	10	15
前桥及转向器前悬架总成	9	10	15
后桥及后悬架总成	9	10	15
制动系统	6	5	5
车架总成	0	5	6
车身总成	28	22	9
电气仪表系统	7	6	5
轮胎	4	4	5

用部件鉴定法计算加权成新率时，部件成新率的取值一般不能超过采用公式计算得出的整车成新率。

运用部件鉴定法估算二手车成新率应注意根据车辆各部分价值量占整车价值的比重，调整各部分的权重。但车辆各组成部分权重一般难以掌握，特别是各车型及各种品牌，其车辆各组成部分权重也是不同的，因此它费时费力。但评估值更接近客观实际，可信度高。它既考虑了二手车实体性损耗，同时也考虑了二手车维修换件会增大车辆的价值。这种方法一般用于价值较高的二手车评估。

5.2.5 综合系数调整法

综合系数调整法是以使用年限法为基础，再综合考虑影响二手车价值的多种有形因素，以系数调整确定成新率的一种方法，其计算公式为：

$$C_Z = C_d \times K \times 100\% \tag{5-9}$$

式中 C_Z——综合系数调整法成新率；

C_d——等速折旧法成新率；

K——综合调整系数。

1. 综合调整系数 *K*

综合调整系数采用下述两种方法确定。

1）车辆无需进行项目修理或换件的，可采用表 5.6 推荐的综合调整系数，用加权平均的方法进行微调。

2）车辆需要进行项目修理或换件的，或需进行大修的，综合考虑表 5.6 列出的影响因素，可采用“一揽子”评估方法确定一个综合调整系数。

表5.6 二手车成新率综合调整系数

影响因素	因素分级	调整系数	权重/%
	好	1.0	
	较好	0.9	
技术状况	一般	0.8	30
	较差	0.7	
	差	0.6	
	好	1.0	
维护	一般	0.9	25
	较差	0.8	
	进口车	1.0	
制造质量	国产名牌车	0.9	20
	走私罚没车、国产非名牌车	0.7	
	私用	1.0	
工作性质	公务、商务	0.9	15
	营运	0.7	
	较好	1	
工作条件	一般	0.9	10
	较差	0.8	

影响二手车成新率的主要因素有车辆技术状况、车辆使用和维修状态、车辆原始制造质量、车辆工作性质、车辆工作条件等五个方面。为此，综合调整系数由五个方面构成，即

$$K = K_1 \times 30\% + K_2 \times 25\% + K_3 \times 20\% + K_4 \times 15\% + K_5 \times 10\% \tag{5-10}$$

式中 K_1——车辆技术状况调整系数；

K_2——车辆使用和维护状态调整系数；

K_3——车辆原始制造质量调整系数；

K_4——车辆工作性质调整系数；

K_5——车辆工作条件调整系数。

2. 各调整系数的选取

(1) 车辆技术状况调整系数 K_1

车辆技术状况调整系数是基于对车辆技术状况鉴定的基础上对车辆进行的分级，然后取调整系数来修正车辆的成新率，技术状况调整系数取值范围为0.6~1.0，技术状况好的取上限，反之取下限。

(2) 车辆使用和维护状态调整系数 K_2

它反映使用者对车辆使用、维护的水平，不同的使用者对车辆使用、维护的实际执行情况差别

较大,因而直接影响到车辆的使用寿命和成新率,使用和维护状态调整系数取值范围为0.8~1.0。

(3) 车辆原始制造质量调整系数 K_3

确定该系数时,应了解车辆是国产的还是进口的以及进口国别,是国产的应了解是名牌产品还是一般产品。一般来说,国家正规手续进口的车辆质量优于国产车辆,名牌产品优于一般产品,但又有较多例外,故在确定此系数时应较慎重。对依法没收领取牌证的走私车辆,其制造质量系数建议视同国产名牌产品考虑。制造质量调整系数取值范围在0.7~1.0。

(4) 车辆工作性质调整系数 K_4

车辆工作性质不同,其繁忙程度不同,使用强度亦不同。把车辆工作性质分为私人工作和生活用车,机关企事业单位的公务和商务用车,从事旅客、货运、城市出租的营运用车。以普通小轿车为例,一般来说,私人工作和生活用车每年最多行驶约2.5万千米;公务、商务用车每年不超过4万千米;而营运出租车每年行驶有些高达12万千米。可见工作性质不同,其使用强度差异很大,车辆工作性质调整系数取值范围为0.7~1.0。

(5) 车辆工作条件调整系数 K_5

我国地域辽阔,各地自然条件差别很大,车辆的工作条件对其成新率影响很大。把工作条件分道路条件和特殊使用条件。

① 道路条件。道路条件可分为好路、中等路和差路三类。

好路是指国家道路等级中的高速公路,一、二、三级道路,好路率在50%以上。

中等路是指符合国家道路等级的四级道路,中等路占30%~50%。

差路是指国家等级以外的路,差路率在30%以上。

② 特殊使用条件。特殊使用条件主要指特殊自然条件,包括寒冷、沿海、风沙、山区等。

根据上述工作条件可适当取值,车辆长期在道路条件为好路和中等路行驶时,工作条件调整系数分别取1和0.9;车辆长期在差路或特殊使用条件下工作,其系数取0.8。

从上述影响因素中可以看出,各影响因素关联性较大。一般来说,其中某项影响因素加强时,其他项影响因素也随之加强,反之则减弱。影响因素作用加强时,对其综合调整系数不要随影响作用加强而随之无限加大,一般综合调整系数取值不要超过1。

3. 其他因素对成新率的影响

(1) 车辆大修

一辆机动车经过一段时间的使用后(或停用,受自然力的影响)会产生磨损,对磨损的补偿就是修理,当某零部件完全丧失功能而又无法修理时,必须换件以恢复其功能作用。当车辆主要总成的技术状况下降到一定程度时,需要用修理或更换车辆零部件的方法,以恢复车辆的动力性、经济性、工作可靠性和外观的完整美观性,这样对车辆的追加投入从理论上讲,增加了车辆的使用寿命,因此,对成新率的估算值可适当增加。但是在实际使用和维修中存在许多不足之处:一是使用者对车辆的技术管理水平低,不清楚自己车辆的实际技术状况,而不能做到合理送修、适时大修;二是社会上有些维修企业,维修设备落后,维修安装技术水平差;三是有些配件质量差。因此,经过大修的车辆不一定都能很好地恢复车辆使用性能,例如,老旧的国产车辆刚完成大修,即使很好地恢复了其使用性能,但其耐久性一般很差;一些高档进口车辆经过大修以后,不仅难以恢复原始技术状况,而且有扩大故障的可能性。因此,对于重置成本在7万元以下的旧车或老旧车辆,一般不考虑其大修对成新率的增加问题;对于重置成本在7万元~25万元之间的车辆,凭车主提供的车辆大修结算单等资料可适当考虑增加成新率的估算值;对于25万元以上的进口车,或国产高档车,凭车主提供的车辆大修或一般维修换件的结算单等资料,分析车辆受托维修厂家的维修设备、维修技术水平、配件来源等情况,或者对车辆进行实体鉴定,考查维修对车辆带来的正面作用或者可能出现的负面影响,从而酌情决定是否增加成新率的估算值。

(2) 重大事故

重大事故通常是指车辆因碰撞、倾覆而造成车辆主要结构件的严重损伤,尤其是承载式车身的车辆发生过重大事故后,往往存在严重的质量缺陷,并且不易修复,对其价值有重大影响,必须非常重视。因此,出现重大事故的二手车应给予一定的折扣率。

例5-6 某人于2007年花8.5万元购置了一辆普通型桑塔纳轿车作为个人使用,于2011年6月,在某市二手车交易市场交易,评估人员检查发现,该发动机排量1.8升,初次登记为2007年12月,基本作为个人市内交通使用,累计行驶里程为7万多千米。保养一般,路试车况较好。2011年6月,该车市场新车价为7.5万元,请用综合系数调整法,计算其成新率。

解:

已使用年限:3年6个月=42个月,即$Y=42$。

规定使用年限:15年,即180个月,则$G=180$。

该车路试车况较好,取车辆技术状况调整系数$K_1=1.0$;保养一般,取车辆使用与维护状态调整系数$K_2=0.9$;桑塔纳轿车为国产名牌车,取车辆原始制造质量调整系数$K_3=0.9$;该车为私人用车,且累计行驶里程为7万多千米,则取车辆工作性质调整系数$K_4=1.0$;该车为个人市内交通使用,取车辆工作条件调整系数$K_5=0.9$。

则综合调整系数为:

$$K = K_1\times 30\% + K_2\times 25\% + K_3\times 20\% + K_4\times 15\% + K_5\times 10\%$$
$$= 1.0\times 30\% + 0.9\times 25\% + 0.9\times 20\% + 1.0\times 15\% + 0.9\times 10\% = 0.945$$

该车的综合系数调整法成新率为:

$$C_Z = \left(1-\frac{Y}{G}\right)\times K\times 100\%$$
$$= \left(1-\frac{42}{180}\right)\times 0.945\times 100\%$$
$$= 72.45\%$$

5.2.6 保值率调整法

车辆保值率是贯穿一款车生命周期的价值曲线,反映了这个车型或品牌在市场流通中所呈现的价格变动情况和价值折减程度,是该车型受其生产商实力、车辆性能、品牌形象、品牌认知度、品牌美誉度、品牌市场份额(保有量)、使用可靠性、配件价格、维修成本等多种因素综合作用的市场价值判断尺度。但是保值率只能体现某一款车的价值情况,而非某一辆车。对于具体的一辆二手车,还有行驶情况、保养情况等各种不同因素,因此把保值率与重置成本法结合应用能够使得二手车的估价更加趋于合理。

当然这个方法也有一定的局限性,一方面是保值率统计只有五年时间,而且入榜的款式也有限，对于一些偏门的比较少见的汽车不能应用此方法。

保值率调整法成新率的计算公式

$$成新率 = (计算成新率 + 保值率)/2 \tag{5-11}$$

1. 计算成新率的确定

由于使用年限法计算成新率只是考虑了时间对于车辆的影响，显然不够全面；而行驶里程法只考虑了空间对于车辆的影响，没有体现汽车的"新旧"程度。

因此把时间和空间各自考虑50%，也就是结合使用年限法和行驶里程法，再综合考虑二手车的实际技术状况、保养情况、原车制造情况、二手车用途及使用条件等多种因素对二手车价值的影响，乘一个综合系数调整法中的综合调整系数 K，最终得到计算成新率 C。

2. 保值率的确定

在2011年上海国际车展上，中国国际贸易促进委员会汽车行业委员会联合第一车网第一次发布了《中国乘用车保值率》，数据是经过多年的调研和收集获得的，可以在第一车网上查询得出，见表5.7、表5.8。实际上，保值率最根本的来源是二手车在市场上的价格所决定的，因此把保值率应用于二手车的估价是一种逆向操作。

表5.7　A级车保值率排名

车龄	1年			2年			3年			4年			5年		
排名	品牌	系列	保值率	品牌	系列	保值率	品牌	系列	保值率	品牌	系列	保值率	品牌	系列	保值率
排名1	Polo-两厢	1.6系列	86.09%	速腾	1.4T手动	79.55%	Polo劲取	1.6手动	72.89%	速腾	1.6手动	61.85%	骏捷	1.6手动	56.28%
排名2	速腾	1.4T手动	84.87%	速腾	1.4T手自一体	79.53%	朗逸	2.0手自一体	71.70%	速腾	1.6手自一体	61.48%	捷达	1.6自动	55.00%
排名3	Polo劲取	1.6手动	84.35%	捷达	1.6手动	77.26%	Polo劲取	1.6手自一体	71.49%	捷达	1.6自动	61.21%	宝来HS-两厢	1.6自动	54.18%
排名4	速腾	1.4T手自一体	84.31%	朗逸	2.0手自一体	76.38%	朗逸	2.0手动	68.73%	捷达	1.6手动	61.16%	宝来HS-两厢	1.8发动机	53.90%
排名5	宝来-三厢	2.0自动	83.22%	速腾	1.6手动	75.24%	速腾	1.6手动	67.69%	宝来HS-两厢	1.6自动	61.16%	骏逸	1.8自动	53.32%
排名6	速腾	1.6手自一体	83.17%	速腾	1.6手自一体	75.15%	速腾	1.6手自一体	67.52%	宝来HS-两厢	1.8系列	59.96%	宝来HS-两厢	1.6手动	52.97%
排名7	速腾	1.6手动	82.96%	景程	1.8手自一体	74.52%	荣威550	1.8手自一体	67.35%	宝来HS-两厢	1.6手动	59.42%	高尔	1.6手动	52.15%

续表

车龄 排名	1年			2年			3年			4年			5年		
	品牌	系列	保值率	品牌	系列	保值率	品牌	系列	保值率	品牌	系列	保值率	品牌	系列	保值率
排名8	宝来-三厢	2.0手动	82.05%	Polo劲取	1.6手动	74.33%	锋范	1.8自动	66.96%	宝来-三厢	1.6手动	59.27%	福美来	1.6手动	52.05%
排名9	景程	1.8手自一体	81.38%	高尔夫	1.4T手自一体	73.82%	朗逸	1.6手动	66.95%	明锐	1.8手自一体	57.90%	捷达	1.6手动	50.55%
排名10	朗逸	2.0手自一体	81.24%	景程	1.8手动	73.44%	捷达	1.6自动	66.86%	骏逸	1.8自动	57.46%	凯越	1.8手动	50.08%

表5.8 B级车保值率排名

车龄 排名	1年			2年			3年			4年			5年		
	品牌	系列	保值率	品牌	系列	保值率	品牌	系列	保值率	品牌	系列	保值率	品牌	系列	保值率
排名1	速腾	1.8T手自一体	87.88%	奥迪A4L	1.8T无级变速	80.07%	领驭	1.8T手自一体	74.56%	天籁	2.3发动机	65.20%	凯美瑞	2.0自动	59.52%
排名2	奥迪A4L	1.8T无级变速	86.94%	速腾	1.8T手自一体	79.30%	领驭	2.0自动	71.47%	锐志	2.5手自一体	64.90%	天籁	2.3发动机	58.90%
排名3	雪铁龙C5	2.3手自一体	85.43%	睿翼	2.0手自一体	78.03%	雅阁	2.4自动	71.43%	雅阁	2.0手动	63.71%	雅阁	2.0手动	56.36%
排名4	大众CC	2.0手自一体	84.81%	奥迪A4L	2.0T无级变速	77.38%	领驭	1.8手动	71.38%	戈蓝	2.4手自一体	63.15%	领驭	2.0手动	56.33%
排名5	迈腾	1.4T手自一体	84.49%	戈蓝	2.4手自一体	76.19%	锐志	2.5手自一体	70.79%	凯美瑞	2.4手自一体	62.82%	戈蓝	2.4手自一体	56.12%
排名6	奥迪A4L	2.0T无级变速	83.28%	锐志	2.5手自一体	75.92%	领驭	2.0手动	70.08%	雅阁	2.4自动	62.46%	领驭	2.0自动	55.82%
排名7	宝马3系	318系列	83.09%	领驭	2.0手动	75.66%	雅阁	2.0自动	69.90%	凯美瑞	2.0自动	62.34%	雅阁	2.0自动	55.81%
排名8	戈蓝	2.4手自一体	82.31%	速腾	1.8T手动	75.50%	奥迪A4	1.8T无级变速	69.76%	名爵7系	1.8T发动机	62.09%	宝马3系	320系列	55.69%

续表

车龄 排名	1年			2年			3年			4年			5年		
	品牌	系列	保值率	品牌	系列	保值率	品牌	系列	保值率	品牌	系列	保值率	品牌	系列	保值率
排名9	睿翼	2.0手自一体	82.11%	雪铁龙C5	2.3手自一体	75.37%	雅阁	2.0手动	69.69%	迈腾	2.0手动	61.83%	轩逸	2.0无级变速	54.73%
排名10	锐志	2.5手自一体	80.41%	领驭	2.0自动	74.96%	天籁	2.0无级变速	68.57%	领驭	2.0手动	61.48%	奥迪A4	2.0T无级变速	54.65%

3. **实例分析**

一家二手车公司出售一辆2008年10月份注册的帕萨特2.0轿车,该车技术等级评定为2级,无重大事故痕迹。该车外表有少数划痕无须进行修理,保养好,路试车况好,行驶里程4万千米。评估师给出的报价是13万元。

(1) 车辆基本信息

车型:上海大众帕萨特2.0　　燃油种类:汽油

登记日期:2008年10月　　已使用年限:3年

行驶里程:40 000 km　　车辆用途:私用

汽车排放:符合国家排放标准要求　　车辆维护:好

事故经历:无　　评估价格:130 000元

(2) 静态检查

① 座舱内部装饰清洁整齐,座椅皮面保养较好,电气部件工作良好。

② 发动机舱内布置整齐合理。

③ 左前翼子板有少数细微划痕,但不影响整体外观,前后保险杠有轻微碰伤痕迹。

(3) 动态检查

车辆起动后比较安静,无抖动现象。

(4) 成新率的确定及价值评估

重置成本的确定:重置成本为评估基准日的市场价,则重置成本 $B = 18.25$ 万元。

登记日期为2008年10月,评估基准日为2011年6月,则已使用年限为32个月,规定使用年限为180个月。使用年限法成新率 $C_1 = 1 - 32/180$。

另外行驶里程为4万千米,按照54321法,行驶里程法成新率为:$C_2 = 4/15 + 3/15 + 2/15 + 1/15 = 2/3$。

综合调整系数 K 的确定:根据技术鉴定情况

① 该车技术状况较好,车辆技术状况调整系数 $K_1 = 0.9$;

② 使用、维护保养好,使用和维护状态调整系数 $K_2 = 1.0$;

③ 帕萨特是国产名牌车,原始制造质量调整系数 $K_3 = 0.9$;

④ 该车为私人使用,车辆工作性质调整系数 $K_4 = 1.0$;

⑤ 该车主要在市内行驶,使用条件好,工作条件调整系数 $K_4 = 1.0$。

综合调整系数为

$$K = K_1 \times 30\% + K_2 \times 25\% + K_3 \times 20\% + K_4 \times 15\% + K_5 \times 10\%$$
$$= 0.9 \times 30\% + 1.0 \times 25\% + 0.9 \times 20\% + 1.0 \times 15\% + 1.0 \times 10\%$$
$$= 0.95$$

计算成新率 $C_j = (C_1 + C_2)/2 \times K \times 100\%$

$$= 70.7\%$$

查阅保值率排名(见附录),3年的帕萨特保值率 λ 为71.47%。

该车的保值率调整法成新率为

$$C_{BT} = \frac{C_j + \lambda}{2} = \frac{70.7\% + 71.47\%}{2} = 71.09\%$$

评估值 = 重置成本 × 保值率调整法成新率

$$P = 18.25\text{万元} \times 71.09\% = 12.97\text{万元}$$

结论:评估值12.97万元与评估师给出的13万元相差无几,可见这个评估方法是有效的。

5.2.7 综合分析法

1. 综合分析法1

本方法是以资产折旧理论和信号传递理论为基础,运用层次分析法,考虑二手车评估的实际情况并加入一些现实的指标,确定二手车基础成新率;在综合考虑了影响评估价格的车辆技术性能因素和综合因素的前提下,以调整系数形式对基础成新率进行了改进,得到基础成新率与两项调整系数的乘积即为二手车综合成新率。

(1) 基础成新率的确定

1) 对于无法确定已行驶里程的二手车,根据固定资产折旧方法,折旧率为15%,再以使用年限作为基本参数,运用已使用年限和规定使用年限,算出逐年变化的递减系数,然后将此系数求和,再通过计算公式来确定二手车的基础成新率。

逐渐变化的递减系数是这样规定的:递减系数的分母为车辆使用年限历年数字累计之和,即每年递减系数的分母相等,其数学表达式为 $G(G+1)/2$,分子的大小等于当年还余有的使用年数,其数学表达式为 $G+1-n$。那么基础成新率的计算公式为

$$\mu = 15\% + 0.85 \times \left[1 - \sum_{n=1}^{Y} \frac{2(G+1-n)}{G(G+1)}\right] \times 100\% \qquad (5-12)$$

式中 μ——基础成新率;

0.85——表示资产折旧扣除15%后,所剩可以逐减的基数;

G——国家规定的该类车型的使用年限;

Y——二手车已使用年限;

$\sum_{n=1}^{Y} \frac{2(G+1-n)}{G(G+1)}$——总递减系数。

2) 对于能够准确确定已行驶里程的二手车,其基础成新率的公式可以表示为

$$\mu = 50\% \times (\alpha_1 + \alpha_2) \qquad (5-13)$$

式中 α_1、α_2表示使用年限和行驶里程的参数，计算公式分别为

α_1 = [（机动车规定使用年限 - 已使用年限）÷ 机动车规定使用年限] × 100%；

α_2 = [（机动车规定行驶里程 - 已行驶里程）÷ 机动车规定行驶里程] × 100%。

（2）调整系数的确定

利用层次分析法可以把二手车成新率的计算加以模型化，如图 5.1 所示。在总目标下进一步把 5 个参数作为准则，而不同参数下具有不同的实施方案。

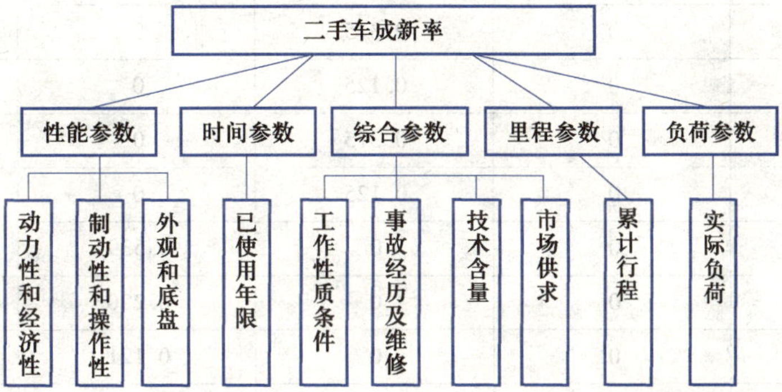

图 5.1 成新率层次分析法模型

二手车的使用时间已经包含在基础成新率中，而负荷参数可以通过综合参数中的工作性质、车况等方面反映出来，在里程参数不可靠或置信度不高的情况下，需要在不依赖里程参数的情况下，对基础成新率进行改进，这时，性能参数和综合参数是最不容易衡量的指标，也是容易出现误差的地方。接下来，按照层次分析法分析性能调整系数和综合调整系数的影响因素以及各自的权重比例。

1）性能调整系数 W 的影响因素及权重。二手车的性能调整系数层次分析模型见图 5.2。

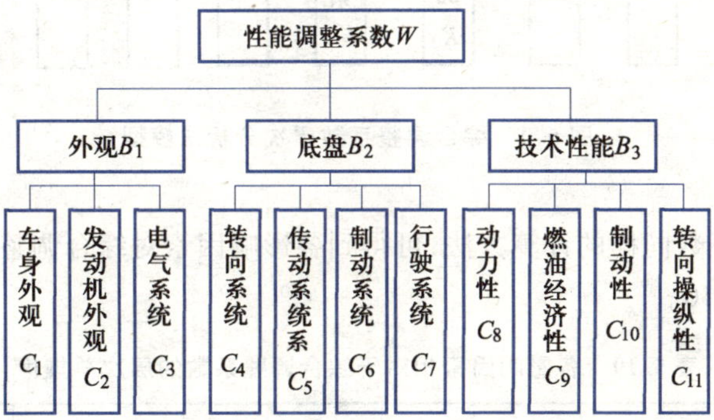

图 5.2 性能调整系数层次分析法模型

按照 $W \to B$、$B \to C$ 的顺序建立判断矩阵，各影响因素相对于性能调整系数的层次总排序见表 5.9。

表 5.9 各影响因素相对于性能调整系数的层次总排序

层次 C	层次 B			层次 C 总权重
	外观 $B_1=0.2$	底盘 $B_2=0.2$	技术性能 $B_3=0.6$	
车身外观 C_1	0.429	0	0	0.086
发动机外观 C_2	0.429	0	0	0.086
电气系统 C_3	0.143	0	0	0.029
转向系 C_4	0	0.375	0	0.075
传动系 C_5	0	0.125	0	0.025
制动系 C_6	0	0.375	0	0.075
行驶系 C_7	0	0.125	0	0.025
动力性 C_8	0	0	0.539	0.323
燃油经济性 C_9	0	0	0.220	0.132
制动性 C_{10}	0	0	0.121	0.073
转向操纵性 C_{11}	0	0	0.121	0.073

2）综合调整系数 K 的影响因素及权重。二手车的综合调整系数 K 层次分析模型见图 5.3。

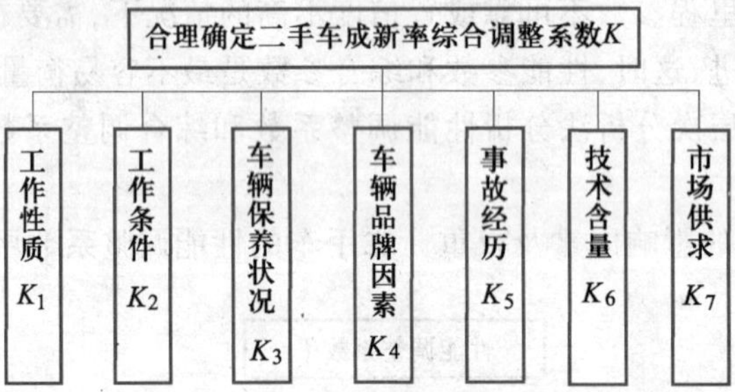

图 5.3 综合调整系数层次分析法模型

按照与性能调整系数同样的计算方法，可得到各影响因素对综合调整系数的层次总排序，即确定相应权重，见表 5.10。

表 5.10 各影响因素相对于综合调整系数的层次总排序

层次	工作性质 K_1	工作条件 K_2	车辆保养状况 K_3	车辆品牌因素 K_4	事故经历 K_5	技术含量 K_6	市场供求 K_7
权重	0.117	0.044	0.313	0.194	0.194	0.070	0.070

3）性能调整系数 W 的评价参数选取

① 外观 B_1 各指标参数的选取

外观参数主要指车身、发动机和电气系统的现时技术状况、外观、机械状况、连接状况等。各参数指标值需用评估经验并结合动静态检查，辅之以简单量具对车辆外观作定性检查。

采用5分制评分标准，将很好、较好、一般、较差和极差五个等级分别用5分、4分、3分、2分和1分来表示。令 α_1、α_2、α_3分别表示车辆车身外观得分、车辆发动机外观得分、车辆电气系统得分。

以 b_1表示外观参数的加权值，则其计算公式可表示为

$$b_1=\frac{1}{5}(\alpha_1C_1+\alpha_2C_2+\alpha_3C_3) \tag{5-14}$$

② 底盘 B_2 各指标参数的选取

底盘参数主要指转向系、传动系、制动系、行驶系的现时机械性能及运转技术状况。对底盘的评分同样采用5分值原则，这里定义 b_2为底盘参数的加权值，β_1、β_2、β_3、β_4分别表示转向系得分、传动系得分、制动系得分、行驶系得分，则其计算公式可表示为

$$b_2=\frac{1}{5}(\beta_1C_4+\beta_2C_5+\beta_3C_6+\beta_4C_7) \tag{5-15}$$

③ 技术性能 B_3 各指标参数的选取

技术性能因素涉及的各技术指标参数可通过汽车综合性能检测报告获得。具体来说，可从动力性、燃油经济性、制动性和转向操纵性四个方面进行评价，并选取评价参数。

动力性评价参数 γ_1根据 GB 7258—2004《机动车运行安全技术条件》和 GB/T 18276—2000《汽车动力性台架实验方法和评价指标》规定计算确定。

燃油经济性评价参数 γ_2可在底盘测功机上用百公里油耗设计值与实测值之比确定。

制动性评价参数 γ_3根据《机动车运行安全技术条件》，用车辆检测报告单上总制动率与新车总制动率之比确定。

转向操纵性评价参数 γ_4是以统计年限未超过1年的车辆侧滑量为依据，由3.0 m/km（新车侧滑量）与二手车检测报告单上的侧滑量的比值确定。

由以上对影响技术性能因素的参数分析计算，可把技术性能参数的加权值表示为

$$b_3=\gamma_1C_8+\gamma_2C_9+\gamma_3C_{10}+\gamma_4C_{11} \tag{5-16}$$

综上所述，成新率性能调整系数 W 的计算公式表示为

$$W=b_1+b_2+b_3 \tag{5-17}$$

4）综合调整系数 K 评价参数的选取

影响综合系数的因素主要包括工作性质 K_1、工作条件 K_2、车辆保养状况 K_3、车辆品牌因素 K_4、事故经历 K_5、技术含量 K_6、市场供求 K_7 共七种。按照各个调整因素的实际情况，可将其划分为不同的等级，并赋予不同的数值，见表5.11。这里用 θ_i（$i=1,2,3\cdots,7$）表示调整系数的大小。

表5.11　综合调整系数

影响因素	因素分级	调整系数
工作性质（θ_1）	私用	1.2
	公务	1.0
	交通营运	0.7

续表

影响因素	因素分级	调整系数
工作条件(θ_2)	好路	1.0
	中等路	0.9
	差路或特殊使用	0.8
车辆保养状况(θ_3)	好	1.1
	较好	1.0
	一般	0.9
	差	0.8
车辆品牌因素(θ_4)	进口车辆	1.1
	国产名牌车辆	1.0
	国产非名牌车辆	0.9
事故经历(θ_5)	无事故	1.0
	轻微事故	0.9
	中等事故	0.7
	重大事故	0.6
技术含量(θ_6)	相同	1.0
	接近	0.9
	落后	0.8
市场需求(θ_7)	畅销	1.1
	正常	1.0
	滞销	0.9

综合调整系数 K 的计算公式为

$$K=\theta_1K_1+\theta_2K_2+\theta_3K_3+\theta_4K_4+\theta_5K_5+\theta_6K_6+\theta_7K_7 \tag{5-18}$$

(3) 综合分析法成新率的确定

根据以上对层次分析法的分析,结合二手车性能因素和综合因素的考察,并对现有的二手车成新率 μ 中的性能系数和综合因素系数加以修正,改进后的二手车成新率计算模型为

$$C_{ZF1}=\mu WK \tag{5-19}$$

式中 C_{ZF1}——综合分析法成新率;

μ——二手车的基础成新率;

W——成新率性能调整系数;

K——成新率综合调整系数。

(4) 实例分析

车型:上海大众帕萨特1.8T,黑色豪华型手自一体。

燃油种类:汽油　　车辆维护:好

登记日期:2007 年 5 月　　已使用年限:3 年

行驶里程:73 000 km　　车辆用途:私车

汽车排放:符合国家排放标准要求

事故经历:八成新以上,无事故,原封漆

评估基准日:2010 年 8 月 10 日

上海通用的评估价格:143 000 元

1) 重置成本的计算

经过市场调查在评估基准日黑色帕萨特售价为 21.48 万元,重置成本为 21.48 万元 ×(1 + 10%) = 23.63 万元,其中 10% 为车辆购置税。

2) 基础成新率 μ 的确定

上海大众帕萨特使用时间为 3 年。为便于计算,这里按照国家汽车报废标准规定的使用年限,非营运载客汽车(包括轿车、越野车)使用年限为 15 年,旅游载客汽车和 9 座以上非营运载客汽车使用年限为 10 年。在报废标准过后的继续使用先不作考虑。

基础成新率为

$$\mu = 15\% + 0.85 \times \left[1 - \sum_{n=1}^{Y} \frac{2(G+1-n)}{G(G+1)}\right] \times 100\%$$

$$= 15\% + 0.85 \times \left[1 - \sum_{n=1}^{3} \frac{2 \times (15+1-n)}{15 \times (15+1)}\right] \times 100\%$$

$$= 70.25\% = 0.7025$$

3) 性能调节系数 W 的确定

① 外观参数的加权值

根据标准给车辆的车身外观、电气系统和发动机外观分别打分,帕萨特的分数为 4 分、4 分、4 分;结合这三个因素各自的权重,分别计算得二手车的外观参数加权值为

$$b_1 = \frac{1}{5}(\alpha_1 C_1 + \alpha_2 C_2 + \alpha_3 C_3) = \frac{1}{5} \times (4 \times 0.086 + 4 \times 0.086 + 4 \times 0.029) = 0.161$$

② 底盘参数的加权值

根据标准给车辆的底盘中的转向系、传动系、制动系、行驶系分别打分,帕萨特的分数为 3 分、3 分、3 分、4 分。结合这三个因素各自的权重,分别计算得二手车的底盘加权值为

$$b_2 = \frac{1}{5}(\beta_1 C_4 + \beta_2 C_5 + \beta_3 C_6 + \beta_4 C_7)$$

$$= \frac{1}{5} \times (3 \times 0.075 + 3 \times 0.025 + 3 \times 0.075 + 4 \times 0.025)$$

$$= 0.125$$

③ 技术性能参数的加权值

a. 动力性评价参数

帕萨特的校正驱动轮输出功率与额定扭矩功率的比值为 60%,参照 GB/T 18276—2000《汽车动力性台架实验方法和评价指标》中车辆的校正驱动轮输出功率与额定扭矩功率比值的额定值数据为 65%,根据动力参数公式,计算得动力性评价参数为

$$\gamma_1=\frac{\eta_{\mathrm{V}}}{\eta_{\mathrm{M2}}}=\frac{60\%}{65\%}=0.923$$

b. 燃油经济性评价参数

帕萨特的百公里油耗值实测数据为17.5 L/100 km，出厂技术数据该车的百公里油耗设计值为15 L/100 km，根据燃油经济性参数计算公式，计算得燃油经济性评价参数为

$$\gamma_2=\frac{l}{l_2}=\frac{15}{17.5}=0.857$$

c. 制动性评价参数

根据车辆检测报告，帕萨特的制动力总和与整车质量的比值为66.2%。根据制动性参数的计算公式，计算得制动性评价参数为

$$\gamma_3=\frac{66.2\%}{68\%}=0.974$$

d. 转向操纵性评价参数

根据车辆检测报告，帕萨特的车辆侧滑量数据为3.32 m/km。根据转向操纵评价参数的计算公式，计算得转向操纵性评价参数为

$$\gamma_4=\frac{3\ \mathrm{m/km}}{3.32\ \mathrm{m/km}}=0.904$$

e. 技术性能参数加权值

通过以上的计算，最后根据技术性能参数的加权值计算公式，可得帕萨特的技术性能参数加权值为

$$\begin{aligned}b_3&=\gamma_1C_8+\gamma_2C_9+\gamma_3C_{10}+\gamma_4C_{11}\\&=0.923\times0.323+0.857\times0.132+0.974\times0.073+0.904\times0.073\\&=0.548\end{aligned}$$

$$W=b_1+b_2+b_3=0.161+0.125+0.548=0.834$$

④ 综合调整系数 K

综合调整系数 K 计算公式：

$$K=\theta_1K_1+\theta_2K_2+\theta_3K_3+\theta_4K_4+\theta_5K_5+\theta_6K_6+\theta_7K_7$$

该车属于私家车，常在市区、市郊及高速公路上行驶，所以工作性质(θ_1)系数取1.1；工作条件(θ_2)可定为中等路，取值0.9；车辆维护(θ_3)好，取值1.1；车辆品牌(θ_4)为国产名牌车辆，取值1.0；该车无事故，因此事故经历(θ_5)可定为1.0；技术含量(θ_6)为相同，定为1.0；市场需求(θ_7)为畅销，界定为1.1。综合调整系数 K 计算为：

$$\begin{aligned}K&=1.1\times0.117+0.9\times0.044+1.1\times0.313+1.0\times0.194+\\&\quad 1.0\times0.194+1.0\times0.070+1.1\times0.070\\&=1.030\end{aligned}$$

⑤ 二手车成新率和评估价格

根据综合分析法成新率的计算公式 $U=\mu WK$，可求得帕萨特的成新率为

$$U=0.7025\times0.834\times1.030=0.6035$$

二手车评估价格计算公式为：

$$P = PU$$

于是可得，帕萨特的评估价格为：$P = 23.63$ 万元 $\times 0.603\ 5 = 14.260\ 7$ 万元

前面的车辆基本信息显示，上海通用的专业评估人员对帕萨特的估计为 143 000 元，而利用本文的评估方法得出的评估价格为 142 607 元。相比专业公司的评估价格帕萨特多了 397 元，相差不大，其偏差在可以接受的范围之内。

2. 综合分析法 2

综合分析法 2 估算成新率是采用定性和定量分析的方法，综合使用年限法、行驶里程法、技术鉴定法和整车观测法等，并分别赋予不同的权重，计算加权平均成新率。这样，就可以尽量减小使用单一因素成新率计算给评估结果所带来的误差，因而是一种较为科学的方法。

综合分析法 2 估算成新率的数学计算公式为

$$C_Z = C_1\alpha_1 + C_2\alpha_2 \tag{5-20}$$

式中 C_Z——综合成新率；

C_1——二手车理论成新率；

C_2——二手车现场查勘成新率；

α_1、α_2——权重系数，$\alpha_1 + \alpha_2 = 1$。

权重系数的取值要求评估人员根据被评估二手车的实际情况而定。

（1）二手车理论成新率 C_1

二手车理论成新率为使用年限法和行驶里程法计算的成新率，是根据二手车实际使用的时间和行驶里程计算而得，是一种对二手车成新率的定量计算，其结果一般不能人为改变。实际计算中，可将使用年限成新率和行驶里程成新率加权平均得到二手车理论成新率。计算公式为

$$C_1 = C_Y \times 50\% + C_S \times 50\% \tag{5-21}$$

式中 C_Y——使用年限成新率；

C_S——行驶里程成新率。

（2）二手车现场查勘成新率 C_2

二手车现场查勘成新率是由评估人员根据现场查勘情况而确定的一个综合评价值。具体确定步骤是：评估人员先对二手车作技术状况现场查勘（包括静态检查和动态检查），得出鉴定评价意见，然后对整车和重要部件分别作综合评分，累加评分，其结果就是二手车现场查勘成新率。可见二手车现场查勘成新率是一个定性与定量相结合的结果。

1）二手车技术状况现场查勘

被评估二手车技术状况现场查勘主要内容有：

① 车身外观，包括车身颜色、光泽、有无退色及锈蚀情况，车身是否被碰撞过，车灯是否齐全，前、后保险杠是否完整和其他情况等；

② 车内装饰，包括装潢程度、颜色、清洁程度、仪表及座位是否完整和其他有关装饰情况等；

③ 发动机工作状况，包括发动机动力状况、有否更换部件（或替代部件）和修复现象、是否有漏油现象等；

④ 底盘，包括有否变形、有否异响、变速箱状况是否正常、前后桥状况是否正常、传动系统工作状况是否正常、是否有漏油现象、转向系统情况是否正常和制动系统工作状况是否正常等；

⑤ 电气系统，包括电源系统是否工作正常、发动机点火器是否工作正常、空调系统是否工作

正常和音响系统是否工作正常等。

以上查勘情况，一般应由评估委托方或车辆所有单位技术人员签名，以确认查勘情况是客观的、真实的，不存在与实际车况不相符合的情况。确定查勘情况后，评估人员必须对被评估车辆作出查勘鉴定结论。上述资料经过整理，就可以编制成表 5.12 所示的《二手车技术状况调查表》。

表 5.12 二手车技术状况调查表

评估委托方：××× 评估基准日：2002 年 4 月 30 日

车辆基本情况	明细表序号	01	车辆牌号		粤×.×××		厂牌型号	BUICK 上海别克/BUICK/GL8	
	生产厂家	上海通用		已行驶里程	50 000 km		规定行驶里程	500 000 km	
	购置日期	2001.2	登记日期		2001 年 2 月		规定使用年限	15 年(180 个月)	
	大修情况	无大修							
	改装情况	无改装							
	耗油量	正常	是否达到环保要求	是	事故次数及情况		无事故		
现场查勘情况									
车辆实际技术状况	外形车身部分	颜色	白	光泽	较好	退色	无	锈蚀	无
		有否被碰撞	轻微	严重程度	一	修复	一	车灯是否齐全	齐全
		前、后保险杠是否完整	完整	其他：车头右侧及左前车门有轻微刮痕					
	车内装饰部分	装潢程度	一般	颜色	浅色	清洁	较好	仪表是否齐全	是
		座位是否完整	是	其他					
	发动机总成	动力状况评分	85	有否更换部件	无	有否修补现象	无	有否替代部件	无
		漏油现象	严重□ 一般□ 轻微□ 无□						
	底盘各部分	有否变形	无	有否异响	无	变速箱状况	工况正常	后桥状况	正常
		前桥状况	正常	传动状况	工况正常	漏油现象	严重□ 一般□ 轻微□ 无□		
		转向系统情况		工况正常		制动系统情况		工况正常	
	电气系统	电源系统是否工作正常	工况正常	发动机点火器是否工作正常	工况正常	空调系统是否有效	工况正常	音响系统是否正常工作	工况正常
		其他							
鉴定意见		维护保养情况较好，磨损正常，整体车况较好							

资产占有单位技术人员签字：××× 评估人员签字：×××

2）二手车现场查勘成新率

在上述对二手车作技术状况现场查勘的基础上，对整车和重要部件作定性分析并以评分形式给予量化，可参考表5.13。总分就是二手车现场查勘成新率。

表5.13　二手车成新率评定表

序号	项目名称	达标程度	参考标准分	评分
1	整车（满分20分）	全新	20	—
		良好	15	15
		较差	5	—
2	车架（满分15分）	全新	15	12
		一般	7	—
3	前后桥（满分15分）	全新	15	12
		一般	7	—
4	发动机（满分30分）	全新	30	—
		轻度磨损	25	28
		中度磨损	17	—
		重度磨损	5	—
5	变速箱（满分10分）	全新	10	—
		轻度磨损	8	8
		中度磨损	6	—
		重度磨损	2	—
6	转向及制动系统（满分10分）	全新	10	—
		轻度磨损	8	8
		中度磨损	5	—
		重度磨损	2	—
总分（现场查勘成新率/%）			100	83

必须指出的是，被评估二手车理论成新率和现场查勘成新率的权重分配、使用年限成新率和机动车行驶里程成新率的权重分配，要根据被评估二手车类型、使用状况、维修保养状况综合考虑，科学、合理地确定权重分配，这与二手车鉴定评估人员的实践工作经验和专业判断能力有很大的关系，需要在实践中注意学习和总结。

5.3　重置成本法评估二手车

5.3.1　重置成本法基本原理

1. 重置成本法基本概念

重置成本法是指以评估基准日的当前条件下重新购置一辆全新状态的被评估车辆所需的全

部成本，减去该被评估车辆的各种陈旧性贬值后的差额作为被评估车辆现时价格的一种评估方法。

重置成本法基本计算公式如下：

$$P = B - (D_S + D_G + D_J) \tag{5-22}$$

或

$$P = BC \tag{5-23}$$

式中　P——被评估车辆的评估值；

B——重置成本；

D_S——实体性贬值；

D_G——功能性贬值；

D_J——经济性贬值；

C——成新率。

从理论上讲，式(5－22)优于式(5－23)，这是因为式(5－22)中不仅扣除了车辆的有形损耗，而且扣除了车辆的功能性损耗和经济性损耗，但其实际的可操作性较差，使用困难。

式(5－23)中成新率的确定是综合了二手车的各项贬值的结果，具有收集便捷、操作较简单易行、评估理论更贴近机动车实际工作状况、容易被委托人接受等优点，故式(5－23)被广泛采用。式(5－23)中成新率的估算一般多采用综合系数调整法。

2. 重置成本法基本要素

重置成本法的四个基本要素是二手车的重置成本、二手车的实体性贬值、二手车的功能性贬值和二手车的经济性贬值。

(1) 二手车的重置成本

重置成本是按在现行条件下重新购置一辆全新状态的被评估车辆所需的全部成本。

(2) 二手车的实体性贬值

实体性贬值也叫有形损耗，是指二手车在存放和使用过程中，因机件磨损和损耗等原因而导致的车辆实体发生的价值损耗，亦即指由于自然力的作用而发生的损耗。投入交易的二手车一般都不是全新状态的，因此都存在实体性贬值，而计量二手车实体性贬值主要根据已使用年限进行分摊。

(3) 二手车的功能性贬值

功能性贬值是指由于科学技术和生产力的发展导致的车辆贬值，即无形贬值，可分为一次性功能贬值和营运性功能贬值。一次性功能贬值是由于技术进步引起劳动生产率的提高、生产成本降低而导致再生产制造一辆全新状态的被评估车辆所需的成本降低而引起的车辆价值贬值。营运性功能贬值是由于技术进步，出现了新的、性能更优的车辆，致使原有车辆的功能、生产率、收益能力相对新车型已经落后而引起其价值贬值，具体表现为原有车辆在完成相同工作任务的前提下，在燃料、人力、配件材料等方面的消耗增加，形成了一部分超额运行成本。

(4) 二手车的经济性贬值

经济性贬值是指由于宏观经济政策、市场需求、通货膨胀、环境保护等外部因素的变化所造成的车辆贬值。外界因素对车辆价值的影响不仅客观存在，而且对车辆价值影响还相当大，在二手车的评估中不可忽视。

5.3.2 重置成本的确定

重置成本的计算在资产评估中有直接法、功能系数法、物价指数法和统计分析法等方法。对于二手车鉴定评估来说,计算重置成本一般采用直接法和物价指数法。

1. **直接法**

直接法也称重置核算法或加合分析法,是利用成本核算原理,根据重新取得一辆与二手车车型和功能一样的新车所需要的成本构成,逐项计算后累加得出待评估车辆的重置成本的一种评估方法。根据新车来源不同,二手车重置成本构成分为国产二手车重置成本构成和进口二手车重置成本构成。

(1) 国产二手车重置成本构成

国产二手车重置成本构成计算方法如下:

$$B = B_1 + B_2 \tag{5-24}$$

式中 B——二手车重置成本;

B_1——购置全新车辆的市场成交价;

B_2——车辆购置价格以外的向国家和地方政府一次性缴纳的各种税费总和,主要是车辆购置费和牌照费。

需要特别说明的是,重置成本构成不包括车辆拥有阶段和使用阶段的税和费。如车辆拥有阶段的年审费、车船使用税、消费税,车辆使用阶段的保险费、燃油费、路桥费等。

(2) 进口二手车重置成本构成

根据海关税则和收费标准,进口轿车的重置成本(即现行价格)由以下税费构成:

$$进口二手车重置成本 = 报关价 + 关税 + 消费税 + 增值税 + 其他费用$$

① 报关价:即到岸价,又称 CIF 价格,它与离岸价 FOB 的关系是

$$\text{CIF 价格} = \text{FOB 价格} + 途中保险费 + 途中运费$$

由于这部分费用是以外汇支付的,所以在计算时,需要将报关价格换算成人民币,外汇汇率采用评估基准日的外汇汇率进行计算。

② 关税:关税的计算方法是

$$关税 = 报关价 \times 关税税率$$

自 2006 年 7 月 1 日起,轿车的关税税率为 25%。

③ 消费税:消费税的计算方法是

$$消费税 = \frac{报关价 + 关税}{1 - 消费税率} \times 消费税率$$

我国自 2008 年 9 月 1 日起实施新的汽车消费税率。消费税率根据汽车排量分档,共分为 7 档,见表 5.14。

表 5.14 汽车消费税税率表

车型类别	税率	对比
1.0 升(含)以下的乘用车	由 3% 下调至 1%	下调 2%
1.0 至 1.5 升(含 1.5 升)的乘用车	3%	不变

续表

车型类别	税率	对比
1.5至2.0升(含2.0升)的乘用车	5%	不变
2.0至2.5升(含2.5升)的乘用车	9%	不变
2.5至3.0升(含)的乘用车	12%	不变
3.0以上至4.0升(含4.0升)的乘用车	由15%上调至25%	上调10%
4.0升以上的乘用车	由20%上调至40%	上调20%

④ 增值税:增值税的计算方法是

$$增值税=(报关价+关税+消费税)\times 增值税率$$

各种进口车增值税率均为17%。

⑤ 其他费用:除了上述费用外,进口车价还包括通关、商检、运输、银行、选装件价格、经销商、进口许可证等非关税措施造成的费用。

例5-7 本田雅阁2.4 L重置成本计算。

解:目前每款2.4 L雅阁海关报关价(CIF)为15万元,其重置成本计算如下:

$$关税=报关价\times 关税率=15万元\times 25\%=3.75万元$$

$$消费税=\frac{报关价+关税}{1-消费税率}\times 消费税率=\frac{15万元+3.75万元}{1-9\%}\times 9\%=1.854万元$$

$$\begin{aligned}增值税&=(报关价+关税+消费税)\times 增值税率\\&=(15+3.75+1.854)万元\times 17\%=3.503万元\end{aligned}$$

$$\begin{aligned}最终进口车价格&=(报关价+关税+消费税+增值税)\times(1+6\%)\\&=(15+3.75+1.854+3.503)万元\times(1+6\%)=25.553万元\end{aligned}$$

公式内最后一个6%为报关、仓储、商检杂费和经销商信用证成本及利润。

一般而言,车辆重置成本大多是依靠市场调查搜集来的。并不需要进行十分复杂的计算。但是对于市场上尚未出现的那些新车型(特别是进口新车型)或淘汰车型,由于其价格信息有时不容易获得,这时则需要按照其重置成本的构成进行估算。

根据不同评估目的,二手车重置成本全价的评估还要区别对待。属于所有权转让的经济行为或为司法、执法部门提供证据的鉴定行为,可将被评估车辆的现行市场成交价格作为被评估车辆的重置全价,其他费用略去不计;属于企业产权变动的经济行为(如企业合资、合作经营和合并兼并),其重置成本构成除了考虑被评估车辆现行市场购置价格外,还应考虑国家和地方政府对车辆加收的合理税费。

2. 物价指数法

物价指数法也叫价格指数法,是指根据已掌握历年的价格指数,在二手车原始成本的基础上,通过现时物价指数确定其重置成本。其计算公式是

$$车辆重置成本=车辆原始成本\times\frac{车辆评估时物价指数}{车辆购买时物价指数} \tag{5-25}$$

或

$$车辆重置成本=车辆原始成本\times(1+物价变动指数) \tag{5-26}$$

当被评估车辆已停产，或是进口车辆，无法找到现时市场价格时，这是一种很有用的方法，但应用时应当注意，一定要先检查被评估车辆的账面购买原价。如果购买原价不准确，则不能用物价指数法。

车辆价格变动指数是通过掌握的车辆历年的价格指数，找出车辆价格变动趋势和速度的指标。

车辆价格变动指数的取得是选择与被评估车辆已使用年限相适应，是近期5年内市场占有率为前三名的品牌车型，分别以现时购买车价与原始购买车价之比的算术平均值作为车辆价格变动指数。

车辆价格变动指数要尽量选用有法律依据的国家统计、物价管理等部门发布和提供的数据，也可以取自中国汽车流通协会定期发布的或有权威性的国家政策部门所管辖单位的数据，不能选用无依据、不明来源的数据。

5.3.3　各种损耗及其估算

二手车贬值损耗包括实体性贬值、功能性贬值和经济性贬值。

1. 二手车实体性贬值估算

二手车的实体性贬值是由于使用和自然力损耗形成的贬值，也称为有形损耗或有形贬值。在二手车实体性贬值鉴定评估中，一般采取观察法、使用年限法和修理费用法进行估算。

（1）观察法

观察法也称成新率法，指二手车鉴定评估人员根据自己专业知识和工作经验，通过对二手车实体各主要部件进行观察以及用仪器测量等方式进行技术鉴定，并综合分析车辆的设计、制造、使用、磨损、维护、修理、大修、改装情况和经济寿命等因素，将评估对象与其全新状态相比较，从而判断被评估汽车的实体性贬值的一种方法。其计算公式是：

$$\text{车辆实体性贬值} = \text{车辆重置成本} \times \text{有形损耗率} \tag{5-27}$$

（2）使用年限法

通过确定被评估汽车已使用年限与该车辆预期可使用年限的比率来确定二手车有形损耗。其计算公式是：

$$\text{车辆实体性贬值} = (\text{车辆重置成本} - \text{残值}) \times \frac{\text{车辆已使用年限}}{\text{车辆规定使用年限}} \tag{5-28}$$

（3）修理费用法

修理费用法也叫功能补偿法，通过确定被评估汽车恢复原有的技术状况和功能所需要的费用补偿，来直接确定二手车的有形损耗。

2. 二手车功能性贬值估算

功能性贬值包含一次性功能贬值和营运性功能性贬值。

（1）一次性功能贬值的估算

从理论上讲，同样的车辆其复原重置成本与更新重置成本（市场价）之差即是该车辆的一次性功能贬值，但是在实际评估过程中，具体计算某车辆的复原重置成本是比较困难的。因此，对目前在市场上能够买到的且有制造厂家继续生产的全新车辆，一般就用更新重置成本考虑其一次性功能贬值；而对待评估车辆的型号是现已停产或已淘汰的车型，采用参照车辆的价格用类比的方法来估算。参照车辆一般采用替代型号的车辆，这些替代型号车辆的功能通常比原有车型有所改进和增加，故其价值通常会比原车型的价格要高（功能性贬值大时，也有价格低的）。故在与参照车辆比较，用类比法对原车型进行价值评估时，一定要了解参照车辆在功能方面改进或提高的情况，再按其功能变化的情况测定原车型的价值，总的原则是被替代的旧型号车辆的价格应低于新型号的价格。

（2）营运性功能贬值的估算

测定营运性功能贬值时，首先选定参照车辆，并与参照车辆进行比较，找出营运成本有差别的内容和差别的量值；然后确定原车型尚可继续使用的年限和应上缴的所得税率及折现率，通过计算超额收益或成本降低额算出营运性功能贬值。其计算公式是：

$$\text{车辆营运性功能贬值} = \text{车辆年超额营运成本} \times (1 - \text{所得税率}) \times \frac{(1+i)^n - 1}{i(1+i)^n} \quad (5-29)$$

式中 i——折现率；

n——剩余使用年限。

例5-8 被评估载货汽车B和参照车辆A重置全价基本相同，其营运成本差别如下：

项目	A	B
每千米耗油量	18升	22升
每年维修费用	2.2万元	3.8万元

A、B两车在营运成本的其他支出方面大致相同，被评估车辆B尚可使用5年，每年平均出车日300天，每日营运150千米，所得税率33%，折现率10%，试估算被评估车辆的营运性功能损耗（燃油价格取6.8元/升）。

解：根据上述资料，对被评估车辆的功能性损耗估算如下：

1）B车每年超额耗油费用为

$$(22-18) \times 6.8 \times \frac{150}{100} \times 300 \text{ 元} = 12\ 240 \text{ 元}$$

2）B车每年超额维修费用为

$$38\ 000 \text{ 元} - 22\ 000 \text{ 元} = 16\ 000 \text{ 元}$$

3）B车每年总超额营运成本为

$$12\ 240 \text{ 元} + 16\ 000 \text{ 元} = 28\ 240 \text{ 元}$$

4）B车每年税后营运成本为

$$28\ 240 \text{ 元} \times (1 - 33\%) = 18\ 920.8 \text{ 元}$$

5）B车营运性功能贬值为

$$18\ 920.8 \text{ 元} \times \frac{(1+10\%)^5 - 1}{10\% \times (1+10\%)^5} = 18\ 920.8 \text{ 元} \times 3.790\ 8 \approx 71\ 725 \text{ 元}$$

3. 二手车经济性贬值估算

二手车鉴定评估中所涉及的经济性损耗（贬值）也是无形损耗的一种，是由于车辆以外的各种因素所造成的损耗。引起车辆经济性贬值的外部因素不论多少，对车辆价值的影响只有两个方面，一是造成营运成本上升，二是导致车辆闲置。对于营运性车辆来讲，通常采用两种方法估算其经济性贬值，一是利用车辆年收益损失额折现累加计算，二是通过车辆利用率的变化来计算。

(1) 利用车辆年收益损失额折现累加计算

如果由于外界因素变化导致车辆营运收益的减少额或投入成本的增加额能够估算出来,可直接按车辆继续使用期间每年的收益损失额折现累加,以求得车辆的经济性损耗。其计算公式为

$$车辆经济性贬值 = 车辆年收益损失额 \times (1-所得税率) \times \frac{(1+i)^n-1}{i \times (1+i)^n} \tag{5-30}$$

车辆年收益损失额只能根据外界因素来计算,不能把因技术落后等自身因素所造成的收益损失额归入此类。

例 5-9 某人欲出售一辆已使用 3 年的出租车。由于国家行业政策的变化,目前每年较过去平均需增加投入成本 3 000 元才能满足有关的规定要求。试估算该出租车的经济性损耗(取所得税率 33%,折现率 10%)。

解: 根据国家规定,出租车的使用年限为 8 年。从购车登记日起,到该车的评估基准日止,该车已使用年限为 3 年,剩余使用年限为 5 年。则该车的经济性损耗为

$$3\ 000\ 元 \times (1-33\%) \times \frac{(1+10\%)^5-1}{10\% \times (1+10\%)^5} = 3\ 000\ 元 \times 67\% \times 3.790\ 8 \approx 7\ 620\ 元$$

(2) 通过车辆利用率的变化来计算

如果由于外部因素的影响,导致车辆的利用率下降,可按照以下公式计算车辆的经济性损耗。

$$车辆经济性损耗率 = \left[1-\left(\frac{车辆实际工作量}{车辆正常工作量}\right)^x\right] \times 100\% \tag{5-31}$$

式中,x 为规模效益指数($0<x<1$),其调整计算的结果,说明车辆的运输量与投入成本之间并非呈线性关系。当车辆的运输量降至正常运输量的一半时,其投入成本却不会也降至正常投入成本的一半。x 一般在 0.6~0.7 之间。

在确定了车辆的经济性损耗率后,按照以下公式计算车辆的经济性损耗:

$$车辆经济性损耗 = (重置成本-有形损耗-功能性损耗) \times 经济性损耗率$$

例 5-10 由于经济危机,某行业企业生产普遍不景气,工作量不足,某专用汽车的利用率仅为正常工作量的 70%,而且该车的剩余使用年限内,这种情况不会改变。经评估,该车的重置成本为 28 万元,成新率为 60%,功能性损耗可忽略。试估算该车的经济性损耗。

解: 1) 计算该车的经济性损耗率

取 $x=0.6$,则车辆的经济性损耗率 $=(1-0.7^{0.6}) \times 100\% = 19\%$

2) 车辆扣除有形损耗和功能损耗后的价值为

$$280\ 000\ 元 \times 60\% = 168\ 000\ 元$$

3) 车辆的经济性损耗

$$168\ 000\ 元 \times 19\% = 31\ 920\ 元$$

5.3.4 重置成本法应用举例

1. 计算步骤

用重置成本法评估二手车价值,其计算步骤如下:

（1）确定重置成本

重置成本是指被评估车辆在评估基准日时的全新车辆价格，一般通过市场询价取得。市场询价可以通过新车生产厂家、经销商和各种媒体，它是评估的第一步，价格资料、技术资料的准确与否直接关系到评估结论是否准确。

若已知新车价，一般只需考虑车辆的购置附加费，则重置成本的计算公式为

$$B = S + \frac{S}{1+17\%} \times 10\% \tag{5-32}$$

式中 B——重置成本；

S——新车价。

（2）确定成新率

确定成新率是重置成本法运用中的难点，评估人员在现场勘察的基础上，认真填好评估勘察作业表格，详细鉴定车况，然后运用前述 5.2 节的 7 种方法之一确定成新率。

在实际的评估实践中，综合系数调整法因其操作简单且相对比较全面，因而被广泛使用。综合系数调整法的关键是综合调整系数的确定，一般根据对二手车技术状况鉴定，确定各组成部分调整系数，再考虑其对应的权重，最终确定综合调整系数。

（3）计算评估值

2. 评估实例

例 5-11 一辆私人用帕萨特，新领驭 05 款 1.8T 手动豪华型轿车，2006 年 7 月份购买，购买价格为 228 800 元，初次登记日期为 2006 年 8 月，使用 3 年 7 个月后于 2010 年 3 月进入二手车交易市场估价交易。经二手车鉴定评估人员核对，该车相关证件齐全，车身外观较好，无漆面脱落现象，经点火试驾，发动机运转平稳，无异常响声，挡位清晰，制动系统良好，经评定该车技术状况较好。另外，该车维修保养正常，主要在城市较好道路行驶。该车里程表显示累计行驶里程 8 万公里，与实际情况比较吻合。评估基准日为 2010 年 3 月，该型号车已停产，该车升级版 09 款 1.8T 手动尊品型的现行市场销售价格为 201 800 元，只计车辆购置税，试评估该车的现行市场价值。

解：

1）确定重置成本

$$B = S + \frac{S}{1+17\%} \times 10\% = 201\ 800\ 元 + \frac{201\ 800\ 元}{1+17\%} \times 10\% = 219\ 048\ 元$$

2）确定基础成新率

该车规定使用年限 $G=15$ 年，已使用年限 $Y=3$ 年 7 个月，根据双倍余额递减折旧法计算成新率。由于有不足一年的月份，成新率分两步计算。

已使用 3 年的成新率为

$$C_s = \left(1 - \frac{2}{G}\right)^Y \times 100\% = \left(1 - \frac{2}{15}\right)^3 \times 100\% = 65.1\%$$

已使用 4 年的成新率为

$$C_s = \left(1 - \frac{2}{G}\right)^Y \times 100\% = \left(1 - \frac{2}{15}\right)^4 \times 100\% = 56.4\%$$

已使用 3 年 7 个月的成新率为

$$C_{(3,7)} = C_3 - \frac{C_3 - C_4}{12} \times 7 = 65.1\% - \frac{65.1\% - 56.4\%}{12} \times 7 = 60\%$$

3）计算综合调整系数

因为车辆技术状况较好，技术状况调整系数 $K_1 = 0.9$；

车辆保养较好，使用和维护状态调整系数 $K_2 = 0.9$；

帕萨特为国产名牌车，原始制造质量调整系数 $K_3 = 0.9$；

工作性质为私家车，工作性质调整系数 $K_4 = 1.0$；

该车主要在城市较好道路使用，工作条件调整系数 $K_5 = 1.0$。

则该车综合调整系数为

$$\begin{aligned} K &= K_1 \times 30\% + K_2 \times 25\% + K_3 \times 20\% + K_4 \times 15\% + K_5 \times 10\% \\ &= 0.9 \times 30\% + 0.9 \times 25\% + 0.9 \times 20\% + 1.0 \times 15\% + 1.0 \times 10\% \\ &= 0.27 + 0.225 + 0.18 + 0.15 + 0.1 \\ &= 0.925 \end{aligned}$$

4）计算评估值

$$P = BC = B(C_{(3,7)}K) = 219\ 048 \text{ 元} \times 60\% \times 0.925 = 121\ 572 \text{ 元}$$

例 5-12 某公司 2006 年 6 月购得进口奥迪 A6 型（排量 2.4 升）轿车一辆作为公务车使用，2010 年 6 月在北京交易，2010 年 6 月北京市场上该型号车新车价是 38 万元，该车技术等级评定为二级车，无重大事故痕迹，该车外表有少数划痕无须进行修理。保养好，路试车况好。行驶里程为 15 万公里。利用重置成本、年份数求和、综合调整系数法计算评估值。

解：

1）确定重置成本

$$B = S + \frac{S}{1.17} \times 10\% = 38 \text{ 万元} + \frac{38 \text{ 万元}}{1.17} \times 10\% = 41.25 \text{ 万元}$$

2）确定成新率

规定使用年限 $G = 15$ 年，已使用年限 $Y = 4$ 年，采用年份数求和法计算成新率：

$$\begin{aligned} C_f &= \left[1 - \frac{2}{G(G+1)} \sum_{n=1}^{Y} (G + 1 - n)\right] \times 100\% \\ &= \left[1 - \frac{2}{15 \times (15+1)} \sum_{n=1}^{4} (15 + 1 - n)\right] \times 100\% \\ &= \left[1 - \frac{2 \times (15+1-1)}{15 \times (15+1)} - \frac{2 \times (15+1-2)}{15 \times (15+1)} - \frac{2 \times (15+1-3)}{15 \times (15+1)} - \frac{2 \times (15+1-4)}{15 \times (15+1)}\right] \times 100\% \\ &= 55\% \end{aligned}$$

3）确定综合调整系数

该车为二级车，车况好，车辆技术状况调整系数 $K_1 = 1.0$；

保养好，取使用与维护状态调整系数 $K_2 = 1.0$；

此奥迪车为进口车，车辆原始制造质量调整系数 $K_3 = 1.0$；

该车为公务用车，工作性质调整系数为 $K_4 = 0.9$；

该车主要在市内行驶，工作条件好，取工作性质调整系数 $K_5 = 1.0$。

则综合调整系数

$$
\begin{aligned}
K &= K_1 \times 30\% + K_2 \times 25\% + K_3 \times 20\% + K_4 \times 15\% + K_5 \times 10\% \\
&= 1.0 \times 30\% + 1.0 \times 25\% + 1.0 \times 20\% + 0.9 \times 15\% + 1.0 \times 10\% \\
&= 0.985
\end{aligned}
$$

4）计算评估值

$$P = B(CK) = 41.25\text{ 万元} \times (55\% \times 0.985) = 22.35\text{ 万元}$$

例 5－13　某公司欲出售一辆进口高档轿车。根据调查，目前全新的此款车的售价为 35 万元。至评估基准日止，该车已使用了 2 年 6 个月，累计行驶里程为 65 000 km。经现场勘察，该车车身处有两处擦伤痕迹，后悬架局部存在故障，前排座椅电动装置工作不良，一侧电动车窗不能正常工作，发电机工作不正常，其他车况均与车辆的新旧程度相符。试评估该车的价格。

解：

1）根据调查、比较，该车的重置成本为 35 万元，功能性损耗、经济性损耗均很小，可忽略不计。

2）由于被评估车辆的价值较高，故决定采用部件鉴定法确定其成新率。

根据被评估车辆上各主要部分的价值及重要性占整车价值及重要性的比重，按百分比确定各部分的权重，见表 5.15。

表 5.15　车辆各部分的权重表

总成部件	发动机及其控制系统	变速驱动桥及其控制系统	悬架与车桥	制动及转向系统	车身及其附属装置	电器及仪表装置	轮胎
权重/%	30	15	12	12	25	4	2

3）对车辆进行技术鉴定，确定车辆各部分的成新率及整车的成新率，见表 5.16。

表 5.16　车辆成新率估算明细表

总成部件	权重/%	成新率/%	加权成新率/%
发动机及其控制系统	30	80	24
变速驱动桥及其控制系统	15	80	12
悬架与车桥	12	65	7.8
制动及转向系统	12	80	9.6
车身及其附属装置	25	70	17.5
电器及仪表装置	4	70	2.8
轮胎	2	80	1.6
合计	100		75.3

4）计算车辆的评估值

$$P = BC = 350\,000\text{ 元} \times 75.3\% = 263\,550\text{ 元}$$

5.4 收益现值法评估二手车

5.4.1 收益现值法基本原理

1. 收益现值法基本概念

收益现值法是将被评估的车辆在剩余寿命期内预期收益用适当的折现率折现为评估基准日的现值,借此来确定二手车价值的一种评估方法。即现值在这里被视为二手车的评估值,而且现值的确定依赖于未来预期收益。

2. 收益现值法基本原理

收益现值法是基于这样的假设,即人们之所以购买某车辆,主要是考虑这辆车能为自己带来一定的收益。采用收益现值法对二手车进行评估所确定的价值是指为获得该二手车以取得预期收益的权利所支付的货币总额,以车辆投入使用后连续获利为基础。如果车辆的预期收益小,车辆的评估价格就低,反之车辆的评估价格就高。

3. 收益现值法的特点

收益现值法与投资决策相结合,能真实和较准确地反映车辆投资的未来收益的本金化价格,易于被交易双方接受,但预期收益额的预测难度大。

4. 收益现值法应用的前提

1) 被评估二手车必须是经营性车辆,且具有继续经营和获利的能力;

2) 继续经营的预期收益可以预测而且必须能够用货币金额来表示;

3) 二手车购买者获得预期收益所承担的风险可以预测并可以用货币衡量,能够转化为数据加以计算,体现在折现率和资本化率中;

4) 被评估二手车预期获利能力年限可以预测。

由以上应用的前提条件可知,二手车的价值评估一般很少采用收益现值法,但对一些特定目的、有特许经营权的二手车,人们购买的目的往往不在于车辆本身,而是车辆的获利能力。因此,对于营运车辆的评估,采用收益现值法比较合适。

5.4.2 剩余寿命期内预期收益估算

收益现值法评估值的估算,实际上是对被评估车辆剩余寿命期内预期收益进行折现的过程。

被评估车辆的评估值等于剩余寿命期内各收益期的收益折现之和,其计算公式为

$$P = \sum_{t=1}^{n} \frac{A_t}{(1+i)^t} = \frac{A_1}{(1+i)^1} + \frac{A_2}{(1+i)^2} + \cdots + \frac{A_n}{(1+i)^n} \tag{5-33}$$

式中 P——评估值,元;

A_t——未来第 t 个收益期的预期收益额;

n——收益年期(二手车剩余寿命的年限);

i——折现率;

t——收益期,一般以年计。

由于收益现值法是以剩余寿命期内预期收益为前提的，因此估算公式中忽略剩余寿命期后的二手车残值对其估值的影响。

当剩余寿命期内各期收益相等时，即 $A_1 = A_2 = \cdots = A_n = A$ 时，则有

$$P = A\left[\frac{1}{1+i} + \frac{1}{(1+i)^2} + \cdots + \frac{1}{(1+i)^n}\right] = A\frac{(1+i)^n - 1}{i(1+i)^n} \qquad (5-34)$$

式中 $\dfrac{1}{(1+i)^t}$ ——第 t 个收益年期的现值系数；

$\dfrac{(1+i)^n - 1}{i(1+i)^n}$ ——年金现值系数。

5.4.3 收益现值法各评估参数的确定

1. 收益年期 n 的确定

收益年期，即二手车剩余经济寿命期，是指从评估基准日到达报废年限所剩余的使用寿命。如果剩余使用寿命估算过长，就会高估车辆价格；反之，则会低估车辆价格。因此，必须根据车辆的实际运行情况对剩余寿命作出正确的评定。在车辆技术状况基本正常的情况下，可按国家规定的报废标准确定车辆的剩余使用寿命。如果车辆技术状况很差，则应根据车辆的实际状况，确定车辆的剩余使用寿命。

2. 预期收益额 A_t 的确定

运用收益现值法时，未来每年预期收益额的确定是关键。预期收益额是指被评估车辆在剩余经济使用寿命期内的使用过程中，可能带来的年纯收益额。确定车辆预期收益额应注意的问题：

1）收益额指的是车辆使用带来的未来收益期望值，是通过预测分析得到的。

无论对于车辆所有者还是购买者，判断某车辆是否有价值，首先应判断该车辆是否能带来收益。对其收益的判断，不仅仅是看现在的收益能力，更重要的是未来预期的收益能力。

2）预期收益额的构成，以企业为例，目前有几种观点：第一，企业所得税后利润；第二，企业所得税后利润与提取折旧额之和扣除投资额；第三，利润总额。

关于选择哪一种作为收益额，针对二手车的评估特点与评估目的，为估算方便，推荐选择第一种观点，目的是准确反映预期收益额。为了避免计算错误，一般应列出车辆在剩余寿命期内的现金流量表。

3. 折现率的确定

折现率是将未来预期收益折算成现值的比率，是换算车辆现值与预期收益的有效工具。从评估的观点看，折现率的选择事实上是在对车辆预期收益评价的基础上对现值的确定。不同折现率的选择将影响车辆的价值。从折现率本身来说，它是一种特定条件下的收益率，说明了车辆取得该项收益的收益率水平。收益率越高，意味着单位资产的增值率越高，在收益一定的情况下，所有者拥有资产的价值越低。

在选择和计量折现率时，应注意折现率与预期收益的匹配，如收益的计量指标有净现金流量和税后利润两种，在选择折现率时，就需注意与所选的计量指标相适应。

此外，在计量折现率时，必须考虑到风险因素的影响；否则，就可能过高地估计车辆的价值。

当考虑到风险因素后，评估观点上的折现率应当包括无风险利率、风险报酬率和通货膨胀率三个方面。即

$$折现率 = 无风险利率 + 风险报酬率 + 通货膨胀率 \tag{5-35}$$

无风险利率是指资产在一般无风险经营条件下的获利水平，风险报酬率是指承担投资风险的投资所获得的超过无风险报酬率以上的部分的投资回报率，一般随投资风险递增而加大。风险收益能够计算，而为承担风险所付出的代价为多少却不好确定。因此，风险收益率不容易计算出来，只要求选择的收益率中包含这一因素即可。每个行业、每个企业都有具体的资金收益率。因此在利用收益法对二手车鉴定评估选择折现率时，应该进行本企业、本行业历年收益率指标的对比分析。但是，最后选择的折现率应该起码不低于国家债券或银行存款的利率。

此外还应注意，在使用资金收益率这一指标时，要充分考虑年收益率的计算口径与资金收益率的口径是否一致，若不一致，将会影响评估值的正确性。

5.4.4 评估计算

1. 运用收益现值法的计算步骤

1）搜集有关被评估车辆的收入和费用的资料。

2）估算预期收入。

3）估算运营费用。

4）估算预期净收益。

5）确定合适的收益年期。

6）选用适当的折现率。

7）计算收益现值。

2. 评估实例

例 5-14 2008 年 6 月，某人打算在二手车市场上购置一辆桑塔纳出租车作为个体出租车运营。该车的基本信息和各项数据如下：

2006 年 6 月购买，并于当月完成车辆登记手续，已行驶里程 30 万公里。目前车辆技术状况良好，能正常运行。根据出租车市场经营经验，全年营运天数为 340 天，每天毛收入 700 元；该车每天油费 150 元，日营业所得税 50 元，年日常维修费 18 000 元，年保险费及各项规费 12 000 元，营运证使用费 20 000 元，两名驾驶员劳务费 72 000 元。假设各项收入和支出在剩余寿命周期内相同，试用收益现值法评估该出租车价值。

解：

1）预计年收入

700 元/天 × 340 天 = 238 000 元

2）预计年支出

油费：150 元/天 × 340 天 = 51 000 元

税费：50 元/天 × 340 天 = 17 000 元

维修费：18 000 元

保险及规费：12 000 元

营运证使用费：20 000 元

劳务费： 72 000 元

51 000 元 + 17 000 元 + 18 000 元 + 12 000 元 + 20 000 元 + 72 000 元 = 190 000 元

3）年预计纯收入

税前收入：238 000 元 - 19 000 元 = 48 000 元

个人年收入在 3 万到 5 万元之间，应缴纳所得税率为 30%，则

税后收入：48 000 元 ×（1 - 30%）= 33 600 元

4）确定折现率 i

无风险报酬率取当前一年期银行存款利率 2.25%；风险报酬率根据本市现行出租车行业的营运状况，确定为 8%；则折现率为

$$i = 2.25\% + 8\% = 10.25\%$$

折现率近似取 10%。

5）确定收益年期

该车已使用 2 年，根据国家汽车报废标准，出租营运车规定使用年限为 8 年。目前车辆技术状况良好，能正常运行。取车辆剩余使用寿命 6 年，即收益年期为 6 年。

6）计算收益现值

因未来剩余寿命期内各期收益相同，则该车收益现值为

$$P = A\frac{(1+i)^n - 1}{i(1+i)^n} = 33\ 600\ \text{元} \times \frac{(1+10\%)^6 - 1}{10\% \times (1+10\%)^6} = 146\ 169\ \text{元}$$

例 5-15 某个体户拟购买一辆轻型货车从事营运经营。已知该车的剩余使用寿命为 3 年，经预测 3 年内该车的预期收益分别为 2 万元、1.5 万元、1.2 万元，适用的折现率为 12%，试用收益现值法评估该车的价值。

解：根据题意，该车的收益现值为

$$P = \sum_{t=1}^{n} \frac{A_t}{(1+i)^t} = \frac{A_1}{(1+i)^1} + \frac{A_2}{(1+i)^2} + \cdots + \frac{A_n}{(1+i)^n}$$

$$= \frac{20\ 000\ \text{元}}{(1+12\%)^1} + \frac{15\ 000\ \text{元}}{(1+12\%)^2} + \frac{12\ 000\ \text{元}}{(1+12\%)^3}$$

$$= \frac{20\ 000\ \text{元}}{1.12} + \frac{15\ 000\ \text{元}}{1.254\ 4} + \frac{12\ 000\ \text{元}}{1.404\ 9}$$

$$= 17\ 857\ \text{元} + 11\ 958\ \text{元} + 8\ 542\ \text{元}$$

$$= 38\ 357\ \text{元}$$

例 5-16 现有 A、B 两辆 16 座客车，其剩余使用年限均为 2 年，已知 A 车的百公里油耗为 24 L，B 车的百公里油耗为 22 L，每升油价为 7.35 元。A、B 两车每年运营 300 天，每天各行驶 200 公里，A 车每年要比 B 车多支出 2 000 元修理费。设所得税率为 30%，折现率均为 20%，求与 B 车相比，A 车的营运性贬值是多少？

解：A 车比 B 车每年多支出用油费：

7.35 元/升 ×（24 - 22）升/百公里 × 2 百公里/天 × 300 天 = 8 820 元

A 车比 B 车每年多支出修理费：2 000 元

A 车比 B 车每年多支出费用：8 820 元 + 2 000 元 = 10 820 元

税后A车比B车每年多支出费用:10 820元×(1-30%)=7 574元

折现求和:

$$\frac{7\ 574\text{元}}{(1+20\%)^1}+\frac{7\ 574\text{元}}{(1+20\%)^2}=11\ 571.4\text{元}$$

与B车相比,A车营运性贬值是11 571.4元。

5.5 现行市价法评估二手车

5.5.1 现行市价法基本概念

1. 现行市价法定义

现行市价法又称市场法、市场价格比较法和销售对比法,是指通过比较被评估车辆与最近出售类似车辆的异同,并将类似车辆市场价格进行调整,从而确定被评估车辆价值的一种评估方法。

2. 现行市价法基本原理

现行市价法基本原理是,通过市场调查,选择一个或几个与评估车辆相同或类似的车辆作为参照车辆,分析参照车辆的结构、配置、功能、性能、新旧程度、地域差别、交易条件及成交价格等,并与待评估车辆一一对照比较,找出两者的差别及差别所反映的价格上的差额,经过调整,计算出二手车的评估价格。

运用现行市价法要求充分利用类似二手车成交价格信息,并以此为基础判断和估算被评估二手车的价值。运用已被市场检验了的结论来评估被评估二手车,显然很容易被买卖双方当事人接受。因此,现行市价法是二手车评估中最直接、最具有说服力的一种评估方法,也是二手车价值评估中最常用的方法之一。

3. 现行市价法应用的前提

1)需要有一个发育成熟、交易活跃的二手车交易公开市场,经常有相同或类似二手车的交易,有充分的参照车辆可取,市场成交的二手车价格可以准确反映市场行情。这样,评估价格更加公平公正,易于为买卖双方当事人接受。这是应用现行市价法评估二手车的关键。在二手车交易市场上二手车交易越频繁,与被评估相类似的二手车价格越容易获得。

2)市场上参照的二手车与被评估二手车有可比较的指标,并且这些指标的技术参数等资料是可收集到的并可以量化。运用现行市价法,重要的是要在交易市场上能够找到与被评估车辆相同或相类似的已成交过的参照车辆,并且参照车辆是近期的、可比较的。所谓近期,是指参照车辆交易时间与被评估车辆评估基准日的时间较近,一般在一个季度之内;所谓可比较,是指参照车辆的规格、型号、功能、性能、配置、内部结构、新旧程度及交易条件等方面与被评估车辆比较接近。

5.5.2 现行市价法的计算方法

运用现行市价法评估二手车价值通常用直接法和类比法。

1. 直接法

直接法是指在市场上能找到与被评估车辆完全相同的车辆的现行市价，并依其价格直接作为被评估车辆价格的一种方法。

所谓完全相同是指车辆型号、使用条件和技术状况相同，生产和交易时间相近。这样的参照车辆常见于市场保有量大、交易比较频繁的畅销车型。

通常情况下，寻找完全相同的参照车辆比较困难，退而求其次，要求参照车辆与被评估车辆相近。所谓相近是指参照车辆与被评估车辆类别相同、主参数相同、结构性能相同，只是生产序号不同、只作局部改动、交易时间相近的车辆，可作为评估过程中的参照车辆。

被评估车辆的价值是按参照车辆的市场价格来确定被评估车辆的价值，其计算公式为

$$P = P' \tag{5-36}$$

式中 P——评估值；

P'——参照车辆的市场价格。

2. 类比法

类比法是指评估车辆时，在公开市场上找不到与之完全相同的车辆，但能找到与之相类似的车辆，以此为参照车辆，并根据车辆技术状况和交易条件的差异对参照车辆的价格作出相应的调整，进而确定被评估车辆价格的评估方法。其基本计算公式是

$$P = P' + P_1 - P_2 \tag{5-37}$$

或

$$P = P'K \tag{5-38}$$

式中 P——评估值；

P'——参照车辆的市场价格；

P_1——评估对象比参照车辆优异的价格差额；

P_2——参照车辆比评估对象优异的价格差额；

K——差异调整系数。

运用类比法评估二手车价值，应按图 5.4 的步骤进行。

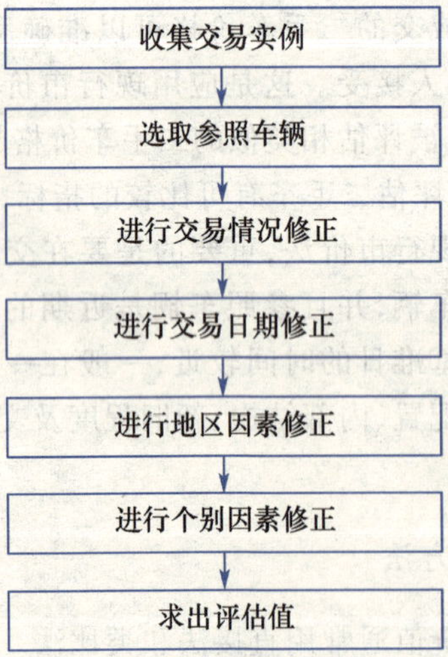

图 5.4 类比法步骤

5.5.3 评估实例

1. 运用现行市价法评估步骤

(1) 收集被评估车辆资料

运用类比法评估,应准确收集大量类似车辆交易实例,掌握正常市场价格行情。收集内容包括车辆型号、制造厂家、使用性质、使用年限、行驶里程、实际技术状况、经济环境和市场环境、车辆所处的地理位置、成交数量、成交价格、成交日期和付款方式等。

(2) 选取参照车辆

根据被评估车辆状况和评估目的,应从收集的交易实例中选取3个以上的参照车辆。评估车辆和参照车辆的可比因素主要包括车辆型号和生产厂家,车辆用途(是私家车还是公务车,是乘用车还是商用车),车辆使用年限和行驶里程,车辆实际技术性能和技术状况,车辆所属地区,市场状况,交易动机和目的,成交数量,成交时间等。

选取的参照车辆应符合下列要求:

1) 是被评估车辆的同型号或类似车辆。

2) 成交日期与评估时点相近,不宜超过3个月。

3) 成交价格为正常价格或可修正为正常价格。

(3) 类比和调整

对被评估车辆和参照车辆之间的差异进行分析、比较,并进行适当的量化后调整为可比因素。主要差异及量化方法:

1) 结构性能的差异与量化:汽车型号、结构上的差别通过汽车功能、性能对汽车价格的影响进行估算。量化调整值 = 结构性能差异值 × 成新率。

2) 销售时间的差异与量化:若参照车辆的交易时间在评估基准日之前,可采用价格指数法将销售时间差异量化并调整。

3) 新旧程度的差异与量化:被评估汽车与参照车辆在新旧程度上不一定会完全一致,参照车辆也未必是全新汽车。这就要求评估人员对被评估汽车与参照车辆的新旧程度作出基本判断,取得被评估汽车和参照车辆成新率后,以参照车辆的价格乘以被评估汽车与参照车辆成新率之差即可得到两个汽车新旧程度的差异量。

4) 销售数量的差异与量化:销售数量、采用何种付款方式均会对二手车成交单价产生影响,因此在评估被评估车辆和参照车辆在这两个因素之间的差别时,应首先了解清楚,然后根据具体情况作出必要的调整。

(4) 计算评估值

将各可比因素差异的调整值以适当的方式加以汇总,并据此对参照车辆的成交价进行调整,从而确定被评估车辆的评估价格。

2. 评估实例

例 5-17 某北方城市捷达05款CIF基本型出租车,初次登记时间为2005年10月,于2010年10月进行评估,经查勘该车已行驶60万公里,试评估其价值。

解: 在二手车交易市场上,同类型、入户时间相近、使用技术状况相近的车辆很多,有可选择的参照车辆,故采用直接法评估其价值。

选取的参照车辆分别为三辆2005年10月份上牌的市场价为28 000元、26 000元、25 600元的桑塔纳2000型轿车，其使用年限均为5年，使用性质均为出租车，配置完全一样，评估基准日与参照车辆成交日期相近，故所评估的桑塔纳2000的价值取三个参照车辆的平均值：

$$\frac{28\ 000\text{元}+26\ 000\text{元}+25\ 600\text{元}}{3}=26\ 533\text{元}$$

例5-18 市场上有6台完全相同的车辆待出售。经调查，该地区市场上此类车辆平均每年只售出2辆。于是为满足买主的要求，卖方同意以优惠价格一次性同时出售6辆汽车。而可选择的近期交易参照车辆单辆售价为4万元。试用现行市价法评估此6辆汽车的现值。

解：

1）直接以参照车辆的价格出售，即每辆汽车4万元。当年销售2辆汽车，可得销售收入为2×4万元=8万元。

2）其余4辆汽车如逐年销售，2年后才能售完。每辆汽车4万元，以参照车辆单价为标准，未来每年可得销售款8万元。以此为基础，折算4辆汽车的现值，适用的折现率为10%。

3）实际上这是一个未来收益的折现问题。根据未来收益现值法的公式，可计算4辆汽车的现值为

$$P=\frac{80\ 000\text{元}}{1+10\%}+\frac{80\ 000\text{元}}{(1+10\%)^2}\approx 138\ 843\text{元}$$

4）6辆汽车同时出售的评估值为

$$80\ 000\text{元}+138\ 843\text{元}=218\ 843\text{元}$$

5.6 清算价格法评估二手车

5.6.1 清算价格法基本概念

1. 清算价格法基本原理

清算价格法是以清算价格为标准来估算二手车价值的一种方法。所谓清算价格，是指企业由于破产或其他原因，要求在一定的期限内将车辆变现，在企业清算之日预期出卖车辆可收回的快速变现价格。主要根据二手车技术状况，运用现行市价法估算其正常价值，再根据处置情况和变现要求，乘以一个折扣率，最后确定评估价格。

清算价格法在原理上基本与现行市价法相同，所不同的是迫于停业或破产，清算价格往往大大低于现行市场价格。这是由于企业被迫停业或停产，急于将车辆拍卖、出售。因此，从严格意义上来讲，清算价格法不能算为一种基本的评估方法，只能算是重置成本法、收益现值法、现行市价法的具体应用。

2. 清算价格法应用的前提

1）以具有法律效力的破产处理文件或抵押合同及其他有效文件为依据。

2）车辆在市场上可以快速出售变现。

3）所卖收入足以补偿因出售车辆的附加支出总额。

3. 清算价格法适用范围

清算价格法适用于企业破产、抵押、停业清理时要出售的车辆。

(1) 企业破产

企业破产是指企业或个人因经营不善造成严重亏损、资不抵债时,企业应依法宣告破产,法院以其全部财产依法清偿其所欠的债务,不足部分不再清偿。

(2) 抵押

抵押是指企业或个人为了进行融资,用自己特定的财力为担保向对方保证履行合同义务的担保形式。提供财产的一方为抵押人,接受抵押财产的一方为抵押权人。抵押人不履行合同时,抵押权人有权利将抵押财产在法律允许的范围内变卖,从变卖抵押物价款中优先获得赔偿。

(3) 清理

清理是指企业由于经营不善导致严重亏损,已临近破产的边缘或因其他原因无法继续经营下去,为弄清企业财产现状,对全部财产进行清点、整理和查核,为经营决策(破产清算或继续经营)提供依据,以及因资产损毁、报废而进行清理、拆除等经济行为。

4. 决定清算价格的主要因素

由于采用清算价格进行车辆评估,通常要在较短的时间内将车辆变现,因此其价格往往低于现行市价,这是由快速变现的原则决定的。影响清算价格的因素主要有:

(1) 企业破产形式

如果企业完全丧失车辆的处置权,无法讨价还价,占有主动权的买方必然会尽力压低价格,以从中获益;如果企业尚有讨价还价的余地,则车辆的价格就有可能高一些。

(2) 车辆拍卖时限

车辆的拍卖时限越短,车辆的清算价格就可能越低;反之,若拍卖的时限较长,车辆的价格就可能高一些。

(3) 车辆现行市价

与被拍卖车辆相同或类似的车辆的现行市价越高,被拍卖车辆的清算价格通常也会高一些;反之,被拍卖车辆的价格就会低一些。

(4) 车辆拍卖方式

若车辆与破产企业的其他资产一起整体拍卖,其拍卖值可能会高于包括车辆在内的各单项资产变现价值之和。

5.6.2 清算价格估算方法

目前,对于清算价格的确定方法,从理论上还难以找到十分有效的依据,但在实践上仍有一些方法可用。二手车评估清算价格的方法主要有现行市价折扣法、模拟拍卖法(也称意向询价法)、竞价法等三种。

1. 现行市价折扣法

首先,根据被评估车辆的具体情况及所获得的资料,选择重置成本法、收益现值法和现行市价法中的一种方法确定被评估车辆的价格;然后根据快速变现原则确定一个折扣率,用评估价格乘以折扣率,所得结果即为被评估车辆的清算价格。

2. 模拟拍卖法

模拟拍卖法也称意向询价法。这种方法是根据向被评估车辆的潜在购买者询价的办法取得市场信息，最后经评估人员分析确定其清算价格的一种方法。用这种方法确定的清算价格受供需关系影响很大，要充分考虑其影响程度。

3. 竞价法

竞价法是由法院按照法定程序（破产清算）或由卖方根据评估结果提出一个拍卖底价，在公开市场上由买方竞争出价，谁出的价格高就卖给谁。

5.6.3 评估实例

例5－19 某法院欲将扣押的一辆某公司公务用车桑塔纳2000汽车拍卖出售。到评估基准日止，该车已使用了6年10个月，车况与其新旧程度相符。试评估该车的清算价格。

解：(1) 确定重置成本全价

据市场调查，全新的该型号同类型功能相当的车目前售价为8.98万元。根据相关规定，购置此车型要缴纳10%的车辆购置税，则被评估车辆的重置成本全价为

$$B = 89\ 800\text{元} + \frac{89\ 800\text{元}}{1.17} \times 10\% = 97\ 475\text{元}$$

(2) 确定车辆的成新率

被评估车辆的价值不高，且车辆的技术状况与其新旧程度相符，故采用使用年限法确定其成新率。根据国家规定，该车规定使用年限为15年，折合为180个月，该车已使用6年10个月，折合82个月，则该车的成新率为

$$C = \left(1 - \frac{82}{180}\right) \times 100\% = 54.4\%$$

(3) 确定被评估车辆在公平市场下的评估值

根据调查了解，被评估车辆的功能性损耗和经济性损耗很小，可忽略不计，故在公平市场条件下，该车的评估值为

$$P = BC = 97\ 475\text{元} \times 54.4\% = 53\ 026\text{元}$$

(4) 确定折扣率

根据市场调查，折扣率取80%时，可在清算日内出售车辆，故确定折扣率为80%。

(5) 确定被评估车辆的清算价格

$$\text{被评估车辆清算价格} = P \times \text{折扣率} = 53\ 026\text{元} \times 80\% = 42\ 420\text{元}$$

例5－20 某法院欲将其扣押的一辆轻型载货汽车拍卖。至评估基准日止，该汽车已使用了1年6个月，车况与其新旧程度相符。试评估该车的清算价格。

解：(1) 确定车辆的重置成本全价

据市场调查，全新的此型车目前的售价为5.5万元。根据相关规定，购置此型车时，要交纳10%的车辆购置税、3%的货运附加费，故被评估车辆的重置成本全价为

$$\text{重置成本全价} = 55\ 000\text{元} \times (1 + 10\% + 3\%) = 62\ 150\text{元}$$

(2) 确定车辆的成新率

被评估车辆的价值不高，且车辆的技术状况与其新旧程度相符，故决定采用使用年限法确定

其成新率。

根据国家规定,被评估车辆的使用年限为10年,折合为120个月。该车已使用年限为1年6个月,折合为18个月。故被评估车辆的成新率为

$$成新率=\left(1-\frac{18}{120}\right)\times 100\%=85\%$$

(3) 确定被评估车辆在公平市场条件下的评估值

根据调查了解,被评估车辆的功能损耗及经济性损耗均很小,可忽略不计。故在公平市场条件下,该车的评估值为

$$P=62\ 150\ 元\times 85\%\approx 52\ 828\ 元$$

(4) 确定折扣率

根据市场调查,折扣率取75%时,可在清算日内出售车辆,故确定折扣率为75%。

(5) 确定被评估车辆的清算价格

$$车辆的清算价格=52\ 828\ 元\times 75\%=39\ 621\ 元$$

5.7 折旧法评估二手车

5.7.1 折旧法基本原理

1. 折旧法基本概念

折旧是固定资产的一个基本概念。它是指企业的固定资产在预计的使用年限内由于磨损和损耗而逐渐转移的价值。这部分转移的价值以折旧费的形式计入成本费用,并从企业营业收入中得到补偿。

机动车作为固定资产,按现行财务制度规定应计提固定资产折旧。所谓机动车的折旧是指机动车随着时间的推移或在使用中由于损耗而转移到产品中去的那部分价值。这部分价值从产品销售收入中逐年提取存入建立的机动车折旧基金中,用于当旧机动车不能使用或不再使用时购置新的车辆,实现机动车的更新。

2. 折旧法基本原理

二手车折旧额是二手车所有者已经得到的价值补偿,剩下的价值(重置成本全价减去二手车已使用年数的累计折旧额)才是二手车现有的价值,评估时应以这个价值作为评估价。车辆鉴定评估时,如果发现车辆有某些功能完全丧失,需要维修和换件的,还应考虑扣减相应的维修费用。其计算公式为

$$被评估车辆的评估值=重置成本全价-累计折旧额-维修费用$$

上式中,采用重置成本全价而不采用二手车原值,主要是考虑了其他因素给二手车带来的贬值(如功能性贬值和经济性贬值)。

维修费用是指车辆现时状态下,某些功能完全丧失,需要维修和换件的费用总支出。

5.7.2 折旧法评估的基本方法

1. 评估模型

折旧法评估二手车价值的计算公式为

$$P = B - \sum M_i - R \tag{5-39}$$

式中 P——二手车的评估价；

B——二手车重置成本全价；

M_i——二手车年折旧额，元($i=1,2,3,\cdots,N$，N 为预计使用年限)；

R——二手车需要的维修费用。

2. **二手车年折旧额的计算**

二手车年折旧额的计算方法有等速折旧法和加速折旧法，推荐使用加速折旧法。

(1) 等速折旧法

等速折旧法，也称为年限平均法，是指车辆的原值除以车辆使用年限，以求得每年平均计提折旧额的方法。其计算公式为

$$M_i = \frac{S_1 - S_2}{N} \tag{5-40}$$

式中 M_i——二手车年折旧额；

S_1——二手车原值；

S_2——二手车残值；

N——二手车预计使用年限。

(2) 加速折旧法

加速折旧法也称递减折旧法，是指在汽车使用早期多提折旧，在使用后期少提折旧的一种方法。这种方法的理论依据是，汽车在使用初期发生的故障少，需要的修理费用少，提供的服务多，为企业创造的效益高，理应多提折旧；在汽车的使用后期，随着汽车磨损程度的加剧，需要的修理费用越来越多，单位时间提供的服务量逐年减少，理应少提折旧。这样，可使汽车在各年承担的总费用比较接近，利润比较平稳，弥补了年限平均法的不足。

加速折旧法求折旧额的方法有两种：年份数求和折旧法和双倍余额递减折旧法。

1) 年份数求和折旧法

年份数求和折旧法是指每年的折旧额可用车辆原值减去残值的差额乘一个逐年递减系数来确定折旧额的一种方法。其计算公式为

$$M_i = (S_1 - S_2) \times \frac{N + 1 - t}{N(N+1)/2} \tag{5-41}$$

式中 M_i——二手车年折旧额；

S_1——二手车原值(一般取二手车评估基准日的重置成本全价)；

S_2——二手车残值(一般忽略不计)；

N——二手车预计使用年限(一般取规定使用年限)；

t——二手车到评估基准日止已使用的年度数，不足年的已使用的月份换算成年度数计算。

2) 双倍余额递减折旧法

双倍余额递减折旧法是根据每年年初二手车剩余价值和双倍的等速折旧率计算二手车折旧的一种方法。该方法不考虑二手车残值，其计算公式为

$$年折旧率 = \frac{2}{预计使用年限} \times 100\% \tag{5-42}$$

或

$$\text{年折旧额} = \text{该车年初剩余价值} \times \text{年折旧率} \tag{5-43}$$

$$M_i = S_1 \times a(1-a)^{t-1} \tag{5-44}$$

式中 M_i——二手车年折旧额；

S_1——二手车原值（一般取二手车评估基准日的重置成本全价）；

a——二手车年折旧率，$a = (2/N) \times 100\%$，N 为预计使用年限；

t——二手车到评估基准日止已使用的年度数，不足年的已使用的月份换算成年度数计算。

由于采用双倍余额递减法在确定二手车折旧率时，没有考虑二手车的净残值因素，因此在连续计算各年折旧额时，如果发现使用双倍余额递减法计算的折旧额小于采用等速折旧法计算的折旧额时，就应该改用等速折旧法计提折旧额。

5.7.3 评估实例

例 5-21 2009 年 12 月，某二手车销售公司欲收购一辆上汽通用别克凯越轿车。车辆基本情况如下：凯越 05 款 1.6L 手动舒适型，注册日期是 2006 年 11 月，行驶里程为 6 万公里。经核对相关税费、证件齐全有效。同类该型号的车目前市场行情价为 9.99 万元，试确定该车收购价格（残值忽略不计）。

解：1）采用折旧法计算收购价格。

2）该车已使用 3 年，$t=3$，该车规定使用年限为 15 年，$N=15$。

3）重置成本全价为 $S_1 = 99\ 900$ 元，因残值忽略不计，即 $S_2 = 0$。

4）分别以等速折旧法、年份数求和折旧法和双倍余额递减折旧法计算累计折旧额。

① 等速折旧法计算二手车累计折旧额

$$\text{年折旧额} = 99\ 900\ \text{元}/15 = 6\ 660\ \text{元}$$

$$\text{三年后累计折旧额} = 6\ 660\ \text{元} \times 3 = 19\ 980\ \text{元}$$

② 年份数求和折旧法计算二手车累计折旧额

$$\text{第一年折旧额} = 99\ 900\ \text{元} \times 15/120 = 12\ 487\ \text{元}$$

$$\text{第二年折旧额} = 99\ 900\ \text{元} \times 14/120 = 11\ 655\ \text{元}$$

$$\text{第三年折旧额} = 99\ 900\ \text{元} \times 13/120 = 10\ 822\ \text{元}$$

$$\text{三年后累计折旧额} = 12\ 487\ \text{元} + 11\ 655\ \text{元} + 10\ 822\ \text{元} = 34\ 964\ \text{元}$$

③ 双倍余额递减折旧法计算二手车累计折旧额

$$\text{第一年折旧额} = 99\ 900\ \text{元} \times 2/15 = 13\ 320\ \text{元}$$

$$\text{第二年折旧额} = (99\ 900 - 13\ 320)\text{元} \times 2/15 = 11\ 544\ \text{元}$$

$$\text{第三年折旧额} = (99\ 900 - 13\ 320 - 11\ 544)\text{元} \times 2/15 = 10\ 005\ \text{元}$$

$$\text{三年后累计折旧额} = 13\ 320\ \text{元} + 11\ 544\ \text{元} + 10\ 005\ \text{元} = 34\ 869\ \text{元}$$

5）计算二手车收购价格

等速折旧法、年份数求和折旧法和双倍余额递减折旧法三种折旧法计算的累计折旧额中，年份数求和折旧法计算二手车累计折旧额最大，因此，该二手车收购价格为

$$\text{二手车收购价格} = 99\ 900\ \text{元} - 34\ 964\ \text{元} = 64\ 936\ \text{元}$$

第 6 章

二手车鉴定评估实务

6.1 评估准备

6.1.1 业务洽谈

业务洽谈方式有面谈和电话洽谈两种方式，与客户洽谈的主要内容有车主基本情况、车辆情况、委托评估的意向、时间要求等。通过业务洽谈初步了解下述情况：

1. 车主情况

包括车主单位（或个人）名称、隶属关系、所在地等。车主即机动车所有人，指车辆所有权的单位或个人。

2. 评估目的

评估目的是评估所服务的经济行为的具体类型，根据评估目的选择计算标准和评估方法。

3. 评估对象及其基本情况

1）二手车类别。是汽车，还是拖拉机，或是摩托车。

2）机动车名称、型号、生产厂家、出厂日期。

3）机动车管理机关初次注册登记的日期、行驶里程。

4）新车来历。是市场上购买，还是走私罚没处理或是捐赠免税车。

5）车籍。车辆牌证发放地。

6）车辆使用性质。根据注册登记时确定的车辆使用性质可分为非营运、公路客运、公交客运、出租客运、旅游客运、货运、租赁、警用、消防、救护、工程抢险、营转非、其他等。

7）手续是否齐全，是否年检和保险。

通过洽谈摸清楚上述基本情况以后，就应该作出是否接受委托的决定。如果不能接受委托，应该说明原因，耐心地解答和指导；如果接受委托，就要签订二手车鉴定评估委托协议。

6.1.2 签订鉴定评估委托协议

二手车鉴定评估委托协议是受托方与委托方对各自权利、责任和义务的协定，是一项经济合同性质的契约。二手车鉴定评估委托书应写明的内容有：

1）委托方、住所。

2）鉴定评估目的、车辆类型和数量。

3）鉴定评估基准日。

4）委托方须做好的基础工作和配合工作。

5）鉴定评估工作的起止时间。

6）鉴定评估收费金额及付款方式。

7）反映协议双方各自的责任、权利、义务以及违约责任的其他内容。

二手车鉴定评估委托书必须符合国家法律、法规和资产评估业的管理规定。涉及国有资产占有单位要求申请立项的二手车鉴定评估业务，应由委托方提供国有资产管理部门关于评估立项申请的批复文件，经核实后，方能接受委托，签署委托书。二手车鉴定评估委托书的格式式样参见表 6.1。

表 6.1　二手车鉴定评估委托书

编号：__________

二手车鉴定评估机构：____________________

因□交易□转籍□拍卖□置换□抵押□担保□咨询□司法裁决需要，特委托你单位对车辆（号牌号码__________车辆类型__________发动机号__________车架号__________）进行技术状况鉴定并出具评估报告书。

附：委托评估车辆基本信息

车　主		身份证号码/ 法人代码证书		联系电话	
住　址				邮政编码	
经办人		身份证号码		联系电话	
住　址				邮政编码	
车辆情况	厂牌型号			使用用途	
	载重量/座位/排量			燃料种类	
	初次登记日期	年　月　日		车身颜色	
	已使用年限	年　个月	累计行驶里程（万 km）		
	大修次数	发动机（次）		整车（次）	
	维修情况				
	事故情况				
价值反映	购置日期	年　月　日	原始价格（元）		
	车主报价（元）				
备注：					

委托方：（签字、盖章）　　　　经办人：（签字、盖章）

年　月　日　　　　年　月　日

填表说明：

1）若被评估车辆使用用途曾经为营运车辆，需在备注栏中予以说明；

2）委托方必须对车辆信息的真实性负责，不得隐瞒任何情节，凡由此引起的法律责任及赔偿责任由委托方负责；

3）本委托书一式两份，委托方、受托方各一份。

6.1.3 确定鉴定评估方案

鉴定评估方案是二手车鉴定评估机构根据二手车鉴定评估委托书的要求而制订的规划和安排。其主要内容包括评估目的、评估对象和范围、评估基准日、评估人员及协助评估工作的其他人员安排、现场工作计划、评估程序、评估具体工作和时间安排、拟采用的评估方法及其具体步骤等。

确定鉴定评估方案后,下达二手车鉴定评估作业表(表6.2),进行鉴定评估工作。

表6.2 二手车鉴定评估作业表

车主		所有权性质	□公 □私	联系电话		
住址				经办人		
原始情况	厂牌型号		号牌号码		车辆类型	
	车辆识别代号(VIN)			车身颜色		
	发动机号		车架号			
	载重量/座位/排量			燃料种类		
	注册登记日期	年 月	车辆出厂日期	年 月		
	已使用年限	年 月	累计行驶里程	万千米	使用用途	
检查核对交易证件	证件	□原始发票□机动车登记证书□机动车行驶证 □法人代码证或身份证□其他				
	税费	□购置附加税□养路费□车船使用税□其他				
结构特点						
现时技术状态						
维修保养情况			现时状态			
价值反映	账面原值(元)		车主报价(元)			
	重置成本(元)		成新率(%)		评估价格(元)	
鉴定评估目的:						
鉴定评估说明:						

注册二手车鉴定评估师(签名): 复核人(签名):

年 月 日 年 月 日

填表说明:

1) 现时技术状况:必须如实填写对车辆进行技术鉴定的结果,客观真实地反映二手车主要部分(含车身、底盘、发动机、电气系统、内饰等)以及整车的现时技术状况;

2) 鉴定评估说明:应详细说明重置成本的计算方法、成新率的计算方法以及评估价格的计算方法。

6.2　凭证审核

6.2.1　核查证件

根据《二手车流通管理办法》规定，二手车交易必须提供机动车来历凭证、机动车行驶证、机动车登记证书、机动车号牌、道路运输证、机动车安全技术检验合格标志等法定证件。

1. 机动车来历凭证

机动车来历凭证主要包括以下几个方面：

1）在国内购买机动车的来历凭证，是全国统一的机动车销售发票（图 6.1）或者二手车交易发票（图 6.2）；在国外购买的机动车，其来历凭证是该车销售单位开具的销售发票及其翻译文本。

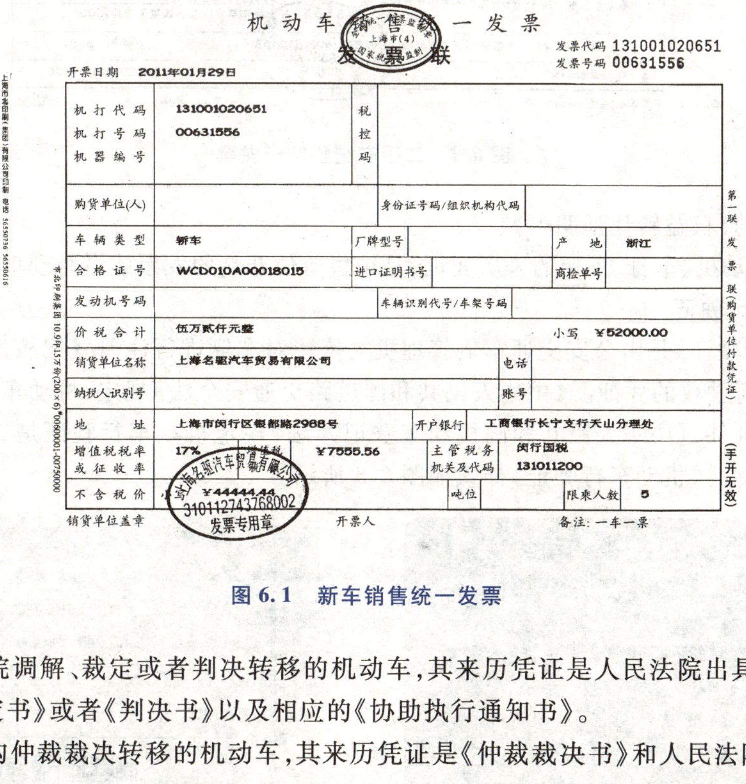

机动车销售统一发票

发票联

发票代码 131001020651
发票号码 00631556

开票日期　2011年01月29日

机打代码 机打号码 机器编号	131001020651 00631556	税控码			
购货单位(人)		身份证号码/组织机构代码			
车辆类型	轿车	厂牌型号		产地	浙江
合格证号	WCD010A00018015	进口证明书号		商检单号	
发动机号码		车辆识别代号/车架号码			
价税合计	伍万贰仟元整			小写	¥52000.00
销货单位名称	上海名驱汽车贸易有限公司			电话	
纳税人识别号				账号	
地址	上海市闵行区银都路2988号	开户银行	工商银行长宁支行天山分理处		
增值税税率或征收率	17%	增值税	¥7555.56	主管税务机关及代码	闵行国税 131011200
不含税价	小写 ¥44444.44	吨位		限乘人数	5

销货单位盖章　　开票人　　备注：一车一票

第一联　发票联（购货单位付款凭证）（手开无效）

上海名驱汽车贸易有限公司 310112743768002 发票专用章

图 6.1　新车销售统一发票

2）人民法院调解、裁定或者判决转移的机动车，其来历凭证是人民法院出具的已经生效的《调解书》、《裁定书》或者《判决书》以及相应的《协助执行通知书》。

3）仲裁机构仲裁裁决转移的机动车，其来历凭证是《仲裁裁决书》和人民法院出具的《协助执行通知书》。

4）继承、赠予、中奖和协议抵偿债务的机动车，其来历凭证是继承、赠予、中奖和协议抵偿债务的相关文书和公证机关出具的《公证书》。

5）资产重组或者资产整体买卖中包含的机动车，其来历凭证是资产主管部门的批准文件。

6）国家机关统一采购并调拨到下属单位未注册登记的机动车，其来历凭证是全国统一的机动车销售发票和该部门出具的调拨证明。

7）国家机关已注册登记并调拨到下属单位的机动车，其来历凭证是该部门出具的调拨证明。

8）经公安机关破案发还的被盗抢且已向原机动车所有人理赔完毕的机动车，其来历凭证是

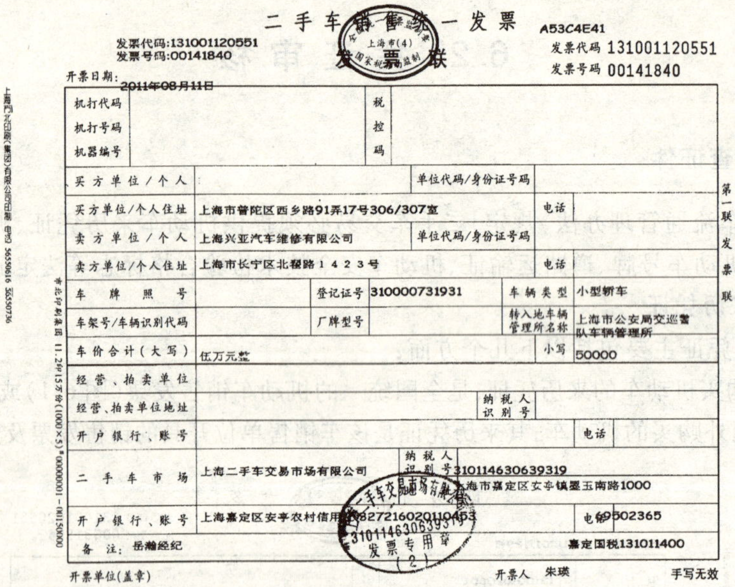

二手车销售统一发票 A53C4E41

发票代码:131001120551　发票号码:00141840　发票联

发票代码 131001120551

发票号码 00141840

开票日期: 2011年08月11日

机打代码 机打号码 机器编号		税控码			
买方单位/个人		单位代码/身份证号码			
买方单位/个人住址	上海市普陀区西乡路91弄17号306/307室	电话			
卖方单位/个人	上海兴亚汽车维修有限公司	单位代码/身份证号码			
卖方单位/个人住址	上海市长宁区北翟路1423号	电话			
车牌照号		登记证号	310000731931	车辆类型	小型轿车
车架号/车辆识别代码		厂牌型号		转入地车辆管理所名称	上海市公安局交巡警队车辆管理所
车价合计(大写)	伍万元整	小写	50000		
经营、拍卖单位					
经营、拍卖单位地址		纳税人识别号			
开户银行、账号		电话			
二手车市场	上海二手车交易市场有限公司	纳税人识别号	310114630639319		
		地址	上海市嘉定区安亭镇墨玉南路1000		
开户银行、账号	上海嘉定区安亭农村信用社 0827216020110453	电话	69502365		
备注:	岳瀚经纪		嘉定国税131011400		

开票单位(盖章)　开票人 朱瑛　手写无效

第一联 发票联

图 6.2　二手车销售统一发票

保险公司出具的《权益转让证明书》。

9）更换发动机、车身、车架的来历凭证，是销售单位开具的发票或者修理单位开具的发票。

2. 机动车行驶证

《机动车行驶证》是由公安交通车辆管理机关依法对车辆进行注册登记核发的证件，它是机动车取得合法行驶权的凭证。《中华人民共和国道路交通安全法》规定，机动车行驶证是车辆上路行驶必需的证件，《中华人民共和国机动车登记办法》规定机动车行驶证是二手车过户、转籍必不可少的证件。《机动车行驶证》样式如图 6.3 所示。

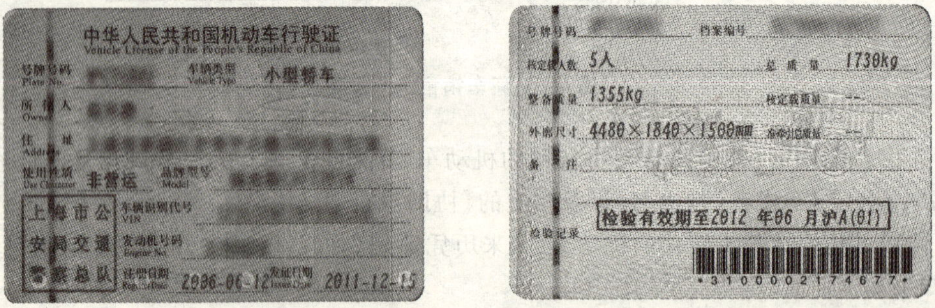

图 6.3　机动车行驶证

3. 机动车登记证书

根据2001 年10 月1 日起实施的《中华人民共和国机动车登记办法》，在我国境内道路上行驶的机动车，应当按规定经机动车登记机构办理登记，核发机动车号牌、《机动车行驶证》和《机动车登记证书》。

机动车所有人申请办理机动车各项登记业务时均应出具《机动车登记证书》;当登记信息发生变动时,机动车所有人应当及时到车辆管理所办理相关手续;当机动车所有权转移时,原机动车所有人应当将《机动车登记证书》随车交给现机动车所有人。目前,《机动车登记证书》还可以作为有效资产证明,到银行办理抵押贷款。

《机动车登记证书》同时也是机动车的"户口本",所有机动车的详细信息及机动车所有人的资料都记载在上面,证书上所记载的原始信息发生变化时,机动车所有人应携《机动车登记证书》到车管所作变更登记。这样,"户口本"上就有机动车从"生"到"死"的一套完整记录。

公安交通车辆管理部门是《机动车登记证书》的核发单位。凡 2001 年 10 月 1 日之后新购机动车,都随车办好了证书,凡 2001 年 10 月 1 日之前购车未办领《机动车登记证书》的机动车所有者,必须补办《机动车登记证书》。

《机动车登记证书》是二手车鉴定评估人员必须认真查验的手续,《机动车登记证书》与《机动车行驶证》相比它的内容更详细,一些评估参数必须从《机动车登记证书》获取,如使用性质的确定等。《机动车登记证书》的样式如图 6.4 所示。

4. 机动车号牌

机动车号牌是由公安机关交通车辆管理部门依法对机动车进行注册登记核发的号牌,它和机动车行驶证一同核发,其号码与行驶证应该一致。它是机动车取得合法行驶权的标志。

《中华人民共和国道路交通安全法》中规定,机动车号牌应当按照规定悬挂并保持清晰、完整,不得故意遮挡、污损。号牌的位置根据《中华人民共和国道路交通安全法实施条例》的规定,应当悬挂在车前、车后指定位置。重型、中型载货汽车及其挂车、拖拉机及其挂车的车身或者车厢后部应当喷涂放大的牌号,字样应当端正并保持清晰。

机动车号牌分"九二"式和"二○○二"式两种,"二○○二"式号牌为个性号牌,仅在北京等几个城市试用,数量少,已不核发。目前,我国规定使用的机动车号牌是"九二"式号牌,该号牌按《中华人民共和国机动车号牌》GA 36—92 标准制作,规格见表 6.3。

5. 道路运输证

道路运输证是县级以上人民政府交通主管部门设置的道路运输管理机构对从事旅客运输(包括城市出租客运)、货物运输的单位和个人核发的随车携带的证件,营运车辆转籍过户时,应到运管机构及相关部门办理营运过户有关手续。

6. 机动车安全技术检验合格标志

机动车必须进行安全技术检验,检验合格后,公安机关发放合格标志。根据《中华人民共和国道路交通安全法实施条例》的规定,机动车检验合格标志应贴在机动车前窗右上角,若无合格标志或无效,则不能交易。

机动车安全技术检验由机动车安全技术检验机构实施。机动车安全技术检验机构应当按照国家机动车安全技术检验标准对机动车进行检验,对检验结果承担法律责任。

机动车应当从注册登记之日起,按照下列期限进行安全技术检验:

1) 营运载客汽车 5 年以内每年检验 1 次;超过 5 年的,每 6 个月检验 1 次。

编号： *310002698253*

注册登记摘要信息栏

Ⅰ	1.机动车所有人/身份证明名称/号码					
	2.登记机关		3.登记时间		4.机动车登记编号	

转移登记摘要信息栏

Ⅱ	机动车所有人/身份证明名称/号码					
	登记机关		登记日期		机动车登记编号	
Ⅲ	机动车所有人/身份证明名称/号码					
	登记机关		登记日期		机动车登记编号	
Ⅳ	机动车所有人/身份证明名称/号码					
	登记机关		登记日期		机动车登记编号	
Ⅴ	机动车所有人/身份证明名称/号码					
	登记机关		登记日期		机动车登记编号	
Ⅵ	机动车所有人/身份证明名称/号码					
	登记机关		登记日期		机动车登记编号	
Ⅶ	机动车所有人/身份证明名称/号码					
	登记机关		登记日期		机动车登记编号	

第 1 页

注册登记机动车信息栏

5.车辆类型		6.车辆品牌		
7.车辆型号		8.车身颜色		
9.车辆识别代号/车架号		10.国产/进口		
11.发动机号		12.发动机型号		
13.燃料种类		14.排量/功率	ml/ kw	
15.制造厂名称		16.转向形式		
17.轮距	前 后 mm	18.轮胎数		
19.轮胎规格		20.钢板弹簧片数	后轴 片	
21.轴距	mm	22.轴数		
23.外廓尺寸	长 宽 高 mm			33.发证机关章
24.货厢内部尺寸	长 宽 高 mm			上海市公安局交通警察总队
25.总质量	kg	28.核定载质量	kg	
24.核定载客	人	28.准牵引总质量	kg	
29.驾驶室载客	人	30.使用性质		
31.车辆获得方式		32.车辆出厂日期		34.发证日期

第 2 页

机动车登记证书编号: 310002698253

登 记 栏

1.
2.
3.
4.
5.
6.
7.
8.
9.
10.
11.
12.
13.
14.
15.

第 3 页

登 记 栏

16.
17.
18.
19.
20.
21.
22.
23.
24.
25.
26.
27.
28.
29.
30.

第 4 页

图 6.4　机动车登记证书

表6.3 机动车号牌分类、规格、颜色、适用范围

序号	分类	外廓尺寸/mm	颜色	每副号牌面数	适用范围
1	大型汽车	前:440×140 后:440×220	黄底、黑字、黑框线	2	总质量4.5 t(含)、乘坐人数20人(含)和车长6 m(含)以上的汽车、无轨电车及有轨电车
2	小型汽车	440×140	蓝底、白字、白框线		除大型汽车以外的各种汽车
3	使馆汽车		黑底,白字,红“使”、“领”字,白框线		驻华使馆的汽车
4	领馆汽车				驻华领事馆的汽车
5	境外汽车		黑底、白字、白框线		入出境的境外汽车
			黑底、红字、红框线		入出境限制行驶区域的境外汽车
6	外籍汽车		黑底、白字、白框线		除使、领馆外,其他驻华机构、商社、外资企业及外籍人员的汽车
7	两、三轮摩托车	前:220×95 后:220×140	黄底、黑字、黑框线		两轮摩托车和三轮摩托车
8	轻便摩托车		蓝底、白字、白框线		轻便摩托车
9	使馆摩托车		黑底,白字,红“使”、“领”字,白框线		驻华使馆的摩托车和轻便摩托车
10	领馆摩托车				驻华领事馆的摩托车和轻便摩托车
11	境外摩托车		黑底、白字、白框线		入出境的境外摩托车和轻便摩托车
12	外籍摩托车				除使、领馆外,其他驻华机构、商社、外资企业及外籍人员的摩托车和轻便摩托车
13	农用运输车	300×165	黄底、黑字、黑框线		三、四轮农用运输车,轮式自行专用机械和蓄电池车等
14	拖拉机		黄底、黑字		各种在道路行驶的拖拉机
15	挂车	同大型汽车后号牌		1	全挂车和不与牵引车固定使用的半挂车
16	教练汽车	440×140	黄底、黑字、黑框线	2	教练用的汽车及其他机动车(不含摩托车和轻便摩托车)
17	教练摩托车	同摩托车号牌			教练用的摩托车和轻便摩托车
18	试验汽车	440×140			试验用的汽车及其他机动车(不含摩托车和轻便摩托车)
19	试验摩托车	同摩托车号牌			试验用的摩托车和轻便摩托车

续表

<table>
<tr><th>序号</th><th>分类</th><th>外廓尺寸/mm</th><th>颜色</th><th>每副号牌面数</th><th>适用范围</th></tr>
<tr><td>20</td><td>临时入境汽车</td><td>300×165</td><td rowspan="2">白底、红字、黑“临时入境”字、红框线（字有金色廓线）</td><td>2</td><td>临时入境参加旅游、比赛等活动的汽车</td></tr>
<tr><td>21</td><td>临时入境摩托车</td><td>220×120</td><td rowspan="2">1</td><td>临时入境参加旅游、比赛等活动的摩托车</td></tr>
<tr><td>22</td><td>临时行驶车</td><td>220×140</td><td>白底（有蓝色暗纹）、黑字、黑框线</td><td>无牌时需要临时行驶的机动车</td></tr>
</table>

2）载货汽车和大型、中型非营运载客汽车10年以内每年检验1次；超过10年的，每6个月检验1次。

3）小型、微型非营运载客汽车6年以内每2年检验1次；超过6年的，每年检验1次；超过15年的，每6个月检验1次。

4）摩托车4年以内每2年检验1次；超过4年的，每年检验1次。

5）拖拉机和其他机动车每年检验1次。

营运机动车在规定检验期限内经安全技术检验合格的，不再重复进行安全技术检验。

6.2.2 核查税费

根据《二手车流通管理办法》的规定，二手车交易必须提供车辆购置税完税证明、养路费缴付凭证、车船使用税缴付凭证、车辆保险单等税费凭证证明。

1. 车辆购置税

车辆购置税是国家对所有购置车辆的单位和个人征收的一项税种，其目的是解决国家公路建设资金的困难。车辆购置税由国家税务局征收，资金的使用由交通部门按照国家有关规定统一安排使用，车辆购置税的征收标准，是按车辆计税价的10%计征。在取消消费税后，它是购买车辆后最大的一项费用。

按照国家规定，车辆购置税的征收和免征范围如下：

(1) 车辆购置税的征收范围

车辆购置税的具体征收范围依照《中华人民共和国车辆购置税暂行条例》所附《车辆购置税征收范围表》执行（表6.4）。

(2) 车辆购置税的免税、减税规定

① 外国驻华使馆、领事馆和国际组织驻华机构及其外交人员自用的车辆，免税；

② 中国人民解放军和中国人民武装警察部队列入军队武器装备订货计划的车辆，免税；

③ 设有固定装置的非运输车辆，免税；

④ 有国务院规定予以免税或者减税的其他情形的，按照规定免税或者减税；

表 6.4 车辆购置税征收范围表

应征税车辆	具体范围	注 释
汽车	各类汽车	
摩托车	轻便摩托车	最高设计车速不大于 50 km/h,发动机气缸总排量不大于 50 cm^3 的两个或者三个车轮的机动车
	二轮摩托车	最高设计车速大于 50 km/h,或者发动机气缸总排量大于 50 cm^3 的两个车轮的机动车
	三轮摩托车	最高设计车速大于 50 km/h,或者发动机气缸总排量大于 50 cm^3,空车质量不大于 400 kg 三个车轮的机动车
电车	无轨电车	以电能为动力,由专用输电电缆供电的轮式公共车辆
	有轨电车	以电能为动力,在轨道上行驶的公共车辆
挂车	全挂车	无动力设备,与牵引车辆共同承载
	半挂车	由牵引车辆牵引行驶的车辆
农用运输车	三轮农用运输车	柴油发动机,功率不大于 7.4 kW,载质量不大于 500 kg,最高车速不大于 40 km/h 的三个车轮的机动车
	四轮农用运输车	柴油发动机,功率不大于 28 kW,载质量不大于 500 kg,最高车速不大于 50 km/h 的四个车轮的机动车

⑤ 对于挖掘机、平地机、叉车、装载车(铲车)、起重机(吊车)、推土机等六种车辆,免税。

车辆购置税完税凭证的式样如图 6.5 所示。

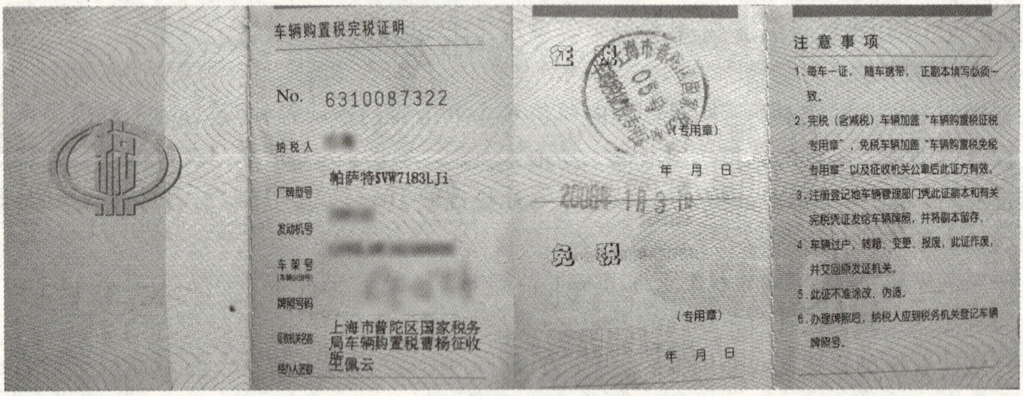

图 6.5 车辆购置税完税证明

2. 车船税

车船税征收依据是2007 年 1 月 1 日起实施的《中华人民共和国车船税暂行条例》[国务院令第 482 号]。根据规定,凡在中华人民共和国境内,车辆、船舶(以下简称车船)的所有人或者管理人为车船税的纳税人,应当依照本条例的规定缴纳车船税。车船税由地方税务机关负责征收。车船税征收标准见表 6.5。

表 6.5 车船税税目税额表

项目	计税单位	每年税额/元	备注
载客汽车	每辆	60～660	包括电车
载货汽车	按自重每吨	16～120	包括半挂牵引车、挂车
三轮汽车、低速货车	按自重每吨	24～120	—
摩托车	辆	36～180	—
船舶	按净吨位每吨	3～6	拖船和非机动驳船分别按船舶税额的 50% 计算

3. 机动车保险费

机动车保险是各种机动车在使用过程中发生事故造成车辆本身以及第三者人身伤亡和财产损失后的一种经济补偿制度。机动车保险费是为了防止机动车发生意外事故，为转嫁风险，避免用户发生较大损失而向保险公司所交付的与保险责任相适应的费用。机动车保险实际上是一种运用社会集体的力量，共同建立规避风险基金进行补偿或给付的经济保障。我国机动车保险险种分为基本险和附加险两大类。基本险是指可以单独投保和承保的险别；附加险是指不能单独投保和承保的险别，投保人只能在投保基本险的基础上，根据自己的需要选择加以投保。基本险和附加险又分别有不同险种。基本险（又称为主险）分为车辆损失险、第三者责任险和车辆盗抢险（其中，车辆盗抢险是从 2007 年 4 月 1 日起由附加险升级为主险的），机动车附加险又分为车上责任险、无过失责任险、车载货物掉落责任险、玻璃单独破碎险、车辆停驶损失险、自燃损失险、新增设备损失险和不计免赔特约险。基本险与附加险有这样的关系：如果附加险的条款和基本险条款发生抵触，抵触之处的解释以附加险条款为准；如果附加险条款未作规定，则以基本险条款为准。保险人按照承保险别分别承担保险责任。

（1）车辆损失险

车辆损失险是指保险车辆遭受保险责任范围内的自然灾害（不包括地震）或意外事故，造成保险车辆本身损失，保险人依据保险合同的规定给予赔偿的保险，是一种车主自愿购买的险种。车辆损失险是一种商业险种，不是强制性购买的。

（2）第三者责任险

第三者责任险，是指保险期间内，被保险人或其允许的合法驾驶人在使用被保险机动车过程中发生意外事故，致使第三者遭受人身伤亡或财产直接损毁，被保人依法给予赔偿的经济赔偿责任。保险合同中的第三者是指因被保险机动车发生意外事故遭受人身伤亡或者财产损失的人，但不包括被保险机动车本车上人员、投保人、被保险人和保险人。第三者责任险是我国绝大多数地区强制实行的保险险种，没有投保第三者责任保险的新车，公安车辆管理机关不发牌证，每年的汽车检验不能通过。目前我国机动车第三者责任险分为商业性的第三者责任险（简称“三者险”）和公益性的机动车交通事故责任强制保险（简称“交强险”）两种。

交强险是我国首个由国家法律规定实行的强制保险险种。国务院 2006 年 3 月 28 日颁布的《机动车交通事故责任强制保险条例》（以下简称《条例》）规定：交强险是由保险公司对被保险机动车发生道路交通事故造成受害人（不包括本车人员和被保险人）的人身伤亡、财产损失，在责任限额内予以赔偿的强制性责任保险。按照《条例》规定新车登记上牌必须办理交强险。交强险具有强制性、广覆盖性及公益性的特点。交强险与三者险的区别主要表现在以下六个方面：

1）实行强制性投保和强制性承保。交强险其强制性一方面体现在所有上道路行驶的机动车的所有人或管理人必须依法投保该险种。区别于现行的机动车第三者责任保险，《条例》也要求具有经营交强险资格的保险公司不能拒绝承保和随意解除合同。

2）赔偿原则发生变化。目前实行的商业机动车第三者责任保险，保险公司是根据被保险人在交通事故中所承担的事故责任来确定其赔偿责任的。交强险实施后，无论被保险人是否在交通事故中负有责任，保险公司均将按照《条例》以及交强险条款的具体要求在责任限额内予以赔偿。

3）保障范围宽。为有效控制风险，减少损失，商业机动车第三者责任保险规定有不同的责任免除事项和免赔率（额）；而交强险除被保险人故意造成交通事故等少数几项情况外，其保险责任几乎涵盖了所有道路交通风险，且不设免赔率与免赔额。

4）按不盈不亏原则制定保险费率。交强险不以赢利为目的，并实行与其他保险业务分开管理、单独核算；而商业机动车第三者责任保险则无须与其他车险险种分开管理、单独核算。

5）实行分项责任限额。商业机动车第三者责任保险即无论人伤还是物损均在一个限额下进行赔偿，并由保险公司自行制定责任限额水平；交强险由法律规定实行分项责任限额，即分为死亡伤残赔偿限额、医疗费用赔偿限额、财产损失赔偿限额以及被保险人在道路交通事故中无责任的赔偿限额。

6）实行统一条款和基础费率，并且费率与交通违章挂钩。在商业机动车第三者责任保险中不同保险公司的条款费率相互存在差异，交强险实行统一的保险条款和基础费率。

6.2.3 车辆拍照

车辆拍照是评估工作人员根据车牌号或评估登记号，使用数码照相机或摄像头拍摄待评估车辆照片，并存入系统。

1. 拍摄距离

拍摄距离是指拍摄立足点与被拍二手车的距离。拍摄距离远，则拍摄范围大，所拍的二手车影像小，一般要求全车影像尽量充满整个像面。

2. 拍摄角度

拍摄角度是指拍摄立足点与被拍二手车的方位关系。根据拍摄角度方位一般分为上下关系与左右关系。

（1）上下关系

拍摄角度的上下关系可分为俯拍、平拍与仰拍三种。

俯拍是指在比被拍摄物高的位置向下拍摄。平拍是指拍摄点在物体的中间位置，镜头平置的拍摄，此种拍摄方法的效果就是人两眼平视的效果。仰拍是指相机放置在较低部位，镜头由下向上仰置的拍摄，这种拍摄效果易发生变形。

（2）左右关系

拍摄角度的左右关系一般根据拍摄者确定的拍摄方位，分为正面拍摄和侧面拍摄两种。

正面拍摄是指面对被拍摄的物体或部位的正面进行拍摄。侧面拍摄是相对于正面拍摄而言的。

对于二手车的拍照,一般采用平拍且与车左前侧呈 45°方向拍摄。

3. 光照方向

光照方向是指光线与相机拍摄方向的关系,一般分为正面光、侧面光和逆光三种。对于二手车拍照应尽量采用正面光拍摄,使二手车的轮廓分明、牌照号码清晰、车身颜色真实。

4. 对二手车拍照的要求

对二手车进行拍照时,有以下具体要求:

1) 车身要擦洗干净。

2) 前风挡玻璃及仪表盘上无杂物。

3) 机动车号牌无遮挡。

4) 关闭各车门。

5) 方向盘回正,前轮处于直线行驶状态。

标准的二手车照片如图 6.6 所示。

图 6.6 标准的二手车照片

6.3 鉴定估算

6.3.1 车况鉴定

二手车鉴定评估人员通过现场查勘鉴定二手车现时技术状况,其目的是为了公正、科学地确定委托评估车辆的技术现状及价值。这项工作完成后,鉴定评估人员应客观地给出鉴定评估过程的描述和评估结论。

现场查勘的目的是为了公正、科学地确定委托评估车辆的成新率。现场查勘主要进行静态检查,条件许可时,应进行路试检查或仪器检查,以全面了解被评估车辆的基本情况,并对被评估车辆的技术状况作出合理的判断。

1. 被评估车辆的基本情况

被评估车辆的基本情况主要包括车辆号牌号码、厂牌型号、车辆识别代号、车辆类型、发动机号、车架号、载质量/座位/排量、已使用年限、累计行驶里程、车辆出厂日期、初次登记日期以及车辆使用用途等。

2. 被评估车辆的技术状况

被评估车辆的技术状况主要包括以下内容：

1）车身外观——颜色、光泽、有无退色及锈蚀情况、有否被碰撞以及变形、车灯是否齐全、前后风挡玻璃及车门玻璃是否完好无损、前后保险杠是否完整和其他情况等。

2）车内装饰——装潢程度、颜色、清洁程度、仪表及座位是否完整和其他有关装饰情况等。

3）发动机工作状况——动力状况、有否异响、有否更换部件、有否修复现象、有否替代部件、是否有漏油现象等。

4）底盘——有否变形、有否异响、变速箱状况是否正常、前后桥状况是否正常、传动系统工作状况是否正常、是否有漏油现象、转向系统情况是否正常、制动系统工作状况是否正常等。

5）电气系统——电源系统是否工作正常、发动机点火器是否工作正常、空调系统是否工作正常、音响系统是否工作正常等。

以上查勘情况，一般应由评估委托方或车辆所有单位技术人员签名，以确认查勘情况是客观的、真实的，不存在与实际车辆状况不相符合的情况。确定查勘情况后，评估人员必须对被评估车辆作出查勘鉴定结论。上述资料经过整理，就可以编制成《二手车鉴定评估作业表》。

二手车技术状况检查详细内容请参阅第 4 章。

6.3.2　价值估算

价值估算工作是对被评估车辆所收集的数据资料、技术鉴定资料进行整理，根据评估目的选择适用的估价标准和评估方法，本着客观、公正的原则对车辆进行评定估算，确定评估结果。

1. 价格估算方法的筛选

第 5 章详细介绍了重置成本法、现行市价法、收益现值法、清算价格法和折旧法五种估价方法的内容，并对这些方法进行了比较分析。估价方法的多样性，丰富了鉴定估价人员评估手段的途径。具体选择估价方法进行价值估算时应考虑以下因素：

1）必须严格与二手车评估的计价标准相适应。

2）要受收集数据和信息资料的制约。

3）要充分考虑二手车鉴定估价工作的效率，选择简单易行的方法。

鉴于对上述因素的考虑，在五种估价方法中，只有重置成本法、现行市价法、收益现值法和清算价格法适用于鉴定估价。若采用现行市价法评估，由于目前我国二手车交易市场发育不完全，很难寻找到与被评估车辆相同使用日期、使用强度、使用条件的车辆（除个别大品牌、产量大的车型）；采用收益现值法时，由于宏观经济不确定因素多，投资者对预期收益额预测难度大，易受较强的主观判断和未来不可预见因素的影响。故上述两种评估方法在二手车鉴定估价中很少采用，而重置成本法具有收集资料信息便捷，操作简单易行，评估理论强，并结合对车辆的技术鉴定，评估结果有依有据，可信度高等优点而成为鉴定评估中应用最广的一种评估方法。

2. 确定二手车成新率

二手车成新率的确定可根据鉴定评估目的和评估对象的实际情况选择相应的方法计算(参见5.2节)。在这些计算成新率的方法中,由于综合系数调整法是以使用年限法为基础,以调整系数形式调整二手车成新率,调整系数综合考虑了二手车的实际技术状况、维修保养情况、原车制造质量、二手车用途及使用条件等因素对二手车价值的影响,评估值准确度较高,因此是目前二手车鉴定评估业务中最常用的方法之一。若被评估车辆为一手车且行驶里程确信正确,行驶里程法也是一种简单易行的方法;综合分析法是以技术状况现场查勘为基础,运用数学工具优选影响价值的诸多技术与非技术因素,其确定的成新率科学,但操作起来相对比较烦琐。

3. 市场询价

市场询价是指到当地新车市场调查与被评估二手车相同或近似车型在评估基准日的成交销售价格。作为被评估车辆的重置成本。

市场询价时要注意以下问题:

1)市场上有同型号车辆出售的,查询其市场价格。

2)市场上没有同型号车辆出售的,查询其相似车型市场价格,并注意配置及功能差异,了解其价格差别。

3)查询到的新车销售价格必须是市场上能普遍买到的价格,而不是经销商因广告效应、大客户等因素的报价。

4)了解当地二手车市场行情,收集类似车辆变现能力资料。

5)对于营运车辆,收集车辆经营状况资料。

只有在询价的参照车辆情况与被评估车辆基本情况相一致的情况下,得到的市场价格才是可比的、可行的。

上述市场询价得到的价格只是同车型新车现行市价,还要加上车辆购置税和上牌费用,才是被评估车辆的重置成本全价,即

$$\text{重置成本全价} = \text{同车型新车现行市价} + \text{车辆购置税} + \text{上牌费用}$$

式中 车辆购置税 = 同车型新车现行市价 × 10%。

4. 计算评估值

在确定委托评估车辆的成新率和重置成本全价后,就可以计算出委托评估车辆的评估值。计算公式为

$$\text{评估值} = \text{重置成本全价} \times \text{成新率}$$

6.4 评估报告撰写

6.4.1 评估报告的业务规程

1. 评估报告书的概念和作用

(1)二手车鉴定评估报告书的概念

二手车鉴定评估报告是指二手车鉴定评估机构按照评估工作制度有关规定,在完成鉴定评估工作后向委托方和有关方面提交的说明二手车鉴定评估过程和结果的书面报告。它是按照一

定格式和内容来反映评估目的、程序、依据、方法、结果等基本情况的报告书。广义的报告还是一种工作制度。它规定评估机构在完成二手车鉴定评估工作之后必须按照一定的程序和要求，用书面形式向委托方报告鉴定评估过程和结果。狭义的鉴定评估报告即鉴定评估结果报告书，既是二手车鉴定评估机构完成对二手车作价意见，提交给委托方的公正性的报告，也是二手车鉴定评估机构履行评估合同情况的总结，还是二手车鉴定评估机构为其所完成的鉴定评估结论承担相应法律责任的证明文件。

按照二手车鉴定评估报告的有关规定，二手车鉴定评估报告书应该包括二手车鉴定评估报告书正文以及相关附件。

(2) 二手车鉴定评估报告书的作用

二手车鉴定评估报告书对管理部门及各类交易的市场主体都是十分重要的。一份二手车鉴定评估报告书，特别是涉及国有资产的评估报告资料，不仅是一份评估工作的总结，而且是其价格的公正性文件和资产交易双方认定资产价格的依据。由于目的的不同，对评估报告作用的理解也就不同。

对委托方(客户)来说，二手车鉴定评估报告书具有以下作用：

1) 作为产权变动交易作价的基础材料。二手车鉴定评估报告书的结论可以作为车辆买卖交易谈判底价的参考依据。或作为投资比例出资价格的证明材料，特别是对涉及国有资产的二手车进行客观公正地作价，可以有效地防止国有资产的流失，确保国有资产价格的客观、公正、真实。

2) 作为各类企业进行会计记录的依据，按评估值对会计账目的调整必须由相关机关批准。

3) 作为法庭辩论和裁决时确认财产价格的举证材料。一般是指发生纠纷案时的二手车鉴定评估，其评估的结果可作为法庭作出裁决的证明材料。

4) 作为支付评估费用的依据。当委托方(客户)收到评估资料及报告后没有提出异议，也就是说评估的资料及结果符合委托书的条款，委托方应以此为前提和依据向受托方的评估机构付费。

对受托方(评估机构)来说，二手车鉴定评估报告书同样具有以下重要作用：

1) 是评估机构成果的体现，是一种动态管理的信息资料，体现了评估机构的工作情况和工作质量。

2) 二手车鉴定评估报告书是建立评估档案、归集评估档案资料的重要信息来源。

2. 评估报告书编制的基本要求及步骤

(1) 评估报告书编制的基本要求

国家国有资产管理局以国资办发[1993]55号文发布了《关于资产评估报告书的规范意见》，对资产评估报告书的撰写提出了比较系统的规范要求，结合二手车鉴定评估的实际情况，主要要求如下：

1) 鉴定评估报告必须依照客观、公正、实事求是的原则由二手车鉴定评估机构独立撰写，如实反映鉴定估价的工作情况。

2) 鉴定评估报告应有委托单位(或个人)的名称、二手车鉴定评估机构的名称和印章，二手车鉴定评估机构法人代表或其委托人和二手车鉴定估价师的签字，以及提供报告的日期。

3) 鉴定评估报告要写明评估基准日，并且不得随意更改。所有在估价中采用的税率、费率、利率和其他价格标准,均应采用基准日的标准。

4）鉴定评估报告中应写明估价的目的、范围、二手车的状态和产权归属。

5）鉴定评估报告应说明估价工作遵循的原则和依据的法律法规,简述鉴定估价过程,写明评估的方法。

6）鉴定评估报告应有明确的鉴定估算价值的结果,鉴定结果应有二手车的成新率、重置价值、评估价值等。

7）鉴定评估报告还应有齐全的附件。

（2）评估报告书的编制步骤

编制二手车鉴定评估报告书是完成评估工作的最后有一道工序,也是评估工作中的一个很重要的环节。评估人员通过评估报告不仅要真实准确地反映评估工作情况,而且表明评估者在今后一段时期里对评估的结果和有关的全部附件资料承担相应的法律责任。二手车鉴定评估报告是记述鉴定评估成果的文件,是鉴定评估机构向委托方和二手车鉴定评估管理部门提交的主要成果。鉴定评估报告的质量不仅反映鉴定评估人员的水平,而且直接关系到有关各方的利益。这就要求评估人员编制的报告要思路清晰,文字简练、准确,格式规范,有关的取证与调查材料和数据真实可靠。为了达到这些要求,评估人员应按下列步骤进行评估报告的编制。

1）评估资料的分类整理

被评估车辆的有关背景资料、技术鉴定情况资料及其他可供参考的数据记录等评估资料是编制二手车鉴定评估报告的基础。一个较复杂的评估项目是由两个或两个以上评估人员合作完成,将评估资料进行分类整理,包括评估鉴定作业表的审核、评估依据的说明,最后形成评估的文字材料。

2）鉴定评估资料的分析讨论

在整理资料工作完成后,应召集参与评估工作过程的有关人员,对评估的情况和初步结论进行分析讨论。如果发现其中提法不妥、计算错误、作价不合理等方面的问题,特别是机动车的配置、维修保养情况及技术状况、品牌在市场中的影响力等。要求进行必要的调整,若采用两种不同方法评估并得出两个结论的,需要在充分讨论的基础上得出一个正确的结论。

3）鉴定评估报告的撰写

评估报告的负责人应根据评估资料讨论后的修正意见,进行资料的汇总编排和评估结果报告书的撰写工作,然后将二手车鉴定评估的基本情况和评估报告书初稿的初步结论与委托方交换意见,听取委托方的反馈意见后,在坚持客观、公正、科学、可行的前提下,认真分析委托方提出的问题和意见,考虑是否修改评估报告书,对报告书中存在的疏忽、遗漏和错误之处进行修正,待修正完毕即可撰写正式的二手车鉴定评估报告书。

4）评估报告的审核

评估报告先由项目负责人审核,再报评估机构经理审核签发,同时要二手车鉴定评估人员盖章并加盖评估机构公章。送达客户签收,必须要求客户在收到评估书后,按送达回执上的要求认真填写并要求收件人签字确认。

3. 评估报告书的确认与复议

（1）二手车鉴定评估报告的确认

二手车鉴定评估报告一般情况下由委托方确认,涉及国有资产的除资产占有方确认外还必须由上级主管部门认可。

二手车鉴定评估报告的确认因委托方的不同和委托目的的不同,大致可以分成以下几种情况:

1)交易类的二手车鉴定评估是由买卖双方和二手车交易机构确认。

2)抵押类的二手车鉴定评估是由抵押人和银行共同确认。

3)司法鉴定的二手车鉴定评估是经法庭质证后写入判决书或调解书即为确认,其中刑事案件中的二手车鉴定评估须经公安机关、检察机关的确认后再经审判程序法庭质证即为确认,有些二手车鉴定评估报告还要经过二审程序的考验。有时评估鉴定人员按国家法律规定要求作为鉴定人或证人上庭,详细叙述鉴定过程和鉴定结论并回答法官、律师、原告和被告的提问。因此司法鉴定的二手车鉴定评估是最为复杂的一种,要求极高。

4)置换类的二手车鉴定评估由车主和汽车经销商共同确认。

5)拍卖类二手车鉴定评估是要求确定委托拍卖底价,因此其评估由拍卖企业和委托拍卖人共同确认。

6)企业合并、分设等资产重组类的二手车鉴定评估由董事会或管理层确认。

(2)二手车鉴定评估报告的复议

二手车鉴定评估机构出具二手车鉴定评估报告后,由于各种原因委托方对评估结论即评估报告有异议,通常是在复议的有效期内可以委托原评估机构对原出具的二手车鉴定评估报告进行复议。也可以委托另一家资质较高的二手车鉴定评估机构进行复议或重新评估。

4. 评估报告书的归档管理

二手车鉴定评估报告书的档案管理包括二手车鉴定评估报告书的归档制度、保管制度、保密制度、借阅利用档案制度。

二手车鉴定评估报告书是记录、描述或反映整个二手车鉴定评估过程和结果的各类文件的统称。它属于专门业务文书,主要有以下三种:

(1)二手车鉴定评估委托书

委托书是一种合同契约文件,由委托方与受托方共同签字。委托书应如实提供标的详细资料,如机动车登记证书、机动车行驶证、附加税完税凭证、道路运输证等,作为委托书的附件。

(2)二手车鉴定评估的调查资料

1)以国家有关法律、法规中与该项业务直接或间接相关的条款作为二手车鉴定评估的法律依据。

2)委托标的详细资料及有关证明材料,重要的标的应附有照片、图像资料(特别是机动车受损较为严重的部位),必要时要有汽车修理厂或保险公司的修理清单。

3)与二手车鉴定评估有关的其他材料,如相关机动性的价格行情、价格指数、汇率、利率、参照车辆等。

(3)二手车鉴定评估报告书

二手车鉴定评估报告书是二手车鉴定评估的最终成果。二手车鉴定评估报告书一般根据委托方的要求和二手车鉴定评估业务的具体情况来确定基本内容,包括结论书正文和附件两部分。

6.4.2 评估报告书的类型及基本内容

1. 鉴定评估报告书的类型

二手车鉴定报告书有定型式、自由式和混合式三种。

(1) 定型式

定型式二手车鉴定评估报告书又称封闭式二手车鉴定评估报告书,采用固定格式、固定内容,评估人员必须按要求填写,不得随意增减。其优点是通用性好,写作省时省力,缺点是不能根据评估对象的具体情况而深入分析某些特殊事项。如果能针对不同的评估目的和不同类型的机动车作相应的定型式二手车鉴定评估报告书,则可以在一定程度上弥补这一缺点。

(2) 自由式

自由式二手车鉴定评估报告书又称开放式二手车鉴定评估报告书,是由评估人员根据评估对象的情况而自由创作、无一定格式的二手车鉴定评估报告书。其优点是可深入分析某些特殊事项,缺点是易遗漏一般事项。

(3) 混合式

混合式二手车鉴定评估报告书是兼取前两种二手车鉴定评估报告书的格式,兼顾了定型式和自由式两种报告书的优点。

一般来说,专案案件以采用自由式二手车鉴定评估报告书为优,例行案件以采用定型式二手车鉴定评估报告书为佳。

不论二手车鉴定评估报告书的形式如何,均应客观、公正、详实地记载评估结果和过程。如果仅以结论告知,必然会使委托评估者或二手车鉴定评估报告书的其他使用者心理上的信任度降低。二手车鉴定评估报告书的用语要力求准确、肯定,避免模棱两可或易产生误解的文字,对于难以确定的事项应在报告书中说明,并描述其可能影响二手车价格的情形。

2. 鉴定评估报告书的基本内容

二手车鉴定评估报告书不管是采用定型式、还是自由式或混合式,其基本内容是相同的,主要包括以下内容。

(1) 封面

二手车鉴定评估报告书的封面须载明下列内容:二手车鉴定评估报告书名称、鉴定评估机构出具鉴定评估报告的编号、二手车鉴定评估机构全称和鉴定评估报告提交日期等。有服务商标的,评估机构可以在报告封面载明其图形标志。

(2) 首部

鉴定评估报告书正文的首部应包括标题和报告书序号。

1) 标题。标题应简练清晰,含有“×××(评估项目名称)鉴定评估报告”字样,位置居中偏上。

2) 报告书序号。报告书序号应符合公文的要求,包括评估机构特征字、公文种类特征字(例如评报、评咨、评函,评估报告书正式报告应用“评报”,评估报告书预报告应用“评预报”)、年份、文件序号(如×××评报字(2010)第18号),位置本行居中。

(3) 绪言

写明该评估报告委托方全称、受委托评估事项及评估工作整体情况,一般应采用包含下列内容的表达格式:

“×××(鉴定评估机构)接受×××的委托,根据国家有关资产评估的规定,本着客观、独立、公正、科学的原则,按照公认的资产评估方法,对×××(车辆)进行了鉴定评估。本机构鉴定评估人员按照必要的程序,对委托鉴定评估车辆进行了实地查勘与市场调查,对其在××××年××月××日所表现的市场价值做出了公允反映。现将车辆评估情况及鉴定评估结果报告如下。

(4) 委托方与车辆所有方简介

应写明委托方、委托方联系人的名称、联系电话及住址。

(5) 评估目的

应写明本次资产评估是为了满足委托方的何种需要,及其所对应的经济行为类型。

(6) 评估对象

须简要写明纳入评估范围车辆的厂牌型号、号牌号码、发动机号、车辆识别代号、车架号、注册登记日期、年审检验合格有效日期、养路费交至日期、购置附加税(费)证号、车船使用税缴纳有效期。

(7) 鉴定评估基准日

写明车辆鉴定评估基准日的具体日期,式样为:鉴定评估基准日是××××年××月××日。

(8) 评估原则

写明评估工作过程中遵循的各类原则以及本次鉴定评估遵循国家及行业规定的公认原则。对于所遵循的特殊原则,应作适当阐述。

(9) 评估依据

评估依据一般可划分为行为依据、法律法规依据、产权依据和取价依据等,行为依据主要是指二手车鉴定评估委托书、法院的委托书等经济行为文件。法律、法规依据应包括车辆鉴定评估涉及的有关法律、法规等。产权依据是指被评估车辆的机动车登记证书或其他能够证明车辆产权的文件等。评定及取价依据应为鉴定评估机构收集的国家有关部门发布的统计资料和技术标准资料,以及评估机构收集的有关询价资料和参数资料等。对评估中所采用的特殊依据应在本节内容中披露。

(10) 评估方法及计算过程

简要说明评估人员在评估过程中所选择并使用的评估方法,简要说明选择评估方法的依据或原因;如对某车辆评估采用一种以上的评估方法,应适当说明原因并说明该资产评估价值确定方法。对于所选择的特殊评估方法,应适当介绍其原理与适用范围、各种评估方法计算的主要步骤等。

(11) 评估过程

评估过程应反映二手车鉴定评估机构自接受评估委托起至提交评估报告的工作过程,包括接受委托、验证、现场查勘、市场调查与询问、评定估价、提交报告等过程。

(12) 评估结论

(13) 特别事项说明

评估报告中陈述的特别事项是指在已确定评估结果的前提下，评估人员揭示在评估过程中已发现可能影响评估结论，但非评估人员执业水平和能力所能评定估算的有关事项。提示评估报告使用者应注意特别事项对评估结论的影响，揭示鉴定评估人员认为需要说明的其他问题。

(14) 评估报告法律效力

揭示评估报告的有效日期，特别提示评估基准日的期后事项对评估结论的影响以及评估报告的使用范围等。

(15) 鉴定评估报告提出日期

写明评估报告提交委托方的具体时间，评估报告原则上应在确定的评估基准日后一周内提出。

(16) 附件

附件应包括二手车鉴定评估委托书、二手车鉴定评估作业表、车辆行驶证、购置附加税(费)、车辆登记证书复印件、二手车鉴定评估人员资格证书影印件、鉴定评估机构营业执照影印件、鉴定评估机构资质影印件、二手车照片等。

(17) 尾部

写明出具评估报告的评估机构名称并盖章，写明评估机构法定代表人姓名并签名，二手车鉴定评估人员盖章并签名，高级二手车鉴定估价师审核签章，以及报告日期。

3. 评估报告书撰写的技能要求及注意事项

(1) 文字表达方面的技能要求

二手车鉴定评估报告书既是一份对被评估的车辆价值有咨询性和公正性作用的支持，又是一份用来明确鉴定评估机构和评估人员工作职责的文字依据，所以它的文字表达要求既要清楚、准确，又要提供充分的依据说明，还要全面地叙述整个鉴定评估的过程。其文字的表达必须清楚，不得使用模棱两可的措词。其陈述既要简明扼要，又要把有关问题说清楚，不得带有任何诱导、恭维和推荐性的陈述。当然，在文字表达上也不能带有大包大揽的语句，尤其是涉及承担责任条款的部分。

(2) 格式和内容方面的技能要求

二手车鉴定评估报告书在格式和内容方面，必须严格遵循原国家经济贸易委员会颁发的《关于规范二手车鉴定评估工作的通知》行事。

(3) 鉴定评估报告书的复核与反馈方面的技能要求

鉴定评估报告书的复核与反馈也是鉴定评估报告书制作的具体技能要求。通过对工作底稿、作业表、技术鉴定资料和鉴定评估报告书正文的文字、格式及内容的复核和反馈，可以将有关错误、遗漏等问题在出具正式报告书之前得到修正。对鉴定评估人员来说，由于知识、能力、经验、阅历及理论方法的限制有时难免产生工作盲点和工作疏忽，所以，对鉴定评估报告书初稿进行复核就成为必要。对鉴定评估的车辆的情况熟悉程度来说，大多数车辆评估委托方和占有方对委托鉴定评估车辆的成新率、使用强度、保养、车辆性能、维修、事故等情况可能比评估机构和评估人员更熟悉，所以，在出具正式报告之前征求委托方意见，收集反馈意见也很有必要。

对鉴定评估报告进行复核，必须明确复核人的职责，防止流于形式的复核。收集反馈意见主要是通过委托方或所有方熟悉车辆具体情况的人员。对委托方或车辆所有方意见的反馈信息,应慎重对待,本着独立、客观、公正的态度接受其反馈意见。

(4) 撰写鉴定报告书应注意事项

二手车鉴定评估报告书的制作技能除了需要掌握上述三个方面的技术要点外,还应注意以下事项:

1) 实事求是,切忌出具虚假报告。报告书必须建立在真实、客观的基础上,不能脱离实际情况,更不能无中生有。报告拟定人应是参与鉴定评估并全面了解被评估车辆的主要鉴定评估人员。

2) 坚持一致性做法。切忌出现表里不一。报告书文字、内容要前后一致,正文、评估说明、作业表、鉴定工作底稿、格式甚至数据要相互一致,不能出现相互矛盾,各谈各调的不一致的情况。

3) 提交报告书要及时、齐全和保密。在正式完成二手车鉴定评估报告工作后,应按业务约定书的约定时间及时将报告书送交委托方。送交报告书时,报告书及有关文件要送交齐全。

6.4.3 评估报告书业务实例

致委托人函

上海××二手车经纪公司:

受贵公司委托,我公司对××××公司号牌号码为沪A-××××××雅阁HG7230小客车,进行了客观、公正的评估。经估价人员认真、周密地勘察和测算,确定该车辆评估价格为:人民币肆万壹仟陆佰圆(¥41600.00)。详细评估结论请见《二手车评估报告书》。

上海××二手车鉴定评估有限公司

2010年08月24日

二手车评估报告书

评估编号10082401033

一、车辆基本状况

车辆户主:××××××××	号牌号码:沪A-×××××
品牌型号:雅阁HG7230	车辆颜色:绿色
发动机号:××××××××××	车架号:×××××××××××××××××
使用性质:非营运	车辆种类:国产小客车
启用日期:1999年10月28日	表显里程:320 000公里

二、委托人

上海××二手车经纪公司

三、评估目的

根据委托方的要求,本项目评估目的:交易

四、评估基准日

鉴定评估基准日:2010 年 08 月 24 日。

五、评估依据

《国有资产评估管理办法》(国务院令第 91 号);

《汽车报废标准》(国经贸经[1997]456 号)、《关于调整汽车报废标准若干规定的通知》(国经贸资源[2000]1202 号)等;

《上海市汽车维修收费标准》;

二手车评估委托书;

委托鉴定评估车辆的机动车登记证书或机动车行驶证;

本市 2010 年 8 月新车和二手车市场行情以及零配件价格。

六、评估方法

成本法

七、评估过程

按照接受委托、验证、现场查勘、评定估算和提交报告的程序进行。

八、评估结论

该车辆于 1999 年 10 月 28 日投入使用,颜色为绿色,表显里程为 320 000 公里,车况一般。

重置成本:177 100 元　　　　成新率:0. 235

评估价值:41 600 元

九、限定条件

委托人提供资料客观、真实。

十、声明

1. 委托人提供所有资料的真实性由委托人负责。

2. 评估结论仅对本次委托有效,不做他用。

3. 本公司及鉴定评估人员与鉴定评估标的没有利害关系,也与有关当事人没有利害关系。

注册旧机动车鉴定估价师(签字、盖章)

李 × ×:国家注册旧机动车鉴定估价师

陈 × ×:国家注册旧机动车鉴定估价师

附件:一、二手车鉴定评估作业表(二手车技术勘察表)

二、二手车照片

三、机动车鉴定估价师执业证书复印件(略)

四、鉴定评估机构营业执照复印件(略)

上海 × ×二手车鉴定评估有限公司

贰零壹零年捌月贰拾肆日

附件一

二手车技术勘察表

委托单位：　××××××　　评估编号：　1033　　日期：2010年08月24日

车　牌　号：沪×-×××××　　表显里程：320 000 km　　颜色：绿色

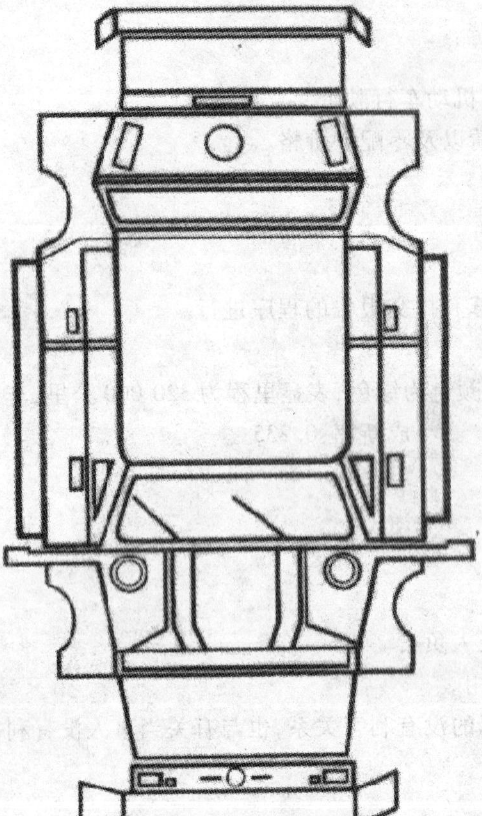

一、车型配置　　雅阁HG7230

二、机械状况

发动机	
转向系统	
行驶系统	
离合器	
悬挂系统	
润滑系	
变速器	
制动系统	
冷却系	

三、电器

四、空调系统

五、车况　　一般

标记				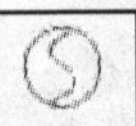	
含义	裂纹	撞痕	面漆	变形	烂

评估员：　鉴定估价师 证号 400898

第二页

注册机动车鉴定估价师（签章）　　　　复核人（签章）

2010 年 08 月 24 日　　　　2006 年 08 月 24 日

附件二 二手车照片

第7章 二手车交易实务

7.1 二手车交易类型及流程

7.1.1 二手车交易的发展历程

我国对二手车市场的管理始于1998年，当时原国内贸易部印发了《旧机动车交易管理办法》，将二手车交易定义为特殊商品流通。

2004年5月21日，国家发展改革委员会正式发布了《汽车产业发展政策》。新的产业政策中对培育和发展二手车市场提出了具体要求。

商务部等部委于2005年、2006年先后发布了《二手车流通管理办法》和《二手车交易规范》。新办法放宽了对二手车交易市场的限制，规范了二手车经营行为，二手车经营主体实现了多元化，建立了二手车买卖双方自愿评估制度，促进了二手车市场的发展。

7.1.2 二手车交易类型

二手车交易是一种产权交易，实现二手车所有权从卖方到买方的转移过程。二手车必须完成所有权转移登记（即过户）后才算是合法、完整的交易。它包含车辆的交易买卖和转移所有权手续的办理两方面内容。

二手车交易买卖可以在个人与个人、个人与单位、单位与单位之间进行。根据《二手车流通管理办法》（见附录三）规定，二手车交易有以下几种类型：

1. 直接交易

二手车直接交易是指二手车所有人不通过经销企业、拍卖企业和经纪机构将车辆直接出售给买方的交易行为。二手车直接交易应当在二手车交易市场内进行。

2. 中介经营

中介经营是指二手车买卖双方通过中介方的帮助而实现交易，中介方收取约定佣金的一种交易行为。中介经营包括二手车经纪、二手车拍卖等。

（1）二手车经纪

二手车经纪是指二手车经纪机构以收取佣金为目的，为促成他人交易二手车而从事居间、经纪或者代理等经营活动。

（2）二手车拍卖

二手车拍卖是指二手车拍卖企业以公开竞价的形式将二手车转让给最高应价者的经营活动。

3. 二手车经销

二手车经销是指二手车销售企业收购、销售二手车的经营活动。

二手车置换也是一种二手车经销行为。所谓二手车置换就是客户在汽车销售公司购买新车时,将目前在用的汽车经过该公司的检测估价后以一定的折价抵扣部分新车款的一种交易方式。如上海通用“诚新二手车”。

二手车典当不赎回情况也可以算做一种二手车经销。二手车典当是指二手车所有人将其拥有的、具有合法手续的车辆质押给典当公司,典当公司支付典当当金,封存质押车辆,双方约定在一定期限内由出典人(二手车所有人)结清典当本息、赎回车辆的一种贷款行为。

典当时二手车所有人须持合法有效的手续到典当行办理典当手续,由典当行工作人员和车主当面查验,填写《机动车抵押/注销抵押登记申请表》,此申请表必须交到车辆管理所备案,然后封入典当公司的专业车辆库房。如果到约定的赎回期限二手车所有人不赎回车辆,则典当行就可以依据协议自行处置该车,如出售。

7.1.3 二手车交易基本程序

二手车交易不像一般商品交易那么简单,需要遵守相关的政策规定,按照一定的交易流程进行,这样才能保障买卖双方的利益。不论是哪一种交易类型,都必须办理过户相关手续,实现车辆所有权变更。目前,我国没有统一的二手车交易流程标准,各地二手车交易市场在完成二手车交易过程中可能程序有差异,但主要程序是基本相同的。

1. 直接交易和中介交易类的工作程序

二手车个人直接交易和通过二手车经纪机构进行的二手车交易,卖方不能直接给买方开具二手车销售统一发票。根据《二手车流通管理办法》规定,买卖双方达成交易意向后应当到二手车交易市场办理过户业务,由二手车交易市场经营者按规定向买方开具税务机关监制的统一发票即二手车销售统一发票,以便办理车辆相关证件及手续的变更。这种交易的流程如图 7.1 所示。

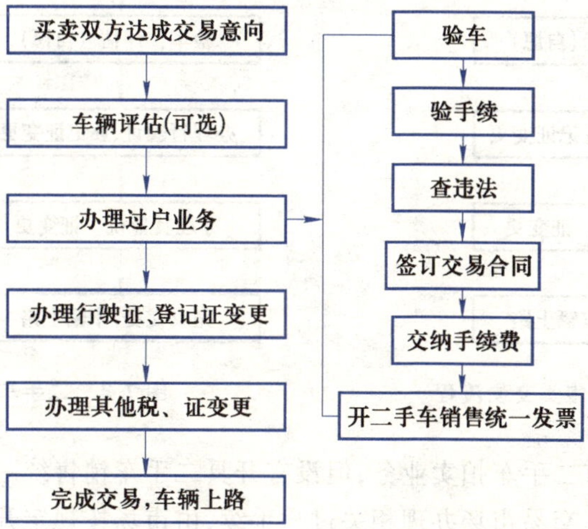

图 7.1 二手车直接交易的流程

2. 二手车销售类的交易工作程序

由于二手车销售企业能够直接给购车者开具二手车销售统一发票，所以只要购车者和二手车销售企业达成交易意向，双方即可签订二手车交易合同，购车者付清车款后，企业按规定给购车者开具二手车销售统一发票，那么购车者就可以携带发票和要求的证件去相关部门办理车辆相关证件及手续的变更。这种交易的流程如图7.2所示。

3. 二手车拍卖交易类的工作程序

根据《二手车流通管理办法》规定，二手车拍卖企业能够直接给买受人开具二手车销售统一发票，所以在拍卖会结束后，买受人和拍卖企业签订成交确认书（相当于二手车交易合同）、交款后得到二手车销售统一发票，凭成交确认书到指定地点提车，然后携带发票和要求的证件去相关部门办理车辆相关证件及手续的变更。拍卖交易流程如图7.3所示。

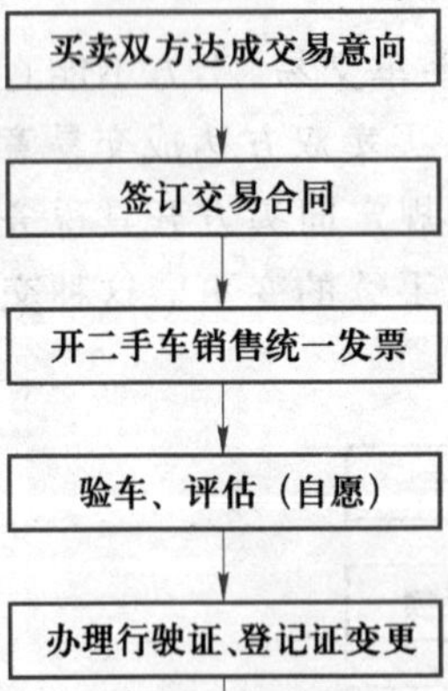

图7.2 二手车销售类交易流程

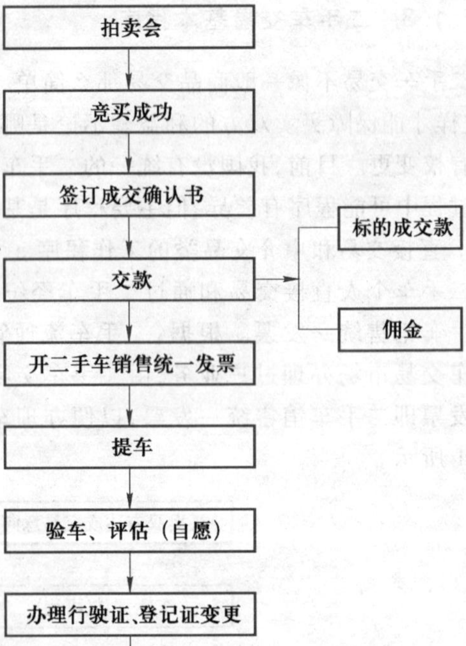

图7.3 二手车拍卖交易流程

有些拍卖企业虽然有二手车拍卖业务，但没有开具二手车销售统一发票的资格。此时，在交款后需要到指定的二手车交易市场办理相关过户手续，由市场按规定开具二手车销售统一发票。有关车辆的合法性手续，二手车拍卖企业在接受拍卖委托时已经查验过，可以通过二手车拍卖成交确认书加以保证。

7.2　二手车交易规范的要求

为规范二手车交易的各项经营行为在有序范围内进行,《二手车流通管理办法》和《二手车交易规范》对二手车交易双方及交易市场、经营主体等各方提出了规范要求。

7.2.1　对卖车方的行为规范

1）拥有车辆的所有权或者处置权:行驶证户名与卖车人身份证明一致;委托他人办理的,需原车主的身份证明和授权委托书,以及受托人的身份证明。

2）提供符合政策法规规定的允许交易的车辆并经查验,符合《二手车流通管理办法》之第三章第二十三条规定。

3）提供车辆的使用、修理、事故、检验以及是否办理抵押登记、交纳税费、报废期等真实情况和信息。

4）与买车方或二手车经营公司确定车辆出售价格;与经纪、拍卖公司商定车辆委托出售价格和拍卖起拍价格,约定佣金比例。

5）签订二手车交易合同。

① 直接交易的可以签订《二手车买卖合同》;

② 委托中介机构的可以签订《二手车委托出售合同》、《委托拍卖合同》;

③ 直接销售给二手车经营公司的签订《二手车收购合同》或《二手车买卖合同》。

6）与买车方交付车辆、号牌及车辆法定证明、凭证,包括《机动车登记证书》、《机动车行驶证》,有效的机动车安全技术检验合格标志、车辆购置税缴付凭证、通行费单据、车辆保险等;

7）协助办理二手车产权变更手续,并按约定支付佣金等费用。

7.2.2　对买车方的行为规范

1）提供有效的身份证件,与交易过户后新行驶证户名一致。委托他人购买的,需有委托证明。

2）由于各地对车辆交易入籍的管理要求不同,买方需确认该车的排放标准是否符合重新入籍当地的要求。

3）签订二手车交易合同。

① 直接交易的可以签订《二手车买卖合同》;

② 从二手车经营公司购买的可以签订《二手车购买合同》或《二手车买卖合同》;

③ 委托中介机构的可以签订《二手车委托购买合同》或《二手车买卖合同》;

④ 从拍卖公司竞买获得的签订《拍卖成交确认书》。

4）支付车款和商定的佣金,接收车辆及车辆资料和相关证明。

5）可以委托二手车市场及相关经营主体办理车辆的转移登记手续。

6）完成车辆转移登记后,买方应按国家有关规定,持新的机动车登记证书和机动车行驶证到有关部门或委托二手车经纪公司、经营公司办理车辆购置税、养路费变更手续。

7.2.3 对二手车市场和经营主体的共同行为规范

1）确认卖方车辆的身份及车辆的合法性：

① 卖方身份证明或者机构代码证书原件合法有效；

② 车辆号牌、机动车登记证书、机动车行驶证、机动车安全技术检验合格标志真实、合法、有效；

③ 交易车辆不属于《二手车流通管理办法》第二十三条规定禁止交易的车辆。

2）市场经营者和二手车经营主体应核实卖方的所有权或处置权证明。车辆所有权或处置权证明应符合下列条件：

① 机动车登记证书、行驶证与卖方身份证明名称一致；国家机关、国有企事业单位出售的车辆，应附有资产处理证明；

② 委托出售的车辆，卖方应提供车主授权委托书和身份证明。

③ 二手车经销企业销售的车辆，应具有车辆收购合同等能够证明经销企业拥有该车所有权或处置权的相关材料，以及原车主身份证明复印件。原车主名称应与机动车登记证、行驶证名称一致。

3）市场经营者、经销企业、拍卖公司应建立交易档案，交易档案的内容参见附件三《二手车交易规范》第十三条之规定。

7.2.4 对二手车经销企业的规范要求

1. 二手车收购

1）核实卖方身份以及交易车辆的所有权或处置权，并查验车辆的合法性。

2）与卖方商定收购价格，如对车辆技术状况及价格存有异议，经双方商定可委托二手车鉴定评估机构对车辆技术状况及价值进行鉴定评估。达成车辆收购意向的，签订收购合同，收购合同中应明确收购方享有车辆的处置权。

3）按收购合同向卖方支付车款并交接车辆及车辆资料。

2. 二手车经销企业将二手车销售给买方之前，应对车辆进行检测和整备

3. 二手车销售

1）二手车经销企业应对进入销售展示区的车辆按《车辆信息表》的要求填写有关信息，在显要位置予以明示，并可根据需要增加《车辆信息表》的有关内容。

2）达成车辆销售意向的，二手车经销企业应与买方签订销售合同，并将《车辆信息表》作为合同附件。按合同约定收取车款时，应向买方开具税务机关监制的统一发票，并如实填写成交价格。

3）协助买方持规定的法定证明、凭证办理车辆转移登记手续。

4. 售后服务保障

1）二手车经销企业向最终用户销售使用年限在3年以内或行驶里程在6万公里以内的车辆（以先到者为准，营运车除外），应向用户提供不少于3个月或5 000 km（以先到者为准）的质量保证。质量保证范围为发动机系统、转向系统、传动系统、制动系统、悬挂系统等。

2）二手车经销企业应建立售后服务技术档案。

7.2.5 对经纪行为的规范要求

1. 接受委托出售二手车

1）及时向委托人通报市场信息。

2）核实卖方身份以及交易车辆的所有权或处置权，并查验车辆的合法性。

3）与委托人签订委托出售合同。

4）按合同约定展示委托车辆，并妥善保管，不得挪作他用。

5）不得擅自降价或加价出售委托车辆。

6）签订委托出售合同后，与委托出售方按照合同约定交接车辆、随车文件及规定的法定证明、凭证。

7）车款、佣金的给付按委托出售合同约定办理。

2. 接受委托购买二手车

1）委托人向二手车经纪机构提供合法身份证明。

2）二手车经纪机构依据委托人要求选择车辆，并及时向其通报市场信息。

3）二手车经纪机构接受委托购买时，双方签订委托购买合同。

4）二手车经纪机构根据委托人要求代为办理车辆鉴定评估，鉴定评估所发生的费用由委托人承担。

5）委托市场经营者开具国家税务机关监制的统一发票，协助办理二手车的转移登记手续。

6）二手车交易完成后，卖方应当及时向买方交付车辆、号牌及车辆法定证明、凭证。

3. 二手车经纪人不得以个人名义从事二手车经纪活动

4. 二手车经纪机构不得以任何方式从事二手车的收购、销售活动

5. 二手车经纪机构不得采取非法手段促成交易，以及向委托人索取合同约定佣金以外的费用

7.2.6 对拍卖公司的规范要求

从事二手车拍卖及相关中介服务活动，应按照《拍卖法》及《拍卖管理办法》的有关规定进行。

1）委托拍卖时，委托人应提供身份证明、车辆所有权或处置权证明及其他相关材料。拍卖人接受委托的，应与委托人签订委托拍卖合同。

2）委托人应提供车辆真实的技术状况，拍卖人应如实填写《拍卖车辆信息》。如对车辆的技术状况存有异议，拍卖委托双方经商定可委托二手车鉴定评估机构对车辆进行鉴定评估。

3）拍卖人应于拍卖日 7 日前发布公告。拍卖公告应通过报纸或者其他新闻媒体发布，并载明下列事项：拍卖的时间、地点，拍卖的车型及数量，车辆的展示时间、地点，参加拍卖会办理竞买的手续，需要公告的其他事项。

4）拍卖人应在拍卖前展示拍卖车辆，并在车辆显著位置张贴《拍卖车辆信息》。车辆的展示

时间不得少于2天。

5）进行网上拍卖，应在网上公布车辆的彩色照片和《拍卖车辆信息》，公布时间不得少于7天。

网上拍卖是指二手车拍卖公司利用互联网发布拍卖信息，公布拍卖车辆技术参数和直观图片，通过网上竞价，网下交接，将二手车转让给超过保留价的最高应价者的经营活动。

网上拍卖过程及手续应与现场拍卖相同。网上拍卖组织者应根据《拍卖法》及《拍卖管理办法》有关条款制定网上拍卖规则，竞买人则需要办理网上拍卖竞买手续。

任何个人及未取得二手车拍卖人资质的企业不得开展二手车网上拍卖活动。

6）拍卖成交后，买受人和拍卖人应签署《二手车拍卖成交确认书》。

7）委托人、买受人可与拍卖人约定佣金比例。

委托人、买受人与拍卖人对拍卖佣金比例未作约定的，依据《拍卖法》及《拍卖管理办法》有关规定收取佣金。

拍卖未成交的，拍卖人可按委托拍卖合同的约定向委托人收取服务费用。

8）拍卖人应在拍卖成交且买受人支付车辆全款后，将车辆、随车文件及二手车交易规范第五条第二款规定的法定证明、凭证交付给买受人，并向买受人开具二手车销售统一发票，如实填写拍卖成交价格。

7.2.7 车辆查验的规范要求

车辆查验包含验车、验手续和违章查询，在二手车交易的整个过程中，从车管所、二手车市场、二手车经营主体、评估公司，不同的经营主体的工作人员都应该重视车辆的查验工作，但最终以车管所或委托二手车市场进行的查验结果为本次交易的最终结论。

1. 验车

验车是买卖双方到二手车交易市场办理过户业务的第一道程序。在驻场警官的监管下，由交易市场委派经过验车培训的工作人员，协助警官展开交易车辆的查验工作，在车辆年检期有效的时间段内，对车辆识别代码（发动机号、车架号）的钢印是否做凿改的情况，与其拓印是否一致；车辆着色与车身装置是否与“行驶证”一致进行查验。同时按交易类别对车辆主要行驶性进行检测，确保交易车辆的正常安全性能。如一切正常，则在《机动车查验记录表》（表7.1）上盖章，并在发动机号、车架号的拓印上加盖骑缝章。

2. 验手续

验手续主要查验车辆手续和机动车所有人身份证明。目的是检验买卖双方所提供的所有手续是否具备办理过户的条件，检查有无缺失以及不符合规定的手续。

（1）查验证件

查验证件的目的是查验交易车辆的合法性。每辆合法注册登记的机动车都有车辆管理所核发的机动车登记证书和机动车行驶证、机动车号牌，号牌必须悬挂在车体指定位置。二手车交易时主要查验机动车来历证明、机动车登记证书和机动车行驶证。

表 7.1 机动车查验记录表

机动车查验记录表

号牌号码(流水号或其他与车辆能对应的号码)： 号牌种类：

<table>
<tr><td colspan="8">业务类型:注册登记 转入 转移登记 变更迁出 变更车身颜色 核发检验合格标志
更换车身或者车架 更换发动机 变更使用性质 重新打刻 VIN 重新打刻发动机号
更换整车 申领登记证书 补领登记证书 监销 其他</td></tr>
<tr><td>类别</td><td>序号</td><td>查验项目</td><td>判定</td><td>类别</td><td>序号</td><td>查验项目</td><td>判定</td></tr>
<tr><td rowspan="9">通用项目</td><td>1</td><td>车辆识别代码</td><td>√</td><td rowspan="4">大中型客车、校车、危险化学品运输车</td><td>14</td><td>灭火器</td><td></td></tr>
<tr><td>2</td><td>发动机型号/号码</td><td>√</td><td>15</td><td>行驶记录装置</td><td></td></tr>
<tr><td>3</td><td>车辆品牌/型号</td><td>√</td><td>16</td><td>安全出口/安全手锤</td><td></td></tr>
<tr><td>4</td><td>车身颜色</td><td>√</td><td>17</td><td>外部标识、文字</td><td></td></tr>
<tr><td>5</td><td>核定载人数</td><td>√</td><td rowspan="2">其他</td><td>18</td><td>标志灯具、警报器</td><td></td></tr>
<tr><td>6</td><td>车辆类型</td><td>√</td><td>19</td><td>安全技术检验合格证明</td><td></td></tr>
<tr><td>7</td><td>号牌/车辆外观形状</td><td>√</td><td colspan="4" rowspan="3">查验结论：</td></tr>
<tr><td>8</td><td>轮胎完好情况</td><td>√</td></tr>
<tr><td>9</td><td>安全带、三角警告牌</td><td>√</td></tr>
<tr><td rowspan="4">货车挂车</td><td>10</td><td>外廓尺寸、轴数</td><td></td><td colspan="4" rowspan="2">查验员：
年 月 日</td></tr>
<tr><td>11</td><td>轮胎规格</td><td></td></tr>
<tr><td>12</td><td>侧后部防护装置</td><td></td><td rowspan="2">复检合格</td><td colspan="3" rowspan="2">查验员：
年 月 日</td></tr>
<tr><td>13</td><td>车身反光标识</td><td></td></tr>
<tr><td colspan="5">机动车照片
(注册登记、转移登记、需要制作照片的变更登记、转入、监销)</td><td colspan="3">备注：</td></tr>
<tr><td colspan="8">车辆识别代号(车架号)拓印膜
(注册登记、转移登记、转出、转入、更换车身或者车架、更换整车、
申领登记证书、重新打刻 VIN)</td></tr>
</table>

说明:1. 填表时应在对应的业务类型名称上画“√”。2. 对按照规定不须查验的项目,在对应的判定栏内画“—”。3. 本表所列查验项目判定不合格时在对应栏画“ × ”,本表以外的查验项目不合格时,在备注栏内注明情况,查验结论签注为“不合格”;所有查验项目合格。查验结论签注为“合格”。4. 复检合格时,查验员签字并签注日期;复检仍不合格,不签注。5. 注册登记查验时,“车身颜色、核定载人数、车辆类型”判定栏内签注查验确定的相应内容,变更颜色查验时签注车身颜色。

(2) 查验税费证明

根据《二手车流通管理办法》规定,二手车交易必须提供车辆购置税、车船使用税和车辆保险单等税费缴付凭证(见第 6 章第 6.2 节)。

(3) 查验卖方身份证明

机动车所有人身份证明是证实车主身份的证明,目的是查验机动车所有人是否合法拥有该车的处置权。

3. 查违章

查违法就是查询交易的二手车是否有违法行为记录。具体方法是登陆车辆管理部门的信息数据库或查询网站进行查询。如北京市机动车违法行为的查询可登陆北京市公安局公安交通管理局网站(http://www.bjjtgl.gov.cn/),输入车牌号和发动机号即可查询到该车是否有违法记录。上海市机动车违法行为可登录 www.shjtaq.com 输入驾驶员档案编号即可查询。

7.2.8 出售车辆的标示

有意愿购买二手车的顾客是基于出售车辆标示的车辆信息选择购买二手车。如果出售车辆标示不规范、不正确,就会引起交易双方之间的矛盾。以上海为例,《上海市二手车交易管理实施细则》第十章第三十六条规定:出售车辆的标示,内容要真实,不得弄虚作假。同时,上海市二手车交易管理协会对二手车出售车辆标示的要求作出以下规定:

1. 标示

出售车辆必须在车辆前风挡玻璃右上方粘贴统一监制的车辆出售标示(表 7.2),并填写完整、正确的标示。

表 7.2 出售车辆标示

上海二手车交易车辆展示证

品牌型号				排放标准
售价			万元	编号
				签发
售价包含：				
车辆类型		车辆装备		随车备件
车辆使用性质				
里程表读数				
初次登记日期				
使用年限至				
养路费缴至		车辆修复记录及瑕疵		
保险费缴至				
车船使用税缴至				联系电话/联系人
年检签证期至		使用条件	使用行驶里程： km	保用时间： 月
展示区域			回购约定：	

本证手写无效，仅限在指定的展示区域内使用。 上海市二手车交易管理协会制定

2. 出售车辆必须标示的内容

1）出售车辆展示单位及联系方法。

2）车辆的型号、车号及装备。

3）车辆的初次注册登记日期及使用年限。

4）车辆使用性质及检验有效日期。

5）车辆出售总价及包含费用项目。

6）车辆行驶里程及质量保用条件。

7）车辆事故、瑕疵及随车备件。

3. 出售车辆标示的方法

(1) 出售车辆展示单位及联系方法

收购后出售的车辆标示该经营单位名称，委托寄售的车辆标示接受代理单位名称。

联系方式：该单位固定电话、手机号码。

(2) 车辆的型号、车号及装备

① 车辆的型号按车管部门核发车辆行驶证上的标准标示；

② 车辆的车号按车管部门核发车辆行驶证上的号码标示（退牌车辆按原号码标示）。

③ 车辆装备按如下所示：

- 供油方式标示为化油器或电喷；
- 变速方式标示为手动或自动；
- 电控门锁标示为有（效）或无（效）；
- ABS 制动系统标示为有（效）或无（效）；
- 安全气囊标示为有（效）或无（效）；
- 定速巡航系统标示为有（效）或无（效）；
- 转向助力系统标示为有或无；
- 空调系统标示为有（效）或无（效）。

(3) 车辆的初次注册登记日期及使用年限

① 车辆的初次注册登记日期按车辆行驶证上的登记日期标示；

② 车辆使用年限按公安部规定的该车型使用年限标示；

(4) 车辆的使用性质及检验有效日期

① 车辆的使用性质按营运或非营运标示；

② 车辆的检验有效日期按车辆行驶证上的有效日期标示。

(5) 车辆出售总价及包含费用项目

① 车辆出售价格应标示其交付顾客使用时的现金价格（人民币）；

② 应标明出售总价中是否包含牌照价格、交易手续费、购置附加费、车船使用税、保险费等项目；

(6) 车辆行驶里程及质量保用条件

① 车辆行驶里程标示行驶里程表上所显示的公里数：

- 里程标示精确到千公里，不满千公里时应四舍五入；
- 如对行驶里程数有疑问时，若有根据能进行推定时，应标示“？”号及“推测公里数”，若无

根据不能推定时,应标示“?”号及“不明”;

- 如有明显更改里程表的情况,应标示“已更改”或标示“已更换里程表”;
- 如果里程表不能正常工作,应标示“里程表已损坏”。

② 质量保用条件:

- 如该车符合保用条件,则标示保用行驶里程数或保用时间月数;
- 如该车符合回购条件,则标示“承诺回购”,若不符合回购条件则标示“不回购”。

(7) 车辆事故、瑕疵及随车备件

① 车辆事故、瑕疵的标示:

- 如该车曾发生事故并有维修履历的情况,应将维修过的部位(包含① 车架(车架纵梁);② 车架横梁;③(车身)前内挡板;④ 车身支柱内板(前上、中部、后下);⑤ 发动机挡板;⑥ 顶板;⑦ 底板;⑧ 行李厢底板;⑨ 散热器芯固定等)标示清楚,并标示“已修复”或标示“已更换”;
- 如该车还存在尚未修复的瑕疵,应将瑕疵标示清楚;
- 如对该车是否发生过事故或是否存在瑕疵不了解时,应标示“?”号及“不明”;
- 如果里程表不能正常工作,应标示“里程表已损坏”。

② 车辆随车备件的标示如下:

- 千斤顶为有或无;
- 备用轮胎标示为有或无;
- 轮胎扳手标示为有或无;
- 车辆使用说明书标示为有或无。

7.2.9 开具二手车销售统一发票的说明

二手车销售统一发票是二手车的来历证明,是办理转移登记手续变更的重要文件,因此,它又被称为“过户发票”。过户发票的有效期为一个月,买卖双方应在此期间内,到车辆管理部门办理机动车行驶证、机动车登记证的相关变更手续。

二手车销售统一发票由从事二手车交易的市场、有开票资格的二手车经销企业或拍卖企业开具:

1) 二手车经纪公司和消费者个人之间二手车交易发票由二手车交易市场统一开具(免税)。

2) 通过二手车经销企业购买的二手车交易发票由该企业开具(按销售额的4%减半征收增值税)。

3) 通过拍卖公司竞拍获得的二手车交易发票由拍卖公司开具(按成交额的4%征收增值税)。

二手车销售统一发票是采用压感纸印制的计算机票,一式5联,其中存根联、记账联、入库联由开票方留存;发票联交购车方、转移登记联交公安机关交通车辆管理部门办理过户手续。二手车销售发票的价款中不包括过户手续费和评估费。

开具的发票必须经驻场工商部门审验合格后,在已经开具的“二手车销售统一发票”上加盖“工商行政管理局旧机动车市场管理专用章”才能生效,这个步骤称为“工商验证”。

由于二手车交易市场、经销企业和拍卖企业的增值税收政策各不相同,因此二手车交易税收问题已成为制约二手车发展的重要因素。对于二手车流通企业的增值税,目前对于不同形式的企业有三种增值税率:最高的是拍卖企业,须按拍卖成交价的4%缴纳;其次是经销企业,须按销售价的2%缴纳;而其他机构,虽然也从事买进、卖出二手车的经营活动,但不需缴纳增值税。所以,虽然在《二手车流通管理办法》实施以后,二手车拍卖企业、经销企业以及二手车市场都可以开具二手车交易发票,但从目前情况来看,一些需缴纳增值税的二手车企业为了逃避税款,都自称经纪公司,为非增值税纳税人,委托二手车市场开具交易发票,造成税款的流失。

7.2.10 二手车交易费用

交易费,俗称过户费,是指在二手车交易市场中办理交易过户业务相关手续的服务费用。

《二手车流通管理办法》出台之前,二手车过户费的收取,是按照车辆评估价值的一定比例征收的,也是二手车交易市场的主要利润来源。以北京为例,过户费是按照车辆评估价2.5%的比例来收取的。例如,某二手车评估值为10万元,按照2.5%的比例,过户费为2 500元。如果交易一辆评估值为50万元的二手车,过户费就是12 500元;而一辆评估值为5万元的车辆,过户费为1 250元。但就过户业务本身而言,两辆车的过户手续办理步骤是一致的,所需要的时间及人工成本也是一样的,但过户费却相差10倍,显然有失公允,这实际上抬高了交易成本,并转嫁给消费者。

2005年10月1日实施《二手车流通管理办法》以后,取消了强制评估,也就意味着,按照车辆评估价一定比例征收过户费的情况已被取消,取而代之的是收取服务费。对于服务费的收取标准,国家没有统一规定,由各个市场根据服务项目和内容自己决定。

目前,很多二手车交易市场的服务费是按照汽车的排量定额收取的,小排量少收,大排量多收。如北京市旧机动车交易市场收取标准按排量、年份、价格来划分,并设有起始价和最低价。车辆初次登记日期一年以内的车型按起始价收取费用,然后按使用年份逐年递减,直至最低价。微型轿车的过户费用200元起,1.0 L排量的轿车300元起,两者的过户费用最高均为600元。然后随着排量的增大,过户费用也随着增加,3.0 L排量的轿车最高的过户费用为4 000元,最低为500元。相应的相同排量的客车与货车的过户费用低于轿车,最低的微型货车和农用车的过户费用只需100元。北京中联二手车交易市场服务费采用定额收取的方式,统一标准为每辆车800元。对于1.3~3.0 L排量的车型实行减半,即400元的优惠征收标准;对于1.3 L排量以下的,执行200元的优惠征收标准。

上海二手车交易的收费,是在市物价局沪价行(1997)第237号文件规定的基础上,根据交易过程中,二手车市场、评估公司、经纪公司等单位所工作的的内容要求,经工商部门核准,制定统一的服务收费标准:

(1) 市场收费项目

1) 交易手续费:成交车辆的交易手续费按每辆230元收取。

2) 办证服务费:成交车辆的交易手续费按每辆200元收取。

(2) 车辆评估费(按需):客车按每辆150元收取,货车按每辆100元收取。

(3) 车辆检测费:按每辆车每次交易30元收取。

(4) 经营手续费:按每辆车每次交易200元收取。

(5) 其他(牌照等)工本费:120元左右。

按此计算,在上海办理:

私车过户:手续费为800元左右。

私车转籍手续费为700元左右。

由于上海私车额度有限,如需同时办理私车过户和转籍手续,收费1 500元左右。

7.3 二手车转移登记业务

二手车交易过程实际上分为两个步骤:车辆交易和转移登记过户,两个步骤缺一不可。分别由二手车市场、经纪(营)公司和车管所共同完成。

上海二手车交易采取的是在市场集中交易办理证照的方法,由市公安局车辆管理所派驻警官驻场监管和指导,重点环节由警官审核把关,具体操作由二手车市场工作人员协助完成,它既保证了驻场警官对整个操作过程的有效监管,也充分提高了市场工作人员的责任性。

二手车交易程序的规范有序和可监控,其目的是杜绝盗抢车、走私车、拼装车和报废车的非法交易,切实维护消费者的合法利益。其主要环节包括车辆查验、车辆评估、车辆交易、初审受理、材料传送、材料复核、制证发牌、材料回送、收费发还。

7.3.1 二手车交易程序

1. 车辆查验

在驻场警官的监管下,由交易市场委派经过验车培训的工作人员,协助警官开展交易车辆的查验工作,在车辆年检期有效的时间段内,对车辆识别代码(发动机号、车架号)的钢印是否做凿改的情况,与其拓印是否一致;车辆着色与车身装置是否与"行驶证"一致进行查验。同时按交易类别对车辆主要行驶性进行检测,确保交易车辆的正常安全性能。如一切正常,则在《机动车查验记录表》上盖章,并在发动机号、车架号的拓印上加盖骑缝章。

2. 车辆评估

由专业评估机构参与,其专业车辆评估人员,将根据车辆的使用年限(已使用年限)、行驶公里数、总体车况和事故记录等进行系统的勘察和评估,折算车辆的成新率,再按照该车的市场销售状况等,提出基本参考价格,通过计算机系统的运算,打印"车辆评估书",由评估机构的评估师签章后生效,作为车辆交易的参考和依法纳税的依据之一。

3. 车辆交易

二手车经过查验和评估后,其车辆的真实性和基本价格有一个基本保障,同时需要原车主对其车辆的一些其他事宜(使用年限、行驶公里数、安全隐患、有无违章记录等)作出书面承诺。经营(经纪)公司可以对该车进行出售或寄销,与客户谈妥后,收取相应的证件和材料,开具相应的发票,签署经营(经纪)合同,整理后送办证初审窗口。

4. 初审受理

由二手车交易市场派驻各交易市场的专业业务受理工作人员对各经营(经纪)公司或客户送达的车辆牌证和手续材料初审真实性、有效性,以及单据填写的准确性,合格后,打印操作流水号和代办单位,经工商行政管理部门验证盖章,将有关材料整理装袋,准备送达相应的办证地点。

5. 材料传送

由二手车交易市场指定的专业跑(送)单人员,经核对材料的份数,贴上封条,签署"材料交接表",并签章,将办证材料及时、安全地送达相应的办证地点。

6. 过户制证

由驻场警官，利用实时计算机车档库对送达的办证材料进行对比查询，并对纸质材料进行复核无误，在《机动车查验记录表》上填入复核人员姓名，签注《机动车登记证书》，由市场工作人员按岗位的程序进行《机动车行驶证》的打印、切割、封塑，并录入相应操作岗位人员姓名，而后，纸质材料经整理、装订后，每周二、四送车管所档案科，相关证件和《机动车行驶证》、《机动车注册、转移、注销登记/转入登记表》等由跑（送）单人员回送相应的代理交易市场。

7. 转出吊销

跑（送）单人员将转出（转籍）的有关证件、材料和号牌送达车辆管理所档案科，由警官对送达的转出材料和证件进行复核。确认无误后，收缴机动车号牌，并相应地在《机动车登查验记录表》上录入姓名，并签注《机动车登记证书》，将档案室内的纸质材料整理后装袋封口，并在计算机网络中录入"转出"状态，传递至全国公安交通管理信息系统中，其"机动车档案"和"机动车临时号牌"将由跑（送）单人员返送至各代理交易市场内。

8. 材料回送

经驻场警官复核后，换发《机动车行驶证》及《机动车注册、转移、注销登记/转入登记表》和有关证件；或经车辆管理所档案科警官复核后，调出"机动车档案"和"机动车临时号牌"以及相关的证件，整理后送各代理交易市场的办证窗口，并经驻场牌证、材料接收人员签收《材料交接表》。

9. 收费发还

各交易市场的办证窗口，收到材料经核对无误后，对所需支付的费用逐一进行汇总计算，打印发票，向委托办理的经营（经纪）公司和客户收取费用（凭代办单上的流水号），核对"代办单"后，发还证照和材料。

上述交易程序适用于各交易市场的同城转移登记（过户）类、异地转移登记（转籍）类的交易行为。

7.3.2　办理转移登记所需的证件和证明

二手车交易后必须办理相关文件的转移登记手续，以完成手续完备的、合法的交易。

1. 二手车的车辆材料

①《机动车登记证书》原件及复印件；

②《机动车行驶证》原件及复印件；

③ 机动车号牌及照片。

2. 买卖双方的身份证明

私人：《居民身份证》原件和复印件；在暂住地居住的内地居民，其身份证明是《居民身份证》和公安机关核发的满一定居住期限的居住、暂住证明。

① 军人（含武警）的身份证明是《居民身份证》；

② 香港、澳门特别行政区，台湾地区居民的身份证明，是其入境的身份证明和居留证明；

③ 外国人的身份证明，是其入境的护照和居留证明；

④ 外国驻华使馆、领馆人员，国际组织驻华代表机构人员的身份证明，是外交部核发的有效身份证件。

单位：

① 机关、学校、工厂、公司等行政、事业、企业单位和社会团体的身份证明，是《组织机构代码

证书》、IC卡和公章。上述单位已注销、撤销或者破产的身份证明，是工商行政管理部门出具的注销证明；已撤销的机关、事业单位的身份证明，是其上级主管机关出具的有关证明；已破产的企业单位的身份证明，是依法成立的财产清算机构出具的有关证明；

② 外国驻华使馆、领馆和外国驻华办事机构、国际组织驻华代表机构的身份证明，是该使馆、领馆或者该办事机构、代表机构出具的证明。

3. **交易表单（根据交易要求选用）**

①《二手车买卖合同》；

② 市场经营者或二手车经营公司开具的《二手车交易发票》；

③《委托书》；

④ 经查验合格后已经封袋的《机动车查验记录表》；

⑤《机动车注册、转移、注销登记/转入登记表》；

⑥《二手车评估结论书》；

⑦ 其他需要的表单。

7.3.3 转移登记流程

根据买卖双方的住所是否在同一车辆管理所管辖区内，机动车产权转移登记手续可分为同一车辆管理所管辖区内的所有权转移登记（即同城转移登记）和不同车辆管理所管辖区的所有权转移登记（即异地转移登记）两种登记方式。

二手车同城转移登记手续应当在原车辆注册登记所在地公安交通管理部门办理。需要进行异地转移登记的，由车辆原属地公安交通管理部门办理车辆迁出手续，在接收地公安交通管理部门办理车辆迁入手续。办理二手车转移登记手续的程序如图7.4所示。

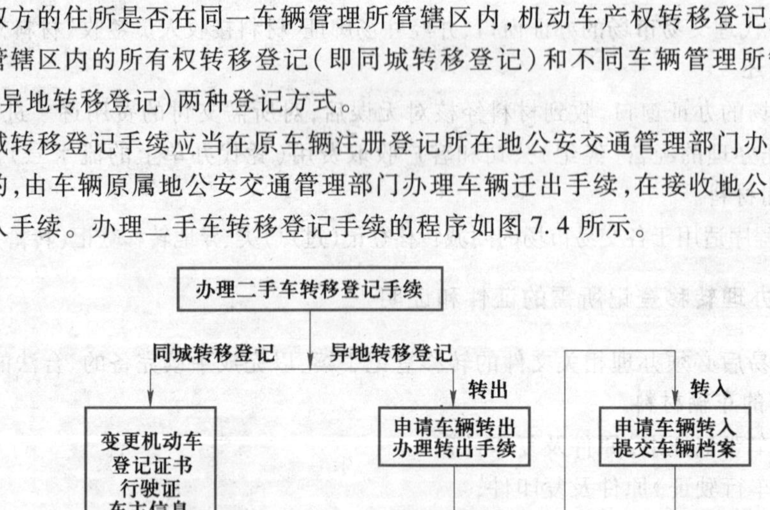

图7.4 办理二手车转移登记手续的程序

1. 同城车辆所有权转移登记

办理已注册登记的机动车在同城（同一车辆管理所管辖区内）发生所有权转移时，需要更改车主姓名(单位名称)和住所等资料,同时也变更机动车号牌(大型车可以保留原号)。这种变更情形习惯上称为办理过户手续。

(1) 过户登记的程序

现车主提出申请(填写《机动车注册、转移、注销登记/转入登记表》,见表 7.3)→机动车检

表 7.3 机动车注册、转移、注销登记/转入登记表

机动车注册、转移、注销登记/转入登记申请表

号牌种类			号牌号码		
申请事项	□注册登记 □注销登记 □转入 □车辆管理所辖区内的转移登记 □转出车辆管理所辖区的转移登记				
注销登记原因	□报废 □灭失 □退车 □出境				
机动车	品牌型号		车辆识别代号		
机动车	获得方式	□购买 □境外自带 □继承 □赠予 □协议抵偿债务 □协议离婚 □中奖 □调拨 □资产重组 □资产整体买卖 □仲裁裁决 □法院调解 □法院裁定 □法院判决 □其他			
机动车	使用性质	□非营运 □公路客运 □公交客运 □出租客运 □旅游客运 □租赁 □教练 □幼儿校车 □小学生校车 □其他校车 □货运 □危险化学品运输 □警用 □消防 □救护 □工程救险 □营转非 □出租营转非			
机动车所有人	姓名/名称				机动车所有人及代理人对申请材料的真实有效性负责。
机动车所有人	邮寄地址				
机动车所有人	邮政编码		固定电话		
机动车所有人	电子信箱		移动电话		机动车所有人签字:
转移出车辆管理所辖区的转移登记	转入: 省(自治区、直辖市) 车辆管理所				年 月 日
代理人	姓名/名称				代理人签字:
代理人	邮寄地址				
代理人	邮政编码		联系电话		
代理人	电子信箱				
代理人	经办人姓名		联系电话		年 月 日

测站查验车辆(同时对超过检验周期的机动车进行安全检测)→车辆管理所受理审核资料→在《机动车登记证书》上记载过户登记事项(对需要改变机动车登记编号的,确定机动车登记编号)→收回原机动车号牌和《机动车行驶证》→重新核发机动车号牌和《机动车行驶证》(对不需要改变机动车登记编号的,只需重新核发《机动车行驶证》)。

① 提出申请:现车主委托二手车经纪(营)公司向二手车市场及车辆管理所提出机动车产权转移申请,填写《机动车注册、转移、注销登记/转入登记表》(表7.3)。

② 交验车辆:由交易经办人员将机动车送到机动车检测站检测,查验车辆识别代码/车架号码是否有凿改,和车辆识别代码/车架号码的拓印膜是否一致。如果是已经超过检验周期的机动车,还要进行安全检测。

③ 受理审核资料:受理转移登记申请,查验并收存相关资料,向现车主出具受理凭证。审批相关手续,符合规定的在计算机登记系统中确认;不符合规定的说明理由,开具退办单,将资料退回车主。

④ 办理新旧车主信息资料的转移登记手续:如果需要改变机动车登记编号的,则进行机动车号牌选号、照相,重新确定机动车登记编号,最后,在《机动车登记证书》上记载转移登记事项。

⑤ 收回原《机动车行驶证》,核发新的《机动车行驶证》。

⑥ 需要改变机动车登记编号的,收回原机动车号牌、《机动车行驶证》,确定新的机动车登记编号,重新核发机动车号牌、《机动车行驶证》和检验合格标志。

(2) 不能办理过户登记的情形

有下列情形之一的,不能办理过户登记:

① 车主提交的证明、凭证无效的;

② 机动车来历凭证涂改的,或者机动车来历凭证记载的车主与身份证明不符的;

③ 车主提交的证明、凭证与机动车不符的;

④ 机动车未经国家机动车产品主管部门许可生产、销售或者未经国家进口机动车主管部门许可进口的;

⑤ 机动车的有关技术数据与国家机动车产品主管部门公告的数据不符的;

⑥ 机动车达到国家规定的强制报废标准的;

⑦ 机动车属于被盗抢的;

⑧ 机动车与该车档案记载的内容不一致的;

⑨ 机动车未被海关解除监管的;

⑩ 机动车在抵押期间的;

⑪ 机动车或者机动车档案被人民法院、人民检察院、行政执法部门依法查封、扣押的;

⑫ 机动车涉及未处理完毕的道路交通安全违法行为或者交通事故的。

2. 异地车辆所有权转移登记

二手车交易后,如果新车主和原车主的住所不在同一城市里,不能直接办理《机动车登记证书》和《机动车行驶证》的变更,需要到新车主住所所属的车辆管理所管辖区内办理。这就牵涉到二手车转出和转入登记问题。

(1) 转出登记

车辆转出登记是指在现车辆管理所管辖区内已注册登记的车辆,办理车辆档案转出的手续。一般是由于现车主的住所或工作地址变动等原因需要将车辆转出本地。

1) 转出登记程序

现车主提出申请(填写《机动车注册、转移、注销登记/转入登记表》,见表7.3)→车辆管理所受理审核资料→确认车辆→在《机动车登记证书》上记载转出登记事项→收回机动车号牌和《机动车行驶证》→核发临时行驶车号牌,密封机动车档案→交机动车所有人。

2) 转出登记的规定

根据《机动车登记规定》,二手车交易后且现车主的住所不在原车辆管理所管辖区的,现车主应当于机动车交付之日(以二手车销售发票上登记日期为准)起30日内,向原二手车管辖地车辆管理所提出转移登记申请,填写《机动车转移登记申请表》(表7.3),有些地方还要求车主签订外迁保证书。图7.5是北京市东方二手车交易市场的"客户须知及保证书"格式。

客户须知及保证

本人居住 ________ 省 ________________ 购买京 ____________ 车辆类型 ________ 一辆。在北京市东方旧机动车交易市场有限公司办理过户事宜。本人特作出以下保证:

1.在过户前已了解核实清楚此车的所有情况,对车辆状况认可,对交易过程无异议。

2.在过户前已了解清楚此车可以在本人当地车管部门落籍。

3.如该车不能办理转籍或不能在本人居住地的车管部门落籍,一切责任后果均由本人自行承担。

买方签字:

转入地:

年　　月　　日

图7.5　二手车外迁时车主签订的保证书

3) 转出登记需要的资料

现车主在规定的时间内,持下列资料,向原二手车管辖地车辆管理所申请转出登记,并交验车辆:

① 机动车注册、转移、注销登记/转入登记表;

② 现车主的身份证明;

③《机动车登记证书》(原件);

④ 机动车来历凭证(二手车销售发票注册登记联原件);

⑤ 如果属于解除海关监管的机动车,应当提交监管海关出具的《中华人民共和国海关监管车辆解除监管证明书》;

⑥ 交回机动车号牌和《机动车行驶证》。

4) 转出登记事项

车辆管理所办理转出登记时,要在《机动车登记证书》上记载下列转出登记事项:

① 现车主的姓名或者单位名称、身份证明名称、身份证明号码、住所地址、邮政编码和联系电话。

② 机动车获得方式。机动车获得方式是指,人民法院调解、裁定、判决、仲裁机构仲裁裁决、购买、继承、赠予、中奖、协议抵偿债务、资产重组、资产整体买卖和调拨等。

③ 机动车来历凭证的名称、编号。

④ 转移登记的日期。

⑤ 海关解除监管的机动车,登记海关出具的《中华人民共和国海关监管车辆解除监管证明书》的名称、编号。

⑥ 改变机动车登记编号的,登记机动车登记编号。

⑦ 登记转入地车辆管理所的名称。

完成转出登记的办理后,收回机动车号牌和《机动车行驶证》,核发临时行驶车号牌,密封机动车档案,交给车主到转入地办理转入登记手续。

(2) 转入登记

1) 机动车转入登记的条件

① 现车主的住所属于本地车管所登记规定范围的;

② 转入机动车符合国家机动车登记规定的。

2) 转入登记规定

根据《机动车登记规定》,机动车档案转出原车辆管理所后,机动车所有人必须在 90 日内携带车辆及档案资料到住所地车辆管理所申请机动车转入登记。

3) 转入登记程序

车主提出申请→交验车辆→车辆管理所受理申请→审核资料→在《机动车登记证书》上记载转入登记事项→核发机动车号牌、《机动车行驶证》和检验合格标志。

① 提出申请:车主向转入地车辆管理所提出转入申请,填写《机动车注册、转移、注销登记/转入登记表》(表 7.3)。

② 交验车辆:车主将机动车送到机动车检测站检测,车辆管理所民警确认机动车的唯一性,查验车辆识别代号(车架号码)有无凿改嫌疑。

③ 车辆管理所受理申请:受理转入登记申请,查验并收存机动车档案,向车主出具受理凭证。

④ 审核资料:审批相关手续,符合规定的在计算机登记系统中确认,不符合规定的说明理由,开具退办单,将资料退回车主。

⑤ 办理转入登记手续:审验合格后,进行机动车号牌选号、照相,确定机动车登记编号,并在

《机动车登记证书》上记载转入登记事项。

⑥ 核发新的机动车号牌和《机动车行驶证》。

4) 转入登记需要的资料

① 机动车注册、转移、注销登记/转入申请表；

② 车主的身份证明；

③《机动车登记证书》；

④ 机动车密封档案(原封条无断裂、破损)；

⑤ 申请办理转入登记的机动车的标准照片；

⑥ 海关监管的机动车，还应当提交监管海关出具的《中华人民共和国海关监管车辆进(出)境领(销)牌照通知书》。

由于各地区对车辆环保要求执行不同的标准，例如北京市执行“国4”标准，并要求所有机动车在办理注册登记，以及申请转入本市的车辆，必须满足上述条件，才允许机动车注册登记，以及接受转入登记的申请。所以，车主在将车辆转入“转入地”前，应向转入地的车辆管理部门征询该车辆是否符合转入条件。

5) 不能办理转入登记的情形

有下列情形之一的，不予办理转入登记：

① 机动车所有人擅自改动、更换机动车或者机动车档案的；

② 二手车流通管理办法第三章第二十三条规定的车辆。

7.3.4 北京二手车转移登记介绍

北京市二手车过户转移登记介绍

北京地区实行市、郊分划号牌管理制度。城六区(海淀区、朝阳区、西城区、东城区、丰台区、石景山区)使用普通号牌(京A、京C……)，其他市郊各区县(昌平区、顺义区、通州区、平谷区、怀柔区、大兴区、房山区、门头沟区、延庆县、密云县)统一使用“京G”字头号牌。车辆过户登记时需按照区域号牌种类决定是否更换号牌。

(1) 非“京G”字头号牌的车辆转移登记流程(图7.6)

(2) “京G”字头号牌的车辆转移登记流程(图7.7)

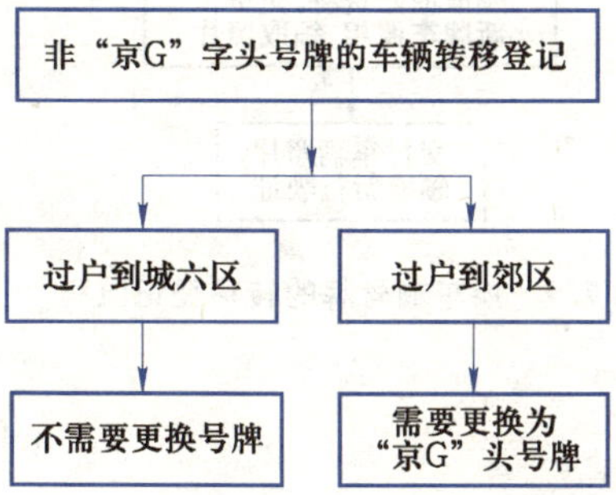

图7.6 非“京G”字头号牌的车辆转移登记流程

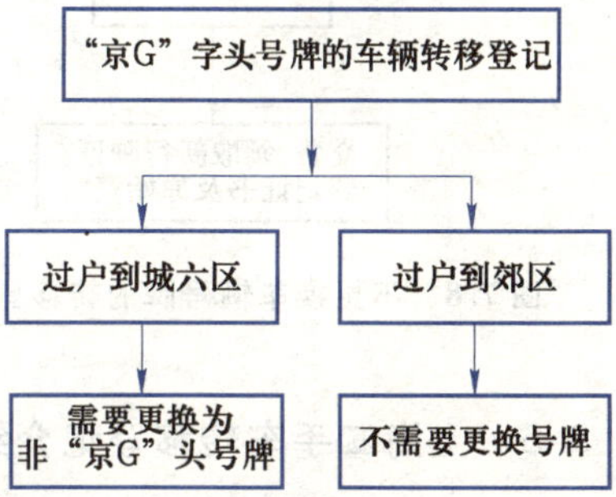

图7.7 “京G”字头号牌的车辆转移登记流程

(3) 不需要更换车辆号牌的转移登记程序

1) 需要手续

① 买方身份证原件；

② 原车主身份证原件；

③《机动车登记证书》；

④《机动车行驶证》；

⑤ 过户交易发票；

⑥ 车辆购置税完税证明；

⑦ 已经交易的车辆。

2) 办理流程(图7.8)

(4) 需更换车辆号牌的转移登记程序

1) 需要手续

① 买方身份证原件；

② 原车主身份证原件；

③《机动车登记证书》；

④《机动车行驶证》；

⑤ 过户交易发票；

⑥ 车辆购置税完税证明；

⑦ 已经交易的车辆。

2) 办理流程(图7.9)

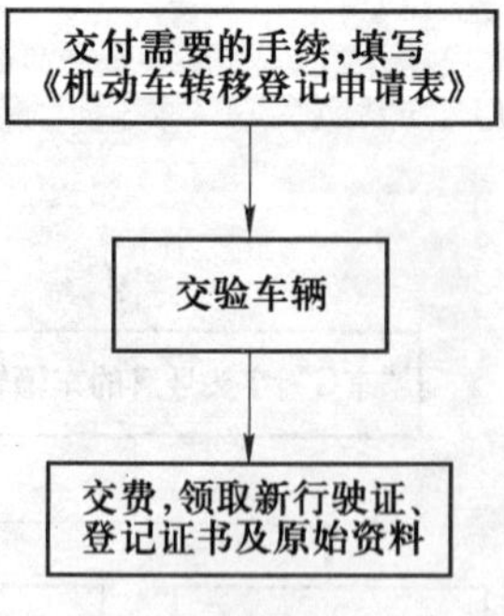

图7.8 不更换车辆号牌的转移登记流程

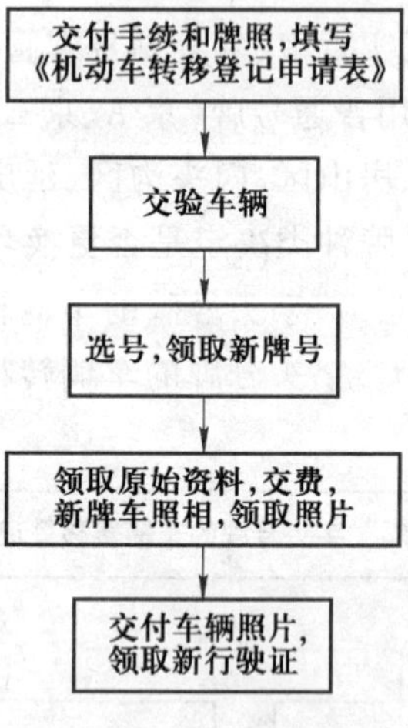

图7.9 换车辆号牌的转移登记流程

7.3.5 上海二手车转移登记介绍

1. 过户

机动车原所有人(过出方)与现所有人(过入方)在本市范围内因车辆卖买行为而发生的机

动车所有权转移，称为过户。

（1）需提供的材料

①《机动车登记证证书》、《机动车行驶证》、机动车号牌（1 副）；

② 车辆标准照片 2 张；

③《机动车注册、转移、注销登记/转入登记表》；

④ 委托书（表 7.4）

⑤ 来历凭证：二手车销售统一发票；

⑥ 机动车所有人身份证明（个人：身份证，单位：组织机构代码证、IC 卡）；

⑦《机动车查验记录表》（封袋〉；

⑧《二手车买卖合同》或《二手车销售合同》；

⑨ 机动车评估书（单位车辆）；

⑩ 经办公司组织机构代码证和经办人身份证复印件（必须在有效期内）；

⑪ 改装车提供承诺书、进口车提供查询单、特种车提供审批文件。

表 7.4 委 托 书

委 托 书

现本单位（本人）委托______________________________，

组织机构代码证代码（身份证号码）：____________________，

代表本单位（本人）办理车辆类型为：__________，车辆识别代号为：____________________的机动车登记业务。

委托项目：

□注册登记　　　　□转移登记。

本单位（本人）提交的所有材料真实有效。

特此委托

委托人：

（单位盖章，私人签字）

________年________月________日

委托有效期至：________年________月________日止。

注：1. 在选定的委托项目“□”内打“√”；

2. 车辆类型按行驶证记载填写。

（2）市场收费标准

交易费：汽车 230 元（摩托车 50 元）；办证服务费：200 元；查验费：30 元；行驶证工本费：15 元；号牌工本费：100 元；经营服务费：200 元。

2. 转籍

机动车原所有人（过出方）与现所有人（过入方）不在同一车辆管理所管辖区域且车辆当前

管辖区域为本市的，因车辆买卖行为而发生的机动车所有权转移，称为转籍。

（1）需提供的材料

①《机动车登记证证书》、《机动车行驶证》、机动车号牌（1副）；

② 临时号牌申领表；

③《上海机动车转出/迁出行政区域（转移/变更）更新证明》，见表7.5；

表7.5 上海市机动车转出/迁出行政区域（转移/变更）更新证明

上海市机动车转出/迁出行政区域（转移/变更）更新证明

编号：E 000129511

机动车所有人申请	本人（单位）自愿申领此更新证明： 沪________号牌种类________ 身份证明名称________身份证明号码________ 机动车所有人________ 机动车所有人签字（个人）、盖章（单位）：				
代理机动车转出行政区域（转移）经营、经纪公司填写	本公司收到机动车转出行政区域（转移）代办业务： 沪________号牌种类________ 代理经营、经纪公司（章） 上海　　　旧机动车交易市场（章）				
机动车所有人					
登记证书编号			初次登记日期		
号牌号码		号牌种类		车辆类型	
品牌型号			档案编号		
身份证明名称		身份证明号码			
使用性质		发动机号码			
车辆识别代号					
经办人	牌证管理		附注		
	牌证已缴销 收缴人：________ 年　月　日				
此更新证明使用有效期					
车辆识别代号拓印					

第一联：车辆管理所留存

重要提示：1.填写时使用黑色、蓝色笔、字体工整；表格请勿折叠。

2.此更新证明应在规定有效期内使用，逾期作废；请妥善保管，遗失不补。

3.申请使用原机动车号牌号码按规定必须符合以下三个条件：

（1）在办理转移登记或者注销登记后六个月内，原机动车所有人办理新车注册登记时提出申请；

（2）机动车所有人拥有原机动车三年以上；

（3）涉及原机动车的道路交通安全违法行为、交通事故处理完毕。

④《机动车注册、转移、注销登记/转入登记表》;

⑤ 来历凭证:二手车销售统一发票;

⑥ 机动车所有人身份证明:个人为身份证、户口簿,单位为组织机构代码证(代码证必须盖有公章);

⑦《机动车查验记录表》(封袋);

⑧《二手车买卖合同》或《二手车销售合同》;

⑨ 机动车评估书(单位车辆);

⑩ 经办公司组织机构代码证和经办人身份证复印件(必须在有效期内);

⑪ 改装车提供承诺书,进口车提供查询单,特种车提供审批文件。

(2) 市场收费标准

交易费:汽车 230 元(摩托车 50 元);办证服务费:200 元;查验费:30 元;临时号牌工本费:5 元;经营服务费:200 元。

3. 退牌

本市已注册登记的机动车进行车牌分离,办理车辆暂时停搁的业务,称为退牌。

(1) 需提供的材料

①《机动车登记证证书》、《机动车行驶证》、机动车号牌(1 副);

② 车辆标准照片 1 张;

③《上海市机动车退牌更新证明》(表 7.6);

④ 车辆停搁证明;

⑤ 机动车所有人身份证明(个人:身份证、户口簿,单位:组织机构代码证、IC 卡);

⑥《机动车查验记录表》(封袋);

⑦ 经办公司组织机构代码证和经办人身份证复印件(必须在有效期内)。

(2) 市场收费标准

查验费 30 元;退牌服务费:60 元;停车费:10 元/天;经营服务费:200 元。

4. 已退牌二手车上沪 C 号牌

现机动车所有人购买已退牌的小型客车,并且在上海市外环线以外行驶,不提供上牌额度的车辆转移业务,称为二手车上沪 C 号牌。

(1) 需提供的材料

①《上海市机动车退牌更新证明》;

②《机动车注册、转移、注销登记/转入登记表》;

③ 来历凭证:二手车销售统一发票;

④ 机动车所有人身份证明(个人:身份证、户口簿,单位:组织机构代码证、IC 卡);

⑤《机动车查验记录表》(封袋);

⑥《委托书》(单位)

⑦ 经办公司组织机构代码证和经办人身份证复印件(必须在有效期内)。

⑧《二手车买卖合同》或《二手车销售合同》;

⑨《办理沪 C 号牌机动车登记业务告知书》(表 7.7);

⑩ 机动车评估书(单位车辆)。

(2) 重要提示

表 7.6 上海市机动车退牌更新证明

上海市机动车退牌更新证明

编号:C 000230067

机动车所有人申请	本人（单位）自愿申领此更新证明： 沪 身份证明名称　　身份证明号码 机动车所有人 机动车所有人签字（个人）、盖章（单位）：			
代理退牌业务经营公司填写	机动车自退牌（号牌、行驶证缴销）之日起至重新登记时止，车辆须停放在指定场所，不得作任何移动。公司知晓此规定，自愿承担 沪　　号牌种类　　退牌期间车辆停搁管理责任。 上海　　二手机动车经营有限公司（章）			
机动车所有人				
登记证书编号		初次登记日期		
号牌号码		号牌种类	车辆类型	
品牌型号		档案编号		
身份证明名称		身份证明号码		
使用性质		发动机号码		
车辆识别代号				
经办人	牌证管理	业务领导	附注	
	牌证已缴销 收缴人： 年 月 日	年 月 日		
此更新证明使用有效期				
车辆识别代号拓印				

第一联：车辆管理所留存

重要提示：1.填写时使用黑色、蓝色笔、字体工整；表格请勿折叠。

2.此更新证明应在规定有效期内使用，逾期作废；请妥善保管，遗失不补。

3.申请使用原机动车号牌号码按规定必须符合以下三个条件：

（1）在办理转移登记或者注销登记后六个月内，原机动车所有人办理新车注册登记时提出申请；

（2）机动车所有人拥有原机动车三年以上；

（3）涉及原机动车的道路交通安全违法行为、交通事故处理完毕。

郊区(沪 C)号牌的机动车所有人居住地址必须在本市外环线以外。

(3) 市场收费标准

交易费:230 元;办证服务费:200 元;查验费:30 元;行驶证工本费:15 元;号牌:100 元;经营服务费:200 元。

表 7.7　办理沪 C 号牌机动车登记业务告知书

办理沪 C 号牌机动车登记业务告知书

为减少道路交通违法行为给交通安全带来的隐患，遏止交通事故逃逸等严重危害社会治安、群众生命财产案件的发生，保护机动车所有人的合法权益，规范办理车辆牌证，现将有关注意事项作如下告知：

一、根据商务部、公安部、国家工商行政管理总局、国家税务总局联合发布的《二手车流通管理办法》（2005 年 2 号令）规定

第十九条：进行二手车交易应当签订合同。

第二十一条（一）委托二手车经纪机构购买二手车时，委托人向二手车经纪机构提供合法身份证明；（三）二手车经纪机构接受委托购买时，双方签订合同。

二、根据《中华人民共和国居民身份证法》规定

第十六条第二款：出租、出借、转让居民身份证的，由公安机关给予警告，并处二百元以下罚款，有违法所得，没收违法所得。

第十七条：有下列行为之一的，由公安机关处二百元以上一千元以下罚款，或者处十日以下拘留，有违法所得的，没收违法所得：（一）冒用他人居民身份证或者使用骗领的居民身份证的；（二）购买、出售、使用伪造、变造的居民身份证的。

三、根据公安部《机动车登记规定》（2008 年 102 号令）

第四十九条：以欺骗、贿赂等不正当手段取得机动车登记的，由公安机关交通管理部门收缴机动车登记证书、号牌、行驶证，撤销机动车登记；申请人三年内不得申请机动车登记。

四、根据最高人民法院《关于审理人身损害赔偿案件适用法律若干问题的解释》规定

如机动车发生交通事故后，驾车人弃车逃逸或无力赔偿的，被害人有权将机动车所有人作为“第二被告”提起诉讼，机动车所有人必须承担连带赔偿责任。

请办理沪 C 号牌注册登记、转移登记、退牌上“沪 C”等业务的机动车所有人认真阅读上述告知事项。

本人(单位)于_________年______月______日购买一辆牌号为__________车型为________的机动车，系本人（单位）真实意愿。并承诺不将本人（单位）身份证明为不具备申领“沪 C”号牌的个人（单位）办理登记手续，如外借本人（单位）身份证明为他人登记，本人（单位）承担由此引起的一切法律责任和经济责任。本人（单位）对以上告知内容明确无异，并向二手车交易市场作出承诺。

以上告知内容作为交易合同附则，粘贴在交易合同增补款项上。

机动车所有人签名（盖章）____________________

年　月　日

注：本《告知书》一份正反面有效。

本代理公司作为担保单位，对以上内容为机动车所有人本人（单位）填写、签字、盖章负责，如有虚假，承担由此引起的一切法律责任和经济责任。

代理公司盖章：

年　月　日

本市场确保以上告知内容已在交易合同中如实体现，并对代理公司执行交易合同增补条款情况承担监督责任。

上海二手车交易市场有限公司：

（交易市场盖章）

年　月　日

5. 已退牌二手车上市区号牌

现机动车所有人购买已退牌的小型客车，并且提供上牌额度的车辆转移业务，简称退牌车凭额度上牌。

（1）需提供的材料

①《上海市机动车退牌更新证明》；

② 车辆购置附加税缴税确认单；

③《机动车注册、转移、注销登记/转入登记表》；

④ 来历凭证：二手车销售统一发票；

⑤ 机动车所有人身份证明（个人：身份证、户口簿，单位：组织机构代码证、IC 卡）；

⑥ 经办公司组织机构代码证和经办人身份证复印件（必须在有效期内）；

⑦《机动车查验记录表》（封袋）；

⑧《二手车买卖合同》或《二手车销售合同》；

⑨ 机动车评估书（单位车辆）。

（2）市场收费标准

交易费：230 元；办证服务费：200 元；查验费：30 元；行驶证工本费：15 元；号牌制作：100 元；经营服务费：200 元。

6. 交易车辆申领机动车登记证

未取得登记证书的机动车在办理转移登记等手续前须首先申领机动车登记证书。

(1) 需提供的材料

①《机动车行驶证》；

②《机动车牌证申请表》(表 7.8)；

表 7.8 机动车牌证申请表

附件4

机动车牌证申请表

号牌种类			号牌号码		
申请事项	申请原因及明细				
号牌	□补领	□丢失	□灭失	□1面	□2面
	□换领	□损坏1面		□损坏2面	
行驶证	□补领	□丢失		□灭失	
	□换领				
登记证书	□申请				
	□补领	□丢失	□灭失	□未获得	
	□换领				
检验合格标志	□申请	□在登记地车辆管理所申请		□在登记地以外车辆管理所申请	
	□补领	□丢失		□灭失	
	□换领				
机动车所有人	姓名/名称			机动车所有人及代理人对申请材料的真实有效性负责。	
	邮寄地址			机动车所有人签字：	
	邮政编码		固定电话		
	电子信箱		移动电话	年 月 日	
代理人	姓名/名称			代理人签字：	
	邮寄地址				
	邮政编码		联系电话		
	电子信箱				
	经办人姓名		联系电话	年 月 日	

装 订 订 线

③ 机动车现所有人身份证明(个人:身份证、户口簿,单位:组织机构代码证、IC 卡);

④《委托书》(单位);

⑤《机动车登记业务流程业务记录单》(封袋);

⑥ 改装车提供承诺书,进口车提供查询单,特种车提供审批文件。

(2) 市场收费标准

查验费:30 元;办证服务费:50 元;登记证工本费:10 元。

7.4 办理其他税证变更

二手车交易中,买方在变更车辆产权之后还需要进行车辆购置税、保险合同等文件的变更。各地在变更时对文件的要求不同,可以先到规定办理的单位窗口咨询一下。

7.4.1 车辆购置税的变更

车辆购置税的征收部门是车辆登记注册地的主管税务机关,办理变更时,需填写《车辆变动情况登记表》,并携带以下资料办理:

1. 车辆购置税同城过户业务办理

(1) 办理车辆购置税同城过户业务提供的资料

① 新车主的身份证明;

② 二手车交易发票;

③《机动车行驶证》;

④ 车辆购置税完税证明(正本)。

上述资料均需提供原件及复印件。

(2) 办理车辆购置税同城过户业务流程

填写《车辆变动情况登记表》→报送资料→办理过户→换领车辆购置税完税证明。

2. 车辆购置税转籍(转出)业务办理

(1) 办理转籍(转出)业务提供的资料

① 车主身份证明;

② 车辆交易有效凭证原件(二手车交易发票);

③ 车辆购置税完税证明(正本);

④ 公安交通车辆管理部门出具的车辆转出证明材料。

上述资料均需提供原件及复印件。

(2) 办理转籍(转出)业务流程

填写《车辆变动情况登记表》→报送资料→领取档案资料袋。

3. 车辆购置税转籍(转入)业务办理

(1) 办理转籍(转入)业务提供资料

① 车主身份证明;

② 本地公安交通车辆管理部门核发的机动车行驶证;

③ 车辆交易有效凭证原件(二手车交易发票);

④ 车辆购置税完税证明；

⑤ 档案转移通知书；

⑥ 转出地车辆购置税办封签的档案袋。

(2) 办理转籍(转入)业务流程

填写《车辆变动情况登记表》→报送资料→换领车辆购置税完税证明(正本)。

7.4.2 车辆保险合同的变更

在二手车买卖的过程中，办理车辆保险过户是非常重要的一个环节，因为车辆所有权的转移并不意味着车辆保险合同也转移。一般情况下，保险利益随着保险标的所有权的转让而灭失，只有经保险公司同意批改后，保险合同方才重新生效。所以，保险车辆依法过户转让后应到保险公司办理保险合同主体的变更手续，否则车辆受损时保险公司是有权拒赔的。我国《保险法》第34条规定“保险标的的转让应当通知保险人，经保险人同意继续承保后，依法变更合同。”保险公司和车主签订的保险合同一般也约定，在保险合同的有效期限内，保险车辆转卖、转让、赠送他人、变更用途或增加危险程度，被保险人应当事先书面通知保险人并申请办理批改，否则，保险人有权解除保险合同或者有权拒绝赔偿。

1. 办理车辆保险过户的方式

办理车辆保险过户有两种方式：

1）对保单要素进行更改，如更换被保险人与车主。

2）申请退保，即把原来那份车险退掉，终止以前的合同。这时保险公司会退还剩余的保费。之后，新车主就可以到任何一家保险公司去重新办理一份车险。

2. 车辆保险合同变更的程序

1）填写一份汽车保险过户申请书，向原投保的保险公司申请办理批改被保险人称谓的手续。申请书上注明保险单号码、车牌号、新旧车主的姓名及过户原因，并签字或盖章，以便保险公司重新核保。

2）带保险单和已过户的机动车行驶证，到保险公司的业务部门办理。

一般情况下，保险公司都会受理并出具一张变更被保险人的批单，批单上面写明了被保险人的变化情况。

3. 退保所需提供的单证

1）退保申请书：写明退保原因和时间，被保险人是单位的需盖章，是个人的需签字。

2）保险单：需要原件。若保险单丢失，则需事先补办。

3）保险费发票：一般需要原件，有时复印件也可以。

4）被保险人的身份证明：被保险人是单位的需要单位的营业执照，是个人的需要身份证明。

5）机动车的登记证书。

6）证明退保原因的文件：

① 因车辆报废而退保，需提供报废证明；

② 因车辆转卖他人而退保，需提供过户证明；

③ 因重复保险而退保，需提供互相重复的两份保险单。

4. 保险过户所需提供的单证

1）变更申请书：写明变更原因和时间，被保险人是单位的需盖章，是个人的需签字。

2）保险单：需要原件。若保险单丢失，则需事先补办。

3）保险费发票：一般需要原件，有时复印件也可以。

4）原保险人和新保险人的身份证明：被保险人是单位的需要单位的营业执照，是个人的需要身份证明。

5）机动车登记证书。

7.5　二手车交易合同

根据《二手车流通管理办法》规定，二手车交易双方应该签订交易合同，要在合同当中对二手车的状况、来源的合法性、费用负担以及出现问题的解决方法等各方面进行约定，以便分清各自的责任和义务。

二手车经过查验和评估后，其车辆的真实性和基本价格已基本确定。如果车主不同意评估价格，可以和二手车销售企业协商达成最终交易的价格，同时，需要原车主对其车辆的其他事宜（使用年限、行驶千米数、安全隐患、有无违章记录等）作出书面承诺，这些都是以签订交易合同的形式来确定的。交易合同是确立买卖双方交易关系和履行责任的法律合约，是办理交易手续和过户手续的必要凭证之一。

7.5.1　订立交易合同的基本准则

二手车交易合同是指二手车经营公司、经纪公司与法人、其他组织和自然人相互之间为实现二手车交易的目的，明确相互权利义务关系，所订立的协议。

订立交易合同时须遵守以下基本原则：

1. 合法原则

订立二手车交易合同，必须遵守法律和行政法规。法律法规集中体现了人民的利益和要求。合同的内容及订立合同的程序、形式只有与法律法规相符合，才会具有法律效力，当事人的合法权益才可得到保护。任何单位和个人都不得利用经济合同进行违法活动，扰乱市场秩序，损害国家和社会利益，牟取非法收入。

2. 平等互利、协商一致原则

订立合同的当事人法律地位一律平等，任何一方不得以大欺小、以强凌弱，把自己的意愿强加给对方，双方都必须在完全平等的地位上签订二手车交易合同。二手车交易合同应当在当事人之间充分协商、意愿表示一致的基础上订立，采取胁迫、乘人之危、违背当事人真实意志而订立的合同都是无效的，也不允许任何单位和个人进行非法干预。

7.5.2　交易合同的主体、内容

1. 交易合同的主体

二手车交易合同的主体是指为了实现二手车交易目的，以自己名义签订交易合同，享有合同权利、承担合同义务的组织和个人。根据《中华人民共和国合同法》的规定，我国合同当事人从

其法律地位来划分，可分为以下几种：

（1）法人

法人是指具有民事权利能力和民事行为能力，依法独立享有民事权利和承担民事义务的组织。

它必须具备以下条件：

① 依法成立；

② 有必要的财产或经费；

③ 有自己的名称、场所和组织机构；

④ 能够独立承担民事责任的企业法人、机关法人、事业单位法人和社会团体法人。

（2）其他组织

其他组织是指合法成立、有一定的组织机构和财产，但又不具备法人资格的组织，如私营独资企业、合伙组织和个体工商户。

（3）自然人

自然人是指具有完全民事行为能力，可以独立进行民事活动的人。

2. 交易合同的内容

（1）主要条款

1）标的：指合同当事人双方权利义务共同指向的对象，可以是物也可以是行为。二手车交易合同的标的是被交易的二手车。

2）数量。

3）质量：是标的内在因素和外观形态优劣的标志，是标的满足人们一定需要的具体特征。

4）履行期限、地点和方式。

5）违约责任。

6）根据法律规定的或按合同性质必须具备的条款及当事人一方要求必须规定的条款。

（2）其他条款

它包括合同的包装要求、某种特定的行业规则和当事人之间交易的惯有规则。

7.5.3 交易合同的变更和解除

1. 交易合同的变更

交易合同的变更，通常是指依法成立的交易合同尚未履行或未完全履行之前，当事人就其内容进行修改和补充而达成的协议。

交易合同的变更必须以有效成立的合同为对象，凡未成立或无效的合同，不存在变更问题。交易合同的变更是在原合同的基础上，达成一个或几个新的合同作为修正，以新协议代替原协议。所以，变更作为一种法律行为，使原合同的权利义务关系消灭，新权利义务关系产生。

2. 交易合同的解除

交易合同的解除，是指交易合同订立后，没有履行或没有完全履行以前，当事人依法提前终止合同。

3. 交易合同变更和解除的条件

合同法规定，凡发生下列情况之一，允许变更或解除合同。

1）当事人双方经协商同意，并且不因此损害国家利益和社会公共利益。

2）由于不可抗力致使合同的全部义务不能履行。

3）由于另一方在合同约定的期限内没有履行合同。

7.5.4 违约责任及合同纠纷处理方法

1. 违约责任

违约责任，是指交易合同一方或双方当事人由于自己的过错造成合同不能履行或不能完全履行，依照法律或合同约定必须承受的法律制裁。

（1）违约责任的性质

1）等价补偿

凡是已给对方当事人造成财产损失的，就应当承担补偿责任。

2）违约惩罚

合同当事人违反合同的，无论这种违约是否已经给对方当事人造成财产损失，都要依照法律规定或合同约定，承担相应的违约责任。

（2）承担违约责任的条件

1）要有违约行为

要追究违约责任，必须有合同当事人不履行或不完全履行的违约行为。它可分为作为违约和不作为违约。

2）行为人要有过错

过错是指当事人违约行为主观上出于故意或过失。故意，是指当事人应当预见自己的行为会产生一定的不良后果，但仍用积极的不作为或者消极的不作为希望或放任这种后果的发生；过失是指当事人对自己行为的不良后果应当预见或能够预见到，而由于疏忽大意没有预见到或虽已预见到但轻信可以避免，以致产生不良后果。

（3）承担违约责任的方式

1）违约金

违约金，指合同当事人因过错不履行或不适当履行合同，依据法律规定或合同约定，支付给对方一定数额的货币。

根据《合同法》及有关条例或实施细则的规定，违约金分为法定违约金和约定违约金。

2）赔偿金

赔偿金，指合同当事人一方过错违约给另一方当事人造成损失超过违约金数额时，由违约方当事人支付给对方当事人的一定数额的补偿货币。

3）继续履行

继续履行，指合同违约方支付违约金、赔偿金后，应对方的要求，在对方指定或双方约定的期限内，继续完成没有履行的那部分合同义务。

违约方在支付了违约金、赔偿金后，合同关系尚未终止，违约方有义务继续按约履行，最终实现合同目的。

2. 合同纠纷处理方式

合同纠纷，指合同当事人之间因对合同的履行状况及不履行的后果所发生的争议。根据《合同法》及有关条例的规定，我国合同纠纷的解决方式一般有协商解决、调解解决、仲裁和诉讼四种方式。

(1) 协商解决

协商解决是指合同当事人之间直接磋商，自行解决彼此间发生的合同纠纷。这是合同当事人在自愿、互谅互让的基础上，按照法律、法规的规定和合同的约定，解决合同纠纷的一种方式。

(2) 调解解决

调解解决是指由合同当事人以外的第三人（交易市场管理部门或二手车交易管理协会）出面调解，使争议双方在互谅互让的基础上自愿达成解决纠纷的协议。

(3) 仲裁

仲裁是指合同当事人将合同纠纷提交国家规定的仲裁机关，由仲裁机关对合同纠纷作出裁决的一种活动。

(4) 诉讼

诉讼是指合同当事人之间发生争议而合同中未规定仲裁条款或发生争议后也未达成仲裁协议的情况下，由当事人一方将争议提交有管辖权的法院按诉讼程序审理作出判决的活动。

7.5.5　二手车交易合同种类

二手车交易合同按当事人在合同中处于出让、受让或居间中介的不同情况，可分为二手车买卖合同和二手车居间合同两种。

1. 二手车买卖合同

① 出让人（售车方）：有意向出让二手车合法产权的法人或其他组织、自然人；

② 受让人（购车方）：有意向受让二手车合法产权的法人或其他组织、自然人。

典型的二手车买卖合同见附件一。

2. 二手车居间合同（一般有三方当事人）

① 出让人（售车方）：有意向出让二手车合法产权的法人或其他组织、自然人；

② 受让人（购车方）：有意向受让二手车合法产权的法人或其他组织、自然人；

③ 中介人（居间方）：合法拥有二手车中介交易资质的二手车经纪公司。

典型的二手车居间合同见附件二。

附件一　二手车买卖合同

二手车买卖合同

合同编号：________________

签订时间：______年_____月_____日

甲方：（售车方）________________________

乙方：（购车方）________________________

第一条　目的

依据国家有关法律、法规和本市有关规定，甲、乙双方在自愿、平等和协商一致的基础上，就订立二手车买卖合同，并完成其他委托的服务事项达成一致，订立本合同。

第二条 当事人及车辆情况

一、甲方(售车方)基本情况

(1) 单位代码证号□□□□□□□□□□□□□□一□,经办人______,

身份证号码□□□□□□□□□□□□□□□□□□,

单位地址______,联系电话______。

(2) 自然人身份证号码□□□□□□□□□□□□□□□□□□,

现常住地址______,联系电话______。

二、乙方(购车方)基本情况

(1) 单位代码证号□□□□□□□□□□□□□□□,经办人______,

身份证号码□□□□□□□□□□□□□□□□□□,

单位地址______,联系电话______。

(2) 自然人身份证号码□□□□□□□□□□□□□□□□□□,

现常住地址______,联系电话______。

三、出售车辆基本情况

车辆牌号______,车辆类别______,

厂牌型号______,颜色______,

初次登记时间______,登记证号______,

发动机号码______,车架号码______,

行驶里程______km,允许使用年限至______年______月______日,

车辆年检签证有效期至______年______月,

车辆购置费完税交纳证号______/免税交纳(有证/无证),

车辆养路费交讫截止日期______年______月(证号______),

车辆保险险种:1. ______ 2. ______ 3. ______ 4. ______,

保险有效期截止日期 ______年______月 ______日;

配置:______

______。

其他情况______

______。

第三条 车辆价款

经协商一致,本车价款定为人民币______元(大写:______元),上述价款包括车辆、备胎及______附件。

过户手续费为人民币______元(大写: ______元),由______方负责。

第四条 付款及交付、过户

1. 乙方于合同签订后(当日/ ______日)内支付价款______%(人民币:______元,大写______元)作为定金支付给甲方;支付方式:(现金/指定账户)。

2. 甲方于合同签订(当日/______日)内,将本车(过户/转籍)所需的有关证件原件及复印件交付给______方,由______方负责办理(过户/转

籍)手续。

3. 乙方于(过户/转籍)事项完成后(当日/______日)内向甲方支付剩余价款(人民币______元,大写:______元);支付方式:(现金/指定账户)。

第五条 双方的权利和义务

1. 甲方承诺车辆出让时不存在任何权属上的法律问题和各类尚未处理完毕的交通违法记录,所提供的证件、证明均真实、有效,无伪造情况;否则,致使出让车辆不能过户、转籍的,乙方有权单方解除本合同或终止本合同的履行,甲方应接受退回的车辆,并向乙方双倍返还定金和支付实际发生的费用。

____方如在收取有关文件、证明后______日内未办理(过户/转籍)手续或由于______方的过失导致(过户/转籍)手续不能办理或不能在合理期限内完成(双方约定该合理期限为收取文件、证明后的______日内),除非有正当理由或不可抗力,否则____方可单方终止本合同,并要求____方双倍返还定金和支付实际发生的费用。

2. 乙方承诺已对受让车辆的配置、技术状况和原使用性质了解清楚,该车能根据居住管辖地车辆落籍规定办理落籍手续。如由于乙方的过失导致(过户/转籍)手续不能办理,则甲方可单方终止本合同,并不返还定金,已经发生的费用应乙方承担。

本合同签订后,乙方如未按本合同规定的时间支付定金,甲方有权单方解除本合同,并要求乙方赔偿相应的经济损失。

第六条 合同在履行中的变更及处理

本合同在履行期间,任何一方要求变更合同条款的,应及时书面通知对方,并征得对方的同意后,在约定的时限______天内,签订补充条款,注明变更事项。未书面告知对方,并征得对方同意,擅自变更合同条款造成的经济损失,由责任方承担。

本合同履行期间,双方因履行本合同而签署的补充协议及其他书面文件,均为本合同不可分割的一部分,具有同等法律效力。

第七条 违约责任

甲、乙双方如发生违约行为,违约方给守约方造成的经济损失,由守约方按照法律、法规的有关规定和本合同有关条款追偿。

第八条 风险承担

本车在过户、转籍手续完成前由甲方作为所有人承担一切风险责任,本车在过户、转籍手续完成后乙方作为所有人承担一切风险责任。

第九条 其他规定

本合同未约定的事项,按照《中华人民共和国合同法》以及有关法律、法规的规定执行。

第十条 发生争议的解决办法

甲、乙双方在履行本合同过程中发生争议,由双方协商解决;协商不成的,提请二手车交易市场或二手车交易管理协会调解。调解成功的,双方应当履行调解协议;调解不成的,按本合同约定的下列第(　　)项进行解决:

1. 向仲裁委员会申请仲裁;

2. 向法院提起诉讼。

第十一条　合同效力和订立数量

本合同内，空格部分填写的文字，其效力优于印刷文字的效力。本合同所称“日”，均指工作日。

本合同经双方当事人签字、盖章后生效；本合同一式三份，由甲方、乙方、二手车交易市场各执一份，均具有同等的法律效力。

甲方：出售方（名称）：____________________

法定代表人/自然人：（签章）______________

经办人：（签章）________________________

开户银行：_____________________________

账号：________________________________

乙方：购车方（名称）：____________________

法定代表人/自然人：（签章）__________________

经办人：（签章）_____________________________

开户银行：_________________________________

账号：_____________________________________

附件二　二手车居间合同

二手车居间合同

合同编号：______________

签订时间：______年____月____日

委托出让方（简称甲方）：________________________

居间方：______________________________________

委托买入方（简称乙方）：________________________

第一条　目的

依据国家有关法律、法规和本市有关规定，三方在自愿、平等和协商一致的基础上，就居间方接受甲、乙双方的委托，促成甲、乙双方二手车交易，并完成其他委托的服务事项达成一致，订立本合同。

第二条　当事人及车辆情况

一、甲方基本情况：

（1）单位代码证号□□□□□□□□□□□□□□—□，经办人______________________，

身份证号码□□□□□□□□□□□□□□□□□□，

单位地址______________________________，联系电话______________________________。

（2）自然人身份证号码□□□□□□□□□□□□□□□□□□，

现常住地址__________________________，联系电话__________________________。

二、乙方基本情况：

(1) 单位代码证号□□□□□□□□□□□□□□□□—□，经办人________，

身份证号码□□□□□□□□□□□□□□□□□□，

单位地址________，联系电话________。

(2) 自然人身份证号码□□□□□□□□□□□□□□□□□□，

现常住地址________，联系电话________。

车辆牌号________，车辆类别________，

厂牌型号________，颜色________，

初次登记时间________，登记证号________，

发动机号码________，车架号码________，

行驶里程________km，允许使用年限至____年____月____日，

车辆年检签证有效期至____年____月，

车辆购置费完税交纳证号________/免税交纳（有证/无证），

车辆养路费讫截止日期____年____月（证号________），

车辆保险险种：1. ____ 2. ____ 3. ____ 4. ____

保险有效期截止日期：____年____月____日；

配置：________，

________。

其他情况：________，

________。

第三条 车辆价款

经协商一致，本车价款定为人民币________元（大写：________元），上述价款包括车辆、备胎及________。

第四条 付款及交付、过户

1. 乙方于合同签订后（当日/____日）内支付价款____%，（人民币____元，大写：________）作为定金支付给甲方；支付方式：（现金/指定账户）。

2. 甲方于合同签订（当日/____日）内，将本车辆存放于居间方指定地点，由居间方和乙方查验认可，出具查验单后，由居间方代为保管或三方约定由甲方继续使用本车。甲方于本合同签订后____日内将本车辆有关证件原件及复印件交付给乙方，并协助乙方办理过户手续。

3. 乙方于（过户/转籍）事项完成后（当日/____日）内向甲方支付剩余价款（人民币____元，大写：________元）；支付方式：（现金/指定账户）。

第五条 佣金标准、数额、收取方式和退赔

（一）居间方已完成本合同约定的委托人甲方委托的事项，委托人甲方按照下列第____种方式计算支付佣金（任选一种）：

1. 按照该二手车成交价____的____%，具体数额为人民____元作为佣金支付给居间方。

2. 按双方约定，佣金为人民币________元，支付给居间方。

（二）居间方已完成本合同约定的委托人乙方委托的事项，委托人乙方按照下列第____

种方式计算支付佣金(任选一种)：

1. 按照该二手车成交价________的________%，具体数额为人民币________元作为佣金支付给居间方。

2. 按双方约定，佣金为人民币________元，支付给居间方。

(三) 居间方未完成本合同委托事项的，按照下列约定退还佣金：

1. 居间方未完成委托人甲方委托的事项，将本合同约定收取佣金的________%，具体数额为人民币________元退还给委托人甲方，已发生费用由居间方承担；

2. 居间方未完成委托人乙方委托的事项，将本合同约定收取佣金的________%，具体数额为人民币________元退还给委托人乙方，已发生费用由居间方承担。

第六条 甲方的权利和义务

甲方承诺车辆出让时不存在任何权属上的法律问题和各类尚未处理完毕的交通违法记录，所提供的证件、证明均真实、有效，无伪造情况；否则，致使出让车辆不能过户、转籍的，乙方有权单方解除本合同或终止本合同的履行，甲方应接受退回的车辆，全额退回车款，向居间方支付佣金和实际发生的费用，并承担赔偿责任。

本合同有效期内，甲方委托出让的车辆根据本合同约定将本车存放在指定的地点，并按规定支付停车费，因保管不善造成车辆毁损、灭失的，由责任方承担赔偿责任。

甲方不提供相关文件、证明，或未按本合同第四条第二款的约定将本车存放于指定地点，除非有正当理由或不可抗力，否则乙方有权终止本合同并要求双倍返还定金。

第七条 乙方的权利和义务

本合同签订后，乙方应向居间方预付定金(人民币________元，大写________元)。

乙方履行合同后，定金抵作乙方应当支付给居间方的佣金。如乙方违约，乙方无权要求返还定金，并支付实际发生的费用；如居间方违约，应当双倍返还定金。

乙方如未按本合同规定的时间支付定金，甲方有权单方解除本合同，并要求乙方赔偿相应的经济损失。乙方如拒绝接受甲方提供的文件、证明，除非有正当理由或不可抗力，否则甲方可单方终止本合同，并不返还定金。

乙方如在收取有关文件、证明后________日内未办理(过户/转籍)手续或由于乙方的过失导致(过户/转籍)手续不能办理或不能在合理期限内完成(双方约定该合理期限为收取文件、证明后的________日内)，除非有正当理由或不可抗力，否则甲方可单方终止本合同，并不返还定金，已经发生的费用应由乙方承担。

第八条 居间方的权利和义务

居间方应向甲、乙双方出示营业执照等有效证件。

居间方的执业经纪人应向甲、乙双方出示经纪执业证书，并应亲自处理委托事务，未经甲、乙双方同意，不得转委托。

居间方应按照甲、乙双方的要求处理委托事务，报告委托事务处理情况，为甲、乙双方保守商业秘密。

居间方应按约定或依规定收取甲、乙双方支付的款项并开具收款凭证。

居间方不得采取胁迫、欺诈、贿赂和恶意串通等手段，促成交易。

居间方不得伪造、涂改、买卖交易文件、证明和凭证。

第九条 合同在履行中的变更及处理

本合同在履行期间，任何一方要求变更合同条款的，应及时书面通知相对方，并征得相对方的同意后，在约定的时限______天内，签订补充条款，注明变更事项。未书面告知相对方，并征得相对方同意，擅自变更造成的经济损失，由责任方承担。

本合同履行期间，三方因履行本合同而签署的补充协议及其他书面文件，均为本合同不可分割的一部分，具有同等法律效力。

第十条 违约责任

1. 三方商定，居间方有下列情况之一的，应承担违约责任：

(1) 无正当理由解除合同的；

(2) 与他人私下串通，损害委托人甲、乙双方利益的；

(3) 其他过失影响委托人甲、乙双方交易的。

2. 三方商定，委托人甲、乙双方有下列情况之一的，应承担违约责任：

(1) 无正当理由解除合同的；

(2) 未能按照合同提供必要的文件、证明和配合，造成居间方无法履行合同的；

(3) 相互或与他人私下串通，损害居间方利益的；

(4) 其他造成居间方无法完成委托事项的行为。

3. 三方商定，发生上述违约行为的，按照合同约定佣金总数的______%，计人民币______元作为违约金支付给各守约方。违约方给各守约方造成的其他经济损失，由守约方按照法律、法规的有关规定追偿。

第十一条 风险承担

本车在过户、转籍手续完成前由甲方作为所有人承担一切风险责任，本车在过户、转籍手续完成后乙方作为所有人承担一切风险责任。

第十二条 其他规定

本合同未约定的事项，按照《中华人民共和国合同法》以及有关法律、法规的规定执行。

第十三条 发生争议的解决办法

三方在履行本合同过程中发生争议，由三方协商解决；协商不成的，提请二手车交易市场和二手车交易管理协会调解。调解成功的，三方应当履行调解协议；调解不成的，按本合同约定的下列第______项进行解决：

1. 向仲裁委员会申请仲裁；

2. 向法院提起诉讼。

第十四条 合同效力和订立数量

本合同内，空格部分填写的文字，其效力优于印刷文字的效力。本合同所称“日”，均指工作日。

本合同经三方当事人签字、盖章后生效；本合同一式四份，由甲方、乙方、居间方、二手车交易市场各执一份，均具有同等的法律效力。

委托出售方(甲方)：______________________________

法定代表人/自然人：(签章)______________________________

经办人:(签章)

开户银行:

账号:

居间方(名称):

营业执照注册号:

法定代表人:(签章)

执业经纪人:(签章)

执业经纪证书:(编号)

开户银行:

账号:

委托买入方(乙方):

法定代表人/自然人:(签章)

经办人:(签章)

开户银行:

账号:

7.6 二手车质量担保

二手车质量保证是在二手车销售的同时,销售商承诺对车辆进行有条件、有范围、有限期的质量保证,并切实履行承诺的责任和义务。

二手车的质量保证是二手车销售环节中不可或缺的重要一环。没有质量保证的二手车销售是不完整的销售。

7.6.1 二手车质量担保的意义

1. 保护消费者权益

长期以来,二手车交易存在车辆信息不透明、买卖双方信息不对称问题,消费者时刻面临着质量欺诈、价格欺诈和购买非法车辆等风险。消费者对所购买的二手车,最难以把握的是车辆原来的使用状况和技术状况。尤其是车辆买到手后,各种故障便在短时间内连连发生,使消费者对二手车的质量可靠性心存疑虑,因此普遍希望二手车销售商能提供质量保证。为二手车消费者提供质量担保,是销售商保护消费者权益的具体体现,同时也是一种社会责任。

2. 促进二手车行业的规范发展

以前,二手车买卖成交后,销售商的责任即告结束,对此后车辆出现的各种故障全不负责。这一方面使得消费者的权益得不到充分保障;另一方面,一些不法销售商又有恃无恐地干着坑蒙拐骗的勾当。在消费者的心目中形成了二手车都是技术状况差和问题多的不好印象。很多消费者不敢购置二手车,极大地损害了二手车交易行业的发展。事实上,二手车交易中大多数纠纷都是由于售后发现质量问题而引起的。

实行二手车质量保证可以从根本上消除消费者的畏惧心理，激发中低收入者潜在的购车能量。在鼓励、扶持那些诚实守信、规范运作的经营企业的同时，行业管理部门还将规范、监督和约束那些不讲信誉、不讲服务的销售行为，逐步净化二手车的消费环境，提升行业的社会形象。可以说在我国诚信体系尚不完善的情况下，承诺服务将更好地推动二手车行业的发展。

3. 有利于经营品牌的创立

二手车交易与新车销售一样，是一个与服务密切相关的经营行为。二手车销售企业实行二手车质量保证，将服务延伸到售后，切实履行保护消费者利益的责任，赢得消费者的信任，有利于创立二手车经营品牌。这与二手车直接交易、中介经营有非常大的比较优势，体现了品牌经销商的优势所在，也成为鉴别二手车经营企业之间诚信差异、品牌优劣的重要标志。这方面的工作谁做得好，谁就会赢得市场。

4. 有利于开辟新的交易方式

目前，在二手车交易中，通常采用到有形市场现场看车的方式来确定车辆状况。这种方式对买卖双方均耗时、费力、效率低，是一种比较原始的方式。随着社会车辆的逐渐增多，二手车交易的日趋活跃，这种低效率的交易方式对提高交易量的制约影响将日益突现。

因此，致力于交易方式的拓展将是一个现实的课题。如开展网上交易形式等，将有形市场与无形市场相结合，有利于扩大二手车交易的范围，促成二手车这一社会资源得到更合理的配置。实现这种新的交易模式的重要前提是经营企业诚信体系的建立、二手车质量保证的承诺以及社会和消费者对此承诺的高度认同。

7.6.2 质量担保条件和时间

二手车质量保证很重要，但并不是所有销售的二手车都能得到质量保证。根据我国目前二手车发展水平，这种质量保证只能是有条件、有范围和有限期的质量保证。

1. 提供质量保证的企业

根据《二手车交易规范》规定，二手车质量保证只对二手车经销企业有要求，对直接交易，经纪、拍卖和鉴定评估等中介交易形式无要求。

2. 二手车质量保证的前提

根据《二手车交易规范》规定，二手车经销企业向最终用户销售二手车应提供质量保证的前提是：使用年限在3年以内或行驶里程在6万千米以内的车辆（以先到者为准，营运车除外）。

3. 二手车质量保证期限

根据《二手车交易规范》规定，二手车经销企业向最终用户销售二手车时，应向用户提供不少于3个月或5 000 km（以先到者为准）的质量保证。

4. 二手车质量保证的范围

根据《二手车交易规范》规定，二手车质量保证范围为发动机系统、转向系统、传动系统、制动系统和悬挂系统等。

7.6.3 二手车售后服务

如果说二手车经销企业在向最终用户销售二手车时提供质量保证是让买主买得放心，那么，如果同时也向用户提供售后服务，则是让买主使用的无忧，消除对二手车使用的担心。

1. 二手车售后服务的规定

《二手车交易规范》规定：

① 二手车经销企业向最终用户提供售后服务时，应向其提供售后服务清单；

② 在提供售后服务的过程中，不得擅自增加未经客户同意的服务项目；

③ 二手车经销企业应建立售后服务技术档案，售后服务技术档案保存时间不少于3年。

2. 售后服务技术档案内容

售后服务技术档案包括以下内容：

① 车辆基本资料，主要包括车辆品牌型号、车牌号码、发动机号、车架号、出厂日期、使用性质、最近一次转移登记日期、销售时间和地点等；

② 客户基本资料，主要包括客户名称（姓名）、地址、职业和联系方式等；

③ 维修保养记录，主要包括维修保养的时间、里程和项目等。

这样，有了质量保证和售后服务的承诺，再加上交易合同的保证，车辆的真实信息将难以隐瞒，二手车交易变得更加透明，真正成为一种“阳光交易”。

附　录

相关法律法规

附录一　机动车登记规定

中华人民共和国公安部令　第102号

第一章　总　　则

第一条　根据《中华人民共和国道路交通安全法》及其实施条例的规定，制定本规定。

第二条　本规定由公安机关交通管理部门负责实施。

省级公安机关交通管理部门负责本省（自治区、直辖市）机动车登记工作的指导、检查和监督。直辖市公安机关交通管理部门车辆管理所、设区的市或者相当于同级的公安机关交通管理部门车辆管理所负责办理本行政辖区内机动车登记业务。

县级公安机关交通管理部门车辆管理所可以办理本行政辖区内摩托车、三轮汽车、低速载货汽车登记业务。条件具备的，可以办理除进口机动车、危险化学品运输车、校车、中型以上载客汽车以外的其他机动车登记业务。具体业务范围和办理条件由省级公安机关交通管理部门确定。

警用车辆登记业务按照有关规定办理。

第三条　车辆管理所办理机动车登记，应当遵循公开、公正、便民的原则。

车辆管理所在受理机动车登记申请时，对申请材料齐全并符合法律、行政法规和本规定的，应当在规定的时限内办结。对申请材料不齐全或者其他不符合法定形式的，应当一次告知申请人需要补正的全部内容。对不符合规定的，应当书面告知不予受理、登记的理由。

车辆管理所应当将法律、行政法规和本规定的有关机动车登记的事项、条件、依据、程序、期限以及收费标准、需要提交的全部材料的目录和申请表示范文本等在办理登记的场所公示。

省级、设区的市或者相当于同级的公安机关交通管理部门应当在互联网上建立主页，发布信息，便于群众查阅机动车登记的有关规定，下载、使用有关表格。

第四条　车辆管理所应当使用计算机登记系统办理机动车登记，并建立数据库。不使用计算机登记系统登记的，登记无效。

计算机登记系统的数据库标准和登记软件全国统一。数据库能够完整、准确记录登记内容，记录办理过程和经办人员信息，并能够实时将有关登记内容传送到全国公安交通管理信息系统。计算机登记系统应当与交通违法信息系统和交通事故信息系统实行联网。

第二章 登 记

第一节 注册登记

第五条 初次申领机动车号牌、行驶证的，机动车所有人应当向住所地的车辆管理所申请注册登记。

第六条 机动车所有人应当到机动车安全技术检验机构对机动车进行安全技术检验，取得机动车安全技术检验合格证明后申请注册登记。但经海关进口的机动车和国务院机动车产品主管部门认定免予安全技术检验的机动车除外。

免予安全技术检验的机动车有下列情形之一的，应当进行安全技术检验：

（一）国产机动车出厂后两年内未申请注册登记的；

（二）经海关进口的机动车进口后两年内未申请注册登记的；

（三）申请注册登记前发生交通事故的。

第七条 申请注册登记的，机动车所有人应当填写申请表，交验机动车，并提交以下证明、凭证：

（一）机动车所有人的身份证明；

（二）购车发票等机动车来历证明；

（三）机动车整车出厂合格证明或者进口机动车进口凭证；

（四）车辆购置税完税证明或者免税凭证；

（五）机动车交通事故责任强制保险凭证；

（六）法律、行政法规规定应当在机动车注册登记时提交的其他证明、凭证。

不属于经海关进口的机动车和国务院机动车产品主管部门规定免予安全技术检验的机动车，还应当提交机动车安全技术检验合格证明。

车辆管理所应当自受理申请之日起二日内，确认机动车，核对车辆识别代号拓印膜，审查提交的证明、凭证，核发机动车登记证书、号牌、行驶证和检验合格标志。

第八条 车辆管理所办理消防车、救护车、工程救险车注册登记时，应当对车辆的使用性质、标志图案、标志灯具和警报器进行审查。

车辆管理所办理全挂汽车列车和半挂汽车列车注册登记时，应当对牵引车和挂车分别核发机动车登记证书、号牌和行驶证。

第九条 有下列情形之一的，不予办理注册登记：

（一）机动车所有人提交的证明、凭证无效的；

（二）机动车来历证明被涂改或者机动车来历证明记载的机动车所有人与身份证明不符的；

（三）机动车所有人提交的证明、凭证与机动车不符的；

（四）机动车未经国务院机动车产品主管部门许可生产或者未经国家进口机动车主管部门许可进口的；

（五）机动车的有关技术数据与国务院机动车产品主管部门公告的数据不符的；

（六）机动车的型号、发动机号码、车辆识别代号或者有关技术数据不符合国家安全技术标准的；

（七）机动车达到国家规定的强制报废标准的；

（八）机动车被人民法院、人民检察院、行政执法部门依法查封、扣押的；

（九）机动车属于被盗抢的；

（十）其他不符合法律、行政法规规定的情形。

第二节 变更登记

第十条 已注册登记的机动车有下列情形之一的，机动车所有人应当向登记地车辆管理所申请变更登记：

（一）改变车身颜色的；

（二）更换发动机的；

（三）更换车身或者车架的；

（四）因质量问题更换整车的；

（五）营运机动车改为非营运机动车或者非营运机动车改为营运机动车等使用性质改变的；

（六）机动车所有人的住所迁出或者迁入车辆管理所管辖区域的。

机动车所有人为两人以上，需要将登记的所有人姓名变更为其他所有人姓名的，可以向登记地车辆管理所申请变更登记。

属于本条第一款第（一）项、第（二）项和第（三）项规定的变更事项的，机动车所有人应当在变更后十日内向车辆管理所申请变更登记；属于本条第一款第（六）项规定的变更事项的，机动车所有人申请转出前，应当将涉及该车的道路交通安全违法行为和交通事故处理完毕。

第十一条 申请变更登记的，机动车所有人应当填写申请表，交验机动车，并提交以下证明、凭证：

（一）机动车所有人的身份证明；

（二）机动车登记证书；

（三）机动车行驶证；

（四）属于更换发动机、车身或者车架的，还应当提交机动车安全技术检验合格证明；

（五）属于因质量问题更换整车的，还应当提交机动车安全技术检验合格证明，但经海关进口的机动车和国务院机动车产品主管部门认定免予安全技术检验的机动车除外。

车辆管理所应当自受理之日起一日内，确认机动车，审查提交的证明、凭证，在机动车登记证书上签注变更事项，收回行驶证，重新核发行驶证。

车辆管理所办理本规定第十条第一款第（三）项、第（四）项和第（六）项规定的变更登记事项的，应当核对车辆识别代号拓印膜。

第十二条 车辆管理所办理机动车变更登记时，需要改变机动车号牌号码的，收回号牌、行驶证，确定新的机动车号牌号码，重新核发号牌、行驶证和检验合格标志。

第十三条 机动车所有人的住所迁出车辆管理所管辖区域的，车辆管理所应当自受理之日起三日内，在机动车登记证书上签注变更事项，收回号牌、行驶证，核发有效期为三十日的临时行驶车号牌，将机动车档案交机动车所有人。机动车所有人应当在临时行驶车号牌的有效期限内到住所地车辆管理所申请机动车转入。

申请机动车转入的，机动车所有人应当填写申请表，提交身份证明、机动车登记证书、机动车档案，并交验机动车。机动车在转入时已超过检验有效期的，应当在转入地进行安全技术检验并提交机动车安全技术检验合格证明和交通事故责任强制保险凭证。车辆管理所应当自受理之日起三日内，确认机动车，核对车辆识别代号拓印膜，审查相关证明、凭证和机动车档案，在机动车登记证书上签注转入信息，核发号牌、行驶证和检验合格标志。

第十四条 机动车所有人为两人以上，需要将登记的所有人姓名变更为其他所有人姓名的，应当提交机动车登记证书、行驶证、变更前和变更后机动车所有人的身份证明和共同所有的公证证明，但属于夫妻双方共同所有的，可以提供《结婚证》或者证明夫妻关系的《居民户口簿》。

变更后机动车所有人的住所在车辆管理所管辖区域内的，车辆管理所按照本规定第十一条第二款的规定办理变更登记。变更后机动车所有人的住所不在车辆管理所管辖区域内的，迁出地和迁入地车辆管理所按照本规定第十二条的规定办理变更登记。

第十五条 有下列情形之一的，不予办理变更登记：

（一）改变机动车的品牌、型号和发动机型号的，但经国务院机动车产品主管部门许可选装的发动机除外；

（二）改变已登记的机动车外形和有关技术数据的，但法律、法规和国家强制性标准另有规定的除外；

（三）有本规定第九条第（一）项、第（七）项、第（八）项、第（九）项规定情形的。

第十六条 有下列情形之一，在不影响安全和识别号牌的情况下，机动车所有人不需要办理变更登记：

（一）小型、微型载客汽车加装前后防撞装置；

（二）货运机动车加装防风罩、水箱、工具箱、备胎架等；

（三）增加机动车车内装饰。

第十七条 已注册登记的机动车，机动车所有人住所在车辆管理所管辖区域内迁移或者机动车所有人姓名（单位名称）、联系方式变更的，应当向登记地车辆管理所备案。

（一）机动车所有人住所在车辆管理所管辖区域内迁移、机动车所有人姓名（单位名称）变更的，机动车所有人应当提交身份证明、机动车登记证书、行驶证和相关变更证明。车辆管理所应当自受理之日起一日内，在机动车登记证书上签注备案事项，重新核发行驶证。

（二）机动车所有人联系方式变更的，机动车所有人应当提交身份证明和行驶证。车辆管理所应当自受理之日起一日内办理备案。

机动车所有人的身份证明名称或者号码变更的，可以向登记地车辆管理所申请备案。机动车所有人应当提交身份证明、机动车登记证书。车辆管理所应当自受理之日起一日内，在机动车登记证书上签注备案事项。

发动机号码、车辆识别代号因磨损、锈蚀、事故等原因辨认不清或者损坏的，可以向登记地车辆管理所申请备案。机动车所有人应当提交身份证明、机动车登记证书、行驶证。车辆管理所应当自受理之日起一日内，在发动机、车身或者车架上打刻原发动机号码或者原车辆识别代号，在机动车登记证书上签注备案事项。

第三节 转移登记

第十八条 已注册登记的机动车所有权发生转移的，现机动车所有人应当自机动车交付之日起三十日内向登记地车辆管理所申请转移登记。

机动车所有人申请转移登记前，应当将涉及该车的道路交通安全违法行为和交通事故处理完毕。

第十九条 申请转移登记的，现机动车所有人应当填写申请表，交验机动车，并提交以下证明、凭证：

（一）现机动车所有人的身份证明；

（二）机动车所有权转移的证明、凭证；

（三）机动车登记证书；

（四）机动车行驶证；

（五）属于海关监管的机动车，还应当提交《中华人民共和国海关监管车辆解除监管证明书》或者海关批准的转让证明；

（六）属于超过检验有效期的机动车，还应当提交机动车安全技术检验合格证明和交通事故责任强制保险凭证。

现机动车所有人住所在车辆管理所管辖区域内的，车辆管理所应当自受理申请之日起一日内，确认机动车，核对车辆识别代号拓印膜，审查提交的证明、凭证，收回号牌、行驶证，确定新的机动车号牌号码，在机动车登记证书上签注转移事项，重新核发号牌、行驶证和检验合格标志。

现机动车所有人住所不在车辆管理所管辖区域内的，车辆管理所应当按照本规定第十三条的规定办理。

第二十条 有下列情形之一的，不予办理转移登记：

（一）机动车与该车档案记载内容不一致的；

（二）属于海关监管的机动车，海关未解除监管或者批准转让的；

（三）机动车在抵押登记、质押备案期间的；

（四）有本规定第九条第（一）项、第（二）项、第（七）项、第（八）项、第（九）项规定情形的。

第二十一条 被人民法院、人民检察院和行政执法部门依法没收并拍卖，或者被仲裁机构依法仲裁裁决，或者被人民法院调解、裁定、判决机动车所有权转移时，原机动车所有人未向现机动车所有人提供机动车登记证书、号牌或者行驶证的，现机动车所有人在办理转移登记时，应当提交人民法院出具的未得到机动车登记证书、号牌或者行驶证的《协助执行通知书》，或者人民检察院、行政执法部门出具的未得到机动车登记证书、号牌或者行驶证的证明。车辆管理所应当公告原机动车登记证书、号牌或者行驶证作废，并在办理转移登记的同时，补发机动车登记证书。

第四节 抵押登记

第二十二条 机动车所有人将机动车作为抵押物抵押的，应当向登记地车辆管理所申请抵押登记；抵押权消灭的，应当向登记地车辆管理所申请解除抵押登记。

第二十三条 申请抵押登记的，机动车所有人应当填写申请表，由机动车所有人和抵押权人共同申请，并提交下列证明、凭证：

（一）机动车所有人和抵押权人的身份证明；

（二）机动车登记证书；

（三）机动车所有人和抵押权人依法订立的主合同和抵押合同。

车辆管理所应当自受理之日起一日内，审查提交的证明、凭证，在机动车登记证书上签注抵押登记的内容和日期。

第二十四条 申请解除抵押登记的，机动车所有人应当填写申请表，由机动车所有人和抵押权人共同申请，并提交下列证明、凭证：

（一）机动车所有人和抵押权人的身份证明；

（二）机动车登记证书。

人民法院调解、裁定、判决解除抵押的，机动车所有人或者抵押权人应当填写申请表，提交机动车登记证书、人民法院出具的已经生效的《调解书》、《裁定书》或者《判决书》，以及相应的《协助执行通知书》。

车辆管理所应当自受理之日起一日内，审查提交的证明、凭证，在机动车登记证书上签注解除抵押登记的内容和日期。

第二十五条 机动车抵押登记日期、解除抵押登记日期可以供公众查询。

第二十六条 有本规定第九条第（一）项、第（七）项、第（八）项、第（九）项或者第二十条第（二）项规定情形之一的，不予办理抵押登记。对机动车所有人提交的证明、凭证无效，或者机动车被人民法院、人民检察院、行政执法部门依法查封、扣押的，不予办理解除抵押登记。

第五节 注销登记

第二十七条 已达到国家强制报废标准的机动车，机动车所有人向机动车回收企业交售机动车时，应当填写申请表，提交机动车登记证书、号牌和行驶证。机动车回收企业应当确认机动车并解体，向机动车所有人出具《报废机动车回收证明》。报废的大型客、货车及其他营运车辆应当在车辆管理所的监督下解体。

机动车回收企业应当在机动车解体后七日内将申请表、机动车登记证书、号牌、行驶证和《报废机动车回收证明》副本提交车辆管理所，申请注销登记。

车辆管理所应当自受理之日起一日内，审查提交的证明、凭证，收回机动车登记证书、号牌、行驶证，出具注销证明。

第二十八条 除本规定第二十七条规定的情形外，机动车有下列情形之一的，机动车所有人应当向登记地车辆管理所申请注销登记：

（一）机动车灭失的；

（二）机动车因故不在我国境内使用的；

（三）因质量问题退车的。

已注册登记的机动车有下列情形之一的，登记地车辆管理所应当办理注销登记：

（一）机动车登记被依法撤销的；

（二）达到国家强制报废标准的机动车被依法收缴并强制报废的。

属于本条第一款第(二)项和第(三)项规定情形之一的,机动车所有人申请注销登记前,应当将涉及该车的道路交通安全违法行为和交通事故处理完毕。

第二十九条 属于本规定第二十八条第一款规定的情形,机动车所有人申请注销登记的,应当填写申请表,并提交以下证明、凭证:

(一) 机动车登记证书;

(二) 机动车行驶证;

(三) 属于机动车灭失的,还应当提交机动车所有人的身份证明和机动车灭失证明;

(四) 属于机动车因故不在我国境内使用的,还应当提交机动车所有人的身份证明和出境证明,其中属于海关监管的机动车,还应当提交海关出具的《中华人民共和国海关监管车辆进(出)境领(销)牌照通知书》;

(五) 属于因质量问题退车的,还应当提交机动车所有人的身份证明和机动车制造厂或者经销商出具的退车证明。

车辆管理所应当自受理之日起一日内,审查提交的证明、凭证,收回机动车登记证书、号牌、行驶证,出具注销证明。

第三十条 因车辆损坏无法驶回登记地的,机动车所有人可以向车辆所在地机动车回收企业交售报废机动车。交售机动车时应当填写申请表,提交机动车登记证书、号牌和行驶证。机动车回收企业应当确认机动车并解体,向机动车所有人出具《报废机动车回收证明》。报废的大型客、货车及其他营运车辆应当在报废地车辆管理所的监督下解体。

机动车回收企业应当在机动车解体后七日内将申请表、机动车登记证书、号牌、行驶证和《报废机动车回收证明》副本提交报废地车辆管理所,申请注销登记。

报废地车辆管理所应当自受理之日起一日内,审查提交的证明、凭证,收回机动车登记证书、号牌、行驶证,并通过计算机登记系统将机动车报废信息传递给登记地车辆管理所。

登记地车辆管理所应当自接到机动车报废信息之日起一日内办理注销登记,并出具注销证明。

第三十一条 已注册登记的机动车有下列情形之一的,车辆管理所应当公告机动车登记证书、号牌、行驶证作废:

(一) 达到国家强制报废标准,机动车所有人逾期不办理注销登记的;

(二) 机动车登记被依法撤销后,未收缴机动车登记证书、号牌、行驶证的;

(三) 达到国家强制报废标准的机动车被依法收缴并强制报废的;

(四) 机动车所有人办理注销登记时未交回机动车登记证书、号牌、行驶证的。

第三十二条 有本规定第九条第(一)项、第(八)项、第(九)项或者第二十条第(一)项、第(三)项规定情形的之一的,不予办理注销登记。

第三章 其他规定

第三十三条 申请办理机动车质押备案或者解除质押备案的,由机动车所有人和典当行共同申请,机动车所有人应当填写申请表,并提交以下证明、凭证:

(一) 机动车所有人和典当行的身份证明;

(二) 机动车登记证书。

车辆管理所应当自受理之日起一日内，审查提交的证明、凭证，在机动车登记证书上签注质押备案或者解除质押备案的内容和日期。

有本规定第九条第（一）项、第（七）项、第（八）项、第（九）项规定情形之一的，不予办理质押备案。对机动车所有人提交的证明、凭证无效，或者机动车被人民法院、人民检察院、行政执法部门依法查封、扣押的，不予办理解除质押备案。

第三十四条　机动车登记证书灭失、丢失或者损毁的，机动车所有人应当向登记地车辆管理所申请补领、换领。申请时，机动车所有人应当填写申请表并提交身份证明，属于补领机动车登记证书的，还应当交验机动车。车辆管理所应当自受理之日起一日内，确认机动车，审查提交的证明、凭证，补发、换发机动车登记证书。

启用机动车登记证书前已注册登记的机动车未申领机动车登记证书的，机动车所有人可以向登记地车辆管理所申领机动车登记证书。但属于机动车所有人申请变更、转移或者抵押登记的，应当在申请前向车辆管理所申领机动车登记证书。申请时，机动车所有人应当填写申请表，交验机动车并提交身份证明。车辆管理所应当自受理之日起五日内，确认机动车，核对车辆识别代号拓印膜，审查提交的证明、凭证，核发机动车登记证书。

第三十五条　机动车号牌、行驶证灭失、丢失或者损毁的，机动车所有人应当向登记地车辆管理所申请补领、换领。申请时，机动车所有人应当填写申请表并提交身份证明。

车辆管理所应当审查提交的证明、凭证，收回未灭失、丢失或者损毁的号牌、行驶证，自受理之日起一日内补发、换发行驶证，自受理之日起十五日内补发、换发号牌，原机动车号牌号码不变。

补发、换发号牌期间应当核发有效期不超过十五日的临时行驶车号牌。

第三十六条　机动车具有下列情形之一，需要临时上道路行驶的，机动车所有人应当向车辆管理所申领临时行驶车号牌：

（一）未销售的；

（二）购买、调拨、赠予等方式获得机动车后尚未注册登记的；

（三）进行科研、定型试验的；

（四）因轴荷、总质量、外廓尺寸超出国家标准不予办理注册登记的特型机动车。

第三十七条　机动车所有人申领临时行驶车号牌应当提交以下证明、凭证：

（一）机动车所有人的身份证明；

（二）机动车交通事故责任强制保险凭证；

（三）属于本规定第三十六条第（一）项、第（四）项规定情形的，还应当提交机动车整车出厂合格证明或者进口机动车进口凭证；

（四）属于本规定第三十六条第（二）项规定情形的，还应当提交机动车来历证明，以及机动车整车出厂合格证明或者进口机动车进口凭证；

（五）属于本规定第二十六条第（三）项规定情形的，还应当提交书面申请和机动车安全技术检验合格证明。

车辆管理所应当自受理之日起一日内，审查提交的证明、凭证，属于本规定第三十六条第（一）项、第（二）项规定情形，需要在本行政辖区内临时行驶的，核发有效期不超过十五日的临时行驶车号牌；需要跨行政辖区临时行驶的，核发有效期不超过三十日的临时行驶车号牌。属于本规定第三十六条第(三)项、第(四)项规定情形的,核发有效期不超过九十日的临时行驶车号牌。

因号牌制作的原因,无法在规定时限内核发号牌的,车辆管理所应当核发有效期不超过十五日的临时行驶车号牌。

对具有本规定第三十六条第(一)项、第(二)项规定情形之一,机动车所有人需要多次申领临时行驶车号牌的,车辆管理所核发临时行驶车号牌不得超过三次。

第三十八条 机动车所有人发现登记内容有错误的,应当及时要求车辆管理所更正。车辆管理所应当自受理之日起五日内予以确认。确属登记错误的,在机动车登记证书上更正相关内容,换发行驶证。需要改变机动车号牌号码的,应当收回号牌、行驶证,确定新的机动车号牌号码,重新核发号牌、行驶证和检验合格标志。

第三十九条 已注册登记的机动车被盗抢的,车辆管理所应当根据刑侦部门提供的情况,在计算机登记系统内记录,停止办理该车的各项登记和业务。被盗抢机动车发还后,车辆管理所应当恢复办理该车的各项登记和业务。

机动车在被盗抢期间,发动机号码、车辆识别代号或者车身颜色被改变的,车辆管理所应当凭有关技术鉴定证明办理变更备案。

第四十条 机动车所有人可以在机动车检验有效期满前三个月内向登记地车辆管理所申请检验合格标志。

申请前,机动车所有人应当将涉及该车的道路交通安全违法行为和交通事故处理完毕。申请时,机动车所有人应当填写申请表并提交行驶证、机动车交通事故责任强制保险凭证、机动车安全技术检验合格证明。

车辆管理所应当自受理之日起一日内,确认机动车,审查提交的证明、凭证,核发检验合格标志。

第四十一条 除大型载客汽车以外的机动车因故不能在登记地检验的,机动车所有人可以向登记地车辆管理所申请委托核发检验合格标志。申请前,机动车所有人应当将涉及机动车的道路交通安全违法行为和交通事故处理完毕。申请时,应当提交机动车登记证书或者行驶证。

车辆管理所应当自受理之日起一日内,出具核发检验合格标志的委托书。

机动车在检验地检验合格后,机动车所有人应当按照本规定第四十条第二款的规定向被委托地车辆管理所申请检验合格标志,并提交核发检验合格标志的委托书。被委托地车辆管理所应当自受理之日起一日内,按照本规定第四十条第三款的规定核发检验合格标志。

第四十二条 机动车检验合格标志灭失、丢失或者损毁的,机动车所有人应当持行驶证向机动车登记地或者检验合格标志核发地车辆管理所申请补领或者换领。车辆管理所应当自受理之日起一日内补发或者换发。

第四十三条 办理机动车转移登记或者注销登记后,原机动车所有人申请办理新购机动车注册登记时,可以向车辆管理所申请使用原机动车号牌号码。

申请使用原机动车号牌号码应当符合下列条件:

(一) 在办理转移登记或者注销登记后六个月内提出申请;

(二) 机动车所有人拥有原机动车三年以上;

(三) 涉及原机动车的道路交通安全违法行为和交通事故处理完毕。

第四十四条　确定机动车号牌号码采用计算机自动选取和由机动车所有人按照机动车号牌标准规定自行编排的方式。

第四十五条　机动车所有人可以委托代理人代理申请各项机动车登记和业务，但申请补领机动车登记证书的除外。对机动车所有人因死亡、出境、重病、伤残或者不可抗力等原因不能到场申请补领机动车登记证书的，可以凭相关证明委托代理人代理申领。

代理人申请机动车登记和业务时，应当提交代理人的身份证明和机动车所有人的书面委托。

第四十六条　机动车所有人或者代理人申请机动车登记和业务，应当如实向车辆管理所提交规定的材料和反映真实情况，并对其申请材料实质内容的真实性负责。

第四章　法 律 责 任

第四十七条　有下列情形之一的，由公安机关交通管理部门处警告或者二百元以下罚款：

（一）重型、中型载货汽车及其挂车的车身或者车厢后部未按照规定喷涂放大的牌号或者放大的牌号不清晰的；

（二）机动车喷涂、粘贴标识或者车身广告，影响安全驾驶的；

（三）载货汽车、挂车未按照规定安装侧面及后下部防护装置、粘贴车身反光标识的；

（四）机动车未按照规定期限进行安全技术检验的；

（五）改变车身颜色、更换发动机、车身或者车架，未按照本规定第十条规定的时限办理变更登记的；

（六）机动车所有权转移后，现机动车所有人未按照本规定第十八条规定的时限办理转移登记的；

（七）机动车所有人办理变更登记、转移登记，机动车档案转出登记地车辆管理所后，未按照本规定第十三条规定的时限到住所地车辆管理所申请机动车转入的。

第四十八条　除本规定第十条和第十六条规定的情形外，擅自改变机动车外形和已登记的有关技术数据的，由公安机关交通管理部门责令恢复原状，并处警告或者五百元以下罚款。

第四十九条　以欺骗、贿赂等不正当手段取得机动车登记的，由公安机关交通管理部门收缴机动车登记证书、号牌、行驶证，撤销机动车登记；申请人在三年内不得申请机动车登记。对涉嫌走私、盗抢的机动车，移交有关部门处理。

以欺骗、贿赂等不正当手段办理补、换领机动车登记证书、号牌、行驶证和检验合格标志等业务的，由公安机关交通管理部门处警告或者二百元以下罚款。

第五十条　省、自治区、直辖市公安厅、局可以根据本地区的实际情况，在本规定的处罚幅度范围内，制定具体的执行标准。

对本规定的道路交通安全违法行为的处理程序按照《道路交通安全违法行为处理程序规定》执行。

第五十一条　交通警察违反规定为被盗抢、走私、非法拼（组）装、达到国家强制报废标准的机动车办理登记的，按照国家有关规定给予处分，经教育不改又不宜给予开除处分的，按照《公安机关组织管理条例》规定予以辞退；对聘用人员予以解聘。构成犯罪的，依法追究刑事责任。

第五十二条　交通警察有下列情形之一的，按照国家有关规定给予处分；对聘用人员予以解聘。构成犯罪的，依法追究刑事责任：

(一) 不按照规定确认机动车和审查证明、凭证的;

(二) 故意刁难,拖延或者拒绝办理机动车登记的;

(三) 违反本规定增加机动车登记条件或者提交的证明、凭证的;

(四) 违反本规定第四十四条的规定,采用其他方式确定机动车号牌号码的;

(五) 违反规定跨行政辖区办理机动车登记和业务的;

(六) 超越职权进入计算机登记系统办理机动车登记和业务,或者不按规定使用机动车登记系统办理登记和业务的;

(七) 向他人泄漏、传播计算机登记系统密码,造成系统数据被篡改、丢失或者破坏的;

(八) 利用职务上的便利索取、收受他人财物或者谋取其他利益的;

(九) 强令车辆管理所违反本规定办理机动车登记的。

第五十三条 公安机关交通管理部门有本规定第五十一条、第五十二条所列行为之一的,按照国家有关规定对直接负责的主管人员和其他直接责任人员给予相应的处分。

公安机关交通管理部门及其工作人员有本规定第五十一条、第五十二条所列行为之一,给当事人造成损失的,应当依法承担赔偿责任。

第五章 附 则

第五十四条 机动车登记证书、号牌、行驶证、检验合格标志的种类、式样,以及各类登记表格式样等由公安部制定。机动车登记证书由公安部统一印制。

机动车登记证书、号牌、行驶证、检验合格标志的制作应当符合有关标准。

第五十五条 本规定下列用语的含义:

(一) 进口机动车是指:

1. 经国家限定口岸海关进口的汽车;

2. 经各口岸海关进口的其他机动车;

3. 海关监管的机动车;

4. 国家授权的执法部门没收的走私、无合法进口证明和利用进口关键件非法拼(组)装的机动车。

(二) 进口机动车的进口凭证是指:

1. 进口汽车的进口凭证,是国家限定口岸海关签发的《货物进口证明书》;

2. 其他进口机动车的进口凭证,是各口岸海关签发的《货物进口证明书》;

3. 海关监管的机动车的进口凭证,是监管地海关出具的《中华人民共和国海关监管车辆进(出)境领(销)牌照通知书》;

4. 国家授权的执法部门没收的走私、无进口证明和利用进口关键件非法拼(组)装的机动车的进口凭证,是该部门签发的《没收走私汽车、摩托车证明书》。

(三) 机动车所有人是指拥有机动车的个人或者单位。

1. 个人是指我国内地的居民和军人(含武警)以及香港、澳门特别行政区、台湾地区居民、华侨和外国人;

2. 单位是指机关、企业、事业单位和社会团体以及外国驻华使馆、领馆和外国驻华办事机构、国际组织驻华代表机构。

（四）身份证明是指：

1. 机关、企业、事业单位、社会团体的身份证明，是该单位的《组织机构代码证书》、加盖单位公章的委托书和被委托人的身份证明。机动车所有人为单位的内设机构，本身不具备领取《组织机构代码证书》条件的，可以使用上级单位的《组织机构代码证书》作为机动车所有人的身份证明。上述单位已注销、撤销或者破产，其机动车需要办理变更登记、转移登记、解除抵押登记、注销登记、解除质押备案、申领机动车登记证书和补、换领机动车登记证书、号牌、行驶证的，已注销的企业的身份证明，是工商行政管理部门出具的注销证明。已撤销的机关、事业单位、社会团体的身份证明，是其上级主管机关出具的有关证明。已破产的企业的身份证明，是依法成立的财产清算机构出具的有关证明；

2. 外国驻华使馆、领馆和外国驻华办事机构、国际组织驻华代表机构的身份证明，是该使馆、领馆或者该办事机构、代表机构出具的证明；

3. 居民的身份证明，是《居民身份证》或者《临时居民身份证》。在暂住地居住的内地居民，其身份证明是《居民身份证》或者《临时居民身份证》，以及公安机关核发的居住、暂住证明；

4. 军人（含武警）的身份证明，是《居民身份证》或者《临时居民身份证》。在未办理《居民身份证》前，是指军队有关部门核发的《军官证》、《文职干部证》、《士兵证》、《离休证》、《退休证》等有效军人身份证件，以及其所在的团级以上单位出具的本人住所证明；

5. 香港、澳门特别行政区居民的身份证明，是其入境时所持有的《港澳居民来往内地通行证》或者《港澳同胞回乡证》、香港、澳门特别行政区《居民身份证》和公安机关核发的居住、暂住证明；

6. 台湾地区居民的身份证明，是其所持有的有效期六个月以上的公安机关核发的《台湾居民来往大陆通行证》或者外交部核发的《中华人民共和国旅行证》和公安机关核发的居住、暂住证明；

7. 华侨的身份证明，是《中华人民共和国护照》和公安机关核发的居住、暂住证明；

8. 外国人的身份证明，是其入境时所持有的护照或者其他旅行证件、居（停）留期为六个月以上的有效签证或者居留许可，以及公安机关出具的住宿登记证明；

9. 外国驻华使馆、领馆人员、国际组织驻华代表机构人员的身份证明，是外交部核发的有效身份证件。

（五）住所是指：

1. 单位的住所为其主要办事机构所在地的地址；

2. 个人的住所为其身份证明记载的地址。在暂住地居住的内地居民的住所是公安机关核发的居住、暂住证明记载的地址。

（六）机动车来历证明是指：

1. 在国内购买的机动车，其来历证明是全国统一的机动车销售发票或者二手车交易发票。

在国外购买的机动车，其来历证明是该车销售单位开具的销售发票及其翻译文本，但海关监管的机动车不需提供来历证明；

2. 人民法院调解、裁定或者判决转移的机动车，其来历证明是人民法院出具的已经生效的《调解书》、《裁定书》或者《判决书》，以及相应的《协助执行通知书》；

3. 仲裁机构仲裁裁决转移的机动车，其来历证明是《仲裁裁决书》和人民法院出具的《协助

执行通知书》;

4. 继承、赠予、中奖、协议离婚和协议抵偿债务的机动车,其来历证明是继承、赠予、中奖、协议离婚、协议抵偿债务的相关文书和公证机关出具的《公证书》;

5. 资产重组或者资产整体买卖中包含的机动车,其来历证明是资产主管部门的批准文件;

6. 机关、企业、事业单位和社会团体统一采购并调拨到下属单位未注册登记的机动车,其来历证明是全国统一的机动车销售发票和该部门出具的调拨证明;

7. 机关、企业、事业单位和社会团体已注册登记并调拨到下属单位的机动车,其来历证明是该单位出具的调拨证明。被上级单位调回或者调拨到其他下属单位的机动车,其来历证明是上级单位出具的调拨证明;

8. 经公安机关破案发还的被盗抢且已向原机动车所有人理赔完毕的机动车,其来历证明是《权益转让证明书》。

(七) 机动车整车出厂合格证明是指:

1. 机动车整车厂生产的汽车、摩托车、挂车,其出厂合格证明是该厂出具的《机动车整车出厂合格证》;

2. 使用国产或者进口底盘改装的机动车,其出厂合格证明是机动车底盘生产厂出具的《机动车底盘出厂合格证》或者进口机动车底盘的进口凭证和机动车改装厂出具的《机动车整车出厂合格证》;

3. 使用国产或者进口整车改装的机动车,其出厂合格证明是机动车生产厂出具的《机动车整车出厂合格证》或者进口机动车的进口凭证和机动车改装厂出具的《机动车整车出厂合格证》;

4. 人民法院、人民检察院或者行政执法机关依法扣留、没收并拍卖的未注册登记的国产机动车,未能提供出厂合格证明的,可以凭人民法院、人民检察院或者行政执法机关出具的证明替代。

(八) 机动车灭失证明是指:

1. 因自然灾害造成机动车灭失的证明是,自然灾害发生地的街道、乡、镇以上政府部门出具的机动车因自然灾害造成灭失的证明;

2. 因失火造成机动车灭失的证明是,火灾发生地的县级以上公安机关消防部门出具的机动车因失火造成灭失的证明;

3. 因交通事故造成机动车灭失的证明是,交通事故发生地的县级以上公安机关交通管理部门出具的机动车因交通事故造成灭失的证明。

(九) 本规定所称"一日"、"二日"、"三日"、"五日"、"七日"、"十日"、"十五日",是指工作日,不包括节假日。

临时行驶车号牌的最长有效期"十五日"、"三十日"、"九十日",包括工作日和节假日。本规定所称以下、以上、以内,包括本数。

第五十六条 本规定自 2008 年 10 月 1 日起施行。2004 年 4 月 30 日公安部发布的《机动车登记规定》(公安部令第 72 号)同时废止。本规定实施前公安部发布的其他规定与本规定不一致的,以本规定为准。

附录二 汽车贸易政策

商务部2005年16号令

《汽车贸易政策》已经商务部部务会审议通过，现予发布，自发布之日起施行。

部长：薄熙来

二〇〇五年八月十日

第一章 总 则

第一条 为建立统一、开放、竞争、有序的汽车市场，维护汽车消费者合法权益，推进我国汽车产业健康发展，促进消费，扩大内需，特制定本政策。

第二条 国家鼓励发展汽车贸易，引导汽车贸易业统筹规划，合理布局，调整结构，积极运用现代信息技术、物流技术和先进的经营模式，推进电子商务，提高汽车贸易水平，实现集约化、规模化、品牌化及多样化经营。

第三条 为创造公平竞争的汽车市场环境，发挥市场在资源配置中的基础性作用，坚持按社会主义市场经济规律，进一步引入竞争机制，扩大对内对外开放，打破地区封锁，促进汽车商品在全国范围内自由流通。

第四条 引导汽车贸易企业依法、诚信经营，保证商品质量和服务质量，为消费者提供满意的服务。

第五条 为提高我国汽车贸易整体水平，国家鼓励具有较强的经济实力、先进的商业经营管理经验和营销技术以及完善的国际销售网络的境外投资者投资汽车贸易领域。

第六条 充分发挥行业组织、认证机构、检测机构的桥梁纽带作用，建立和完善独立公正、规范运作的汽车贸易评估、咨询、认证、检测等中介服务体系，积极推进汽车贸易市场化进程。

第七条 积极建立、完善相关法规和制度，加快汽车贸易法制化建设。设立汽车贸易企业应当具备法律、行政法规规定的有关条件，国务院商务主管部门会同有关部门研究制定和完善汽车品牌销售、二手车流通、汽车配件流通、报废汽车回收等管理办法、规范及标准，依法管理、规范汽车贸易的经营行为，维护公平竞争的市场秩序。

第二章 政策目标

第八条 通过本政策的实施，基本实现汽车品牌销售和服务，形成多种经营主体与经营模式并存的二手车流通发展格局，汽车及二手车销售和售后服务功能完善、体系健全、汽车配件商品来源、质量和价格公开、透明，假冒伪劣配件商品得到有效遏制，报废汽车回收拆解率显著提高，形成良好的汽车贸易市场秩序。

第九条 到2010年，建立起与国际接轨并具有竞争优势的现代汽车贸易体系，拥有一批具有竞争实力的汽车贸易企业，贸易额有较大幅度增长，贸易水平显著提高，对外贸易能力明显增强，实现汽车贸易与汽车工业的协调发展。

第三章 汽车销售

第十条 境内外汽车生产企业凡在境内销售自产汽车的，应当尽快建立完善的汽车品牌销售和服务体系，确保消费者在购买和使用过程中得到良好的服务，维护其合法权益。汽车生产企业可以按国家有关规定自行投资或授权汽车总经销商建立品牌销售和服务体系。

第十一条 实施汽车品牌销售和服务。自 2005 年 4 月 1 日起，乘用车实行品牌销售和服务；自 2006 年 12 月 1 日起，除专用作业车外，所有汽车实行品牌销售和服务。

从事汽车品牌销售活动应当先取得汽车生产企业或经其授权的汽车总经销商授权。汽车(包括二手车)经销商应当在工商行政管理部门核准的经营范围内开展汽车经营活动。

第十二条 汽车供应商应当制订汽车品牌销售和服务网络规划。为维护消费者的利益，汽车品牌销售和与其配套的配件供应、售后服务网点相距不得超过 150 km。

第十三条 汽车供应商应当加强品牌销售和服务网络的管理，规范销售和服务，在国务院工商行政管理部门备案并向社会公布后，要定期向社会公布其授权和取消授权的汽车品牌销售和服务企业名单，对未经品牌授权或不具备经营条件的经销商不得提供汽车资源。汽车供应商有责任及时向社会公布停产车型，并采取积极措施在合理期限内保证配件供应。

第十四条 汽车供应商和经销商应当通过签订书面合同明确双方的权利和义务。汽车供应商要对经销商提供指导和技术支持，不得要求经销商接受不平等的合作条件，以及强行规定经销数量和进行搭售，不应随意解除与经销商的合作关系。

第十五条 汽车供应商应当按国家有关法律法规以及向消费者的承诺，承担汽车质量保证义务，提供售后服务。

汽车经销商应当在经营场所向消费者明示汽车供应商承诺的汽车质量保证和售后服务，并按其授权经营合同的约定和服务规范要求，提供相应的售后服务。

汽车供应商和经销商不得供应和销售不符合机动车国家安全技术标准、未获国家强制性产品认证、未列入《道路机动车辆生产企业及产品公告》的汽车。进口汽车未按照《中华人民共和国进出口商品检验法》及其实施条例规定检验合格的，不准销售使用。

第四章 二手车流通

第十六条 国家鼓励二手车流通。建立竞争机制，拓展流通渠道，支持有条件的汽车品牌经销商等经营主体经营二手车，以及在异地设立分支机构开展连锁经营。

第十七条 积极创造条件，简化二手车交易、转移登记手续，提高车辆合法性与安全性的查询效率，降低交易成本，统一规范交易发票；强化二手车质量管理，推动二手车经销商提供优质售后服务。

第十八条 加快二手车市场的培育和建设，引导二手车交易市场转变观念，强化市场管理，拓展市场服务功能。

第十九条 实施二手车自愿评估制度。除涉及国有资产的车辆外，二手车的交易价格由买卖双方商定，当事人可以自愿委托具有资格的二手车鉴定评估机构进行评估，供交易时参考。除法律、行政法规规定外，任何单位和部门不得强制或变相强制对交易车辆进行评估。

第二十条 积极规范二手车鉴定评估行为。二手车鉴定评估机构应当本着“客观、真实、公正、公开”的原则，依据国家有关法律法规，开展二手车鉴定评估经营活动，出具车辆鉴定评估报告，明确车辆技术状况(包括是否属事故车辆等内容)。

第二十一条 二手车经营、拍卖企业在销售、拍卖二手车时，应当向买方提供真实情况，不得有隐瞒和欺诈行为。所销售和拍卖的车辆必须具有机动车号牌、《机动车登记证书》、《机动车行驶证》、有效的机动车安全技术检验合格标志、车辆保险单和交纳税费凭证等。

第二十二条　二手车经营企业销售二手车时，应当向买方提供质量保证及售后服务承诺。在产品质量责任担保期内的，汽车供应商应当按国家有关法律法规以及向消费者的承诺，承担汽车质量保证和售后服务。

第二十三条　从事二手车拍卖和鉴定评估经营活动应当经省级商务主管部门核准。

第五章　汽车配件流通

第二十四条　国家鼓励汽车配件流通采取特许、连锁经营的方式向规模化、品牌化、网络化方向发展，支持配件流通企业进行整合，实现结构升级，提高规模效应及服务水平。

第二十五条　汽车及配件供应商和经销商应当加强质量管理，提高产品质量及服务质量。

汽车及配件供应商和经销商不得供应和销售不符合国家法律、行政法规、强制性标准及强制性产品认证要求的汽车配件。

第二十六条　汽车及配件供应商应当定期向社会公布认可和取消认可的特许汽车配件经销商名单。

汽车配件经销商应当明示所销售的汽车配件及其他汽车用品的名称、生产厂家、价格等信息，并分别对原厂配件、经汽车生产企业认可的配件、报废汽车回用件及翻新件予以注明。汽车配件产品标志应当符合《产品质量法》的要求。

第二十七条　加快规范报废汽车回用件流通，报废汽车回收拆解企业对按有关规定拆解的可出售配件，必须在配件的醒目位置标明“报废汽车回用件”。

第六章　汽车报废与报废汽车回收

第二十八条　国家实施汽车强制报废制度。根据汽车安全技术状况和不同用途，修订现行汽车报废标准，规定不同的强制报废标准。

第二十九条　报废汽车所有人应当将报废汽车及时交售给具有合法资格的报废汽车回收拆解企业。

第三十条　地方商务主管部门要按《报废汽车回收管理办法》（国务院令第 307 号）的有关要求，对报废汽车回收拆解行业统筹规划，合理布局。

从事报废汽车回收拆解业务，应当具备法律法规规定的有关条件。国务院商务主管部门应当将符合条件的报废汽车回收拆解企业向社会公告。

第三十一条　报废汽车回收拆解企业必须严格按国家有关法律、法规开展业务，及时拆解回收的报废汽车。拆解的发动机、前后桥、变速器、方向机、车架“五大总成”应当作为废钢铁，交售给钢铁企业作为冶炼原料。

第三十二条　各级商务主管部门要会同公安机关建立报废汽车回收管理信息交换制度，实现报废汽车回收过程实时控制，防止报废汽车及其“五大总成”流入社会。

第三十三条　为合理和有效利用资源，国家适时制定报废汽车回收利用的管理办法。

第三十四条　完善老旧汽车报废更新补贴资金管理办法，鼓励老旧汽车报废更新。

第三十五条　报废汽车回收拆解企业拆解的报废汽车零部件及其他废弃物、有害物（如油、液、电池、有害金属等)的存放、转运、处理等必须符合《环境保护法》、《大气污染防治法》等法律、法规的要求,确保安全、无污染(或使污染降至最低)。

第七章 汽车对外贸易

第三十六条 自2005年1月1日起,国家实施汽车自动进口许可管理,所有汽车进口口岸保税区不得存放以进入国内市场为目的的汽车。

第三十七条 国家禁止以任何贸易方式进口旧汽车及其总成、配件和右置方向盘汽车(用于开发出口产品的右置方向盘样车除外)。

第三十八条 进口汽车必须获得国家强制性产品认证证书,贴有认证标志,并须经检验检疫机构抽查检验合格,同时附有中文说明书。

第三十九条 禁止汽车及相关商品进口中的不公平贸易行为。国务院商务主管部门依法对汽车产业实施反倾销、反补贴和保障措施,组织有关行业协会建立和完善汽车产业损害预警系统,并开展汽车产业竞争力调查研究工作。汽车供应商和经销商有义务及时准确地向国务院有关部门提供相关信息。

第四十条 鼓励发展汽车及相关商品的对外贸易。支持培育和发展国家汽车及零部件出口基地,引导有条件的汽车供应商和经销商采取多种方式在国外建立合资、合作、独资销售及服务网络,优化出口商品结构,加大开拓国际市场的力度。

第四十一条 利用中央外贸发展基金支持汽车及相关商品对外贸易发展。

第四十二条 汽车及相关商品的出口供应商和经销商应当根据出口地区相关法规建立必要的销售和服务体系。

第四十三条 加强政府间磋商,支持汽车及相关商品出口供应商参与反倾销、反补贴和保障措施的应诉,维护我国汽车及相关商品出口供应商的合法权益。

第四十四条 汽车行业组织要加强行业自律,建立竞争有序的汽车及相关商品对外贸易秩序。

第八章 其 他

第四十五条 设立外商投资汽车贸易企业,除符合相应的资质条件外,还应当符合外商投资有关法律法规,并经省级商务主管部门初审后报国务院商务主管部门审批。

第四十六条 加快发展和扩大汽车消费信贷,支持有条件的汽车供应商建立面向全行业的汽车金融公司,引导汽车金融机构与其他金融机构建立合作机制,使汽车消费信贷市场规模化、专业化程度显著提高,风险管理体系更加完善。

第四十七条 完善汽车保险市场,鼓励汽车保险品种向个性化与多样化方向发展,提高汽车保险服务水平,初步实现汽车保险业专业化、集约化经营。

第四十八条 各地政府制定的与汽车贸易相关的各种政策、制度和规定要符合本政策要求并做到公开、透明,不得对非本地生产和交易的汽车在流通、服务、使用等方面实施歧视政策,坚决制止强制或变相强制本地消费者购买本地生产汽车,以及以任何方式干预经营者选择国家许可生产、销售的汽车的行为。

第四十九条 本政策自发布之日起施行,由国务院商务主管部门负责解释。

附件　汽车贸易政策使用术语说明

一、“汽车贸易”包括新车销售、二手车流通、汽车配件流通、汽车报废与报废汽车回收、汽车对外贸易等方面。

二、除涉及汽车品牌销售外，本政策所称“汽车”包括低速载货汽车、三轮汽车（原农用运输车）、挂车和摩托车。

三、“二手车”是指从办理完注册登记手续到达到国家强制报废标准之前进行交易并转移所有权的汽车。

四、“供应商”是指汽车或汽车配件生产企业及其总经销商。

五、“经销商”是指汽车或配件零售商。

附录三　二手车流通管理办法

商务部、公安部、工商总局、税务总局2005年第2号令

第一章　总　则

第一条　为加强二手车流通管理，规范二手车经营行为，保障二手车交易双方的合法权益，促进二手车流通健康发展，依据国家有关法律、行政法规，制定本办法。

第二条　在中华人民共和国境内从事二手车经营活动或者与二手车相关的活动，适用本办法。

本办法所称二手车，是指从办理完注册登记手续到达到国家强制报废标准之前进行交易并转移所有权的汽车（包括三轮汽车、低速载货汽车，即原农用运输车，下同）、挂车和摩托车。

第三条　二手车交易市场是指依法设立、为买卖双方提供二手车集中交易和相关服务的场所。

第四条　二手车经营主体是指经工商行政管理部门依法登记，从事二手车经销、拍卖、经纪、鉴定评估的企业。

第五条　二手车经营行为是指二手车经销、拍卖、经纪、鉴定评估等。

（一）二手车经销是指二手车经销企业收购、销售二手车的经营活动；

（二）二手车拍卖是指二手车拍卖企业以公开竞价的形式将二手车转让给最高应价者的经营活动；

（三）二手车经纪是指二手车经纪机构以收取佣金为目的，为促成他人交易二手车而从事居间、行纪或者代理等经营活动；

（四）二手车鉴定评估是指二手车鉴定评估机构对二手车技术状况及其价值进行鉴定评估的经营活动。

第六条　二手车直接交易是指二手车所有人不通过经销企业、拍卖企业和经纪机构将车辆直接出售给买方的交易行为。二手车直接交易应当在二手车交易市场进行。

第七条 国务院商务主管部门、工商行政管理部门、税务部门在各自的职责范围内负责二手车流通有关监督管理工作。

省、自治区、直辖市和计划单列市商务主管部门(以下简称省级商务主管部门)、工商行政管理部门、税务部门在各自的职责范围内负责辖区内二手车流通有关监督管理工作。

第二章 设立条件和程序

第八条 二手车交易市场经营者、二手车经销企业和经纪机构应当具备企业法人条件,并依法到工商行政管理部门办理登记。

第九条 二手车鉴定评估机构应当具备下列条件:

(一)是独立的中介机构;

(二)有固定的经营场所和从事经营活动的必要设施;

(三)3名以上从事二手车鉴定评估业务的专业人员(包括本办法实施之前取得国家职业资格证书的旧机动车鉴定估价师);

(四)有规范的规章制度。

第十条 设立二手车鉴定评估机构,应当按下列程序办理:

(一)申请人向拟设立二手车鉴定评估机构所在地省级商务主管部门提出书面申请,并提交符合本办法第九条规定的相关材料。

(二)省级商务主管部门自收到全部申请材料之日起20个工作日内作出是否予以核准的决定,对予以核准的,颁发《二手车鉴定评估机构核准证书》;不予核准的,应当说明理由。

(三)申请人持《二手车鉴定评估机构核准证书》到工商行政管理部门办理登记手续。

第十一条 外商投资设立二手车交易市场、经销企业、经纪机构、鉴定评估机构的申请人,应当分别持符合第八条、第九条规定和《外商投资商业领域管理办法》、有关外商投资法律规定的相关材料报省级商务主管部门。省级商务主管部门进行初审后,自收到全部申请材料之日起1个月内上报国务院商务主管部门。合资中方有国家计划单列企业集团的,可直接将申请材料报送国务院商务主管部门。国务院商务主管部门自收到全部申请材料3个月内会同国务院工商行政管理部门,作出是否予以批准的决定,对予以批准的,颁发或者换发《外商投资企业批准证书》;不予批准的,应当说明理由。

申请人持《外商投资企业批准证书》到工商行政管理部门办理登记手续。

第十二条 设立二手车拍卖企业(含外商投资二手车拍卖企业)应当符合《中华人民共和国拍卖法》和《拍卖管理办法》有关规定,并按《拍卖管理办法》规定的程序办理。

第十三条 外资并购二手车交易市场和经营主体及已设立的外商投资企业增加二手车经营范围的,应当按第十一条、第十二条规定的程序办理。

第三章 行为规范

第十四条 二手车交易市场经营者和二手车经营主体应当依法经营和纳税,遵守商业道德,接受依法实施的监督检查。

第十五条 二手车卖方应当拥有车辆的所有权或者处置权。二手车交易市场经营者和二手车经营主体应当确认卖方的身份证明、车辆的号牌、《机动车登记证书》、《机动车行驶证》,有效的机动车安全技术检验合格标志、车辆保险单、交纳税费凭证等。

国家机关、国有企事业单位在出售、委托拍卖车辆时，应持有本单位或者上级单位出具的资产处理证明。

第十六条　出售、拍卖无所有权或者处置权车辆的，应承担相应的法律责任。

第十七条　二手车卖方应当向买方提供车辆的使用、修理、事故、检验以及是否办理抵押登记、交纳税费、报废期等真实情况和信息。买方购买的车辆如因卖方隐瞒和欺诈不能办理转移登记，卖方应当无条件接受退车，并退还购车款等费用。

第十八条　二手车经销企业销售二手车时应当向买方提供质量保证及售后服务承诺，并在经营场所予以明示。

第十九条　进行二手车交易应当签订合同。合同示范文本由国务院工商行政管理部门制定。

第二十条　二手车所有人委托他人办理车辆出售的，应当与受托人签订委托书。

第二十一条　委托二手车经纪机构购买二手车时，双方应当按以下要求进行：

（一）委托人向二手车经纪机构提供合法身份证明；

（二）二手车经纪机构依据委托人要求选择车辆，并及时向其通报市场信息；

（三）二手车经纪机构接受委托购买时，双方签订合同；

（四）二手车经纪机构根据委托人要求代为办理车辆鉴定评估，鉴定评估所发生的费用由委托人承担。

第二十二条　二手车交易完成后，卖方应当及时向买方交付车辆、号牌及车辆法定证明、凭证。车辆法定证明、凭证主要包括：

（一）《机动车登记证书》；

（二）《机动车行驶证》；

（三）有效的机动车安全技术检验合格标志；

（四）车辆购置税完税证明；

（五）养路费缴付凭证；

（六）车船使用税缴付凭证；

（七）车辆保险单。

第二十三条　下列车辆禁止经销、买卖、拍卖和经纪：

（一）已报废或者达到国家强制报废标准的车辆；

（二）在抵押期间或者未经海关批准交易的海关监管车辆；

（三）在人民法院、人民检察院、行政执法部门依法查封、扣押期间的车辆；

（四）通过盗窃、抢劫、诈骗等违法犯罪手段获得的车辆；

（五）发动机号码、车辆识别代号或者车架号码与登记号码不相符，或者有凿改迹象的车辆；

（六）走私、非法拼（组）装的车辆；

（七）不具有第二十二条所列证明、凭证的车辆；

（八）在本行政辖区以外的公安机关交通管理部门注册登记的车辆；

（九）国家法律、行政法规禁止经营的车辆。

二手车交易市场经营者和二手车经营主体发现车辆具有（四）、（五）、（六）情形之一的，应当及时报告公安机关、工商行政管理部门等执法机关。

对交易违法车辆的，二手车交易市场经营者和二手车经营主体应当承担连带赔偿责任和其他相应的法律责任。

第二十四条 二手车经销企业销售、拍卖企业拍卖二手车时，应当按规定向买方开具税务机关监制的统一发票。

进行二手车直接交易和通过二手车经纪机构进行二手车交易的，应当由二手车交易市场经营者按规定向买方开具税务机关监制的统一发票。

第二十五条 二手车交易完成后，现车辆所有人应当凭税务机关监制的统一发票，按法律、法规有关规定办理转移登记手续。

第二十六条 二手车交易市场经营者应当为二手车经营主体提供固定场所和设施，并为客户提供办理二手车鉴定评估、转移登记、保险、纳税等手续的条件。二手车经销企业、经纪机构应当根据客户要求，代办二手车鉴定评估、转移登记、保险、纳税等手续。

第二十七条 二手车鉴定评估应当本着买卖双方自愿的原则，不得强制进行；属国有资产的二手车应当按国家有关规定进行鉴定评估。

第二十八条 二手车鉴定评估机构应当遵循客观、真实、公正和公开原则，依据国家法律法规开展二手车鉴定评估业务，出具车辆鉴定评估报告；并对鉴定评估报告中车辆技术状况，包括是否属事故车辆等评估内容负法律责任。

第二十九条 二手车鉴定评估机构和人员可以按国家有关规定从事涉案、事故车辆鉴定等评估业务。

第三十条 二手车交易市场经营者和二手车经营主体应当建立完整的二手车交易购销、买卖、拍卖、经纪以及鉴定评估档案。

第三十一条 设立二手车交易市场、二手车经销企业开设店铺，应当符合所在地城市发展及城市商业发展有关规定。

第四章 监督与管理

第三十二条 二手车流通监督管理遵循破除垄断，鼓励竞争，促进发展和公平、公正、公开的原则。

第三十三条 建立二手车交易市场经营者和二手车经营主体备案制度。凡经工商行政管理部门依法登记，取得营业执照的二手车交易市场经营者和二手车经营主体，应当自取得营业执照之日起两个月内向省级商务主管部门备案。省级商务主管部门应当将二手车交易市场经营者和二手车经营主体有关备案情况定期报送国务院商务主管部门。

第三十四条 建立和完善二手车流通信息报送、公布制度。二手车交易市场经营者和二手车经营主体应当定期将二手车交易量、交易额等信息通过所在地商务主管部门报送省级商务主管部门。省级商务主管部门将上述信息汇总后报送国务院商务主管部门。国务院商务主管部门定期向社会公布全国二手车流通信息。

第三十五条 商务主管部门、工商行政管理部门应当在各自的职责范围内采取有效措施，加强对二手车交易市场经营者和经营主体的监督管理，依法查处违法违规行为，维护市场秩序，保护消费者的合法权益。

第三十六条　国务院工商行政管理部门会同商务主管部门建立二手车交易市场经营者和二手车经营主体信用档案，定期公布违规企业名单。

第五章　附　　则

第三十七条　本办法自2005年10月1日起施行，原《商务部办公厅关于规范旧机动车鉴定评估管理工作的通知》（商建字［2004］第70号）、《关于加强旧机动车市场管理工作的通知》（国经贸贸易［2001］1281号）、《旧机动车交易管理办法（内贸机字［1998］第33号）及据此发布的各类文件同时废止。

附录四　二手车交易规范

商务部公告2006年第22号

二〇〇六年三月二十四日

第一章　总　　则

第一条　为规范二手车交易市场经营者和二手车经营主体的服务、经营行为，以及二手车直接交易双方的交易行为，明确交易规程，增加交易透明度，维护二手车交易双方的合法权益，依据《二手车流通管理办法》，制定本规范。

第二条　在中华人民共和国境内从事二手车交易及相关的活动适用于本规范。

第三条　二手车交易应遵循诚实、守信、公平、公开的原则，严禁欺行霸市、强买强卖、弄虚作假、恶意串通、敲诈勒索等违法行为。

第四条　二手车交易市场经营者和二手车经营主体应在各自的经营范围内从事经营活动，不得超范围经营。

第五条　二手车交易市场经营者和二手车经营主体应按下列项目确认卖方的身份及车辆的合法性：

（一）卖方身份证明或者机构代码证书原件合法有效；

（二）车辆号牌、机动车登记证书、机动车行驶证、机动车安全技术检验合格标志真实、合法、有效；

（三）交易车辆不属于《二手车流通管理办法》第二十三条规定禁止交易的车辆。

第六条　二手车交易市场经营者和二手车经营主体应核实卖方的所有权或处置权证明。

车辆所有权或处置权证明应符合下列条件：

（一）机动车登记证书、行驶证与卖方身份证明名称一致；国家机关、国有企事业单位出售的车辆，应附有资产处理证明；

（二）委托出售的车辆，卖方应提供车主授权委托书和身份证明；

（三）二手车经销企业销售的车辆，应具有车辆收购合同等能够证明经销企业拥有该车所有权或处置权的相关材料，以及原车主身份证明复印件。原车主名称应与机动车登记证、行驶证名称一致。

第七条　二手车交易应当签订合同，明确相应的责任和义务。交易合同包括：收购合同、销售合同、买卖合同、委托购买合同、委托出售合同、委托拍卖合同等。

第八条 交易完成后，买卖双方应当按照国家有关规定，持下列法定证明、凭证向公安机关交通管理部门申办车辆转移登记手续：

（一）买方及其代理人的身份证明；

（二）机动车登记证书；

（三）机动车行驶证；

（四）二手车交易市场、经销企业、拍卖公司按规定开具的二手车销售统一发票；

（五）属于解除海关监管的车辆，应提供《中华人民共和国海关监管车辆解除监管证明书》。

车辆转移登记手续应在国家有关政策法规所规定的时间内办理完毕，并在交易合同中予以明确。

完成车辆转移登记后，买方应按国家有关规定，持新的机动车登记证书和机动车行驶证到有关部门办理车辆购置税、养路费变更手续。

第九条 二手车应在车辆注册登记所在地交易。二手车转移登记手续应按照公安部门有关规定在原车辆注册登记所在地公安机关交通管理部门办理。需要进行异地转移登记的，由车辆原属地公安机关交通管理部门办理车辆转出手续，在接收地公安机关交通管理部门办理车辆转入手续。

第十条 二手车交易市场经营者和二手车经营主体应根据客户要求提供相关服务，在收取服务费、佣金时应开具发票。

第十一条 二手车交易市场经营者、经销企业、拍卖公司应建立交易档案。交易档案主要包括以下内容：

（一）本规范第五条第二款规定的法定证明、凭证复印件；

（二）购车原始发票或者最近一次交易发票复印件；

（三）买卖双方身份证明或者机构代码证书复印件；

（四）委托人及授权代理人身份证或者机构代码证书以及授权委托书复印件；

（五）交易合同原件；

（六）二手车经销企业的《车辆信息表》（见附件一），二手车拍卖公司的《拍卖车辆信息》（见附件二）和《二手车拍卖成交确认书》（见附件三）；

（七）其他需要存档的有关资料。

交易档案保留期限不少于3年。

第十二条 二手车交易市场经营者、二手车经营主体发现非法车辆、伪造证照和车牌等违法行为，以及擅自更改发动机号、车辆识别代号（车架号码）和调整里程表等情况，应及时向有关执法部门举报，并有责任配合调查。

第二章 收购和销售

第十三条 二手车经销企业在收购车辆时，应按下列要求进行：

（一）按本规范第五条和第六条所列项目核实卖方身份以及交易车辆的所有权或处置权，并查验车辆的合法性。

（二）与卖方商定收购价格，如对车辆技术状况及价格存有异议，经双方商定可委托二手车鉴定评估机构对车辆技术状况及价值进行鉴定评估。达成车辆收购意向的，签订收购合同，收购合同中应明确收购方享有车辆的处置权。

（三）按收购合同向卖方支付车款。

第十四条　二手车经销企业将二手车销售给买方之前，应对车辆进行检测和整备。

二手车经销企业应对进入销售展示区的车辆按《车辆信息表》的要求填写有关信息，在显要位置予以明示，并可根据需要增加《车辆信息表》的有关内容。

第十五条　达成车辆销售意向的，二手车经销企业应与买方签订销售合同，并将《车辆信息表》作为合同附件。按合同约定收取车款时，应向买方开具税务机关监制的统一发票，并如实填写成交价格。

买方持本规范第八条规定的法定证明、凭证到公安机关交通管理部门办理转移登记手续。

第十六条　二手车经销企业向最终用户销售使用年限在 3 年以内或行驶里程在 6 万公里以内的车辆（以先到者为准，营运车除外），应向用户提供不少于 3 个月或 5 000 km（以先到者为准）的质量保证。质量保证范围为发动机系统、转向系统、传动系统、制动系统、悬挂系统等。

第十七条　二手车经销企业向最终用户提供售后服务时，应向其提供售后服务清单。

第十八条　二手车经销企业在提供售后服务的过程中，不得擅自增加未经客户同意的服务项目。

第十九条　二手车经销企业应建立售后服务技术档案。售后服务技术档案包括以下内容：

（一）车辆基本资料，主要包括车辆品牌型号、车牌号码、发动机号、车架号、出厂日期、使用性质、最近一次转移登记日期、销售时间、地点等；

（二）客户基本资料，主要包括客户名称（姓名）、地址、职业、联系方式等；

（三）维修保养记录，主要包括维修保养的时间、里程、项目等。

售后服务技术档案保存时间不少于 3 年。

第三章　经　　纪

第二十条　购买或出售二手车可以委托二手车经纪机构办理。委托二手车经纪机构购买二手车时，应按《二手车流通管理办法》第二十一条规定进行。

第二十一条　二手车经纪机构应严格按照委托购买合同向买方交付车辆、随车文件及本规范第五条第二款规定的法定证明、凭证。

第二十二条　经纪机构接受委托出售二手车，应按以下要求进行：

（一）及时向委托人通报市场信息；

（二）与委托人签订委托出售合同；

（三）按合同约定展示委托车辆，并妥善保管，不得挪作他用；

（四）不得擅自降价或加价出售委托车辆。

第二十三条　签订委托出售合同后，委托出售方应当按照合同约定向二手车经纪机构交付车辆、随车文件及本规范第五条第二款规定的法定证明、凭证。

车款、佣金给付按委托出售合同约定办理。

第二十四条　通过二手车经纪机构买卖的二手车，应由二手车交易市场经营者开具国家税务机关监制的统一发票。

第二十五条 进驻二手车交易市场的二手车经纪机构应与交易市场管理者签订相应的管理协议,服从二手车交易市场经营者的统一管理。

第二十六条 二手车经纪人不得以个人名义从事二手车经纪活动。二手车经纪机构不得以任何方式从事二手车的收购、销售活动。

第二十七条 二手车经纪机构不得采取非法手段促成交易,以及向委托人索取合同约定佣金以外的费用。

第四章 拍 卖

第二十八条 从事二手车拍卖及相关中介服务活动,应按照《拍卖法》及《拍卖管理办法》的有关规定进行。

第二十九条 委托拍卖时,委托人应提供身份证明、车辆所有权或处置权证明及其他相关材料。拍卖人接受委托的,应与委托人签订委托拍卖合同。

第三十条 委托人应提供车辆真实的技术状况,拍卖人应如实填写《拍卖车辆信息》。如对车辆的技术状况存有异议,拍卖委托双方经商定可委托二手车鉴定评估机构对车辆进行鉴定评估。

第三十一条 拍卖人应于拍卖日 7 日前发布公告。拍卖公告应通过报纸或者其他新闻媒体发布,并载明下列事项:

(一)拍卖的时间、地点;

(二)拍卖的车型及数量;

(三)车辆的展示时间、地点;

(四)参加拍卖会办理竞买的手续;

(五)需要公告的其他事项。

拍卖人应在拍卖前展示拍卖车辆,并在车辆显著位置张贴《拍卖车辆信息》。车辆的展示时间不得少于 2 天。

第三十二条 进行网上拍卖,应在网上公布车辆的彩色照片和《拍卖车辆信息》,公布时间不得少于 7 天。

网上拍卖是指二手车拍卖公司利用互联网发布拍卖信息,公布拍卖车辆技术参数和直观图片,通过网上竞价,网下交接,将二手车转让给超过保留价的最高应价者的经营活动。

网上拍卖过程及手续应与现场拍卖相同。网上拍卖组织者应根据《拍卖法》及《拍卖管理办法》有关条款制定网上拍卖规则,竞买人则需要办理网上拍卖竞买手续。任何个人及未取得二手车拍卖人资质的企业不得开展二手车网上拍卖活动。

第三十三条 拍卖成交后,买受人和拍卖人应签署《二手车拍卖成交确认书》。

第三十四条 委托人、买受人可与拍卖人约定佣金比例。

委托人、买受人与拍卖人对拍卖佣金比例未作约定的,依据《拍卖法》及《拍卖管理办法》有关规定收取佣金。

拍卖未成交的,拍卖人可按委托拍卖合同的约定向委托人收取服务费用。

第三十五条 拍卖人应在拍卖成交且买受人支付车辆全款后,将车辆、随车文件及本规范第五条第二款规定的法定证明、凭证交付给买受人,并向买受人开具二手车销售统一发票,如实填写拍卖成交价格。

第五章　直 接 交 易

第三十六条　二手车直接交易方为自然人的，应具有完全民事行为能力。无民事行为能力的，应由其法定代理人代为办理，法定代理人应提供相关证明。

二手车直接交易委托代理人办理的，应签订具有法律效力的授权委托书。

第三十七条　二手车直接交易双方或其代理人均应向二手车交易市场经营者提供其合法身份证明，并将车辆及本规范第五条第二款规定的法定证明、凭证送交二手车交易市场经营者进行合法性验证。

第三十八条　二手车直接交易双方应签订买卖合同，如实填写有关内容，并承担相应的法律责任。

第三十九条　二手车直接交易的买方按照合同支付车款后，卖方应按合同约定及时将车辆及本规范第五条第二款规定的法定证明、凭证交付买方。

车辆法定证明、凭证齐全合法，并完成交易的，二手车交易市场经营者应当按照国家有关规定开具二手车销售统一发票，并如实填写成交价格。

第六章　交易市场的服务与管理

第四十条　二手车交易市场经营者应具有必要的配套服务设施和场地，设立车辆展示交易区、交易手续办理区及客户休息区，做到标志明显，环境整洁卫生。交易手续办理区应设立接待窗口，明示各窗口业务受理范围。

第四十一条　二手车交易市场经营者在交易市场内应设立醒目的公告牌，明示交易服务程序、收费项目及标准、客户查询和监督电话号码等内容。

第四十二条　二手车交易市场经营者应制定市场管理规则，对场内的交易活动负有监督、规范和管理责任，保证良好的市场环境和交易秩序。由于管理不当给消费者造成损失的，应承担相应的责任。

第四十三条　二手车交易市场经营者应及时受理并妥善处理客户投诉，协助客户挽回经济损失，保护消费者权益。

第四十四条　二手车交易市场经营者在履行其服务、管理职能的同时，可依法收取交易服务和物业等费用。

第四十五条　二手车交易市场经营者应建立严格的内部管理制度，牢固树立为客户服务、为驻场企业服务的意识，加强对所属人员的管理，提高人员素质。二手车交易市场服务、管理人员须经培训合格后上岗。

第七章　附　　则

第四十六条　本规范自发布之日起实施。

附件一　车辆信息表

附件二　拍卖车辆信息

附件三　二手车拍卖成交确认书

附件一 车辆信息表

车辆信息表

<table>
<tr><td colspan="2">质量保证类别</td><td colspan="5"></td></tr>
<tr><td colspan="2">车 牌 号</td><td colspan="5"></td></tr>
<tr><td colspan="2">经销企业名称</td><td colspan="5"></td></tr>
<tr><td colspan="2">营业执照号码</td><td></td><td>地 址</td><td colspan="3"></td></tr>
<tr><td rowspan="8">车辆基本信息</td><td>车辆价格</td><td>¥ 元</td><td>品牌型号</td><td></td><td>车身颜色</td><td></td></tr>
<tr><td>初次登记</td><td>年 月 日</td><td>行驶里程</td><td>公里</td><td>燃 料</td><td></td></tr>
<tr><td>发动机号</td><td></td><td>车架号码</td><td></td><td>生产厂家</td><td></td></tr>
<tr><td>出厂日期</td><td>年 月</td><td>年检到期</td><td>年 月</td><td>排放等级</td><td></td></tr>
<tr><td>结构特点</td><td colspan="5">□自动挡 □手动挡 □ABS □其他</td></tr>
<tr><td>使用性质</td><td colspan="5">□营运 □出租车 □非营运 □营转非 □出租营转非 □教练车 □其他</td></tr>
<tr><td>交通事故记录
次数/类别/程度</td><td colspan="5"></td></tr>
<tr><td>重大维修记录
时间/部件</td><td colspan="5"></td></tr>
<tr><td colspan="2">法定证明、凭证</td><td colspan="5">□号牌 □行驶证 □登记证 □年检证明 □车辆购置税完税证明
□养路费缴付证明 □车船使用税完税证明 □保险单 □其他</td></tr>
<tr><td>车辆技术状况</td><td colspan="6"></td></tr>
<tr><td>质量保证</td><td colspan="6"></td></tr>
<tr><td>声明</td><td colspan="6">本车辆符合《二手车流通管理办法》有关规定，属合法车辆。</td></tr>
<tr><td colspan="7">买方（签章） 经销企业（签章）

经办人（签章）
年 月 日</td></tr>
<tr><td>备注</td><td colspan="6">1. 本表由经销企业负责填写。
2. 本表一式三份，一份用于车辆展示，其余作为销售合同附件。</td></tr>
</table>

填表说明：

1. 质量保证类别。车辆使用年限在3年以内或行驶里程在6万公里以内(以先到者为准，营运车除外)，填写“本车属于质量保证车辆”。如果超出质量保证范围，则在质量保证类别栏中填写“本车不属于质量保证车辆”，质量保证栏填写“本公司无质量担保责任”。

2. 经销企业名称、营业执照号码及地址应按照企业营业执照所登记的内容填写。

3. 车辆基本信息按车辆登记证书所载信息填写。

(1) 行驶里程按实际行驶里程填写。如果更换过仪表，应注明更换之前行驶里程；如果不能确定实际行驶里程，则应予以注明。

(2) 年检到期日以车辆最近一次年检证明所列日期为准。

(3) 车辆价格按二手车经销企业拟卖出价格填写，可以不是最终销售价。

(4) 其他信息根据车辆具体情况，符合项在□中画√。

(5) 使用性质按表中所列分类，符合项在□中画√。

(6) 交通事故记录次数/类别/程度，应根据可查记录或原车主的描述以及在对车辆进行技术状况检测过程中发现的，对车辆有重大损害的交通事故次数、类别及程度填写。未发生过重大交通事故填写“无”。

(7) 重大维修记录应根据可查记录或原车主的描述以及在车辆检测过程中发现的更换或维修车辆重要部件部分(比如发动机大中修等)填写有关内容。车辆未经过大中修填写“无”。

4. 法定证明、凭证等按表中所列项目，符合项在□中画√。

5. 车辆技术状况是指车辆在展示前，二手车经销企业对车辆技术状况及排放状况进行检测，检测项目及检测方式根据企业具体情况实施，并将检测结果在表中填写。同时，检验员应在表中相应位置签字。

6. 属于质量担保车辆的，经销企业根据交易车辆的实际情况，填写质量保证部件、里程和时间。一般情况下，质量保证可按以下内容填写：

(1) 质量保证范围为：从车辆售出之日起3个月或行驶5 000公里，以先到为准。

(2) 本公司在车辆销售之前或之后质量保证期内，保证车辆安全技术性能。

(3) 质量保证不包括：轮胎、电瓶、内饰和车身油漆，也不包括因车辆碰撞、车辆用于赛车或拉力赛等非正常使用造成的质量问题。

经销企业也可根据实际情况适当延长质量保证期限，放宽对使用年限和行驶里程的限制。

7. 当车辆实现销售时，由经销企业及其经办人和买方分别在签章栏中签章。

附件二 拍卖车辆信息

拍卖车辆信息

拍卖企业名称						
营业执照号码			地 址			
拍卖时间		年 月 日	拍卖地点			
车辆基本信息	车牌号		厂牌型号		车身颜色	
	初次登记日期	年 月 日	行驶里程	公里	燃 料	
	发动机号		车架号			
	出厂日期	年 月	发动机排量			
	年检到期日	年 月	生产厂家			
	结构特点	□自动挡	□手动挡	□ABS	□其他	
	使用性质	□营运 □出租车	□非营运 □营转非	□出租营转非	□教练车	□其他
	交通事故记录 次数/类别/程度 重大维修记录					
	其他提示					
法定证明、凭证等		□号牌 □行驶证 □登记证 □年检证明 □车辆购置税完税证明 □养路费缴付证明 □车船使用税完税证明 □保险单 □其他				
车辆技术状况						
	检测日期			检测人		
质量保证						
声明	本车辆符合《二手车流通管理办法》有关规定，属合法车辆。					
其他载明事项						
					拍卖人(签章)：	
备注	1. 本表由拍卖人填写。 2. 本表一式三份，一份用于车辆展示，其余作为拍卖成交确认书附件。					

填表说明：

1. 拍卖企业名称、营业执照号码及地址应按照企业营业执照所登记的内容填写。

2. 拍卖时间、地点填写拍卖会举办的时间和地点。

3. 车辆基本信息按车辆登记证书所载信息填写。

（1）行驶里程按实际行驶里程填写。如果更换过仪表，应注明更换之前行驶里程；如果不能确定实际行驶里程，则应予以注明。

（2）年检到期日以车辆最近一次年检证明所列日期为准。

（3）其他信息根据车辆具体情况，符合项在□中画√

（4）使用性质按表中所列分类，符合项在□中画√。

（5）交通事故记录次数/类别/程度，应根据可查记录或委托方的描述以及在对车辆进行技术状况检测过程中发现的，对车辆有重大损害的交通事故次数、类别及程度填写。确定未发生过重大交通事故填写“无”。

（6）重大维修记录应根据可查记录或委托方的描述以及在车辆检测过程中发现的更换或维修车辆重要部件部分（比如发动机大中修等）填写有关内容。确定未经过大中修填写“无”。

（7）拍卖企业应在其他提示栏中指出车辆存在的质量缺陷、未排除的故障等方面的瑕疵。

4. 法定证明、凭证等按表中所列项目，符合项在□中画√。

5. 车辆技术状况是指车辆在展示前，拍卖企业对车辆技术状况及排放状况进行检测，检测项目及检测方式根据企业具体情况实施，并将检测结果在表中填写。同时，检验员应在表中相应位置签字。

6. 有能力的拍卖企业可为拍卖车辆提供质量保证，质量担保范围可参照经销企业的《车辆信息表》有关要求。质量保证部件、里程和时间可根据实际情况由企业自行掌握。

7. 其他载明事项是拍卖企业需要对车辆进行特殊说明的事项。

8. 当车辆拍卖成交时，拍卖人在签章栏中签章。

附件三　二手车拍卖成交确认书

二手车拍卖成交确认书

拍卖人：

买受人：

签订地点：

签订时间：

经审核本拍卖标的手续齐全，符合国家有关规定，属于合法车辆。

拍卖人于____年__月__日在____________举行拍卖会上，竞标号码为____________的竞买人____________________，经过公开竞价，成功竞得__________________。拍卖标的物的详情见附件《拍卖车辆信息》。依照《二手车流通管理办法》、《中华人民共和国拍卖法》及有关法律、行政法规之规定，双方签订拍卖成交确认书如下：

一、成交拍卖标的：拍卖编号为________的二手机动车，车牌号码为________________。

二、成交价款及佣金：标的成交价款为人民币大写__________元（¥______________），佣金比例为成交总额的________%，佣金为人民币大写____________元（¥__________），合计大写元（¥______________）。

三、付款方式：拍卖标的已经拍定，其买受人在付足全款后方可领取该车。

四、交接：拍卖人在买受人付足全款后，应将拍出的车辆移交给买受人，并向买受人提供车辆转移登记所需的号牌、《机动车登记证书》、《机动车行驶证》、有效的机动车安全技术检验合格标志、车辆购置税完税证明、养路费缴付凭证、车船使用税缴付凭证、车辆保险单等法定证明、凭证。

五、转移登记：买受人应自领取车辆及法定证明、凭证之日起30日内，向公安机关交通管理部门申办转移登记手续。

六、质量保证：____________________________。

七、声明：买受人已充分了解拍卖标的全部情况，承认并且愿意遵守《中华人民共和国拍卖法》和国家有关法律、行政法规之各项条款。

八、其他约定事项：

____

____

____

____

买受人（签章）：　　　　　　　　拍卖人（签章）：

法定代表人：　　　　　　　　　　法定代表人：

附录五 汽车报废标准及相关通知

国家经济贸易委员会、国家计划委员会、国内贸易部
机械工业部、公安部、国家环境保护局
关于发布《汽车报废标准》的通知

各省、自治区、直辖市、计划单列市经贸委（经委、计经委），计委，内贸（物资）厅（局）、供销合作社、冶金厅（局）、汽车更新领导小组办公室、机械厅（局）、交通厅（局）、公安厅（局）、环境保护局：

随着国民经济的发展，我国汽车保有量迅速增大，1986年制定的《汽车报废标准》已不适应汽车生产和交通运输发展以及交通安全、节能、环保等需要。经国务院领导同志同意，现将修订后的《汽车报废标准》印发你们，请遵照执行。

一九九七年七月十五日

汽车报废标准

（国经贸经［1997］456号）

（1997年修订）

凡在我国境内注册的民用汽车，属下列情况之一的应当报废：

一、轻、微型载货汽车(含越野型)、矿山作业专用车累计行驶30万公里,重、中型载货汽车(含越野型)累计行驶40万公里,特大、大、中、轻、微型客车(含越野型)、轿车累计行驶50万公里,其他车辆累计行驶45万公里;

二、轻、微型载货汽车(含越野型)、带拖挂的载货汽车、矿山作业专用车及各类出租车使用8年,其他车辆使用10年;

三、因各种原因造成车辆严重损坏或技术状况低劣,无法修复的;

四、车型淘汰,已无配件来源的;

五、汽车经长期使用,耗油量超过国家定型车出厂标准规定值15%的;

六、经修理和调整仍达不到国家对机动车运行技术条件要求的;

七、经修理和调整或采用排气污染控制技术后,排放污染物仍超过国家规定的汽车排放标准的;

八、除19座以下出租车和轻、微型载货汽车(含越野型)外,对达到上述使用年限的客、货车辆,经公安车辆管理部门依据国家机动车安全排放有关规定严格检验,性能符合规定的,可延缓报废,但延长期不得超过本标准第二条规定年限的一半。对于吊车、消防车、钻探车等从事专门作业的车辆,还可根据实际使用和检验情况,再延长使用年限。所有延长使用年限的车辆,都需按公安部规定增加检验次数,不符合国家有关汽车安全排放规定的应当强制报废。

本标准自发布之日起施行。在本标准发布前已达到本标准规定报废条件的车辆,允许在本标准公布后12个月之内报废。本标准由全国汽车更新领导小组办公室负责解释。

公安部关于实施《汽车报废标准》有关事项的通知

(公交管[1997]261号)

各省、自治区、直辖市公安厅、局:

为了贯彻执行国家经济贸易委员会等六部委、局于1997年7月15日联合发布的《关于发布〈汽车报废标准〉的通知》(国经贸经[1997]456号),现将有关事项通知如下:

一、各级公安交通管理部门要利用各种形式宣传新的汽车报废标准,并结合机动车定期检验,对达到报废标准的汽车(汽车使用年限从“初次登记日”起计算),通知车主限期办理报废、注销登记。收回汽车号牌和行驶证,开具《汽车报废通知书》,报废汽车的档案保存2年,在计算机机动车档案管理系统中建立《报废汽车档案信息库》,保存5年。

各级公安交通管理部门应按期将已报废汽车的车主、车型等信息通报给当地报废汽车回收的主管部门。

二、对使用年限达到《汽车报废标准》第二条规定的汽车(19座以下出租车和轻、微型载货汽车〈含越野型〉除外),车主要求继续使用的,要从严掌握。对车况良好,经检验符合国家标准《机动车运行安全技术条件》(GB 7258—1997)各项规定的,市(地)公安交管部门可准予延缓报废。

准予延缓报废的期限一般为两年,到期后应立即报废;特殊情况需要延长延缓报废期的,可按前款规定批准后再延长报废期一至两年。

三、延缓报废汽车的检验次数规定如下:

从事营业性运输的各种客车每年检验4次;吊车、消防车、钻探车等从事专门作业的车辆每年检验1次;其他车辆每年检验2次。

四、对检验合格的延缓报废汽车,核发全国统一的“延缓报废汽车定期检验合格证”,并在机动车行驶证副证上加盖“延缓报废至××××年××月有效××(×)”字样的条形章(其尺寸与检验专用章相同),条形章由各省、自治区、直辖市公安厅、局交通管理局、处统一制作编号。

五、各级公安交通管理部门要严格执行《汽车报废标准》,严禁给已报废的汽车办理注册登记。对延缓报废的汽车不准办理过户、转籍登记。对已达到强制报废年限又在限期内不办理报废、注销登记的汽车,要坚决收回牌证,注销车辆档案。

六、从1998年8月1日起,各级公安交通管理部门对逾期不按规定进行定期检验的延缓报废汽车,按《道路交通管理条例》第七十七条第三项的规定进行处罚;对已达到强制报废标准继续在道路上行驶的汽车,应当扣留汽车牌证,转交车籍地公安交通管理部门办理报废、注销登记。

决不允许已报废汽车继续上路行驶。凡发现已办理了报废、注销登记的汽车上路行驶的,一律强制报废,送交报废汽车回收单位解体。

七、对已上牌在用的右置方向盘汽车,必须严格执行新的汽车报废标准,凡符合汽车报废标准有关规定的,一律报废。2000年9月1日以后,在我国境内注册有右置方向盘汽车不得在道路上行驶。

八、对依法没收的走私汽车、摩托车办理注册登记时,其“初次注册登记日”的年份,一律按车辆出厂年份登记。

九、《汽车报废标准》第三条“因各种原因造成车辆严重损坏和技术状况低劣,无法修复的”,主要指车辆虽未达到报废年限,但因交通事故或车辆超负荷使用造成发动机和底盘严重损坏,经检验不符合国家标准《机动车运行安全技术条件》(GB 7258—1997)有关汽车安全、排放要求的。

十、《汽车报废标准》中所规定的“轻、微型载货汽车”是指总质量6吨(含6吨)以下的载货汽车;“带拖挂的载货汽车”是指全挂汽车列车。

一九九七年十一月十八日

关于调整轻型载货汽车报废标准的通知

(国经贸经[1998]407号)

各省、自治区、直辖市、计划单列市经贸委(经委、计经委)、计委、公安厅(局)、环境保护局、汽车更新领导小组办公室:

为了鼓励技术进步、节约资源、保护环境及公平竞争,现决定将《汽车报废标准》(1997年修订)中轻型载货汽车(含越野型)的行驶里程、使用年限及办理延缓的报废标准调整为:

一、累计行驶40万公里;

二、使用10年;

三、达到使用年限,汽车性能仍符合有关规定的,允许办理最长不超过5年的延缓报废。延缓报废的审定工作,按国经贸经[1997]456号文件的有关规定办理。

轻型载货汽车是指厂定最大总质量大于1.8吨、小于等于6吨的载货汽车。

请遵照执行。

一九九八年七月七日

关于调整汽车报废标准若干规定的通知

（国经贸资源[2000]1202 号）

各省、自治区、直辖市、计划单列市及新疆生产建设兵团经贸委（经委）、计委、公安厅（局）、环境保护局（厅）、汽车更新领导小组办公室：

为了鼓励技术进步、节约资源，促进汽车消费，现决定将 1997 年制定的汽车报废标准中非营运载客汽车和旅游载客汽车的使用年限及办理延缓的报废标准调整为：

一、9 座（含 9 座）以下非营运载客汽车（包括轿车、含越野型）使用 15 年。

二、旅游载客汽车和 9 座以上非营运载客汽车使用 10 年。

三、上述车辆达到报废年限后需继续使用的，必须依据国家机动车安全、污染物排放有关规定进行严格检验，检验合格后可延长使用年限。但旅游载客汽车和 9 座以上非营运载客汽车可延长使用年限最长不超过 10 年。

四、对延长使用年限的车辆，应当按照公安交通管理部门和环境保护部门的规定，增加检验次数。一个检验周期内连续三次检验不符合要求的，应注销登记，不允许再上路行驶。

五、营运车辆转为非营运车辆或非营运车辆转为营运车辆，一律按营运车辆的规定报废。

六、本通知没有调整的内容和其他类型的汽车（包括右置方向盘汽车），仍按照国家经贸委《汽车报废标准》（国经贸经[1997]456 号）和《关于调整轻型载货汽车报废标准及其补充规定的通知》（国经贸经[1998]407 号）执行。

七、本通知所称非营运载客汽车是指：单位和个人不以获取运输利润为目的的自用载客汽车；旅游载客汽车是指：经各级旅游主管部门批准的旅行社专门运载游客的自用载客汽车。

八、本通知自发布之日起施行。

国家经济贸易委员会

国家发展计划委员会

公　安　部

国家环境保护总局

二〇〇〇年十二月十八日

关于实施《关于调整汽车报废标准若干规定的通知》有关问题的通知

（公交管[2001]2 号）

各省、自治区、直辖市公安厅、局，新疆生产建设兵团公安局：

根据国家经济贸易委员会等部委《关于调整汽车报废标准若干规定的通知》（国经贸资源[2000]1202 号）精神，现将实施调整后的汽车报废标准有关问题通知如下：

一、旅游载客汽车和 9 座以上非营运载客汽车达到报废标准后要求继续使用的，按照公安部《关于实施（汽车报废标准）有关事项的通知》（公交管[1997]261 号）第二条规定审批。旅游载客汽车每年定期检验 4 次；9 座以上非营运载客汽车每年定期检验 2 次，超过 15 年的，从第 16 年起每年定期检验 4 次。

二、9 座（含 9 座）以下非营运载客汽车达到报废标准后要求继续使用的，不需要审批。每年定期检验 2 次，超过 20 年的，从第 21 年起每年定期检验 4 次。

三、上述车辆定期检验时，连续 3 次检验都不符合国家标准《机动车运行安全技术条件》（GB 7258）规定的，公安交通管理部门应当收回机动车号牌和《机动车行驶证》，通知机动车所有人办理注销登记。

四、上述车辆达到报废标准后，公安交通管理部门不得办理注册登记和转籍过户登记。

五、2000 年 12 月 18 日之前，应当按照原报废标准报废但未办理完毕注销登记的车辆，比照《关于调整汽车报废标准若干规定的通知》（国经贸资源[2000]1202 号）规定执行。

六、右置方向盘汽车报废的管理，按照公安部《关于加强右置方向盘汽车管理的通知》（公交管[2000]1202 号）规定执行。本通知未涉及的其他规定，按照公安部《关于实施〈汽车报废标准〉有关事项的通知》（公交管[1997]261 号）执行。

本通知自发布之日起实施。

二〇〇一年一月六日

参考文献

[1] 庞昌乐.二手车评估与交易实务[M].北京:北京理工大学出版社,2007.
[2] 郭志军.二手车鉴定与评估[M].北京:北京理工大学出版社,2009.
[3] 姜正根.二手车鉴定评估实用技术[M].北京:中国劳动社会保障出版社,2007.
[4] 杨万福.旧机动车鉴定估价[M].北京:人民交通出版社,2000.
[5] 鲁植雄.二手车鉴定评估实用手册[M].南京:江苏科学技术出版社,2007.
[6] 王永盛,金涛.汽车评估[M].北京:机械工业出版社,2008.
[7] 上官文斌,程勉宏.二手车评估实务200问[M].北京:机械工业出版社,2008.
[8] 白建伟.汽车碰撞分析与估损[M].北京:机械工业出版社,2010.
[9] 金秀满.汽车运用技术经济学[M].北京:机械工业出版社,2002.
[10] 熊晴海.资产评估学[M].北京:清华大学出版社,2009.
[11] 于承欢.二手车综合成新率的改进及算法研究[D].上海:同济大学,2011.
[12] 潘俊.基于聚类分析的二手车成新率计算[D].上海:上海交通大学,2007.
[13] 龙艳.我国二手车市场价格策略与市场发展研究[D].重庆:重庆大学,2006.
[14] 毕玉昌.基于层次分析的二手车性能综合评价[D].济南:山东大学,2008.
[15] 屠卫星.二手车评估系统的研究[D].南京:南京林业大学,2008.
[16] 童佳.二手车交易风险研究及其博弈分析[D].北京:北京交通大学,2010.
[17] 吕恩利,陆华忠.国内外二手车评估体系的比较[J].汽车工业研究,2007(3).
[18] 吴克林,杜世东,梁鸿铭.二手车评估价值和市场交易价格的修正分析研究[J].技术与市场,2010(20).